이야기 경제원리

경제는
나의힘

경제는 나의 힘 — 이야기 경제원리(개정판)

지은이 | 박상률·곽옥미

초판 4쇄 발행 | 2014년 4월 3일

발행처 | 도서출판 작은씨앗
· 공급처 | 도서출판 보보스
발행인 | 김경용

등록번호 | 제 300-2004-187호   등록일자 | 2003년 6월 24일

주소 | 서울시 서초구 바우뫼로 7길 64-25(우면동 77-13) 1층
전화 | (02) 333-3773   팩스 | (02) 735-3779
이메일 | ky5275@hanmail.net

ISBN 978-89-6423-125-8 03320

이야기 경제원리

경제는 나의힘

박상률 · 곽옥미 지음

작은씨앗

지은이 말

어떤 눈을 가지고 세상을 보느냐에 따라 세상의 모습은 사뭇 다르게 보입니다. 이 책은 작가인 지은이가 이야기꾼의 눈과 경제학이라는 눈을 가지고 본 세상 바라보기입니다. 독자의 자리에서는 이야기의 형식을 통해 보는 경제입문서 내지는 교양서가 될 것입니다.

책의 기본 내용은 오랜 세월동안 경제를 연구한 많은 학자들의 성과물을 바탕으로 합니다. 하지만 학자들은 자신들이 연구하는 나무를 들여다보기에만 바빠 숲을 보지 못하는 경우가 많았습니다. 그래서 경제학자가 아닌 작가가 감히 독자들에게 경제학의 숲을 보여주고 싶다는 용기를 내보았습니다.

작가가 보기엔 경제 현상이나 경제 문제 대부분이 곧 이야기의 대상입니다. 왜냐하면 우리가 먹고 입고 쓰는 모든 것은 결국 삶이기 때문입니다. 작가든 경제학자든 바로 그 삶의 문제를 다룹니다. 그래서 이 책은 지금까지 나온 여느 경제학 책과는 달리 이야기로 경제 현상과 경제 문제를 보여준 뒤 경제적인 틀로 해설을 합니다. 그러기에 독자는 경제를 보다 쉽게 이해할 수 있을 것입니다.

근래에 들어 급속히 변화하는 사회 환경 속에서 곱든 밉든 경제가 우리 생활에 미치는 영향력은 오히려 예전보다 더 늘어 났습니다. 그래서 지은이들은 경제가 인간과 생활 그리고 제도 에 대해 미치는 영향에 대해 진지하게 생각해 보았습니다.

이 책의 내용 가운데 특히 1부와 10부 그리고 15부는 그러 한 생각의 결과물입니다. 주로 굶주림과 농업, 세계화와 초국 적 기업 그리고 경제학과 가치관에 관련된 내용들입니다. 나 머지 내용들은 주로 경제를 이해하기 위한 기본도구들로 보면 됩니다.

독자들이 쉽게 읽을 수 있는 책이 되도록 나름대로 애를 썼 습니다. 그래서 이야기의 형식도 콩트, 우화, 동화, 퀴즈, 편지, 기사, 시나리오 등 다양한 형태를 택했습니다.

아무쪼록 이 책을 읽는 독자들이 경제에 대해 진지하게 생각 해볼 수 있는 기회가 되었으면 합니다. 그리하여 마침내 경제 를 알게 되고, 보게 되고, 바꾸게 되었으면 하는 바람을 가져봅 니다. 바뀐 세상은 모두가 더불어 행복한, 살맛 나는 세상이겠 지요.

이 책은 왜 씌어졌는가?

대부분의 사람들은 신문의 경제 기사를 읽지 않고 그냥 지나칩니다. 그런데도 일간 신문들은 날마다 여러 지면을 경제 기사로 채우고 있습니다. 아니 그것도 모자라 경제 전문 일간지가 따로 나올 정도입니다.

왜 그럴까요? 그것은 경제는 곧 삶이며 생활 자체이기 때문입니다. 그렇지만 사람들은 경제에 대해서 알아보려고 하지 않습니다. 그뿐 아니라 경제는 골치 아프고 이론적인 것이며, 몰라도 돈을 벌고 쓰는 데에는 아무런 지장이 없다고 생각합니다.

하지만 이제 우리들에게 경제는 더 이상 몰라도 좋은 대상이 아닙니다. 현대의 삶, 아니 미래의 삶은 합리적인 선택을 위한 경제적 사고를 반드시 필요로 하기 때문입니다.

그런데 경제에 대해 관심을 갖고 경제 서적을 뒤적여 본 경험이 있는 사람들 대부분이 금세 경제에 대한 벽을 느끼고 말았을 겁니다. 왜냐하면 기존의 경제학 서적들은 경제학을 전공하지 않은 사람들이 읽기엔 너무 어렵기 때문이지요. 특히 추상적인 경제 용어들 때문에 가장 현실적인 학문인 경제학이 오히려 현실과는 다른 관념화된 세계를 다루는 학문처럼 느껴졌을 것입니다.

　그래서 다음 번엔 경제 에세이니 생활 경제니 하는 제목에 끌려 칼럼류의 경제 서적들을 뒤적여 보았겠지만 그런 책들 역시 경제 학습을 위해선 큰 도움이 되지 않았을 것입니다.

　따라서 경제 학습에 대한 현실적인 어려움을 덜어 주기 위해 씌어진 이 책은 일반인들과 학생들의 경제 학습을 위한 입문서로서의 역할을 할 것입니다. 이 책은 활용하기에 따라서 중고등학생의 읽기 자료와 참고 서적으로도 쓰일 수 있을 것입니다.

　어찌 보면 요즘처럼 경제에 대한 관심이 드높은 때도 없었습니다. 그래서 소위 국제화니 세계화니 하는 시대의 소용돌이에 휩쓸린 우리로선 어느 분야에서 일하는 사람이든 경제 논리와 합리성을 갖춘 '경제인' 이 많이 나와야 합니다.

　그러나 그러한 '경제인' 은 경제 용어와 경제 법칙 몇 개 외운다고 될 수 있는 것이 아닙니다.

　이 책의 가장 큰 특징은 경제학에 대한 두려움을 없애 주기 위해 쉽게 읽히는 이야기를 들려 주고 거기에 따르는 도움말을 통해 경제가 무엇인지를 차근차근 풀어 나간다는 것입니다. 특히 이야기를 통해 저절로 경제 원리가 드러나는 구조를 가지

고 있어서 책을 읽다 보면 여러분들은 '아, 이런 것도 경제 문제구나!' 하는 생각이 들 겁니다.

물론 이 책의 성격상 이해나 설명의 편의를 위해 경제학의 복잡한 전제나 조건들을 어느 정도 단순화하기는 했지만 기본적인 경제 원리를 습득하는 덴 별 무리가 없도록 했습니다.

책을 더 읽어 나가다 보면 '이 세상 모든 것이 다 경제 문제구나!' 하는 생각을 하게 될 것이며, 마침내는 하찮은 이야기를 보고도 '아니, 이렇게 깊은 뜻이!' 라는 말을 자신도 모르게 내뱉게 될 것입니다.

 차례

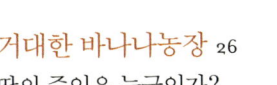

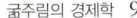

I

굶주림의 경제학

얼음동상 속에서
발견된 편지

굶주리는 사람들

"내 소원은 단 한 번만이라도 배부르게 먹어보는 거야."

"내 소원도 단 한 번만이라도 배부르게 먹어보는 거야."

아프리카대륙에 사는 흑인 소년 라다와 르모는 언제나 배고픔을 참으며 살아야만 했습니다. 그래서 늘 기운도 없고, 어떤 때는 어지럽기까지 합니다. 그나마도 굶어 죽지 않고 살아 있는 것이 다행이라면 다행이었습니다.

"백인들이 사는 나라 사진을 보면 먹을 게 산처럼 쌓여 있던데……."

두 소년은 자신들 앞에 산처럼 쌓인 음식들을 상상하며 입맛을 다셨습니다. 하지만 그건 꿈일 뿐이었습니다. 구호단체에서 하루에 한 번씩 배급해주는 밀가루만으로는 배고픔에서 벗어나기가 힘듭니다.

"어쩌면 우리가 이렇게 굶주리고 있다는 사실을 그 사람들이 모르는 것인지도 몰라. 설마 우리가 굶주리는 것을 안다면 우리를 이렇게 내버려두겠어?"

"맞아, 어떻게든 우리가 이렇게 힘들게 산다는 사실을 그 사람들에게 알려야 해. 그러면 먹을 것을 더 많이 보내줄 거야."

"그런데 어떻게 알리지?"

두 소년은 심각한 고민에 빠졌습니다. 좋은 생각이 떠오르지 않았습니다. 생각에 잠겨있던 라다가 손바닥을 탁 치며 말했습니다.

"이렇게 하면 어떨까? 우리가 직접 유럽으로 가서 실상을 알리는 거야."

"그거 좋은 생각인데. 하지만 어떻게 유럽으로 가지?"

"공항으로 가서 비행기에 숨어들어 타고 가는 거야."

"그러다가 잡히면?"

"우리가 비행기를 타려 했던 목적을 말하고 풀어달라고 하면 되지, 뭐."

"안 풀어주면?"

"그러면 죽어버리면 되지, 뭐. 나는 만날 이렇게 굶주리며 사느니 차라리 죽는 게 더 낫겠다는 생각을 여러 차례 했어."

"……"

"우리의 실상을 알릴 수만 있다면 난 목숨도 내놓을 수 있어. 나는 죽더라도 다른 사람들이 굶어 죽지 않도록만 할 수 있다면 뭐라도 할 수 있어."

"……"

"르모, 네 생각은 어때?"

"……"

"벙어리가 됐니? 왜 아까부터 아무 말도 안 하는 거야?"

"……"

르모는 한참 동안 아무런 대꾸를 하지 않다가 이윽고 말문을 열었습니다.

"좋아, 우리 함께 유럽으로 가자. 구체적으로 어떻게 해야 할지 함께 생각을 해보자."

라다는 활짝 웃으며 르모의 두 손을 꼭 쥐고 흔들었습니다. 그날부터 라다와 르모는 비행기에 숨어 탈 궁리를 하느라 바빴습니다. 중간에 들키지 않기 위해서는 눈에 잘 띄지 않는 곳에 숨어야만 했습니다.

"이렇게 하면 어떨까? 비행기의 착륙장치 속에 숨어 타는 거야."

르모의 말에 라다가 맞장구를 쳤습니다.

"그거 좋은 생각이다. 하지만 착륙장치 안은 많이 추울 텐데. 잘못하면 얼어 죽을 수도 있어."

"어차피 우리는 죽음을 무릅쓰기로 했잖아?"

"……"

한동안 입을 다물고 있던 라다가 르모를 바라보며 말없이 고개를 끄덕였습니다. 두 소년은 만약 자신들이 얼어 죽을 경우를 생각해서 편지를 쓰기로 마음먹었습니다.

"우리의 죽음이 헛되지 않으려면 어떻게 해서든 우리가 얼마나 비참하게 살고 있는지를 알려야 해."

"음."

1999년 8월 12일, 라다와 르모는 미리 짜둔 계획에 따라 기니의 수도인 코나크리의 공항으로 갔습니다. 그리고 기회를 틈타 벨기에로 향하는 비행기의 착륙장치에 몰래 타는 일에 성공했습니다. 착륙장치의 깜깜한 어둠 속에서 두 소년은 두려움에 떨며 손을 맞잡았습니다.

"우리의 죽음은 헛되지 않을 거야."

"우리가 죽더라도 다른 사람들이 굶어 죽지 않을 수만 있다면 좋겠어."

마침내 비행기가 이륙을 했습니다. 갑자기 귀가 멍멍해지는 것처럼 느껴졌습니다.

"비행기가 출발한 것 같아."

"우린 성공한 거야."

두 소년은 어둠 속에서 속삭이며 출발을 기뻐했습니다.

"라다, 편지는 주머니 속에 잘 넣었지?"

"응."

하지만 기쁨도 잠깐이었습니다. 비행기가 하늘 높이 날자 점점 추워지기 시작했습니다. 두 아이는 추위에 몸을 덜덜 떨었습니다. 시간이 지나면서 견딜 수 없게 더욱 추워졌습니다. 마치 냉동실 안에 들어가 있는 것처럼 추웠습니다. 너무 추우면 사람은 체온이 떨어지면서 졸음에 빠집니다. 둘은 잠들지 않으려고 안간힘을 썼습니다.

하지만 두 눈은 자꾸만 스르르 감겼습니다. 결국 추위에 떨던 두 아이는 잠이 들어버렸습니다. 라다는 주머니 속의 편지를 꼭 움켜쥔 채 잠이 들었습니다. 마침내 두 아이의 심장이 멎고, 차츰 몸이 얼음덩어리로 굳어갔습니다.

한참 지나 비행기는 목적지인 벨기에의 브뤼셀공항에 도착했습니다. 비행기의 착륙장치가 땅에 내려졌습니다. 착륙장치 안에는 얼음덩어리 두 개가 있었습니다.

"저 은색 얼음덩어리는 뭐지?"

확인을 하던 승무원의 얼굴이 파랗게 질렸습니다.

"어, 어떻게 이런 일이……."

두 아이의 몸이 은색 얼음덩어리로 변해 있었던 것입니다. 마치 얼음조각처럼 보였습니다.

승무원은 일단 은색 얼음덩어리를 한쪽으로 치운 뒤 승객들이 내리도록 했습니다. 승객들이 밀려나가고 나자 승무원은 이 사실을 경찰에 신고했습니다.

얼음덩어리가 녹자 아이들의 시신이 나왔습니다. 아이들의 주머니에서 편지 한 통이 나왔습니다.

'혹시 저희들이 얼어 죽은 채로 발견되더라도 아프리카 어린이들의 비참한 상황을 꼭 세계에 알려주세요. 그리고 여러분 자녀에 대한 사랑을 저희에게도 조금만 나눠주세요. 아프리카는 전염병과 굶주림으로 죽어가고 있어요. 전쟁, 가난, 전염병에 내몰려 먹을 것을 찾아 헤맵니다. 교육은 꿈도 못 꿉니다. 전 세계에 도움을 호소합니다. 부디 저희가 살고 있는 아프리카의 어린이들을 잊지 말아주십시오.'

하지만 두 아이의 죽음은 신문에 외신기사 몇 줄로 끝나고 말았습니다. 1999년 아프리카에서는 1,000만 명에 가까운 사람들이 굶주림에 시달렸습니다.

도움말

지구는 언제까지 굶주릴 것인가?

앞 이야기는 실화입니다. 실제로 신문에 보도되었던 자료를 이야기로 옮긴 것이지요. 정말로 굶주림에 시달려 도움을 받고자 했던 아프리카 아이들의 이야기입니다. 아이들이 그런 모험을 할 때는 자신들이 호소하면 선진국 사람들이 도와주리라는 믿음이 있었기 때문일 것입니다. 순진한 그들은 자신들이 목숨을 걸고 도움을 청하면 선진국의 사람들이 도와주리라고 믿었던 것 같습니다.

그런데 왜 그렇게 아프리카의 많은 나라들이 굶주리는 것일까요? 왜 선진국 사람들은 이 아이들의 바람처럼 그들을 도와

주지 않는 것일까요? 많은 구호단체들이 있는데도 계속적으로 굶어 죽는 사람이 생기는 것은 무슨 까닭일까요?

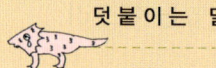

덧붙이는 말

실제로 1974년 방글라데시에 기근이 들었을 때 10만 명이 넘는 사람들이 굶어 죽었습니다. 언론기관들은 이 기근이 홍수 때문에 일어난 것이라고 보도했습니다. 과연 홍수 때문에 식량이 부족해서 굶주렸을까요? 하지만 실제로 나라 전체로 볼 때 식량 자체가 부족한 것은 아니었습니다. 부유한 사람들은 창고에 쌀을 쌓아두고도 내놓지 않았다고 합니다.

또 다른 예로 20세기 말 북한에서도 수많은 사람들이 굶주림으로 죽어갔습니다. 통계상으로는 1995년에서 2000년 사이에 2백만 명이 넘는 사람들이 굶어 죽었습니다. 2006년에도 15세 미만 아동의 37%가 만성적인 영양실조에 시달렸다고 합니다. 같은 핏줄 같은 민족인데도 불구하고 우리는 생각과 체제가 다르다는 핑계를 대면서 도움을 차일피일 미루었습니다. 마지못해 얼마간의 도움을 주긴 했지만 굶주림을 없앨 수 있는 수준에는 못 미쳤습니다. 북한은 왜 굶주렸을까요?

그뿐만이 아닙니다. 못사는 나라뿐만 아니라 잘사는 나라에도 굶주리는 사람은 있습니다. 실제로 미국의 경우도 굶주리는 사람이 있지만 나라 전체로는 먹을 것이 남아돕니다. 오히려 너무 지나치게 먹어 다이어트를 하느라 드는 비용도 엄청나다고 합니다. 이런 상황인데도 미국 전체로는 굶주리는 아이들이 10% 가까이 된다고 합니다.

현재 지구상에는 전 인류가 충분히 먹고살 수 있을 정도의 식량이 있습니다. 그런데도 세계 인구 전체에서 8억 5천만 명의 사람들이 이 순간에도 굶주리고 있습니다. 세계 인구의 약 20%에 달하는 사람들이 만성적으로 배고픔에 시달리고 있는 것입니다. 2005년을 기준으로 보자면 10세 미만 어린이가 5초에 1명씩 굶어 죽어갔습니다. 굶주린다는 것은 인간으로서의 기본권을 상실하고 힘없이 병들고 죽어가는 것을 뜻합니다. 바로 곁에서 사랑하는 사람이 먹을 것이 없어 굶주림으로 죽어가는 모습을 본다는 것은 고통과 슬픔이며 절망입니다.

경제학은 굶주림을 해결할 수 있는 방법을 찾지 못하는 것일까요? 차근차근 그 이유를 알아봅시다.

다음 문제를 같이 생각해 보지요.

1) 전 세계 사람들이 우리나라 사람들처럼 쓰고 살려면 지구가 2개 있어야만 한다는 주장이 있습니다. 이 말의 의미에 대해 생각해 봅시다.

2) 맬더스라는 학자는 식량이 늘어나는 속도에 비해 인구가 늘어나는 속도가 훨씬 더 빠르기 때문에 굶주릴 수밖에 없다는 주장을 했습니다. 과연 그의 주장대로 식량이 모자라서 굶주리는 것일까요?

거대한 바나나농장

땅의 주인은 누구인가?

오늘도 아바는 아침부터 할머니와 함께 역 광장에 쭈그리고 앉아 오가는 행인들을 상대로 구걸을 하고 있습니다. 이제 10살이 된 소녀 아바에게 가족은 허리가 다 굽은 할머니밖에 없습니다. 아바가 입은 옷은 거의 걸레에 가까울 정도로 많이 해어져 있었습니다.

1년 전만 해도 아바에게는 가족과 집이 있었습니다. 아바네집은 밭농사를 지으며 살았는데, 밭에는 콩이며 옥수수도 심고채소도 심었습니다. 아바네 식구는 열심히 농사를 지어서 먹고사는 일은 걱정이 없었습니다.

그러던 어느 날이었습니다. 갑자기 시꺼먼 지프차를 탄 사람들이 들이닥쳤습니다. 키가 작고 뚱뚱하게 살이 찌고 콧수염을기른 남자가 맨 먼저 차에서 내렸습니다.

"이 집, 집주인이 누구요?"

아바 아버지가 나섰습니다.

"전데요? 왜 그러시죠?"

"당신은 왜 허락도 없이 남의 땅에다 집을 짓고, 농사까지지어먹는 거요?"

"예? 이곳에서 할아버지 때부터 살아왔지만 이 땅에 주인이 있다는 소리는 처음 듣는데요?"

"말이 많소, 얼마 전에 내가 나라에서 이 땅을 사들였소. 그러니 이제는 내 땅이요. 당신은 이번 주말까지 이 땅에서 나가야만 하오. 만약 나가지 않으면 죽음을 각오해야 할 거요."

"……"

"다시 한 번 말하겠소. 죽고 싶지 않으면 이 땅에서 나가시오!"

그 사람은 옆구리에 찬 번쩍이는 총까지 만지작거리면서 위협적으로 말했습니다.

땅주인은 골칫거리였던 아바네 같은 무단 정착 농민들을 쫓아내거나 죽여버렸습니다. 그리고 그 가운데에서 순한 사람들은 바나나농장의 노동자로 고용을 했습니다.

"후유, 당장 오갈 곳도 없는데, 노동자로 써준다는 것만도 고맙지."

"당신들이 일한 만큼 품삯을 지불할 것이오."

농민들은 농장 주인의 말만 믿고 열심히 일을 했습니다. 하지만 생활 수준은 오히려 농사를 직접 지어먹을 때보다 더욱 떨어졌습니다.

"품삯을 이렇게 주면 입에 풀칠하기도 힘든데……."

겨우겨우 먹고살 수 있을 만큼만 벌기 때문에 아무런 희망도 없습니다.

바나나는 농민들의 한숨과는 상관없이 쑥쑥 자랐습니다.

농장 주인은 바나나를 더 많이 생산하기 위해 안간힘을 썼습니다.

"비료를 듬뿍듬뿍 뿌려요. 그래야만 바나나가 잘 자라요."

농장 주인은 자주자주 헬리콥터로 농약을 뿌려댔습니다.

"이크, 또 농약비가 내리네."

농약이 뿌려지는 날이면 농민들은 비처럼 쏟아지는 농약을 그대로 온몸에 맞아야만 했습니다. 시도 때도 없이 뿌려지는 농약을 피할 방법이 없기 때문입니다. 겨우 바나나 잎 아래로 몸을 피할 정도의 시간 밖에는 없었습니다. 사람 몸에 닿으면 좋지 않은 농약이었지만 농장주인은 아랑곳하지 않고 농약을 마구 뿌려댔습니다. 벌레들을 없애기 위해 그리고 바나나가 수출국으로 실려가는 동안 썩지 않도록 하기 위해서지요.

"바나나 말고 다른 것은 자랄 수 없도록 제초제를 뿌리도록 하시오."

시간이 지나면서 바나나 농장 근처의 땅에서는 이상한 일이 생겼습니다.

"어떻게 된 일이지? 코코넛이 전부 말라죽었어."

그 지역에서 잘 자라던 코코넛들이 전혀 자라지를 못하고 말라죽었습니다. 그건 바나나 농장에서 쓰는 농약과 제초제 때문이었습니다. 코코넛이 심어졌던 자리에는 커다란 구멍만 남았습니다. 식량으로 쓰이던 코코넛이 말라죽어 버리자 농민들은 살기가 더욱 힘들어졌습니다.

그런데 시간이 흐르면서 그렇게 잘 되던 바나나 농사도 시들해지기 시작했습니다.

"비료를 더 많이 줘!"

농민들은 농장 주인의 말대로 밭에 비료를 더욱 많이 뿌렸습니다. 그런데도 바나나는 잘 자라지도 않고, 열매도 잘 맺지 않았습니다.

"흥, 밭이야 얼마든지 새로 만들 수 있어."

농장 주인은 그동안 사들인 숲에 불을 질러 새 밭을 만들기로 마음먹었습니다.

"불을 질러라!"

숲은 순식간에 불이 붙었고 쉬임없이 타올랐습니다. 활활 타오르는 불처럼 농장 주인에겐 새로운 밭이 또 생겨났습니다. 그리고 새 밭에 다시 바나나를 심었습니다. 새 밭에선 이번에도 바나나가 잘 자랐습니다.

하지만 바나나를 심었다 버린 땅에서는 잡초조차 자라지 않았습니다. 부는 바람 따라 흙먼지만 뿌옇게 피어올랐습니다.

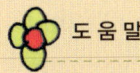 **도움말**

가난한 자에게 나눠줄 땅은 없다

앞 이야기는 바나나 플랜테이션(상업적 판매를 위해 대규모의 농사를 짓는 것, 주로 같은 작물을 계속해서 심는 단작을 한다)을 하는 농장의 이야기입니다. 바나나 농사의 경우 치퀴타, 델몬트, 돌 같은 초국적 기업(411쪽에서 설명)들이 대부분의 생산과 유통을 독점하고 있습니다.

이것이 세계화(세계를 하나로 연결하여 아무런 관세나 장벽이 없이 모든 상품을 자유롭게 수출입하자는 것이지요)의 실제 모습입니다. 물론 아무런 조건 없이 평등한 처지에서 그대로 실현이 된다면 이보다 더 좋을 것이 없습니다. 하지만 문제는 각 나라들이 처한 자리가 평등하지 못하다는 데에 있습니다.

그리하여 이제는 국내산 과일보다 더 흔한 과일이 되어버린 바나나, 우리는 그저 달고 맛있다면서 별 생각없이 바나나를 먹습니다. 막상 그 맛있는 바나나들이 어떻게 재배되고 어떻게 우리 식탁에까지 오는지에 대해서는 잘 모릅니다.

대지주들이 넓은 땅을 필요로 하는 까닭은 대개가 수출용 작물을 재배하기 위해서입니다. 수출을 하기 위해서는 대규모로 농사를 지어야 원가를 줄여 수익을 얻을 수 있습니다.

결국 소규모의 농지에서 식량을 자급자족하고 남는 것을 시장에 내다파는 식으로 농사를 짓던 가족농들은 농지에서 쫓겨나게 됩니다. 농민에게 농사지을 땅이 없다는 것은 생계수단이 없는 것과 마찬가지입니다. 땅에서 쫓겨난 농민들은 도시 빈민이나 임금노동자가 되는 경우가 대부분입니다. 결국 제3세계(후진국을 일컫는 말)의 노동자들은 저임금 때문에 악순환을 되풀이할 수밖에 없습니다.

특히 제3세계의 경우 대부분의 땅은 일부 대지주들의 소유입니다. 그에 비해 농토를 가지지 못한 농민들의 숫자는 무척이나 많습니다. 실제로 멕시코에서는 지주의 2%가 토지의 3/4을 가지고 있습니다. 절반이 넘는 농민들이 한 뼘의 땅도 갖지 못하고 있습니다.

그래서 1994년 멕시코에서는 공동경작지를 빼앗긴 농민들이 '우리에게 농사지을 땅을 달라!'며 조직적으로 저항을 한 일도 있습니다. 멕시코의 사빠띠스따 농민봉기가 그것인데, 농민에게 땅은 생명과 같은 것이기 때문입니다.

자료에 따르면 브라질에서 1985년부터 1996년까지 자기 땅이 아닌 땅에 살았다는 이유로 대지주에 의해 살해된 농민이 무려 969명이나 된다고 합니다.

(자료출처 : 『굶주리는 세계』 『루이스 에스빠르사』 외, 90쪽, 창비)

 덧붙이는 말

대규모의 상업농장들은 단작(같은 땅에 한 식물만을 계속해서 심어 가꾸는 것, 홑짓기라고도 한다)과 녹색혁명으로 수확량을 늘렸습니다.

초국적 기업들은 아예 특정 씨앗에 맞는 비료와 농약을 묶어 세트로 된 상품을 내놓습니다. 다시 말해 특정 농약과 비료를 사용하지 않으면 자라지 않는 씨앗을 만들어내는 거지요. 그러니 농민들은 씨앗과 비료와 농약을 세트로 구입할 수밖에 없게 됩니다.

비료와 농약을 사용하면 일정 기간 동안은 수확량이 늘어납니다. 하지만 비료와 농약의 사용량만큼 수확량이 지속적으로 늘어나는 것은 아닙니다. 한계치에 달하면 수확량은 더 이상 늘지 않습니다. 결국 비료와 농약의 사용량만 늘어나는 것이지요.

더구나 비료와 농약을 계속해서 쓰고 단작을 하게 되면 땅은 점점 못 쓰게 됩니다. 땅도 나름대로 생명력을 가지고 있고, 생명력이 없는 땅에서는 아무것도 자라지 않기 때문이지요.

앞 이야기에 나오는 코코넛나무 이야기도 실제로 필리핀에서 일어난 일입니다. 바나나에 치는 농약과 제초제 때문에 그 일대의 코코넛나무들이 말라죽었고 땅은 황무지가 되었습니다.

상업적 농장을 운영하는 농장주들은 땅이 못 쓰게 되면 그 땅을 버리고 다른 땅으로 옮겨갑니다. 실제로 숲을 불태워 땅을 만드는 일도 많이 일어나고 있습니다. 즉 밭을 만들거나 나무를 베기 위해, 또는 짐승을 먹이기 위해 숲을 불태우는 것이지요.

지금 이 순간에도 지구의 허파 구실을 하는 숲은 계속해서 사라지고 사막화가 진행되고 있습니다. 우리가 잘먹고 잘사는 만큼 지구는 파괴되고 있습니다. 아마도 농장주들은 숲이 지구상에서 완전히 사라지는 순간까지 숲을 태우려 들 것입니다.

자, 다음 일을 좀더 알아보세요.

　　1) 제레미 리프킨이 쓴 『육식의 종말』이라는 책을 보면 '배부른 소 떼와 굶주린 사람들' 이라는 표현이 나옵니다. 이 말이 무엇을 뜻하는 것인지 알아보세요.

홀로 된 멜시오니

제국주의의 후유증

1994년, 아프리카대륙에 있는 르완다입니다.

멜시오니는 자신이 재배하던 밭에 심어진 커피나무를 바라보며 펑펑 울었습니다. 갑자기 커피 값이 떨어지면서 애써 가꾼 커피 원두가 예전의 절반 가격도 받지 못하게 되었기 때문입니다.

'커피나무들을 전부 불살라버릴 거야!'

멜시오니는 그런 생각을 하였지만 뱃속에 있는 아이가 걸렸습니다. 멜시오니는 고개를 가로저으며 커피나무를 불살라버리고 싶은 생각을 없애려 애를 썼습니다.

'아가야, 커피 값이 떨어져도 우리는 살아갈 수 있어, 걱정하지 마.'

투시족인 멜시오니의 남편은 얼마 전 후투족에게 사살당했습니다. 갑자기 투시족 마을로 들이닥친 후투족들은 눈에 띄는 대로 투시족 사람들을 죽였습니다. 마침 밭에 있던 멜시오니는 죽음을 피할 수 있었지만 남편과 아이는 그만 후투족의 손에 죽고 말았습니다. 이제 멜시오니에게 남은 것은 자신의 목숨과 뱃속에 든 아이뿐이었습니다.

그동안의 굶주림으로 멜시오니의 몸과 얼굴은 뼈에다 가죽을 바른 것처럼 보였습니다. 퀭하니 들어간 눈은 힘이라곤 없어 보입니다. 지금으로서는 뱃속의 아이가 굶주림을 끝까지 버티어 내고 세상에 나올 수 있을지조차 알 수가 없습니다.

멜시오니는 통을 들고 무료로 식량을 나눠주는 곳으로 힘든 걸음을 했습니다. 매일 빌어먹는 것이 하루의 일과가 된 지 오래입니다. 그렇지만 나눠주는 식량은 배고픔을 없애기에는 턱없이 부족했습니다.

'도대체 후투족과 투시족은 왜 싸우는 거야, 그들이 내 가족을 빼앗아갔어. 나는 후투족이 싫어. 내가 투시족이라는 것도 싫어.'

오랫동안 이어진 두 부족 간의 갈등이 어떻게 시작되었는지를 제대로 아는 사람은 별로 없습니다. 그저 옛날부터 두 부족이 사이가 좋지 않았다고만 생각해 왔으니까요.

"후후훗, 소수인 투시족을 우대해서 후투족을 다스리게 하는 것이 우리에게 좋겠어."

벨기에는 20세기 초 식민지인 르완다를 분할통치하기로 마음을 먹었습니다. 그래서 소수인 투시족을 우대해 지배계급이 되도록 했습니다. 벨기에는 속으로 두 부족이 힘을 합쳐 독립전쟁이라도 일으킬까봐 두려웠습니다. 그래서 일부러 두 부족 간의 갈등을 노골적으로 이용했습니다. 결국 두 부족 사이는 거의 원수에 가깝도록 나빠졌습니다.

또 벨기에는 르완다의 족장들을 이용해 식민통치를 해나갔습니다. 족장들은 벨기에 사람들의 지시를 받아 부족 사람들

을 때리거나 괴롭히며 강제로 노동을 시키는 일까지 맡아서 하게 되었습니다. 이런 일이 계속되면서 오랜 세월 서로 믿고 의지하며 살던 공동체적 질서는 무너지고, 서로에 대한 적대감만 커져갔습니다.

"족장인지, 벨기에 대리인인지 모르겠어. 그게 다 투시족들 때문이야."

벨기에는 그 과정에서 식량의 자급자족을 위한 전통적인 농업을 점차로 포기하도록 유도했습니다. 그리고 돈이 되는 수출용 작물인 커피농사를 많이 짓도록 만들었습니다.

"수출을 해야 먹고살아요. 커피농사를 많이 지으세요!"

농토의 많은 부분이 수출용 커피를 재배하기 위해 쓰여졌습니다. 커피 수출을 위해 르완다정부는 커피를 일정한 금액으로 나라에서 사들이는 제도(커피 가격 안정화 국가기금)를 택했습니다.

마침내 르완다는 벨기에의 식민지를 벗어나 독립을 합니다. 하지만 독립을 하고나서도 르완다는 벨기에의 간접 지배를 받았습니다. 그럭저럭 안정을 유지하고 있던 르완다의 경제는 1987년부터 커피 가격이 폭락하면서 붕괴 직전에 이르게 됩니다. 수입쿼터제가 없어지면서 커피 가격은 바닥을 알 수 없을 만큼 계속 떨어졌습니다.

"이따위 쓰디쓴 커피나무, 다 뽑아버려야겠어!"

수출액이 줄어들면서 르완다정부는 더 이상 농민들로부터 커피를 사들일 수가 없게 되었습니다. 커피 재배 농민들의 분노는 점점 더 커졌습니다. 돈이 없으니 식량을 살 수도 없었습니다. 점점 먹고살기가 힘들어졌고 외환보유고가 바닥이 나면서 르완다정부는 외국에서 빌린 돈에 대한 이자와 결제해야 할 돈을 더 이상 지불할 수 없는 상태에 빠졌습니다.

결국 르완다는 IMF(국제통화기금)와 세계은행에 구제금융을 신청했습니다.

"똑바로들 아세요! 우리가 요구하는 조건들을 지키지 않으면 아무것도 빌려줄 수가 없어요!"

그들은 구제를 하기 위해 돈을 빌려주는 것이 아니고 원조국이나 채권국의 돈을 잘 거둬들이기 위해 돈을 빌려주는 것뿐입니다. 그렇기에 원조받는 나라에게 제일 먼저 요구하는 것이 수입개방입니다.

르완다의 경제상황은 더욱 악화되었습니다. 구제금융의 신청으로 수입이 개방되면서 값싼 식료품과 원조식량이 밀려들었습니다. 그때까지 식품에 대한 수입규제로 근근이 유지되고 있던 전통적 식량농사는 밑바닥부터 무너져 내렸습니다.

"농사를 지어도 수입품들 때문에 제값을 받을 수가 없으니, 어떻게 농사를 짓겠어."

농사짓기를 포기하는 농민들이 점차 늘어났습니다. IMF에서 돈을 빌리기 위해서는 IMF가 시키는 대로 따라야 합니다. 그러다 보니 르완다정부는 교육과 보건 등 사회복지에 대한 정부지출을 줄일 수밖에 없었습니다. 점차로 아픈 사람이 늘어났고 교육을 포기하는 어린이들이 늘어났습니다. 국민들의 분노는 점점 커졌습니다. 굶주리는 사람들이 점점 늘어났습니다.

"허 참, 옛날보다 먹고살기가 더 힘들군."

먹고살기가 힘들어지고 굶주림에 시달리면서 국민들의 분노는 엉뚱한 곳에서 터졌습니다. 그동안 있었던 후투족과 투시족의 갈등이 싸움으로 번지게 되었습니다. 싸움이 점점 더 격렬해졌습니다. 서로 죽고 죽이는 싸움이 계속되었습니다.

굶주리는 상황에서 1994년 후투족과 투시족은 서로를 죽이는 대대적인 집단학살까지 하게 되었습니다. 이 사건으로 100만 명에 가까운 사람들이 죽었습니다. 국가의 기능은 마비가 되었습니다. 학살을 피해 이웃 나라로 피난 가는 난민들이 늘어났습니다.

이젠 아이들까지 굶주리게 되었습니다. 모두들 뼈에 가죽만

발라놓은 것 같은 모습이 되었습니다. 예방주사를 맞지 못해 말라리아로 죽는 사람들도 많아졌습니다.

하지만 세계 언론들은 서구의 제국주의 때문에 빚어진 이 참상을 사실과는 다르게 보도했습니다. 기자들은 굶주림에 시달린 어린이들을 대상으로 사진을 찰칵찰칵 찍어댔습니다.

'오랫동안 이어진 종족 간의 갈등이 마침내 터져 내전이 일어났다. 내전 때문에 그들은 굶주리고 있다'는 단 한 줄의 외신기사로 보도할 뿐이었습니다. 멜시오니는 오늘도 무료식량 배급소 앞에 길게 늘어선 줄에 섞여 차례를 기다리고 있습니다. 이런 사정을 알 길 없는 뱃속의 아이는 마구 발길질을 해댑니다.

도움말

병 주고 약 주는 선진국

제3세계들은 18세기 무렵의 제국주의(군사적 또는 경제적으로 강한 나라가 약한 나라를 지배하여 자기 나라의 힘을 늘리려는 주의. 약한 나라는 자원과 문화재를 빼앗기게 된다) 시절부터 유럽 선진국들의 식민지 노릇을 했습니다.

그러다가 세계 2차대전이 끝난 뒤 정치적으로는 독립을 했습니다. 하지만 대부분의 식민지국가들이 경제적으로는 독립을 하지 못했습니다. 선진국들이 공업화와 근대화를 이룩하는 동안 식민지국가들은 산업발전을 거의 이루지 못했기 때문입니다.

　그래서 정치적 독립을 하고 나서도 식민지국가들은 필요한 공산품들을 선진국에서 사들여야만 했습니다. 수입품의 값을 치르기 위해서는 국내에서 생산하는 농산물이나 광업자원을 수출할 수밖에 없었고요. 그런데 농산물이나 자연자원에 비해 공산품은 가격이 상대적으로 비쌉니다. 결국 수입액에 비해 상대적으로 수출액이 적을 수밖에 없습니다.

　그러다 보니 조금이라도 수출을 늘리기 위해 수출 작물의 생산에 더욱 매달리게 됩니다. 하지만 막상 자기 나라 사람들이 먹을 식량 농사는 짓지 못하게 됩니다. 농사를 지어봐야 값싼 수입식품에 밀려 경쟁력이 없기 때문이지요. 결국 제3세계는 값이 싸다는 이유로 수입식품에 길들여지게 됩니다.

　시간이 지나면서 수출액에 비해 많은 수입액은 나라 전체 경상수지에 적자를 가져오게 됩니다. 나라에서는 적자를 메우기 위해 다른 나라에서 돈을 빌릴 수밖에 없게 되지요. 나라의 빚은 점점 늘어나게 되고 이자는 눈덩이처럼 불어납니다. 나라의 경제상황은 더욱 나빠집니다.

　이런 상황에서 위기가 오면 제3세계 사람들은 굶주리게 됩니다. 특히 제3세계에 기근이 들었을 때와 식량수출국이 정치적인 이유 때문에 식량수출을 금지하는 때, 또 수출품의 가격이 급하게 떨어지는 때에 문제가 생깁니다.

　르완다의 경우에도 국제 커피 가격이 떨어지면서 경제가 붕괴되기 시작하는 것을 볼 수 있습니다. 원래 르완다는 식량을 자급자족하던 나라였습니다. 하지만 커피 값이 떨어지면서 겨우겨우 유지되던 정부 재정이 바닥이 났습니다. 결국 IMF에 구제 금융을 신청할 수밖에 없는 상황에 이른 것이지요. 쉽게 말하자면 나라 안에 달러가 바닥이 난 것입니다. 그래서 외국에 빚진 돈이나 이자를 갚을 수가 없게 되었고요. 결국은 IMF에서 구제금융을 받지 않으면 외국과 거래를 전혀 할 수가 없는 상태에 빠졌습니다.

개인 간의 거래에 비추어 보자면 이자와 원금 또는 외상금을 갚아야 할 때가 돌아왔는데, 갚을 돈이 하나도 없는 상태인 것이지요. 이런 경우 개인은 어디선가 급하게 돈을 빌려 위기를 넘깁니다. IMF는 바로 나라 경제가 위기에 처했을 때 급하게 돈을 빌려주는 국제금융기구로 보면 됩니다.

IMF는 1945년 세계무역 안정을 꾀하기 위해 만들어진 국제금융기구로 가입국은 185개국입니다. 설립 목적은 가입국의 고용과 소득을 늘리고 생산자원을 개발하는 것입니다. 실제로는 외환시세를 안정시키고, 외환거래의 제한을 없애며, 외환을 빌려주는 일을 하고 있습니다.

하지만 속을 들여다보면 다른 나라를 구제하기 위해서가 아니라 원조국이나 채권국의 돈을 잘 받을 수 있도록 도와주기 위해 잠시 돈을 빌려주는 것뿐입니다. 그렇기에 원조받는 정부에게 IMF의 방침과 지시를 따르도록 압력을 넣습니다.

맨 먼저 요구하는 것이 수입 개방입니다. 또한 수익이 많이 나는 국영기업을 민영화해서 외국인 투자가에게 팔도록 만듭니다. 또 정부 지출과 예산을 삭감해서 그 돈으로 외국에 대한 빚과 이자를 갚도록 유도합니다. 정부 지출과 예산의 삭감은 국민들의 교육과 의료복지 그리고 공공서비스에 대한 지출을 줄어들게 합니다. 결국 수많은 보건소와 병원, 의료시설이 문을 닫게 됩니다. 그 결과 지난 20년간 아프리카 사람들의 평균 수명이 15년이나 줄어든 것으로 나타났습니다(자료출처: 『불경한 삼위일체』, 300쪽, 삼인). 또 이자율을 올려서 투자와 소비가 줄어들게 만듭니다.

한마디로 IMF는 돈을 받기 위해 돈을 빌려줄 뿐 빚진 나라의 사정은 전혀 돌보지 않습니다. 이런 사실은 IMF의 도움을 받은 많은 나라들의 경제가 더 어려워지는 것으로 뒷받침이 됩니다. 실제로 1980년대에 세계은행과 IMF의 구제금융을 받은 사하라 이남 대다수 아프리카 국가들의 일인당 국민소득은 25%가 줄었습니다. 또한 IMF의 도움을 받은 89개국의 나라 가운데 48개국이 더 못살게 되었습니다. 그 가운데서도 14개국은 아예 경제규모가 15%정도 줄어들었습니다(자료출처: 『불경한 삼위일체』, 220쪽, 300쪽, 삼인). 그래서 IMF는 '나는(I' M) F학점' 또는 'IMF 신탁통치'라는 별칭을 가지고 있습니다.

살기가 힘들어지면 사람들은 작은 일로도 싸우게 마련입니다. 그런 상황에서 식민지 시절부터 계속되어 온 부족 간의 갈등이 불씨가 되어 내전으로 이어집니다. 선진국들은 부족간의 싸움을 강 건너 불 보듯 지켜보며 오히려 뒤에서 무기를 팔아먹기까지 합니다. 어떤 통계에 따르면 아프리카, 아시아, 라틴아

메리카에서 매년 600만 명의 어린이들이 IMF구조조정의 결과로 목숨을 잃는다고 합니다(자료출처: 『불경한 삼위일체』, 199쪽, 삼인).

하지만 나라의 재정이 바닥이 나자 더 이상 외국에서 돈을 빌릴 수도 없게 되었고, 돈이 없어 식량을 살 수도 없게 되었습니다. 식량을 살 수 없게 되자 외국에서 내미는 원조의 손길에 생명을 걸어야만 하는 상황이 되었습니다. 결국 르완다는 굶주림에 시달려야만 했습니다.

덧 붙 이 는 말

실제로 제3세계가 굶주리는 중요한 원인 가운데 하나는 제국주의 시절부터 잘못되어진 정치와 경제체제 때문이라고 볼 수 있습니다. 즉 수출을 하기 위해 수출용 작물을 재배하느라 전통적인 식량 농사를 포기하기 때문입니다. 하지만 식량을 자급자족하지 못하는 경우 비상사태가 생기면 나라 전체가 굶주릴 수밖에 없습니다.

세계화가 제국주의의 다른 이름에 지나지 않는다고 보는 것도 이런 까닭입니다. 현재 전 세계적으로 세계화는 하나의 크나큰 흐름입니다. 하지만 한편에서는 세계화를 반대하는 사람들도 있습니다. 그들은 최소한 먹을거리만큼은 제 땅에서 나오는 것을 먹어야 한다며 지역화를 주장합니다. 따라서 농업만은 세계화의 협상에서 제외시켜야 한다고 주장하고 있습니다.

비록 작은 목소리이긴 하지만 우리는 그 목소리에 귀를 기울여야 할 것입니다.

참, 제3세계 국가들이 모여 만든 국제기구로는 UNCTAD(유엔무역개발회의)가 있습니다. 1964년에 설립된 국제기구로, 후진국들이 중심이 되어 만들어졌습니다. 즉 선진국과 후진국의 무역불균형을 해소하고 선진국들이 후진국들을 원조하고 도와야 한다는 것을 주장하고 있습니다.

세계 2차대전 이후 독립을 한 후진국들이 선진국과 비교할 때 경제적으로 많이 뒤지는 현상을 보였습니다. 실제로 GATT(관세 및 무역에 관한 일반협정)에 의해 관세율이 인하되자, 경쟁력이 약한 후진국은 선진국에 비해 매우 불리한 입장에 놓이게 됩니다. UNCTAD는 이러한 문제를 해결하기 위해 만들어진 기구지만 국제적으로 큰 힘을 발휘하지는 못하고 있습니다.

자, 지금까지 읽은 것을 바탕으로 하여 다시 정리해보지요.

1) 앞 이야기를 읽고 르완다가 굶주리게 된 근본원인을 정리해보세요.

2) 전 세계의 대륙 가운데 굶주리는 나라들이 가장 많은 대륙은 어디이며, 왜 그곳에 굶주리는 국가가 많을까요?

3) 제3세계가 굶주림에서 벗어나기 위해서는 어떻게 해야할지 여러분의 지혜를 모아보세요.

북한의 굶주림과 쿠바의 기적

식량의 자급자족 문제

북한의 굶주림

북한은 남한에 비해 농사 지을 수 있는 땅이 적습니다.

"다랑밭을 만들고 곡식을 빽빽하게 심으시오!"

1980년대 말까지만 해도 북한은 식량을 자급자족할 수 있었습니다. 그동안 쌀과 옥수수의 생산에 힘을 쏟은 덕분이었습니다.

하지만 뜻하지 않은 사회주의국가들의 몰락으로 북한은 국가적 위기에 처했습니다.

"허허, 형제나라에서 석유와 화학비료를 수입할 수 없게 되었으니, 이제 어떻게 한다?"

"정말 큰일입니다."

북한은 주로 농약과 화학비료에 의존해서 농사를 지어왔습니다. 그렇기 때문에 석유와 화학비료의 수입이 줄어들자 식량 생산량도 줄어들었습니다. 실제로 북한의 화학비료사용량은 남한 못지않았습니다.

"전기가 없으니 논밭에 물을 대고 뺄 수도 없어."

석유 수입이 줄어들자 전기 생산량도 줄어들었고, 전기로 움직이던 관개시설을 쓸 수가 없게 되었습니다. 관개시설을 쓸 수 없게 되었다는 것은 홍수와 가뭄에 대비할 수 없게 되었다

는 것을 뜻합니다.

"석유가 없으니 나무라도 베어서 땔감으로 써야지."

나무를 베서 땔감으로 쓰자 산은 점점 민둥산이 되어갔습니다. 산에 나무가 없으면 비가 한꺼번에 많이 오는 경우 빗물을 흡수하지 못합니다. 빗물이 땅으로 스며들지 못하고 낮은 곳으로 흘러가게 마련이지요.

당시 북한의 자연환경은 홍수나 가뭄에 약한 상태에 머물러 있었습니다. 이런 상황에서 1995년부터 1997년까지 이어진 홍수와 가뭄은 북한의 식량위기를 더욱 심각하게 만들었습니다.

"산사태가 났다!"

홍수가 지자 북한의 곳곳은 산사태가 나서 흙이 낮은 곳으로 밀려 내려 갔습니다. 흘러 내려 온 흙은 논밭을 못 쓰게 만들었고, 강으로까지 흘러들어가 강바닥도 높아졌습니다. 결국 논밭과 마을들이 모두 물에 잠겼습니다. 엎친 데 덮친 격으로 홍수에 이어 다음 해에는 가뭄이 들었습니다.

결국 북한의 식량 생산량은 급격히 줄어들었고, 많은 국민들이 굶주리게 되었습니다. 당시의 기근이 얼마나 심했는지는 줄을 이었던 탈북자의 숫자로 보아 짐작할 수 있습니다. 굶어 죽는 것보다는 목숨을 걸고라도 북한을 빠져나가겠다는 사람들이 그만큼 많았습니다.

쿠바의 기적

"소련이 견디다 못해 IMF를 신청했다. 소련을 비롯한 사회주의국가들은 망했다!"

1990년대 초 사회주의국가들은 차례로 쓰러지면서 경제 위기에 빠졌습니다.

쿠바는 1959년 사회주의 혁명을 통해 사회주의 정권이 들어섰습니다. 사회주의국가가 된 뒤로 쿠바는 다른 형제 사회주의국가들에게서 싼 값으로 석유화학비료 및 농약 등을 사다가 농사를 짓고 있었습니다.

"우리 쿠바는 농사에 필요한 것들을 형제나라에서 수입하고, 그걸로 사탕수수와 담배를 재배해 형제나라에 수출해서 먹고살지요."

이런 상황에서 사회주의국가들의 갑작스러운 몰락은 농사에 필요한 것들을 제대로 수입할 수 없게 만들었습니다. 더구나 쿠바는 주식인 밀을 수입해서 먹는 상황이었습니다.

"아, 이제 어떻게 살아나가지? 식료품을 수입할 수도, 수출할 수도 없게 되었어……."

식료품을 주로 수입해서 먹던 쿠바는 당장 경제 위기에 부닥뜨리게 되었습니다. 먹을 것이 부족해서 굶주리는 사람들이 점차 늘어났습니다.

"어떻게 이 위기를 뚫고 나가지?"

생각 끝에 쿠바는 화학비료와 농약을 쓰지 않고도 농사를 지을 수 있는 방법을 연구하기 시작했습니다.

"우리나라에는 과학자들이 많아. 연구를 하면 틀림없이 성공할 수 있을 거야!"

마침내 쿠바는 1991년 9월 특별선언을 선포하고 온 나라가 위기를 극복하는 일에 힘을 쏟았습니다.

"바로 그거야, 유기농법으로 농사를 짓는 거야. 그러면 화학비료나 농약 없이도 농사를 지을 수 있어!"

쿠바는 화학비료를 쓰기 전의 농사로 돌아가기로 마음을 먹었습니다.

"우리 조상들은 화학비료 없이도 농사를 지어 먹고 살았어. 조상들이 했던 대로 농사를 짓는 거야. 우리는 할 수 있다고!"

과학자들은 농민들과 손을 잡고 농사기법을 연구하기 시작했습니다.

"지렁이를 길러서 퇴비를 만들고, 흙을 다시 살려야 해."

국민들의 협조를 얻어낸 쿠바정부는 유기농법으로 농사를 짓기 시작했습니다. 다행히 전 국민들이 서로 도와 유기농법은 점차 안정되어 갔습니다.

"한 뙈기라도 빈 땅이 있으면 농작물을 심는 거야."

도시에서도 자투리 땅에 농작물을 심어 직접 재배해서 먹었습니다. 도시 곳곳에 조그만 밭들이 늘어났습니다. 쿠바의 도시에서 푸른 밭들을 흔히 볼 수 있는 건 바로 그런 까닭입니다.

미국은 눈앞의 가시 같은 존재였던 사회주의국가 쿠바가 망하기를 기다렸습니다.

"우리 미국에겐 쿠바가 지금보다 더 잘 살 수 있도록 만들 방법이 있어요."

하지만 쿠바는 미국의 사탕발림에 넘어가지 않았습니다. 그러자 미국은 쿠바가 수입과 수출을 자유롭게 하지 못하도록 더욱 강하게 수출입을 방해했습니다.

"우리는 미국이 방해를 해도 살아남을 수 있어."

쿠바는 미국의 경제 봉쇄에도 굴하지 않고, 농업을 되살렸습니다. 쿠바는 유기농법을 전국적으로 장려하면서 식량을 자급자족하려 애썼습니다. 다행히 쿠바의 유기농 정책은 성공을 거두었습니다.

얼마 지나지 않아 주식인 밀을 뺀 거의 대부분의 농작물을 스스로 길러서 먹을 수 있게 되었습니다.

"휴우, 겨우 식량 위기를 벗어났어!"

쿠바는 현재 나라 전체가 유기농으로 농사를 지어 국민 모두가 먹을 수 있을 정도의 식량을 생산하고 있습니다.

물론 아직도 쿠바인들은 주식인 밀을 수입해서 먹습니다. 쿠바의 기후에서는 밀을 생산할 수가 없기 때문입니다. 쿠바가 밀을 주식으로 하게 된 건 스페인 때문입니다. 스페인의 식민지였던 시절부터 주식이 빵으로 바뀌었습니다. 하지만 밀을 뺀 농작물은 모두 자급자족할 수 있게 되었습니다.

"이건 기적이야, 기적! 쿠바의 기적이라고!"

이제는 외국에서도 쿠바의 유기농법을 살펴보기 위해 일부러 쿠바를 방문하기도 합니다. 쿠바에서는 사회주의체제가 무너지지 않았습니다.

도움말

엇갈리는 운명

1980년대 말 북한과 쿠바는 사회주의국가의 몰락으로 국가적 위기에 처하게 됩니다. 즉 같은 사회주의국가에서 싸게 공급 받던 석유와 화학비료를 공급받지 못하게 된 것이지요. 두 나라는 당시 다른 나라들과 마찬가지로 농약과 화학비료에 의존해 농사를 짓고 있었습니다.

하지만 같은 식량위기를 맞아 쿠바와 북한은 그 대처방법을 달리했습니다. 그에 따라 두 나라의 운명은 엇갈렸습니다.

쿠바가 유기농법으로 바꾸어 식량 위기를 무사히 넘긴 반면 북한은 변화하지 못하고 식량위기에 처하게 됩니다. 일부 사람들은 북한이 체제 문제 때문에 굶주리게 되었다고 보기도 합니다. 하지만 1990년이 될 때까지 북한은 식량을 자급자족하던 나라였습니다. 그런 북한이 갑작스레 식량 위기에 처한 것을 체제 탓으로만 볼 수는 없습니다. 북한도 쿠바처럼 유기농법으로 전환했더라면 그 결과는 달라질 수 있었을 테니까요.

 덧붙이는 말

우리나라의 경우도 1960년대부터 녹색혁명(화학비료와 농약을 사용하여 생산량을 늘리는 농법)으로 식량을 자급자족하게 되었습니다. 하지만 실제로 쌀을 제외한 식량의 자급자족도는 25%로 그다지 높지 않습니다.

한 나라가 막상 식량 위기에 처해도 다른 나라들은 그 나라의 사정을 강 건너 불 보듯 합니다. 국제질서는 냉혹합니다.

실제로 세계 최대의 밀 수출국인 미국은 방글라데시가 홍수로 기근이 들었을 때 식량 수출을 금지하여 수많은 사람들을 굶어 죽게 했습니다. 또 1994년 일본의 쌀농사가 흉년이 들었을 때 세계의 곡물수출상들은 쌀값을 3배나 올리기도 했습니다.

결국 식량 수입국(특히 힘없고 가난한 나라의 경우)은 언제나 식량 위기에 몰릴 위험에 처해있다고 보아야 할 것입니다. 한 나라가 식량을 자급자족하는 것이 중요한 까닭은 여기에 있습니다.

UR(우루과이라운드)에 이어 미국과의 FTA(자유무역협정) 체결로 이래저래 우리나라의 농업은 바람 앞의 등잔불처럼 위태로운 상황에 처해 있습니다. 농업은 식량 공급의 원천이기도 하지만 한 나라의 문화를 이루는 중요한 요소이기도 합니다.

FTA는 경제통합의 한 형태로서 말 그대로 협정국 사이에 모든 무역장벽을 없애고 자유무역을 보장하자는 협정입니다. 우리나라는 현재 칠레와 FTA를 맺고 있으며 미국과의 FTA도 곧 발효될 예정입니다.

농업이 망가진다는 것은 산업으로서는 물론 그 나라의 문화가 망가지는 것이기도 합니다. 농민들이 목숨을 걸고 FTA에 반대하는 것은 나름대로 다 이유가 있는 것이지요.

UR의 발효와 함께 WTO(세계무역기구)가 출범합니다. WTO는 UR협정의 이행을 감독하고 국제무역분쟁을 해결하기 위해 만들어진 국제기구입니다. 기존의 GATT에 비해 훨씬 법적 구속력이 강한 국제기구입니다.

또한 WTO 각료회의는 2001년 카타르 도하에서 다자간 무역협정인 DDA(도하개발어젠다)를 체결합니다. UR에 비해 상품, 서비스, 지적재산권 등을 포괄하며 강제력이 높습니다.

조금 머리가 무겁겠지만 우리의 앞날을 한번 생각해 보지요.

1) 북한과 쿠바의 예로 볼 때 우리나라의 농업이 나아갈 길은 어떤 것이라고 생각하나요?

소값 떨어져 개값 되고
배추 고추값 떨어져 똥값이다

농사 짓는 일은 왜 보호해야 할까요?

아내여 - 진도아리랑 39

그 땐
자운영꽃 흐드러지던
창팟들 너마지기 논에
보리 심어
성큼 수확기가 되어도
가난은
깜부기처럼 검게 피어났고
지금엔 소값 떨어져 개값 되고
배추 고추값 떨어져 똥값이다.
(이 곳 사는 우리 목숨은
값이나 있는지)
바닥 마른 침계천마냥
눈물도 마른 우리
길게 길게 누워

소나기 퍼붓는 날에나

가슴을 적실까

아내여 그대의 한숨은

감꽃으로나 떨어져라

(시집 『진도아리랑』, 박상률, 시와 시학사)

농업 정책과 농가 소득

'경제 이야기를 하는데 웬 시?' 하고 이상하게 생각하는 사람이 혹시 있을지 모르겠네요. 그러나 시를 포함한 모든 문학은 우리의 삶을 떠나 존재할 수 없습니다.

여러분은 농촌을 배경으로 한 시를 이야기하면 그저 전원풍이거나 목가적인 시를 떠올릴 것입니다. 그건 농촌을 아름다운 쪽빛 하늘과 부드럽고 상쾌한 바람, 그리고 향기로운 꽃이 있는 곳이라고만 생각하기 때문이지요. 하지만 농촌은 그런 아름다운 풍경만이 있는 곳은 아닙니다.

그곳에도 도시와 마찬가지로 삶이 있습니다. 그리고 삶이 있는 곳에는 반드시 경제 문제가 있게 마련이고요. 문학이 인간의 삶을 이야기하고 노래하는 것이라면 농촌을 배경으로 한 시에 농촌의 풍경과 함께 농촌의 삶이 나오는 것은 지극히 자연스러운 일이지요.

경제 역시 우리 생활에서 떼어낼 수 없는 삶, 그 자체이기도 합니다. 그러니까 시가 경제를 이야기하고 있다고 해서 이상할 건 하나도 없지요. 앞의 시에 나오는 것처럼 지금 우리 농촌은 삶뿐만 아니라 풍경도 그다지 목가적이지 못합니다. 더구나 수입 개방이 되어 외국의 농산물이 물밀듯이 들어오게되면 우리의 농촌은 지금보다 더욱 황폐해질 것이 틀림없습니다.

앞의 시는 현재 우리나라 정부가 실시하고 있는 농업 정책의 영향으로 인해 황폐해가는 농촌의 모습을 보여 주고 있습니다. 더구나 강대국들의 자유무역주의에 따른 UR(우루과이라운드)로 인해서 농산물 시장이 이미 개방된 것이 우리의 현실이고 보면 앞으로 농촌 문제는 더욱 심각해질 것이 눈앞에 보입니다. 사실 우리나라의 농촌은 1970년대 이후 큰 발전을 하지 못하고 있습니다. 1970년대와 비교할 때 도시의 인구는 엄청나게 증가했는데 농촌의 인구는 절반도 안 되게 줄어버렸습니다. 지금의 농업 정책이 계속된다면 앞으로 10년, 20년 후에는 농촌에 사는 사람이 거의 없을지도 모릅니다. 어째서 이처럼 농촌에 사람이 살지 않는 현상이 벌어졌을까요? 그건 나라의 경제 정책이 주로 공업의 발전에 집중되었기 때문입니다. 그동안 우리 정부는 경제를 성장시키기 위해서 성장률이 높은 공업에 많은 투자를 한 반면 농업에는 투자를 게을리했답니다.

하지만 성장률이 좀 낮다고 해서 농업을 포기해서는 안 됩니다. 선진국들도 농업에 대해서는 특별한 지원을 하고 있으며 농가 소득이 일정한 수준으로 유지되도록 보호를 하고 있습니다. 그 이유는 무엇일까요?

자본주의사회에서는 농산물의 가격도 수요공급의 원리에 의해서 결정됩니다. 하지만 이런 경우 농산물의 가격이나 농가의 소득은 문제가 생기게 됩니다. 왜냐고요?

첫째로 농산물의 생산량은 때에 따라 많은 차이가 나기 때문입니다. 어떤 농산물이 얼마나 많이 생산되었느냐에 따라서도

농가의 소득은 크게 차이가 나게 되고요. 앞의 시에 나오는 것처럼 우리는 흔히 어떤 해는 배추가 너무 많이 생산되어 값이 폭락하여 배추밭을 갈아 엎었다느니, 또는 배추값이 비싸서 김치가 금치가 되었다느니 하는 뉴스를 접하곤 합니다. 또 소나 돼지의 값이 떨어져 개값이 되었다는 소식을 접하기도 합니다.

그래서 농가 소득을 일정하게 만들기 위해 보조금을 지급하기도 합니다. 이런 정책은 어제오늘 생긴 게 아니고 이미 오랜 옛날 중국에서도 있었습니다. 중국의 위나라 때 높은 관리였던 어떤 사람이 농산물의 가격은 일정하지 못하기 때문에 농민들에게 많은 격려가 필요하다고 말했다고 합니다. 그런 사실로 미루어 보아 옛날부터 농업 문제에는 특별한 정책이 필요했다는 걸 알 수 있습니다.

둘째로 농가 소득은 다른 소득에 비해서 그 증가율이 상대적으로 낮기 때문에 문제가 늘 발생합니다. 즉 다른 일에 종사하는 사람보다 농부의 소득이 빨리빨리 증가하지 않는다는 뜻이지요.

셋째로 농산물의 유통 경로에서 문제점이 발생합니다. 현재의 중개인 제도를 통한 농산물 유통은 생산지의 가격에 비해 몇 배가 되는 시장 가격을 낳고 있습니다. 예를 들어 생산지에서는 100원 밖에 안 하는 배추가 시장에서는 1,000원도 넘는 가격에 팔리고 있는 것이 현실입니다.

이런 문제들 때문에 대부분의 국가에서는 농업을 보호하고 농가 소득을 일정 수준으로 유지하기 위해서 나름대로의 방법을 쓰고 있습니다. 즉 그때그때의 생산량에 따라 적절한 가격으로 정부가 농산물을 사들이기도 하고 보조금을 지급하기도 하는 것입니다. 가을이면 항상 말썽이 되었던 추곡 수매제도 (2005년에 폐지, 공공비축제도로 전환)도 이런 정책의 한 가지로 볼 수 있을 것입니다. 하지만 어느 정도의 가격으로 쌀을 사들일 것인가 그리고 어느 정도의 보조금을 지급할 것인가는 관리들 몇몇이서 머리를 맞대고 결정할 문제가 아닙니다.

어쨌든 앞의 이야기와 같은 상황이 일어나지 않도록 하기 위해서 정부는 농업을 보호하고 장려함과 동시에 농산물 유통 구조의 개선을 위해서 노력해야 할 것입니다.

덧붙이는 말

이제 우리나라 농사의 대부분을 차지하고 있는 벼농사에 대해서 알아볼 필요가 있습니다. 우리나라는 쌀을 주식으로 하고 있으며 세계 주요 쌀 생산국이기도 하니까요.

농업 문제 전문가들의 견해를 빌려 벼농사가 우리에게 가져다주는 혜택을 정리해 보면 다음과 같습니다.

먼저 벼농사는 뭐니뭐니해도 우리의 주식인 쌀을 제공합니다. 그러나 벼농사는 그런 직접적인 혜택 말고도 여러 가지 혜택을 주고 있습니다. 논은 여름에 물을 가둠으로써 홍수가 일어날 수 있는 여러 가지 사태를 막아 줍니다. 또 지하수를 풍부하게 해 주는 역할도 합니다. 또 벼는 공기를 정화시켜 주기도 합니다. 벼가 자라고 있는 논에 가면 가슴이 시원해지는 것을 느낄 수 있을 것입니다. 이것은 바로 벼가 공기를 맑게 해 주는 작용을 하기 때문이랍니다.

이처럼 벼농사는 경제적인 이익뿐만 아니라 정신적으로도 도움을 주고 있습니다.

예로부터 농업 국가였던 우리나라 사람들의 마음속에는 언제나 고향을 그리는 마음이 자리잡고 있습니다. 명절 때마다 막히는 고속도로에서 엄청난 고생을 하면서도 고향을 찾아 내려가는 사람들의 행렬을 보면 그 마음이 어떤 것인지 알 수 있을 것입니다. 벼농사를 짓지 않음으로 해서 농촌이 폐허가 되어 버린다면 국민들은 고향을 잃어버리게 되는 것입니다. 그로 인한 정서적 충격이나 피해도 결코 만만하게 보아넘길 것은 아니라고 생각됩니다. 고향을 잃어버린다는 것은 자신의 밑자리를 잃어버리는 결과를 낳게 되니까요.

잡초와 거미줄로 뒤덮인 고향 마을의 모습을 생각한다는 것은 결코 즐거운 일이 아닙니다.

정부는 선진국의 수입 개방에 밀려 농산물을 무작정 개방하고 농업을 포기함으로써 나중에 식량이 무기가 될 수 있다는 우려를 낳게 하고 있습니다.

그렇지만 농업을 살리기 위해서 우리들이 할 수 있는 일이 없는 것은 아닙니다. 첫 번째로 쿠바처럼 유기농을 전국적으로 실현하는 것을 생각할 수 있습니다. 두 번째로 농민들은 단체를 결성하여 공동 생산과 공동 판매를 통해 경쟁력을 높여야 합니다. 현실적으로는 협동조합을 결성하는 방법이 있습니다. 세 번째로는 상대적으로 우리 실정에 맞는 작물에 집중 투자하여 외국과의 차별성을 가져야 할 것입니다. 네 번째로는 국민들은 신토불이라는 생각으로 우리 농산물을 사먹는 운동을 벌여야 합니다. 즉 '식량생산의 지역화'를 이루어야 합니다. 외국에서는 이미 로컬푸드 또는 푸드마일이라는 이름으로 소비자와 생산자를 중심으로 일정한 거리 내에서 생산된 식품만을 소비하는 운동을 벌이고 있습니다. 그래야만 사라져 가는 우리 농촌이 다시 살아날 수 있을 것입니다.

이제 다음 문제들에 대해서 생각해 보세요.

1) 수입쌀의 가격이 싸다면 여러분들은 수입쌀을 사먹겠습니까?
2) 식량이 무기가 된다는 것에 대한 여러분들의 생각을 이야기해 보세요.
3) 멕시코 칸쿤에서 열린 WTO(세계무역기구) 회의에 항의하기 위해 갔던 이경해 씨가 죽음을 무릅쓰고 주장하려고 한 것은 무엇이었는지요?
4) 매년 11월 11일이 무슨 날이지요?

2

 경제 생활의 시작

원시인과 도깨비 방망이

경제 생활은 어떻게 시작될까요?

먼 옛날, 그러니까 호랑이가 아직 쑥이나 풀잎으로 만든 담배를 피고 다닐 무렵의 이야기입니다. 지금의 한강 근처에 성은 원씨이고 이름은 시인인 총각이 늙으신 부모님을 모시고 살고 있었습니다. 같은 원씨 성을 가진 원숭이네 가족과 원시인네 가족이 크게 다른 점은 원숭이네 가족은 모두 온몸에 털옷을 입고 있지만 원시인네 가족은 나뭇잎옷이나 갈대옷을 주로 입는다는 점이었습니다.

원시인 총각은 부모님에 대한 효성이 지극하여 부모님이 원하시는 것은 무엇이든 해 드리고 싶었습니다.

그래서 원시인은 하루도 쉬지 않고 강에 나가 물고기를 잡거나 산에 가서 사냥을 했습니다. 때로는 어머니가 좋아하시는 나무열매를 따러 산을 헤매고 다니기도 했습니다.

아침에 눈을 뜰 때부터 원시인 총각은 고민을 했습니다.

"오늘은 어디로 가야 할까? 강으로 가야 물고기가 많이 잡힐까? 산으로 가야 짐승을 많이 잡을 수 있을까?"

하지만 물고기잡이와 사냥은 원시인 총각의 뜻대로 잘 되지 않았습니다. 어떤 날은 하루 종일 고생만 하고 아무것도 잡지 못한 채 집으로 돌아오는 날도 있었습니다. 그렇다고 해가 져서 아무것도 보이지 않는 한밤중까지 헤매고 다닐 수도 없는 일이어서 고기나 짐승을 잡을 수 있는 시간은 항상 빠듯하기만 했습니다.

그러다 보니 원시인 총각은 자나깨나 고민을 하지 않을 수가 없었습니다. 특히 겨우살이 준비를 해야 하는 가을이 되면 원시인 총각의 고민은 더욱 커졌습니다. 원시인 총각에겐 일 년 중에서 가을이 가장 힘든 때였습니다.

"겨울을 나려면 산에 올라가 나무열매를 있는 대로 따다가 말리고, 강에 가서 고기도 잡아다가 겨울에 먹을 수 있도록 미리 말려야지."

그뿐만이 아니었습니다. 여름비에 삭아내린 움막 지붕을 갈기 위해 갈대나 풀을 베어다가 이엉도 새로 엮어야 했습니다. 또 겨울을 따뜻하게 나기 위해선 깊은 산 속으로 들어가 토끼나 여우 등을 잡아 털가죽을 벗겨 옷을 만들기도 했습니다. 나뭇잎 옷이나 갈대옷만으론 겨울을 나기가 힘들었기 때문이지요.

일이 힘들기는 했지만 세 식구가 행복하게 살기 위해서였기에 원시인은 즐거운 마음으로 일을 하려고 애를 썼습니다. 하지만 어떤 때에는 이런 생각을 하기도 했습니다.

"나무 열매만이라도 집 가까운 데에 많이 있었으면 좋겠다. 실컷 따먹을 수 있게. 마을에 새로 들어와서 사는 사람들이 많아져서 요즈음은 열매 몇 개 딸래도 깊은 산 속까지 가야 하니 점점 더 힘이 들어. 게다가 올겨울은 일찍 오는 것 같아. 벌써 추워지기 시작하잖아. 어떻게 해야 겨우살이 준비를 제대로 할 수 있을까?"

그랬습니다. 그해 따라 겨울이 일찍 오는지 겨우살이 준비를 미처 하기도 전에 날씨가 추워졌습니다. 원시인은 잠자리에서 일어나기 싫은 날엔 이런 생각까지 했습니다.

"어이구, 이럴 땐 도깨비 방망이나 하나 있었음 좋겠네. 계속 그것만 두들겨 대면 맛있는 나무열매가 막 쏟아지게."

늦가을 어느 날, 그날도 원시인은 어디로 갈까 망설이다가 집을 나섰는데 잘 다니지 않던 낯선 골짜기에서 개암나무 열매가 가득 달린 나무를 찾아 냈습니다. 그래서 시간 가는 줄도 모르고 열매를 따다가 그만 해가 저물어 버렸습니다.

"어어! 열매가 보이지가 않네. 이런, 해가 져버렸잖아!"

항상 해가 지기 전에 돌아오라고 신신당부를 하시던 어머니의 얼굴이 떠올랐습니다. 원시인은 갑자기 무서워지기 시작했습니다. 한밤중에 산 속에서 자다간 어느 도깨비나 짐승에게 잡혀갈지 알 수 없는 일이니까요.

집으로 돌아가려고 개암나무 열매가 잔뜩 든 자루를 짊어진 채 길을 찾았지만 앞이 보이지 않아 길을 알 수가 없었습니다. 길을 헤매다 보니 저 먼 곳에 낡아빠진 움막 한 채가 보였습니다.

"어쩔 수 없다, 오늘 밤은 저 집에서 보내야겠어."

원시인은 내달리듯 빨리 걸어서 그 집 안으로 들어갔습니다. 하루 종일 열매를 따느라 피곤해진 원시인은 움막 한 켠으로 들어가 쭈그리고 앉아 잠을 청했습니다. 곤하게 잠을 자고 있

노라니까 밖에서 두런거리는 말소리가 들려 왔습니다. 깜짝 놀란 원시인은 자리에서 일어나 숨을 곳을 찾았습니다. 마침 한구석으로 이어진 헛간이 하나 있는 것을 보고 원시인은 그 속으로 들어가 나뭇더미 뒤에 숨었습니다.

그렇게 숨어 있노라니까 움막문을 밀치는 소리와 여러 사람이 말하는 소리가 들려 왔습니다. 곧이어 맛있는 음식 냄새가 나는가 싶더니 노랫소리도 들려 왔습니다.

맛있는 음식 냄새가 나자 원시인은 배가 고파졌습니다. 그래서 염치 불구하고 그 사람들에게 먹을 것을 나누어 달라고 하고 싶어졌습니다. 하지만 먼저 그들이 어떤 사람인지를 살펴

볼 필요가 있었습니다.

　원시인은 나뭇더미를 살짝 밀치고 움막 안에 있는 사람들이 누구인지 살펴보았습니다. 그곳에 앉아 있는 사람들의 머리에는 작은 뿔이 두 개 달려 있었고 몸에서는 푸르스름한 빛이 났습니다. 그들은 빙 둘러앉아 고기와 메밀묵, 그리고 술을 마시고 있었습니다.

　'도깨비들이잖아!'

　어머니가 들려 주시던 이야기에 나오는 도깨비들은 몸에서 푸르스름한 빛이 나고 고기와 메밀묵을 좋아한다고 했거든요. 도깨비들은 쉴 새 없이 도깨비 방망이를 두들겨 대 먹을 것이 나오게 했습니다.

　"닭고기 나와라!"

　그렇게 말하며 도깨비 방망이를 두들기자 정말로 닭고기가 튀어 나왔습니다.

　"메밀묵 나와라!"

　이번엔 메밀묵이 툭 튀어 나왔습니다. 하루 종일 굶은 원시인은 배가 고파서 군침이 돌았습니다. 하지만 도깨비들에게 먹을 것을 달라고 할 수는 없는 일이었습니다. 잘못하면 목숨을 잃게 될지도 모르는 일이니까요.

　너무 배가 고파 견딜 수가 없게 된 원시인은 자루에 든 개암나무 열매라도 먹어야겠다고 생각했습니다.

　그래서 열매를 하나 꺼내어 입에다 넣고 깨물었습니다.

　'딱'

원시인이 깨문 개암나무 열매에서는 꽤 커다란 소리가 났습니다. 이 소리를 들은 도깨비들은 난리가 났습니다.

"지붕이 무너지나 보다. 어서 도망가야 해."

원시인이 개암나무 열매를 깨무는 소리에 놀란 도깨비들은 '걸음아 나 살려라' 하면서 어디론가 도망을 쳐버렸습니다. 바깥이 조용해지자 원시인은 헛간에서 나와 도깨비들이 앉아 있던 곳으로 갔습니다.

그곳에는 도깨비들이 먹다 둔 맛있는 음식과 잊어버리고 두고 간 도깨비 방망이 한 자루가 놓여 있었습니다. 원시인은 점잖게 자리를 잡아 앉고선 음식을 배불리 먹은 뒤 도깨비 방망이를 잘 챙겨 자루에 넣은 후 날이 새기만을 기다렸다가 집으로 돌아왔습니다.

원시인이 돌아오지 않자 집에선 부모님이 밤새 한숨도 잠을 못 이루고 있었습니다.

"아이쿠, 얘야, 무사히 돌아왔구나."

원시인은 어제 딴 개암나무 열매와 도깨비 방망이를 자루에서 꺼내 놓으며 싱글벙글 웃었습니다.

"아버님, 어머님, 뭐가 드시고 싶으세요?"

"뭐가 먹고 싶긴, 너야말로 뭐가 먹고 싶으냐? 내가 얼른 만들어 주마."

"아니에요, 잡수고 싶은 걸 말씀하세요. 제가 얼른 만들어 드릴게요."

"얘가 하룻밤을 밖에서 새우고 오더니 이상한 말을 다하는

구나."

"말씀만 하시라니까요."

"글쎄, 통돼지구이가 먹고 싶구나."

아버지의 말씀에 원시인은 도깨비 방망이를 두들기며 말했습니다.

"통돼지구이 나와라."

그러자 정말로 그들 식구 앞에 통돼지구이가 나타났습니다. 그것도 한 마리가 통째로 나타난 것입니다.

"아니, 얘야. 네가 도깨비 방망이를 얻어왔구나!"

그날 아침 원시인네 식구들은 맛있는 통돼지구이를 실컷 먹었습니다. 원시인은 마음속으로 갖고 싶어했던 도깨비 방망이를 정말로 얻게 된 것입니다. 이제 원시인은 고기나 열매를 얻기 위해서 산과 들을 헤매고 다닐 필요가 없게 되었습니다. 어디로 갈까, 무엇을 할까 하는 고민들을 할 필요도 없었습니다. 도깨비 방망이가 하나 생기자 모든 것이 해결되어 버렸으니까요.

도움말

경제 생활은 선택하는 일로부터 시작됩니다

앞 이야기는 우리에게 두 가지를 말해 주고 있습니다. 그 중 하나는 원시인 총각의 바람만큼 나무열매와 물고기 등이 많지 않다는 사실입니다. 그리고 다른 하나는 원시인 총각이 나무

열매를 따기 위해서는 물고기를 포기해야 하고, 물고기를 잡기 위해서는 나무열매를 포기해야 한다는 것입니다.

앞의 두 가지 사실을 경제학적인 말로 바꾸어 보면 이렇습니다. 즉 하나의 욕망을 채우기 위해 어떤 것을 선택하게 되면 다른 욕망을 억누르거나 포기해야 한다는 것과 사람의 욕망을 채워 줄 자원들은 한정 없이 주어지거나 쉽게 구해지지 않는다는 것입니다(욕망이라는 말을 이상하게 생각하지 마세요. 경제학은 인간의 욕망 때문에 생겨난 학문이거든요!).

사람은 먹고 입고 자는 모든 일에 있어서 모두 일정한 대가를 치르지 않으면 아무것도 할 수 없습니다. 이야기 속의 원시인 총각도 자신과 가족의 생활을 위해서 노동력과 시간이라는 대가를 치르고 있습니다.

하지만 원시인 총각에게 주어진 힘(노동력)과 쓸 수 있는 시간은 제한되어 있습니다. 그래서 원시인 총각은 자신에게 주어진 힘과 시간을 잘 이용하여 겨우살이 준비를 잘 할 수 있도록 선택을 해야 하는 것입니다.

추운 겨울이 닥치기 전에 산에 가서 열매를 딸 것인지, 강에 가서 물고기를 잡을 것인지, 아니면 사냥을 할 것인지를 선택해야 합니다. 그리고 하루라는 시간 동안에도 어느 때 얼마만큼의 시간을 어디서 보낼 것인지를 선택해야 합니다. 이야기 속에서 새벽 일찍 잠이 깬 원시인이 산으로 가리라고 마음을 먹은 것도 하나의 선택입니다.

아침에 눈을 뜨면서부터 우리는 선택해야 할 것들에 부딪히게 됩니다. 오늘은 무엇을 할 것인가, 무엇을 먹을 것인가, 어떻게 학교에 갈 것인가 등 여러 가지 선택을 하게 되는 것이지요. 즉 생활이란 선택의 연속이라고 할 수 있습니다.

그러면 이런 선택이라는 문제는 어째서 일어나는 것일까요?

원시인 총각이 얻은 것처럼 원하기만 하면 무엇이든지 튀어나오는 도깨비 방망이만 하나 있다면 아무런 문제가 없을 것입니다. 뚝딱 하고 두들기기만 하면 도깨비 방망이에선 우리가 원하는 것이 얼마든지 나올 테니까요.

하지만 우리가 원하는 것은 도깨비 나라에서처럼 그렇게 얼마든지 있는 것이 아닙니다. 즉 사람에게 쓸모 있는 것들은 사람들이 원하는 만큼 끝없이 있는 것이 아니라는 겁니다. 이것을 경제학 용어로는 자원의 희소성이라고 부릅니다.

그 고민, 즉 자원의 희소성 문제를 해결하기 위해서는 어떻게 해야 할까요? 도깨비 방망이를 구하러 다닌다고요? 하지만 그건 너무 허황된 일이지요. 도깨비 방망이를 얻는 게 결코 쉬운 일이 아닌데다 자칫하면 도깨비들에게 목숨을 잃을 수도 있으니까요.

우리가 자원의 희소성 문제를 해결하기 위해서 할 수 있는 것은 바로 경제 원칙에 따른 선택을 하는 것입니다. 경제 원칙이란 최소의 비용(노력)으로 최대의 만족을 얻자는 것이지요.

원시인 총각을 예로 들자면 가장 적은 힘과 가장 적은 시간을 들여서 가장 많은 열매와 고기를 얻는 방법을 찾자는 것입니다.

　이런 선택은 원시인 총각이나 오늘을 사는 우리들 모두가 해야 하는 선택입니다. 우리 모두가 알게 모르게 항상 이런 선택을 하는 생활, 즉 경제 생활을 하고 있는 것이지요. 경제 생활은 선택하는 일로부터 시작됩니다.

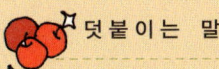 덧붙이는 말

　앞에서 자원의 희소성이라는 말이 나왔지요? 여기서 자원이란 사람에게 쓸모가 있는 것들이라고 정의할 수 있으며 그것은 자연에서 얻어집니다. 자연에서 얻어진 자원은 사람에 의해 상품으로 변하게 되며, 이러한 상품에는 재화와 용역이 있습니다.

　재화와 용역이 무엇이냐고요? 원시인 총각의 예에서 보자면 그가 따온 열매를 재화라고 할 수 있습니다.

　사람에게 쓸모가 있으면서 눈에 보이고 손으로 만질 수도 있는 것이지요.

　한편 원시인 총각이 가지고 있는 힘, 즉 노동력은 용역에 속합니다. 노동력은 눈앞에서 보이지도 만져지지도 않지만 쓸모가 있는 것이지요.

　여러분들이 돈을 주고 살 수 있는 것들 가운데에서 재화와 용역이 있습니다. 예를 들자면 쓸모가 있으면서 손으로 만질 수 있는 물건인 공책 같은 것은 재화에 속합니다.

여러분들은 한 달에 한 번 정도 이발소에 가서 이발을 하지요? 잘린 머리카락을 볼 수는 있지만 이발사 아저씨가 머리를 깎는 일을 눈에 보이거나 손에 만져지는 물건으로 표현할 수는 없을 것입니다.

이렇게 쓸모는 있지만 보이지도 만져지지도 않은 노동력 같은 것을 용역이라고 합니다.

자, 이제 다음의 몇 가지 문제들에 답을 해 보세요.

1) 병원에 가면 치료비를 내고 치료를 받을 수 있습니다. 여러분들은 치료라는 상품을 산 것입니다. 치료 행위는 재화일까요, 용역일까요?

2) 서점에 가서 책을 한 권 샀습니다. 책은 재화일까요, 용역일까요?

3) 만일 우리들 모두가 원하는 것은 무엇이든지 구할 수 있는 도깨비 방망이를 가졌다면 자원의 희소성이 존재할까요, 존재하지 않을까요?

4) 어머니가 시장에서 배추를 사면서 값을 깎았습니다. 어머니의 행동을 경제 원칙에 따른 행동이라고 할 수 있을까요?

여우네 생선 가게

경제인이 되기 위하여

산 속에 있는 동물나라에서 제일 장삿속이 밝은 동물은 누가 뭐라 해도 여우입니다. 언제부터인지 여우네 가족은 대를 물려가며 생선 가게를 하고 있습니다. 산 속의 동물나라에서 가장 인기 있는 먹을거리는 뭐니뭐니해도 바다에서 나는 생선이랍니다. 왜냐하면 산 속에선 땅 위의 먹을거리는 쉽게 구할 수 있지만 바닷속에서 나는 먹을거리를 구하기는 쉽지가 않거든요.

싱싱한 생선은 구하기가 힘든 만큼 값도 비쌌습니다. 그래서 장삿속 밝은 여우네 가족들은 가장 이익이 많은 생선 가게를 하는 것이랍니다.

"호호호, 여우네 생선 가게로 오세요. 언제나 여러분들이 원하시는 싱싱한 생선을 팝니다."

여우는 바닷가에서 사는 어부 돌고래나 물개들이 잡은 물고기를 사 와서 팝니다. 여우가 꾀가 많다고는 하지만 고기잡이까지 할 줄은 모르거든요.

어부 동물들은 고기를 잡아서 자기들이 먹고 난 나머지를 여우네 가게에 팔아 그 돈으로 자신들이 필요로 하는 생활 필수품을 산답니다.

여우네 가족은 동물나라에서도 소문난 부자로 알려졌습니다. 생선 가게를 해서 번 돈으로 여우는 자식들에게도 여우굴을 따로따로 사 주었습니다.

"아이고, 여우 엄마는 아직 학교도 들어가지 않은 자식들에게도 벌써 여우굴을 사 주었다지 뭐예요."

그런데 언제부턴가 여우네 생선 가게에서 생선의 무게를 속여 판다는 소문이 돌았습니다. 말하자면 저울눈을 속인다는 것이지요. 그런 소문이 점점 널리 퍼져서 마침내 경찰관인 오소리까지 그 사실을 알게 되었습니다.

그래서 경찰관 오소리는 그 사실을 확인하기 위해서 그저 생선을 사러 온 척하고는 여우네 생선 가게에 들렀습니다.

"여우 아줌마, 저녁에 먹을거리로 어떤 생선이 좋을까요?"

"반찬으로 드실 건가요, 찌개로 드실 건가요?"

"반찬으로 먹을 거요."

"예, 그럼 마침 싱싱한 꽁치가 있으니 그걸로 가져가세요, 많이 드릴게요. 1킬로그램에 1,000원씩인데, 얼마나 드릴까요?"

"2킬로그램만 주시오."

여우는 아주 상냥하게 웃으면서 꽁치를 저울 위에 올려놓았습니다.

"또 오시라고 많이 드렸습니다. 2.5킬로그램이 다 돼가려고 하네요. 저녁에 맛있게 드세요."

오소리는 꽁치값을 치르고 경찰서로 돌아와 꽁치를 저울에 달아 보았습니다.

"아니, 1.5킬로그램밖에 안 나가잖아? 그렇다면 소문이 사실이었군."

그래서 오소리는 다른 경찰관과 함께 여우네 생선 가게로 가서 경고를 했습니다.

"지금까지 저울눈을 속인 건 일단 지나간 일이므로 없었던 일로 해 주겠소. 하지만 앞으로 또 저울눈을 속이면 속인 무게만큼을 당신의 살에서 잘라내겠소. 그리 아시오."

여우가 겁을 먹은 얼굴로 대답했습니다.

"아……, 저, 저, 예, 예, 죄송합니다. 제가 돈에 눈이 어두워져서 그만……."

그날 이후 동물나라에선 무게를 속여 파는 일 같은 건 없어졌답니다.

경제, 경제인

앞 이야기에 나오는 여우의 행동을 잠깐 살펴볼까요? 여우 자신의 자리에서 보면 여우는 경제 원칙에 따른 선택을 한 셈입니다. 가장 적은 힘(비용)을 들여 자신에게 가장 큰 만족(이익)을 얻기 위해서 저울눈을 속여 팔았으니까요. 하지만 물건을 사는 동물의 입장에서 볼 땐 그건 경제 원칙에 따른 행동이 아닙니다. 정해진 값을 치르고 정당한 만족(생선)을 가져오지 못했으니까요. 이런 경우에 경제 원칙에 따른 여우의 행동은 이기적이어서 다른 동물에게 손해를 끼치게 됩니다.

그렇다면 경제학에서 말하는 경제 원칙이란 그렇게 남에게 손해를 끼치면서 자신의 이익을 챙기라는 것일까요? 결코 그렇지 않습니다.

경제 원칙은 사회 전체적으로 받아들여지는 정당하고 떳떳한 행동을 통해서만 인정될 수 있습니다. 남에게 부당한 손해를 끼치는 것은 경제 원칙이 결코 아닙니다. 왜냐하면 경제학이 바라는 인간형은 경제 원칙을 추구하되 이기적이지 않은 인간, 즉 경제인이기 때문입니다.

우리는 주위에서 여우처럼 행동을 하는 경제동물들을 많이 볼 수 있습니다. 그들은 인간이라기보다는 동물인 것입니다. 자신의 이익을 위해서는 남의 이익이나 권리를 마구 짓밟고 양심마저 헌신짝처럼 버리는 사람들, 그런 사람들은 스스로 경제인이 되기를 포기하고 경제동물이 된 사람들이라고 하겠습니다.

우리 사회가 바라는 것은 경제인이지 경제동물이 아닙니다. 경제학을 공부하는 이유도 바로 여기에 있는 것입니다. 경제학을 공부한다고 해서 우리들 모두가 경제학자가 될 필요는 없습니다. 하지만 경제학을 공부함으로써 경제인이 될 수는 있습니다.

그리하여 마침내는 나와 너, 나아가 우리 모두가 함께 어울려 잘살 수 있는 세상을 위해 경제학이 필요한 것이지 몇몇 사람만을 위해서 경제학이 필요한 것은 아닙니다(참, 경제인을 강조하니까 내로라 하는 기업체 회장님급들이 모여서 만든 단체 이름을 떠올리는 독자가 있을지 모르겠군요. 하지만 그 단체의 이름에서 뜻하는 경제인은 기업인 내지는 경영자를 말하므로 오해 없으시기를!).

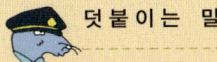

덧붙이는 말

우리는 지금까지 경제라는 말을 경제 행위 또는 경제 생활이라는 뜻으로 써 왔습니다. 하지만 경제라는 말은 경제 단위라는 뜻도 가지고 있습니다. 다시 말해서 경제가 어떤 사회 단위를 중심으로 이루어지느냐에 따른 것이지요. 그러니까 한 지역을 중심으로 보면 지역 경제, 한 나라를 중심으로 보면 나라 경제, 세계를 중심으로 하는 경제는 세계 경제라고 말할 수 있

는 것입니다. 예를 들자면 이야기 속의 동물나라를 중심으로
하는 경제는 동물나라 경제가 될 것입니다.

잠깐! 경제인이 되기 위해선 다음 문제들을 반드시 따져 봐
야 합니다.

1) 김투기 씨는 시골에 있는 논에 곧 아파트가 들어설
   것이라고 속여서 평당 만 원짜리 땅을 평당 백만 원
   에 팔았습니다. 김투기 씨의 행동은 경제 원칙에 따
   른 것이라고 할 수 있습니까?
2) 앞의 문제에 나온 김투기 씨가 경제인이 아닌 경제동
   물이라 한다면, 왜 그럴까요?
3) 어떤 경제학자는 이런 말을 했습니다. 경제학을 공
   부하는 사람은 냉철한 머리에 따뜻한 가슴을 가져야
   한다고요. 왜 그렇게 말했을까요?

보리밥보다 못한 찰밥

재화를 소비해서 얻는 만족감이란 무엇일까요?

옛날에 인색하기 짝이 없는 자린고비라는 사람이 살고 있었습니다. 자린고비는 부지런히 일하고 악착같이 아껴쓴 덕분에 제법 부자가 되었습니다.

마을에서 팔려고 내놓는 논만 있으면 모두 자린고비가 사들였습니다. 그러다 보니 마누라와 둘이서만 농사를 지을 수가 없을 정도로 논이 많아지게 되었지요.

그래서 할 수 없이 머슴을 두어야겠다고 마음을 먹었습니다. 하지만 워낙 지독한 구두쇠로 알려진 자린고비인지라 머슴을 구하기가 쉽지 않았습니다.

머슴 구함

조건 : 신체 건강하고, 쌀 한 가마 정도는
　　　왼손만으로도 들 수 있어야 함.

대우 : 장이 설 때마다 고깃국 제공.
　　　가을 내내 찰밥 제공.
　　　추수가 끝나면 쌀 다섯 가마를 줌.

하도 머슴이 구해지지 않자 자린고비는 마침내 고을의 여러 곳에 방을 붙였습니다.

그렇게 구체적인 대우를 밝힌 방을 여러 곳에 붙이고 나자 그때에야 머슴을 하겠다고 여러 사람이 몰려왔습니다.

"흠, 자린고비 영감도 어지간히 급한 모양이군. 고깃국에 귀한 찰밥이라……, 어디 한번 가 볼까?"

그때는 워낙 가난하던 시절이라 고깃국은커녕 된장국도 먹기가 힘들 때였습니다. 더더구나 찰밥은 부잣집에서나 먹어 볼 수 있는 밥으로 가난한 집에선 보리밥도 실컷 먹기가 어려웠거든요. 그래서 자린고비가 그런 방을 붙이자 사람들이 몰려든 것이랍니다.

자린고비는 여러 사람들 중에서 마침내 한 사람을 머슴으로 쓰기로 했습니다.

머슴이 들어오고 난 뒤 처음으로 장이 서는 날, 자린고비는 잊지 않고 장에 갔습니다.

"야, 자린고비 영감도 별수 없군. 약속을 지킬 수밖에 없나 봐."

마을 사람들은 자린고비가 장에 가는 것을 정말로 신기한 일이 일어나고 있다는 눈초리로 지켜보았습니다.

해가 뉘엿뉘엿 질 무렵이 되자 자린고비가 두 손을 잔뜩 치켜세운 채 집으로 들어서며 마누라를 불렀습니다.

"여보, 마누라, 빨리 손 씻을 물 내오고 국 끓일 준비를 해요."

굶어죽은 귀신

"아니, 손은 왜 그러고 계십니까? 어유, 비린내야!"

자린고비의 마누라는 자린고비의 손에서 나는 생선 비린내에 코를 감싸며 질겁을 했습니다.

"헤헤, 하루 종일 어물전을 돌아다니면서 생선들을 만졌더니 이렇게 된 거라오. 이 손 씻은 물로 국을 끓이면 바로 생선 고깃국이 되지 않겠소?"

마누라로서도 기가 막힌 나머지 뒤로 자빠질 일이었지만 남편의 성질을 알고 있는 터라 군말을 하지 않았습니다. 그리곤 자린고비가 생선 만진 손을 씻은 물을 가마솥에 붓고 불을 지폈습니다.

 그날 저녁 자린고비는 머슴이 밥을 먹을 때 한 마디 하는 걸 잊지 않았습니다.

"음, 약속 한 가지는 지킨 걸세."

머슴은 기가 막혔지만 한번 속아 주기로 했습니다.

한편 자린고비는 머슴이 밥을 너무 많이 먹는 것이 속으로 몹시 아까웠습니다. 하지만 일을 부려먹자니 밥을 안 줄 수는 없는 일이었습니다.

마침내 가을이 되었습니다.

"흐흠, 내가 이제 자네한테 또 약속을 지킬 때가 되었네."

자린고비는 머슴에게 그날부터 찰밥을 주겠노라고 했습니다. 머슴은 속으로 약간 미심쩍었지만 그냥 잠자코 있었습니다.

그런데 정말로 그날 저녁부터 찰밥이 나왔습니다. 오래간만에 보는 찰밥이라 머슴은 밥상에 차려진 찰밥을 실컷 먹었습니다.

"끄윽, 잘 먹었다."

그 다음 식사 때도 또 찰밥이 나왔습니다. 여전히 맛있게 먹어 치웠습니다. 머슴은 그렇게 사흘, 나흘 계속해서 찰밥을 먹었습니다.

하지만 날이 지나면서 찰밥이 입에 물리기 시작했습니다. 원래 찰밥은 보리밥보다도 오히려 입에 물리기가 쉬운 음식이랍니다. 그런 찰밥을 끼니마다 먹게 되자 머슴은 점차 찰밥이 먹기 싫어졌습니다.

"아이고 지겨워, 찰밥이라면 이제 신물이 난다."

찰밥에 물려 버린 머슴이 자린고비에게 말했습니다.

"주인 영감님, 찰밥은 더 이상 못 먹겠으니 차라리 보리밥을 주시지요."

"에끼, 이 사람. 배부른 소리 하지 말게. 다른 집엔 찹쌀이 귀해서 정월 보름날 아니면 구경도 못해. 원래 주인이란 약속을 제대로 지켜야 하는 법이야, 에헴."

정말 자린고비는 자기가 약속한 대로 가을 내내 찰밥을 해 주었습니다. 하지만 머슴으로선 처음엔 그렇게 맛있던 찰밥이 입에 물리자 그만 더 이상 먹을 수 없는 음식이 되고 말았습니다. 너무도 찰밥에 물린 나머지 머슴은 아예 옆집이나 주막집에서 밥을 따로 사먹어야만 했습니다.

왜냐하면 자린고비 영감이 약속을 지켜야 한다면서 도저히 물러설 기미를 보이지 않았기 때문이지요. 자린고비 영감은 머슴이 집에서 밥을 먹지 않자, 속으로는 좋아서 어쩔 줄을 몰랐습니다. 하지만 머슴은 추수가 끝나 새경을 받을 때까지는 꾹 참으며 밥을 사먹을 수밖에 없어 입맛이 씁쓸했습니다.

도움말

한계효용이란 무엇일까요?

앞 이야기에 나오는 머슴은 처음에는 찰밥을 아주 맛있게 먹었습니다. 머슴은 찰밥을 먹음으로써 만족감을 얻게 된 것입니다. 이것을 경제학 용어로 바꾸어 본다면 이렇게 나타낼 수 있을 것입니다.

즉 머슴은 찰밥(재화)을 먹음으로써(소비함으로써) 만족감(효용)을 얻게 된 것입니다. 물론 사람에 따라서 그 만족감의 크기는 차이가 날 것입니다. 즉 효용이란 어떤 재화를 소비함으로써 각자가 얻게 되는 만족감을 뜻합니다.

이제 머슴이 얻게 되는 만족감을 수치로 표시할 수 있다는 가정을 해 봅시다. 또 머슴의 입맛은 똑같다고 가정을 해야 할 것입니다(다른 학문과 마찬가지로 경제학에서도 '가정'이라는 말이 자주 나옵니다. 이건 복잡한 상황을 단순화해야 학문적 분석이 가능하기 때문이랍니다). 앞 이야기에서 보면 머슴이 찰밥을 먹고 나서 느낀 만족감은 맨 처음 먹었을 때가 가장 컸을 것입니다. 그리고 두 끼, 세 끼째 찰밥을 먹으면서 그 만족감의 전체 크기는 점점 더 커질 것입니다.

머슴이 얻게 되는 만족감을 표로 나타내 보면 아래의 〈찰밥에 대한 한계효용표〉와 같습니다.

〈찰밥에 대한 한계효용표〉

(단위 : 끼)

찰밥의 소비량	총효용	한계효용
0	0	0
1	6	6
2	10	4
3	10	0
4	9	−1

표에 나타난 것을 보면 머슴이 얻는 만족감(효용)의 크기는 두 끼까지는 계속 늘어나다가 네 끼째가 되면서 줄어드는 것을 알 수 있습니다. 이제 거듭해서 찰밥을 한 끼 더 먹을 때마다 추가로 늘어나는 효용의 크기를 옆에다 표시해 봅시다.

이렇게 찰밥을 한 끼 더 먹음으로써 얻게 되는 전체 효용의 크기, 즉 전체적인 만족감의 크기를 총효용이라고 합니다. 그리고 각 끼니마다 늘어나게 되는 효용의 크기, 즉 지난번에 비해 늘어난 만족감의 크기를 한계효용이라고 합니다.

머슴은 한 끼도 아니고 그렇게 며칠을 계속해서 찰밥만 먹다 보니 물리기 시작했습니다. 찰밥은 점점 느끼하게 느껴지기 시작했고, 나중에는 아예 먹기가 싫어져 버린 것입니다.

즉 찰밥에 대한 한계효용이 감소하기 시작한 것입니다. 표에서도 볼 수 있는 것처럼 어떤 재화에 대한 소비가 늘어날수록 그 재화 한 단위가 주는 만족감(한계효용)은 점차 줄어들게 됩니다. 우리는 이것을 한계효용체감의 법칙이라고 하는데 일정 기간을 전제로 한 법칙입니다.

앞의 표에서 보면 한계효용이 0이 될 때까지 총효용은 증가하며, 한계효용이 0일 때 총효용은 최대가 됩니다. 그리고 한계효용이 마이너스(−)가 되면 총효용은 감소합니다. 따라서 총효용이 줄어들게 되면 우리는 재화를 더 이상 소비하지 않게 될 것입니다.

이제 머슴이 아닌 우리들 자신에 대해서 한번 생각해 봅시다. 아무리 맛있는 음식이라도, 그리고 아무리 좋은 옷이라도 같은 것을 계속해서 먹거나 입으면 질린다는 것을 우리는 이미 경험으로 알고 있습니다.

초콜릿을 예로 들어 봅시다. 아마 몇 개 먹지 않아 더 이상 먹고 싶어지지가 않을 것입니다. 처음에는 그렇게 달고 맛있던 초콜릿이지만 강제로 더 먹으라고 한다면 나중에는 얼굴을 찌푸리게 됩니다.

앞에서 말한 한계효용체감의 법칙이란 바로 우리가 생활 속에서 느껴 알고 있는 사실을 하나의 법칙으로 정리해 놓은 것이라고 하겠습니다.

이런 사실로 볼 때 우리는 이런 생각을 해 볼 수 있을 것입니다. 어떤 물건에 대해서 지나치게 욕심을 낼 필요가 없다는 것이지요. 흔히 어른들이 식사 시간에 아이들에게 하는 말 중에 더 먹고 싶다 할 때 그만 먹으라는 말이 있습니다. 그 말은 한계효용이 0이 되기 전에 욕심을 더 이상 부리지 말라는 뜻이 담겨 있다고 볼 수 있습니다. 물론 어른들이 경제학적으로 따져서 그렇게 말씀하시는 건 아니겠지만요.

아무튼 모든 것에 있어서 지나치지 않고 적당한 욕심을 내는 것이 경제인다운 행동일 것입니다.

다음 문제들을 통해서 배운 걸 확인해 봅시다.

1) 가영이는 지금 맛있는 아이스크림을 먹고 있습니다. 어머니께서 오늘은 가영이의 생일이니 먹고 싶은 만큼 먹어 보라고 하신 것입니다. 아이스크림을 먹고 났을 때 가영이가 느끼는 만족감을 경제학에서는 무엇이라고 부르지요?

2) 가영이는 이제 막 아이스크림을 두 개째 먹었습니다. 그런데 두 개를 먹고 나자 하나를 더 먹고 싶었습니다. 그래서 아이스크림 세 개째 먹었습니다. 가영이가 아이스크림 두 개를 먹었을 때에 느꼈던 만족감과 세 개를 먹었을 때 느꼈던 만족감의 차이를 경제학에서는 무엇이라고 부르나요?

3) 가영이는 아이스크림을 네 개째 먹고 있습니다. 그런데 웬일인지 아까보다 훨씬 더 맛이 없게 느껴졌습니다. 이처럼 더 먹을수록 만족감이 적어지는 것을 경제학에서는 무엇이라고 합니까?

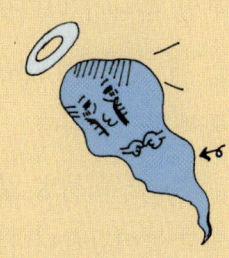

시인과 그의 아내

물건을 살 때 사람들은 어떻게 행동할까요?

흰 눈이 펑펑 쏟아지는 거리를 허름한 외투를 걸친 사내 하나가 걸어가고 있었습니다.

사내의 머리엔 하얀 눈이 무거우리만치 얹혀 있었습니다. 사내는 연신 손을 호호 불며 종종걸음을 쳤습니다. 날씨가 너무 추워서 나다니는 사람도 별로 없었습니다.

이윽고 어떤 가게 앞에 다다른 사내는 문 앞에서 머리와 외투에 쌓인 눈을 털었습니다. 잠시 후 사내는 그 가게 안으로 들어갔습니다.

그곳은 헌책방이었습니다. 얼마 후 다시 가게 밖으로 나온 사내의 손에는 책 한 꾸러미가 들려 있었습니다.

어느새 눈은 그쳤습니다. 사내는 외투깃을 잔뜩 세운 채 길모퉁이를 돌아서 사라졌습니다.

그리고 다시 얼마간의 시간이 흘렀습니다. 헌책방 앞에 젊은 부인 하나가 나타났습니다. 색바랜 머플러를 머리에 뒤집어 쓴 채 고무신을 신은 그 부인의 발이 조금 전까지 내린 눈 속에 푹푹 빠졌습니다.

부인은 헌책방 앞에서 잠시 머뭇거리더니 스르르 책방문을 열고 들어갔습니다. 잠시 후 부인의 손에도 역시 책 한 꾸러미가 들려 있었습니다. 부인도 사내가 사라진 길모퉁이 쪽으로 발자국만 남기고 사라졌습니다.

어느 초라한 집의 조그마한 방에서 한 가족이 저녁 밥상을 마주하고 앉아 있었습니다. 사내와 그의 아내, 그리고 어린 아이 그렇게 세 식구가 식사를 하고 있었습니다.

아내가 먼저 입을 열었습니다.

"여보, 오늘 당신이 갖고 싶어하던 책을 몇 권 사왔어요."

"뭐라고? 책 살 돈이 어디 있어서……."

"어제 당신이 원고료로 타 온 10만 원에서 2만 원을 썼어요."

"뭐, 뭐라고? 쌀 사고 당신 신발 한 켤레 사고 연탄 들여놓고 나면 남는 돈이 어디 있다고……."

사내는 가난한 시인이었습니다. 그래서 생활은 물론 책을 사는 일에도 늘 쪼들려야만 했지요.

아내는 그런 남편이 안쓰러워서 어떻게든 생활비를 쪼개 남편이 헌책방에서 만지작거렸던 책을 사 주고 싶었습니다. 그러던 차에 원고료가 들어오자 큰 맘 먹고 책값으로 2만 원을 써 버린 것이지요.

사내의 눈시울이 갑자기 붉어졌습니다.

"여보, 미안하구려. 사실은 어제 원고료를 12만 원 받았는데 그중에서 2만 원은 내가 책을 사느라고 이미 써 버렸소."

"다 알아요. 그렇지만 당신이 사고 싶었던 책이 그것뿐만이 아니잖아요. 당신이 돈이 모자라서 사지 못하고 만지작거리기만 하다 그냥 두고 온 나머지 책들도 여러 권이잖아요. 그래서 제가 그 책들을 그 책방 책꽂이에서 우리 집으로 옮겨다 놓았어요."

"내가 욕심이 너무 지나쳤나 보오, 여보."

"아녜요. 당신은 좋은 시를 쓰는 시인이잖아요. 제가 뒷바라지를 제대로 하지 못해 늘 미안할 뿐이에요, 여보."

시인과 부인은 와락 껴안고 울고 말았습니다. 아이도 영문을 모르는 채 같이 울었습니다.

결국 시인 부부는 원고료로 받은 12만 원 중에서 무려 4만 원이라는 돈을 책값으로 써 버린 것입니다. 덕분에 아내는 얼마 동안 먹을 쌀을 조금 사고 나자 자신의 겨울 신발은커녕 연탄도 제대로 들여놓지 못하고 말았습니다. 그 덕분에 시인의 집은 배고픔을 참으며 겨울 내내 춥게 지내야 했고, 아내는 언 발로 여러 날을 견뎌야 했습니다.

시인은 겨울 내내 아내에게 미안한 마음뿐이었습니다.

도움말

한계효용균등의 법칙

이야기 속에 나오는 시인 가족은 생활비로 써야 할 돈 12만 원 중에서 4만 원이라는 돈을 책을 사는 데 써 버렸습니다. 만약 여러분에게 시인의 가정과 같은 상황에서 12만 원이라는 돈이 생활비로 주어졌다면 어떻게 했을까요? (단, 12만 원이라는 돈을 아무리 잘 사용한다 해도 3인 가족이 겨울을 나기에 충분하지 못한 금액이라고 가정을 합시다) 아마 대부분의 합리적인 사람들은 우선 연탄과 쌀을 사는 데 돈을 썼을 것입니다. 그렇다면 어째서 대부분의 사람들이 그런 행동을 하게 되는 것인지를 생각해 보기로 합시다. 앞에서 우리는 최소의 비용으로 최대의 만족을 얻는 것이 경제 원칙이라는 것을 이미 공부했습니다. 이렇게 사람들은 의식적으로 혹은 무의식적으로 같은 돈을 가지고 가장 큰 만족감을 얻는 행동을 하게 되는 것입니다. 즉 경제 원칙에 따른 행동을 하는 것이지요.

시인 가족의 경우라면 자신의 소득인 12만 원으로 따뜻하고 배고프지 않은 겨울을 나기 위한 행동을 하는 것이 경제 원칙에 따른 행동이라고 할 수 있을 것입니다. 즉 겨울이 몹시 추운 계절이라는 것을 생각할 때 우선 먹을 쌀과 연탄을 구입하는 것이 합리적인 행동일 것입니다. 그렇다면 최고의 만족감을 얻기(효용을 극대화하기) 위해서는 어떻게 행동을 해야 할까요?

소비자가 가장 큰 만족감(효용)을 얻기 위해서는 앞에서 배운 한계효용에 대해 다시 생각해 보아야 합니다. 경제학에서는 소비자가 가장 큰 만족감(효용)을 얻기 위해서는 다음과 같이 행동해야 한다고 말합니다. 즉 구입하려고 하는 물건들의 마지막 한 단위에 대한 한계효용이 같아지도록 물건을 구입하면 됩니다.

다시 말해 정해진 소득을 가지고 사려는 각 재화에 쓰여진 화폐 한 단위(1원어치)의 한계효용이 같아지도록 해야 소비자는 자신의 만족감을 가장 크게 할(효용을 극대화시킬) 수 있다는 거지요. 이것을 경제학에서는 한계효용균등의 법칙이라고 합니다. 물론 각 재화에 대한 한계효용은 사람에 따라 차이가 나며, 사람에 따라 같은 소득을 쓰는 방법도 달라지게 되지요.

현실적으로는 같은 값이라면 더 큰 만족감을 줄 수 있는 상품을, 같은 만족감을 준다면 값이 싼 상품을 사도록 해야 합니다. 그리고 사려는 상품의 값이 자신의 소득을 넘지 않도록 애를 써야 할 것입니다. 이러한 선택이 바로 한계효용균등의 법칙에 따른 행동이며 경제인의 행동입니다.

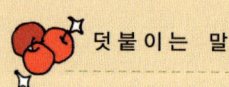

덧붙이는 말

지금까지 우리는 한계효용균등의 법칙에 대해서 알아보았습니다. 아마 여러분들 중에는 이야기 속의 시인 부부가 한 일을 이상하게 생각하는 사람도 있을 것입니다. 연탄과 쌀이나 사지 뭣 하러 책을 4만 원어치나 샀냐고 말입니다.

그렇습니다. 시인 부부는 대부분의 사람들과는 달리 연탄과 쌀보다 먼저 책을 구입한 것입니다. 그 결과 시인 가족은 겨울 내내 춥고 배고프게 지내야만 했고, 시인의 아내는 언 발로 겨울을 나야만 했습니다. 아마도 시인 부부는 보통 사람들과는 다른 한계효용을 가지고 있기(만족감을 얻는 재화가 다르기) 때문에 춥고 배고프더라도 책을 보는 것이 더 만족감을 준다고 생각했는지도 모를 일이지요.

어쩌면 여러분들 가운데에도 시인 부부의 행동과 생각이 지적이며 낭만적이라고 생각하는 사람이 있을지도 모르지요.

사실 시인 부부는 보통 사람들이 생각하는 경제 원칙에 따른 행위를 한 것이 결코 아닙니다. 덕분에 시인 가족은 그 대가를 톡톡히 치른 셈이지요. 한겨울에 추위와 배고픔을 참아낸다는 것은 결코 쉬운 일이 아니거든요.

우리는 시인 가족의 예에서 다음과 같은 것을 생각해 볼 수 있을 것입니다. 경제 원칙에 따른 행동을 하지 못하면 그 대가로 커다란 불편을 겪거나 후회스러운 결과를 당해야만 한다는 것이지요.

물론 어떤 물건을 살 때 일일이 한계효용표를 만들 수는 없습니다. 하지만 의식적 또는 무의식적으로 사려고 하는 물건에 대한 만족감(한계효용)이 균등해지도록 물건을 사기 위해 애는 써야 할 것입니다.

너무 어렵다고요? 그럼 간단히 이렇게 생각하세요. 자신이 번 돈을 넘지 않는 범위 내에서 꼭 필요한 물건을, 그리고 싸고 좋은 물건을 사는 것이 한계효용균등의 법칙이라고요.

자, 좀더 현실적인 문제인 다음 질문들을 살펴보세요.

1) 유나는 어머니에게서 용돈을 받았습니다. 유나는 과자도 먹고 싶고 장난감도 사고 싶습니다. 가장 큰 효용을 얻기 위해서 유나는 어떤 경제 법칙에 따라 용돈을 쪼개 써야 할까요?

2) 홍길동이 서울특별시에 나타나 서울특별시에 사는 부자들로부터 돈을 빼앗아 가난한 달동네 사람들에게 나누어 주었습니다. 전체 서울 시민의 총효용은 증가할까요, 감소할까요?

3) 앞 이야기 속에 나오는 시인 부부의 행동에 대해서 어떻게 생각하는지 각자의 의견을 이야기해 보세요.

춘섭이의 짝사랑

짝사랑에도 돈이 든다면서요?

춘섭이는 아침마다 일터인 공사장에 제일 먼저 도착하는 착실한 젊은이입니다. 일터에 도착하자마자 춘섭이는 그날 쓸 자재와 연장 등을 살펴보고 어질러진 곳을 치우기도 합니다.

요즈음 춘섭이는 무척 신이 났습니다. 고향을 떠나 서울에 와서 열심히 일을 한 덕분에 저금통장에 제법 목돈이 쌓여 가고 있거든요.

춘섭이에겐 남다른 꿈이 하나 있답니다. 목표한 돈이 다 모이면 시골 고향으로 다시 내려가 논밭을 좀 산 뒤 학교 다닐 때의 꿈인 과수원을 하겠다는 것이 바로 춘섭이의 꿈이지요.

춘섭이는 과수원에 과일이 주렁주렁 열리는 것만 상상하면 절로 몸에 힘이 솟았습니다. 거기에다 욕심을 좀 내자면 서울에서 마음에 드는 색싯감을 하나 얻어서 같이 내려가는 것이지요. 지금 자취하고 있는 집의 건넛방에 사는 영숙이 같은 참한 색시를 얻어 함께 시골에 내려가 오순도순 살고 싶다는 게 춘섭이의 욕심이라면 욕심이지요.

춘섭이는 힘든 공사장 일을 하다가도 영숙이가 웃는 모습만 생각하면 힘이 다시 솟는 것을 느낄 수 있었습니다. 영숙이가 웃는 모습은 춘섭이에겐 마치 시원한 얼음조각이 입 안에서 구르는 것 같은 느낌을 주거든요.

"영숙이 정도면 장래 내 신부감으로 손색이 없어."

춘섭이는 하루에도 몇 번씩이나 그런 생각을 하곤 한답니다.

그러나 영숙이는 춘섭이를 별로 마음에 들어하지 않았습니다. 영숙이의 눈엔 춘섭이가 너무 고지식하게 보였거든요.

그런 사정도 모르는 춘섭이는 기회가 있을 때마다 영숙이에게 시간을 좀 내달라고 졸랐습니다. 그때마다 영숙이는 배시시 웃는 것으로 대답을 대신함으로써 춘섭이의 부탁을 거절했습니다.

그러던 어느 날이었습니다. 춘섭이는 공사장 일을 끝내고 어둑어둑해지는 길을 따라 자취방으로 돌아가고 있었습니다. 춘섭이는 무심결에 지나가는 길가의 제과점에 달린 유리창 너머로 가게 안쪽을 쳐다보았습니다.

그런데 이게 웬일입니까? 가게 안에 영숙이가 웬 젊은 남자 하나와 다정하게 웃으면서 마주 앉아 있는 것이었습니다. 뭐가 그리 좋은지 영숙이는 계속해서 배시시 웃고 있었습니다.

춘섭이는 심장이 멎는 듯했습니다.

"세상에! 영숙 씨가 다른 남자랑?"

춘섭이는 유리창 너머의 아가씨가 영숙이가 아니기를 바라면서 먼발치에서 몇 번이나 다시 유리창 안을 들여다보았습니다. 하지만 그 아가씨는 틀림없는 영숙이였습니다.

자취방으로 돌아온 춘섭이는 그날부터 몹시 앓았습니다. 자면서 헛소리를 하기도 했습니다.

결근이라고는 모르던 춘섭이였는데 며칠째 공사장 일을 나가지 못했습니다. 주인집 아주머니가 어디 아프냐며 죽을 쑤어 주었지만 죽이고 뭐고 아무것도 입에 대고 싶지 않았습니다.

춘섭이는 아픈 몸을 끌며 영숙이의 회사 가까운 곳을 서성이며 영숙이를 기다려 보기도 했습니다.

도대체 자기가 왜 이러는지 자신도 알 수가 없었습니다. 일터에 가지 않은 적이 한 번도 없는 춘섭이가 벌써 며칠째 이렇게 출근도 하지 않고 엉뚱한 곳을 헤매고 있는 것이었습니다. 유행가의 가사처럼 내 마음 나도 알 수가 없는 노릇이었습니다.

춘섭이가 일하는 일터는 일당으로 임금을 받는 곳입니다.

그래서 출근을 하지 않으면 그만큼 수입이 줄어든다는 것은 춘섭이 자신이 누구보다도 제일 잘 알고 있었습니다. 하지만 어쩔 수 없었습니다.

춘섭이는 점점 몸이 말라갔습니다. 그러나 좀체 영숙이에게 말을 건네 볼 기회조차 만들지 못했습니다.

도움말

기회비용

앞 이야기에서 봤듯이 춘섭이 총각이 영숙이를 짝사랑하고 있는 것은 틀림없는 사실입니다. 그렇지 않고서는 일도 하러 가지 않고 괜히 헤매고 다닐 사람이 아니거든요. 그런데 영숙이에게 말을 건네 볼 기회조차 좀처럼 만들지 못하고 있는 게 참으로 안타깝습니다(여러분도 같은 생각이지요? 뭐라고요? 그까짓 일로 일도 나가지 않는 사람이 어디 있느냐고요?).

흔히들 짝사랑을 하면 돈이 들지 않아서 좋다는 말을 합니다. 정말로 그럴까요? 이제 춘섭이가 영숙이를 짝사랑하는 것을 예로 들어서 정말로 돈이 들지 않는지 어떤지를 살펴보기로 합시다.

자, 얼른 보면 춘섭이는 영숙이에게 차 한 잔은커녕 물 한 잔도 산 일이 없으니 정말로 든 돈이 한 푼도 없는 것처럼 보입니다.

그런데 춘섭이는 영숙이가 다른 남자를 만나고 있는 걸 보고

선 돈을 벌러 나가지 못하고 맙니다. 만약 춘섭이가 일터에서 하루에 10만 원씩을 벌었다고 하면 앓아 누워 있는 동안에 벌지 못한 돈이 매일 10만 원씩이 됩니다. 그러므로 영숙이를 짝사랑함으로써 잃어버리게 된 돈은 「10만 원×일터에 나가지 않는 날짜 수」가 되는 것이지요.

경제학에서는 이처럼 어떤 경제 행위 때문에 직접 들어간 비용이 아닌, 어떤 행위 때문에 포기한 다른 일로 얻을 수 있는 만족감을 중요하게 여깁니다. 그건 인간이라면 누구나 어떤 한 가지를 선택하기 위해서는 다른 한 가지를 포기해야 하기 때문입니다. 그렇기 때문에 포기해야만 하는 다른 재화로 얻을 수 있는 만족감을 경제학에선 중요시한다는 뜻이지요.

경제학에서는 이러한 비용을 기회비용이라고 합니다. 즉 어떤 한 가지 일을 함으로써 다른 것을 포기해야 하는 경우에 다른 것을 하지 못함으로써 잃게 되는 만족감(이득)이 바로 어떤 일의 기회비용이 되는 것입니다.

앞 이야기에서 보자면 춘섭이의 짝사랑이 가져온 기회비용은 일을 하러 나가지 못함으로써 포기하게 되는 임금인 것입니다. 짝사랑 때문에 앓아 누워 있느라고 일을 하지 못함으로써 받지 못하게 된 임금이 바로 짝사랑의 대가인 셈입니다.

결과적으로 벌 수 있었던 돈을 못 벌게 되면 벌 수 있었던 돈을 쓰는 것이나 마찬가지가 될 것입니다. 춘섭이는 짝사랑을 하지 않았으면 벌 수 있었던 임금을 짝사랑을 하느라 다 쓴 것이나 마찬가지가 되었고요. 즉 짝사랑을 하느라 돈이 든 셈입니다.

그렇다면 짝사랑은 돈이 들지 않는다는 말도 경제학의 입장에서 보면 잘못된 생각일 수밖에 없겠지요?

이미 앞에서 이야기했던 대로 경제생활이란 선택의 연속입니다. 이것을 선택하면 저것을 포기해야 하는 것이 우리의 현실이고요. 그리고 선택이 있는 곳엔 항상 기회비용이 따라다니게 되는 것입니다.

물론 사랑의 문제를 돈으로 따진다는 것 자체가 어쩌면 잘못된 것인지도 모릅니다. 하지만 경제학적인 입장에서 보자면 이 세상의 모든 것이 선택 아니면 포기입니다. 그래서 경제학은 기회비용이라는 개념을 매우 중요하게 여기는 것입니다.

내일모레에 시험을 봐야 하는데 일요일인 오늘 날씨가 무척 좋습니다. 여러분은 시험 공부를 하든가 아니면 친구들과 나가서 놀든가 두 가지 중의 한 가지를 선택할 수 있습니다. 여러분들이 밖에 나가 노는 것을 포기하고 시험 공부를 한다면 시험 공부를 하는 기회비용은 밖에 나가서 노는 즐거움이 될 것입니다.

그래서 시험 공부를 하는 데 드는 비용을 경제학적으로 따져본다면 바로 친구들과 노는 것이 된답니다. 친구들과 노는 즐거움을 대가로 치르고 하는 시험 공부, 기왕이면 좀더 열심히 해야 할 것입니다.

앞으로 여러분들은 어떤 선택에 부딪히게 될 때 항상 기회비용을 생각하세요. 기회비용을 생각하고 선택을 하게 되면 여러분의 선택은 훨씬 더 경제인다운 선택이 될 것입니다.

이제 기회비용의 개념을 그래프를 통해 살펴보기로 합시다.

어떤 사람이 하루 동안 밖에 나가 일을 할 경우 미장일을 하면 50,000원을 벌 수 있고 벽지 바르는 일을 하면 30,000원을 벌 수 있다고 합니다. 이 사람이 벽지 바르는 일을 할 경우 기회비용은 미장일을 했을 경우 벌 수 있는 돈인 50,000원이 됩니다.

〈기회 비용〉

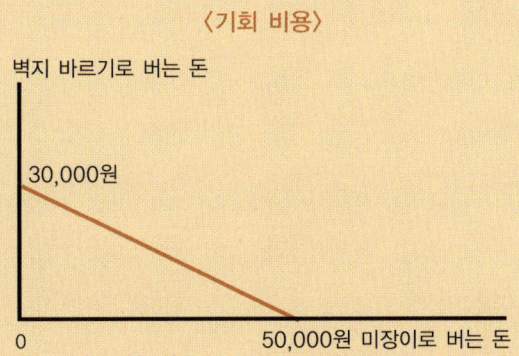

위 그래프의 기울기는 −3/5이 되는데, 이것은 벽지 바르는 일을 할 경우 미장일을 하는 경우의 5분의 3밖에 벌 수 없다는 것을 뜻합니다.

다음 문제를 풀고 나면 기회비용의 뜻이 더욱 확실해질 거예요.

1) 정언이는 어머니가 책을 사라고 주신 돈 5,000원을 가지고 서점에 갔습니다. 정언이는 만화책과 경제책을 놓고 망설이다가 경제책을 집어들었습니다. 정언이가 경제책을 산 데 대한 기회비용은 무엇일까요?

2) 안믿어 씨는 천만 원이라는 돈을 현금으로 가지고 있습니다. 천만 원을 1년 동안 은행에 맡겨 두게 되면 백만 원의 이자가 붙습니다. 하지만 안믿어 씨는 그 돈을 은행에 맡기지 않고 자신의 금고 안에 1년 동안 보관했습니다. 안믿어 씨가 천만 원이라는 돈을 자신의 금고에 보관한 데 따른 기회비용은 얼마입니까?

3) 정은이는 결혼을 하면 남편을 따라 다른 도시에 가서 살아야 하므로 직장을 그만두어야 합니다. 이 경우 정은이의 결혼에 따른 기회비용은 무엇입니까?

4) 여러분 가운데에 이 책을 읽고 난 뒤 한 달 후에 결혼을 하는 분이 계신다면 스스로 생각할 때 자신의 결혼에 대한 기회비용은 무엇이라고 여겨집니까?

3

가격은
어떻게 정해질까요?

노루목 장터 이야기

옛날 사람들은 필요한 물건을 어디서 구했을까요?

눈이 펑펑 쏟아지는 겨울이었습니다. 그야말로 하늘 밑이 터지기라도 한 듯 하루 종일 눈이 쏟아지고 있었습니다.

겨울이라 별로 할 일도 없어서 농부네 가족은 일찌감치 저녁을 먹은 뒤 불씨를 담은 화로 옆에 둘러앉았습니다.

할아버지가 들려 주는 옛날 이야기에 푹 빠져 있을 때였습니다. 갑자기 사립문이 흔들거리며 사람을 부르는 소리가 들려왔습니다.

"여보세요, 계십니까?"

"어, 이 밤중에 누구지?"

아이들은 방금 할아버지가 들려 주신 옛날이야기 속에 나오는 여우나 도깨비가 온 것이 아닌가 하는 생각에 가슴이 두근거렸습니다. 좀더 세차게 문을 흔드는 소리가 들렸습니다.

"문 좀 열어 주세요. 나쁜 사람이 아니에요."

나쁜 사람이 아니라고까지 하는 걸 보니, 정말 옛날이야기 속에 나오는 여우가 틀림없는 듯했습니다.

"할아버지, 무서워요."

아이들은 말을 마치기가 무섭게 이불 속에 머리를 숨기느라 바빴습니다.

그때 아랫방에서 아버지의 목소리가 들렸습니다.

"누구시오? 누군데 이 밤중에 찾아온 거요?"

"예, 전 산 속에 사는 사냥꾼이올시다."

잠시 후 아버지는 밖으로 나가 사냥꾼을 만났습니다.

"어? 아버지가 밖으로 나가시잖아."

"여우나 도깨비면 어떻게 하려고 나가시는 거지?"

아이들은 조마조마한 마음으로 이불 속에서 머리를 꺼낸 채 밖에서 들려 오는 이야기 소리에 귀를 기울였습니다.

사냥꾼이 말했습니다.

"농부님, 제가 따뜻한 털가죽옷을 드릴 테니까 그 대신 가을에 추수한 곡식을 좀 주십시오."

사냥꾼은 산 속에 눈이 너무 많이 와서 사냥을 할 수가 없게 되어 먹을 것이 떨어졌다고 말했습니다. 그대로 지내다가는 굶어 죽을 것 같아서 이렇게 멀리 마을을 찾아왔다는 것이었습니다. 워낙 눈이 많이 온 탓에 아침에 길을 나섰지만 이렇게 밤 중에야 겨우 마을에 도착했다는 것이었지요.

아버지는 사냥꾼에게 따뜻한 저녁을 차려 주었습니다. 사냥꾼은 배가 무척 고팠던 탓에 허겁지겁 저녁을 깨끗이 먹어 치웠습니다.

저녁을 먹고 하룻밤을 집에서 지낸 다음 날 아침이었습니다. 아버지는 사냥꾼에게 알곡 한 자루를 내주고 털가죽옷 두 벌을 받았습니다. 털가죽옷은 무척 따뜻하게 보였습니다.

털가죽옷 한 벌은 할아버지가 입으셨고 다른 한 벌은 아버지가 입으셨습니다. 할아버지께서는 새 털가죽옷을 입고 이웃으로 마실을 가셨습니다.

"아니, 할아버지 그 멋진 옷 어디서 났어요?"

"허허, 멋있어? 이거 어제 우리 집에서 자고 간 사냥꾼이 주고 간 거야. 얼마나 따뜻한지 몰라."

"야, 나도 한 벌 있었으면 좋겠네."

동네 사람들은 모두들 할아버지의 털옷을 부러워했습니다. 그런 일이 있고 나자 겨울 동안 그 사냥꾼말고도 다른 사냥꾼이 그 마을에 찾아왔습니다. 동네 사람들은 그렇게 마을로 찾아오는 사냥꾼 손님을 반겼습니다.

봄이 되자 아버지와 마을 사람들은 그 사냥꾼 마을을 찾아갔습니다. 봄이 되어 사냥을 다시 할 수 있게 된 사냥꾼들은 겨울을 나게 해 준 동네 사람들에게 잡아 놓았던 짐승의 고기를 나누어 주었습니다. 마을 사람들은 고마운 마음에 겨울 동안 삼은 짚신 같은 것들을 사냥꾼에게 주었구요.

그렇게 농부 마을과 사냥꾼 마을 사람들은 서로 필요한 물건을 가지고 왔다갔다했습니다. 그러다 두 마을 사람들은 아예 한 달에 한 번씩 날을 잡아서 두 마을 사이의 중간쯤 되는 곳에서 서로 만나기로 약속을 했습니다. 약속 장소는 노루가 잘 다니는 길목이라 해서 노루목이라고 불리는 곳이었습니다.

차츰 소문이 퍼지자 다른 여러 마을에서까지 사람들이 모여들게 되었습니다. 그리하여 노루목엔 주막집도 생기고 제법 장터 분위기가 나기 시작했습니다.

　사람들은 노루목 장터에 가면 자기가 필요로 하는 물건을 쉽게 바꾸어 올 수 있었습니다. 그 당시 사냥꾼들에게 인기가 있었던 것은 보리개떡을 만드는 재료였다고 합니다. 왜냐하면 사냥나갈 때 점심으로 먹을 수 있게 옆구리에 끼고 다니기가 쉬웠거든요.

　또 농부들에게 인기가 있었던 것은 말린 꿩고기였다고 합니다. 꿩고기는 국에도 넣어 먹을 수 있고 조림으로도 먹을 수가 있어서 채식만 하는 농부들의 입맛을 돋게 할 수가 있었거든요.

　아무튼 노루목 장터는 점점 더 알려지게 되었고 활기를 띠게 되었습니다. 얼마 지나지 않아 노루목 장터에는 밥도 팔고 잠도 재워 주는 주막까지 생겨 장이 서기만 하면 아무 때라도 손님들을 맞이할 준비를 하게 되었습니다.

시장의 발달

앞 이야기는 자기가 가지고 있는 물건과 남이 가지고 있는 물건을 서로 바꿔서 쓰기 시작하는 이야기를 보여 주고 있습니다.

옛날 사람들은 처음엔 자기가 가꾼 곡식이나 잡은 짐승만을 먹고 살았습니다. 그러나 그렇게 하다 보니 불편한 점이 많았답니다. 자기가 가진 물건은 대개 남지만 다른 것은 부족하게 되는 경우가 많았지요.

하지만 생활을 하는 데는 여러 가지 물건이 필요했답니다. 그래서 서로 자신의 생산물을 바꾸어 쓰게 되었던 것이지요. 이렇게 각자가 가진 물건을 서로 바꾸어 쓰는 것을 물물 교환이라고 합니다.

시간이 흐르면서 사람들은 자기가 필요로 하는 물건을 가진 사람을 직접 찾아다니는 것이 불편하다는 것을 느끼게 됩니다. 그리고 그런 불편함을 없애기 위한 방법으로서 상인이라든지 시장이라든지 하는 것들이 생겨나게 되었답니다.

보통 우리들이 말하는 시장이란 사람들이 모여서 여러 가지의 물건을 사고파는 곳이지요. 처음엔 서로 필요한 물건을 가진 사람끼리 직접 물건을 바꾸었습니다. 그러다가 차츰 여러 가지 물건을 두루 갖춰 놓고 장사를 하는 상인이 생겨나게 됩니다. 상인이 생김으로써 사람들은 전보다 훨씬 더 편해졌습니다.

사고팔 물건들이 있고 그곳에 모인 사람들이 필요로 하는 물건과 물건값에 대한 정보를 교환하는 곳이 바로 시장입니다. 상인들은 손님들이 필요로 하는 물건이 어떤 것이며 그 물건을 어디에 가서 구해다 얼마에 팔 것인가에 대한 정보를 교환합니다. 그리고 손님들은 자신이 필요로 하는 물건이 어느 가게에 있고 물건값은 얼마나 되는지 또 어느 가게에서 그 물건을 싸게 파는지에 대한 정보를 교환합니다.

이렇게 해서 시장에서는 물건들이 사고팔리며 물건값이 정해지게 되는 것입니다. 물건값이 어떻게 정해지는지에 대해서는 뒤에서 좀더 자세히 설명을 할 것입니다.

덧붙이는 말

여러분들은 필요한 물건이 있으면 가까운 가게나 시장, 혹은 백화점으로 달려갑니다. 그런 가게나 시장, 혹은 백화점 등 물건을 사고파는 곳을 우리는 시장이라고 부릅니다.

그러면 여기서 시장이라는 말의 뜻에 대해서 좀 생각해 봅시다. 시장에서는 눈에 보이는 상품을 쌓아 놓고 파는 것이 보통입니다. 하지만 눈에 보이지 않는 상품을 팔기도 합니다. 예를 들면 용역을 파는 곳도 눈에 보이지 않지만 상품을 파는 시장입니다. 이발이나 치료를 받는 일 등 눈에 보이지 않는 물건인 용역을 파는 곳도 시장이랍니다. 이렇게 현대에 와서는 옛날의 장터와는 달리 시장이라는 단어가 가지는 뜻이 아주 많아지고 넓어졌답니다.

눈에 보이지 않는 물건을 파는 곳도 시장이라면 이발소나 병원 말고도 증권 회사나 은행 같은 곳도 시장에 해당됩니다.

이발소에서는 이발이라는 용역을, 병원에서는 의료라는 용역을 판답니다. 그리고 증권 회사 같은 곳에서는 주식이나 사채와 같은 것을 사고팝니다. 은행에서는 저축이라는 상품을 팝니다. 물론 이런 곳에서 파는 물건들은 눈에 보이지 않습니다. 그렇지만 이발소, 병원, 증권 회사, 은행 등도 모두가 시장의 한 형태입니다.

이제 지금까지 읽은 것을 바탕으로 다음 문제에 대해서 대답해 보세요.

1) 진미는 자신의 공책 한 권을 은미의 연필 한 자루와 바꾸었습니다. 이렇게 물건과 물건을 바꾸는 일을 뭐라고 부르나요?

2) 다음에서 시장에 속하지 않는 것을 골라 보세요.
생선 가게, 학교, 옷가게, 공원, 극장, 서점, 약국, 만화방, 분식집, 세무서, 목욕탕

3) 시장이 우리 생활 속에서 하는 역할에 대한 여러분의 생각을 써 보세요.

꿩 대신 닭

물건을 사고 싶어하는 마음

노루목에 장터가 생긴 지 여러 해가 지났습니다. 차츰 먹고사는 일이 안정되어 가자 사람들은 먹을거리보다는 옷이라든지 장식품이라든지 하는 것들에 대한 관심이 많아졌습니다.

특히 정월 대보름은 일 년 중에 가장 큰 명절인데, 그 명절 전엔 대목장이라 하여 노루목에 일 년 중 가장 큰 장이 섭니다. 그 대보름 대목장에서 가장 인기가 있는 물건은 사냥꾼 마을에서 가져온 여우털로 만든 목도리와 꿩의 깃털이 장식으로 붙은 화살이었습니다.

정월 대보름은 농사짓는 마을에선 처녀 총각들이 자연스럽게 만날 수 있는 날이었기에 여우털 목도리와 꿩털 화살이 특히 인기가 있었습니다. 총각들은 여우털 목도리를 사서 좋아하는 처녀에게, 그리고 처녀들은 꿩털 화살을 한 묶음씩 사서 마음 속에 그리는 총각에게 선물을 하면 서로의 사랑이 이루어진다는 말이 있었기 때문입니다.

물론 마을의 어른들은 이런 풍습을 아주 못마땅하게 여겼습니다.

"허허, 고얀지고! 예로부터 사치하지 말라 하였거늘 여우 목도리가 무슨 말이고 꿩털 화살이 무슨 말인고?"

"먹고살 만해졌으니까 그 정도는 봐줄 수도 있지만 이마빼
기에 피도 안 마른 녀석들이 달밤에 어울려서 쏘다니는 꼴이
란…… 쯧쯧. 세상 말세지 뭐예요. 우리가 클 땐 남자 친구가
어디 있어요, 남자 친구가!"

그래서 처녀 총각을 자녀로 둔 집에서는 대목장이 열릴 때면
자식들을 단속하느라 정신이 없었습니다.

하지만 처녀 총각들은 요 핑계 저 핑계를 대거나 부모의 감
시가 소홀한 틈을 타서 용케도 대목장에 다녀왔습니다. 그렇
게 정월 대보름이 명절로 점점 자리를 잡아가자 가장 신이 난
사람들은 사냥꾼 마을 사람들이었습니다. 왜냐하면 여우털 목
도리와 꿩털 화살이 없어서 못 팔 지경에까지 이르렀으니까요.
그래서 대보름 전의 대목장에선 여우털 목도리와 꿩털 화살이
보통 때보다 대여섯 배나 비싸게 팔렸습니다. 이땐 아직 돈을

사용하기 전이라 처녀 총각들은 집에서 부모님 몰래 보리나 콩 등을 퍼와 갖고 싶은 물건과 바꿨습니다.

"애, 너 꿩털 화살 구했니?"

"아니, 아직 못 구했어. 넌?"

"벌써 구해 놨지. 근데 큰일났어. 콩을 너무 많이 퍼내서 엄마가 아시게 되면 혼이 날 것 같애."

"넌 겁도 없구나. 난 어떻게 해야 될지 모르겠어. 다른 때보다 값이 너무 올라서……. 콩 두 됫박 정도 값이라면 나도 하나 사고 싶은데."

"뭐, 꿩털 화살이 너무 비싸면 닭털 화살이라도 구하렴, 호호호."

"너, 지금 누구 놀리니?"

"놀리는 게 아니고 네가 딱해서 그러는 거야."

아무튼 그때부터 꿩 대신 닭이라는 말이 유행하기 시작했다는 전설 같은 이야기가 전해 온답니다.

 도 움 말

수요란 무엇일까요?

수요, 수요량, 수요의 법칙

예나 지금이나 젊은이들은 못 말립니다. 그런데 그런 젊은이가 어른이 되면 예전의 어른들과 똑같이 하는 말이 있어요. "하여튼 요새 젊은 것들은……." 하면서 시작하는 말 말이에요.

앞 이야기에서 처녀 총각들은 각각 꿩털 화살과 여우 목도리를 구하기 위해서 애를 씁니다. 이렇게 일정 기간 어떤 물건(재화나 용역)을 사려고 하는 바람(욕망)을 수요라고 합니다. 그러니까 실제로 그 물건을 샀느냐 사지 않았느냐 하는 것과는 별개로 그 물건을 사고 싶어하는 바람을 수요라고 부르는 것입니다.

이야기 속에 나오는 많은 처녀 총각들이 꿩털 화살과 여우 목도리를 사고자 하는 바람이 바로 수요입니다.

그렇기 때문에 수요는 어떤 한순간을 단위로 표시하는 것이 아니라 일정한 기간을 단위로 하여 표시됩니다.

즉 이야기 속에 나오는 마을에서 여우 목도리와 꿩털 화살에 대한 수요는 어떤 일정한 기간, 예를 들자면 1월 한 달이라든가 아니면 일 년 정도의 기간을 정하여 표시하게 되는 것입니다.

그리고 수요량이란 일정 기간 동안 주어진 가격에 대해서 어떤 물건의 가격이 얼마일 때 사고 싶어하는 양을 뜻합니다. 앞 이야기에서 나오는 꿩털 화살의 수요량은 다음과 같이 표시될 수 있을 것입니다. 꿩털 화살 한 묶음의 값이 2,000원(그땐 돈이 없었지만 설명의 편의상 이 정도의 돈에 해당한다고 생각합시다)이라면 꿩털 화살을 사려는 양은 40묶음이라든가 하는 식으로 말입니다. 이와 같이 어떤 물건에 대한 수요량은 다른 무엇보다도 먼저 그 물건에 대한 값에 의해서 결정됩니다.

대부분의 물건은 물건값이 내리면 수요량은 늘어나며, 값이 올라가면 수요량은 줄어듭니다(예외인 물건에 대해서는 뒤에서 다시 설명할게요). 즉 물건값과 수요량은 서로 반대의 관계에 있습니다. 이것을 우리는 수요의 법칙이라고 합니다.

백화점에서 할인 판매를 한다고 하면 모두들 아우성을 치며 달려가는 바람에 백화점 주변의 교통이 마비될 정도인 것을 종종 볼 수 있습니다(이 책을 읽는 여러분은 그러지 않으시겠죠?).

그뿐만이 아닙니다. 어떤 곳에서 어떤 물건을 싸게 판다고 소문이 나면 모두들 그 물건을 사러 달려가느라 바쁩니다.

이처럼 수요의 법칙은 현실 속에서 많이 볼 수 있는 법칙입니다. 대부분의 물건의 경우에 값이 싸야 사려고 하는 사람이 많다는 것이지요(하긴 뭐 아저씨 떡도 싸야 사먹는다고 하잖아요?).

수요표, 수요곡선

이제 꿩털 화살의 가격과 수요량의 관계를 표와 그림으로 표시하여 봅시다. 가격과 수요량의 관계를 표로 나타낸 것을

〈꿩털 화살에 대한 1월 한 달 동안의 수요표〉

꿩털화살의 값 (단위 : 원)	각각의 값에 대한 수요량 (단위 : 묶음)
10,000	0
8,000	10
6,000	20
4,000	30
2,000	40

수요표라고 하고 그림으로 나타낸 것을 수요곡선이라고 합니다. 이 표와 곡선은 마을의 1월 한 달 동안을 기준으로 하여 표시한 것입니다.

그럼 꿩털 화살의 가격과 수요량의 관계를 그림으로 표시하여 봅시다.

〈꿩털 화살에 대한 1월 한 달 동안의 공급곡선〉

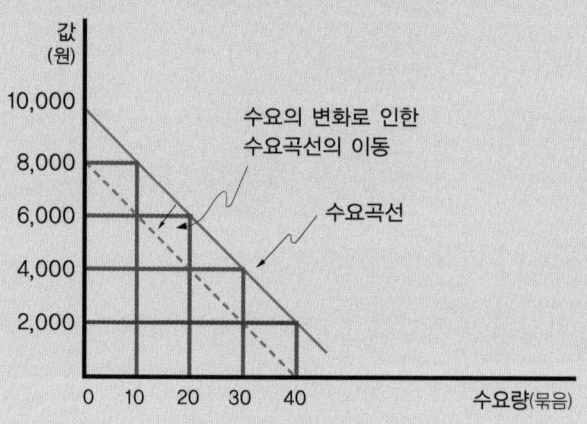

그래프의 가로축에는 수요량을, 그리고 세로축에는 값을 표시하여 수요표에 나타난 수치들을 점으로 찍은 다음 선으로 이어 나타내면 수요곡선이 만들어집니다. 물론 수요곡선은 직선뿐만 아니라 곡선으로도 나타날 수 있습니다.

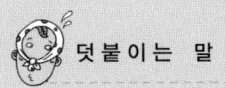

수요표와 수요곡선이 어떤 것인지 알겠지요? 다만 여러분들은 위에 표시된 표와 곡선이 1월의 것이라는 걸 기억하고 있어야 합니다. 다른 달의 것은 달라질 수도 있으니까요.

이제 수요와 수요량이 변하는 경우에 대해서 살펴보기로 합시다.

먼저 수요의 변화란 같은 가격에 대하여 수요량 자체가 변화하는 것을 말합니다. 다시 말해 가격은 변하지 않았는데 수요량엔 변화가 생긴 것을 말하지요. 그림에서 보면 수요곡선 자체가 이동하는 것을 말합니다. 앞 그림에선 점선으로 표시된 수요곡선이 수요의 변화를 나타내 주고 있습니다. 이를테면 가격이 2,000원일 때 수요량이 40묶음이던 것이, 똑같이 2,000원일 때 30묶음으로 변한 것을 볼 수 있습니다.

그림에서처럼 수요곡선 자체가 왼쪽으로 이동했으면 수요의 감소라 하고, 오른쪽으로 이동할 땐 수요의 증가라 합니다.

그럼 수요의 변화는 어떤 때 생기는 것일까요? 수요의 변화가 생기는 요인으로는 소득의 변화, 다른 물건값의 변화, 좋아하는 물건 종류의 변화 등을 들 수 있는데 뒤에 자세히 설명할 테니 여기서는 이 정도만 알아 두기로 해요.

이에 대해 수요량의 변화란 가격이 변화할 때 수요량이 따라 변화하는 것을 말합니다. 그림에서 보면 수요곡선 위에서의 변화를 나타내는 것입니다. 그러니까 가격이 2,000원일 때 수요량이 40묶음이던 것이 가격이 4,000원으로 오르자 30묶음으로 또 가격이 6,000원으로 오르자 20묶음으로 변하는 것을 볼 수 있습니다. 이것을 수요량의 변화라고 합니다. 즉 수요의 법칙에 따라 값이 오르거나 내리면 수요량이 변화하게 되는 것이지요.

그러면 다음 문제들에 대해서 생각해 봅시다.

1) 쇠고기값이 내렸습니다. 수요량은 증가할까요, 감소할까요?
2) 여름철 날씨가 몹시 더웠습니다. 선풍기에 대한 수요는 증가할까요, 감소할까요?
3) 요즈음 한국인들 사이엔 육류 소비가 증가했다고 말합니다. 이것은 수요량의 증가일까요, 수요의 증가일까요?

여우야, 여우야 뭐하니?

물건을 팔고 싶어하는 마음

"얘들아, 빨리빨리 일어나서 일을 좀 도와 주렴!"

사냥꾼 마을에서는 집집마다 아이들을 깨우느라 정신이 없었습니다. 간밤에 아이들 키 정도나 될 만큼 마당에 쌓인 눈을 치워야 했기 때문입니다. 올겨울엔 눈이 너무 많이 와서 사냥하기가 아주 불편했습니다.

두어 해 전부턴 정월 대보름 전에 서는 대목장에서 여우털 목도리와 꿩털 화살이 불티나듯 팔렸습니다. 대보름 장에선 찾는 사람이 많기 때문에 다른 때보다 비싼 값으로 팔 수가 있답니다. 그래서 겨울에도 사냥을 해서 화살이나 목도리를 만들어야 할 정도로 바빴습니다. 하지만 이번 겨울에는 눈이 너무 많이 와서 아예 집 밖 출입을 할 수 없게 되자 사냥꾼들은 안달이 났습니다.

"아, 이번 대보름 대목장에 한몫을 잡아야 살림살이가 필 텐데……."

사냥꾼 마을의 어른들은 누구나 할 것 없이 대보름 대목장에서 재미를 봐야 한다며 들떠 있었습니다. 요즈음 들어선 다른 짐승보다 여우나 꿩을 잡는 게 훨씬 생활에 보탬이 됩니다. 농사 짓는 마을 젊은이들 사이에 번진 이상한 풍습 때문이지요.

여우털로 만든 목도리와 꿩의 깃털로 만든 화살이 그렇게 인기가 있는 물건이 된 것이 도무지 믿어지지 않을 정도랍니다. 그래서 위험을 무릅쓰고 눈 쌓인 겨울산을 오르내릴 수밖에 없었습니다. 배가 고파 눈밭을 어슬렁거리는 여우를 잡거나 꿩을 잡기 위한 것이지요.

그래서 봄부터 가을까지 사냥하는 것도 모자라 겨울에도 여우사냥과 꿩사냥을 나가는 것입니다. 그렇지만 겨울사냥은 위험하기 짝이 없습니다. 곳곳에서 눈사태가 일어나기 때문이지요. 어쩌다 여우굴이라도 발견하면 그야말로 횡재를 하지만 번번이 여우의 꾀에 속아 고생을 하는 경우가 많습니다. 여우는 워낙 꾀가 많은 동물이라 엉뚱한 곳에 똥을 누어 놓고 자신들은 그곳과는 전혀 다른 방향에 숨어 있답니다.

사냥꾼들은 여우똥을 발견한 것에만 정신이 팔려 이리저리 뛰어다니다 그만 눈구덩 속에 빠져서 어떨 땐 목숨을 잃기도 한답니다. 물론 꿩사냥을 하는 것도 쉽지 않기는 마찬가지입니다. 그렇지만 사냥꾼들은 대보름 대목장만 생각하면 가만히 집에만 있을 수가 없어 늘 무리인 줄 알면서도 사냥길에 오르게 됩니다.

물론 집에 있을 때도 쉬지 않고 재료들을 모두 동원해서 화살과 목도리를 만드느라 잠을 설치며 밤을 샐 정도랍니다. 어떤 집에서는 꿩사냥을 하기가 힘드니까 꿩과 비슷하게 생긴 닭을 집에서 기르기도 하지만, 닭의 깃털로 만든 화살은 꿩의 깃털로 만든 화살값의 10분의 1도 안 나갑니다.

이렇게 사냥꾼 가족들은 대보름 대목장만 가까워지면 바빴습니다. 때를 놓치지 않고 비싼 값으로 팔기 위해서지요. 되도록 더 많은 여우털 목도리와 꿩털 화살을 내가야지, 하면서 온 식구들이 매달렸습니다. 그러는 사이에도 어른들은 계속 겨울 산을 뒤지고 다녔어요.

사냥꾼들은 여우를 잡아다 집에서 기를 수 있게 길을 들이면 고생을 덜 할 텐데, 하는 생각도 해 보았습니다. 하지만 여우란 동물은 산 채로 잡기가 워낙 힘든 동물이어서 마음뿐이지 실천을 못했습니다. 심지어는 꿩조차 길이 잘 들여지지 않아서 집에서 못 기르는 형편이었습니다. 꿩은 새끼 때 산 채로 가끔 잡아올 수는 있지만 닭하곤 달리 자꾸만 산으로 도망을 가 버리기 때문이지요.

아무튼 그때부터 사냥꾼 마을에선 겨울만 되면 "여우야, 여우야 뭐하니?" "잠잔다." "죽었니, 살았니?" 하는 노래가 유행했다고 하는데 지금으로선 확인할 수가 없어서 아쉬운 일이랍니다.

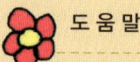

공급이란 무엇일까요?

공급, 공급량, 공급의 법칙

앞 이야기에선 사냥꾼 가족들이 대보름 대목장에서 팔기 위한 꿩털 화살과 여우털 목도리를 만드느라 온갖 힘을 다해 애쓰고 있는 것을 볼 수 있습니다. 이렇게 어떤 물건(재화나 용역)을 팔려고 하는 바람을 공급이라고 부릅니다. 실제로 그 물건을 팔았느냐 팔지 못했느냐 하는 것과는 별개로 일정 기간 동안 그 물건을 팔고자 하는 바람을 공급이라고 부르는 것입니다.

물론 공급도 수요와 마찬가지로 어떤 한순간을 단위로 표시하는 것이 아니라 어떤 일정한 기간을 단위로 표시합니다. 즉 이야기 속에 나오는 마을에서 여우 목도리와 꿩털 화살에 대한 공급은 어떤 일정한 기간, 예를 들자면 한 달이라든가 아니면 일 년 정도 기간을 정하여 표시하게 되는 것입니다.

한편 공급량이란 어떤 물건의 가격이 얼마일 때 팔고 싶어하는 양을 나타냅니다. 그러므로 앞 이야기에 나오는 꿩털 화살의 공급량은 이렇게 표시할 수 있을 것입니다. 꿩털 화살 한 묶음의 값이 4,000원이면 꿩털 화살을 팔려는 양은 10묶음이라든가 하는 식으로 표시하는 것이지요. 이와 같이 어떤 물건에 대한 공급은 먼저 그 물건에 대한 값에 의해서 결정됩니다.

그러므로 물건값이 내리면 공급량은 줄어들며, 값이 올라가면 공급량은 늘어납니다. 다시 말해 물건값과 공급량은 서로 비례 관계에 있습니다. 이것을 우리는 공급의 법칙이라고 부릅니다.

사람들은 비싼 값을 받을 수 있으면 더 많은 물건을 팔려고 한다는 것을 우리는 생활 속에서 이미 보아서 알고 있습니다. 예를 들어 어떤 직업의 수입(값)이 많다고 하면 그 직업을 가지려는 사람들이 많아지는 것을 볼 수 있습니다. 그뿐만 아니라 농산물의 경우, 예를 들어 배추값이 오른다고 하면 농부들은 배추를 조금이라도 더 재배하여 시장에 내놓으려고 애를 씁니다. 이처럼 공급의 법칙은 앞에서 공부한 수요의 법칙과 마찬가지로 우리가 현실 속에서 볼 수 있는 경제 법칙입니다.

공급표, 공급곡선

그럼 꿩털 화살의 가격과 공급량의 관계를 표와 그림으로 나타내 봅시다. 가격과 공급량의 관계를 표로 나타낸 것을 공급표라고 하는데 그것은 아래와 같습니다.

〈꿩털 화살에 대한 1월 한 달 동안의 공급표〉

꿩털 화살의 값 (단위 : 원)	각각의 값에 대한 공급량 (단위 : 묶음)
10,000	40
8,000	30
6,000	20
4,000	10
2,000	0

이제 꿩털 화살의 가격과 공급량의 관계를 그림으로 나타내
봅시다. 가격과 공급량의 관계를 그림으로 나타낸 것을 공급
곡선이라고 하는데 그것은 다음과 같습니다.

〈꿩털 화살에 대한 1월 한 달 동안의 수요곡선과 공급곡선〉

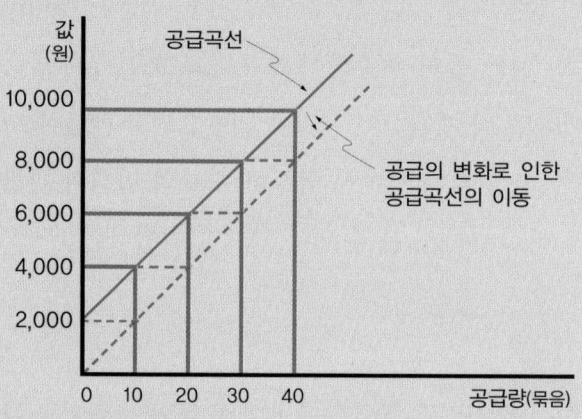

그래프의 가로축에는 공급량을, 그리고 세로축에는 값을 표
시하여 공급표에 나타난 수치들을 점으로 찍은 다음, 선으로
이어 나타내면 공급곡선이 만들어집니다. 물론 공급곡선도 수
요곡선과 마찬가지로 직선뿐만 아니라 곡선으로도 나타날 수
있답니다.

앞에 나온 공급표와 공급곡선은 1월 한 달 동안의 것입니다. 그러니까 다른 달의 것은 달라질 수 있다는 뜻이지요. 이제 공급과 공급량이 변하는 경우에 대해서 알아보기로 합시다.

공급의 변화란 같은 가격에 대하여 공급량 자체가 변화하는 것을 말합니다. 다시 말해 가격은 변하지 않았는데 공급량엔 변화가 생긴 것을 말하지요. 그림에서 보면 공급곡선 자체가 이동하는 것을 뜻합니다. 앞 그림에선 점선으로 표시된 공급곡선이 공급의 변화를 보여 주고 있습니다. 이를테면 가격이 2,000원일 땐 팔려는 사람이 없어 공급량이 0묶음이던 것이, 똑같이 2,000원일 때 10묶음으로 변한 것을 볼 수 있습니다.

그림에서처럼 공급곡선 자체가 오른쪽으로 이동했으면 공급의 증가라 하고, 왼쪽으로 이동할 땐 공급의 감소라 합니다.

이러한 공급의 변화가 생기는 이유는 여러 가지가 있습니다. 예를 들면 다른 물건의 가격이 변하거나, 생산요소 가격이 변하거나, 기술 수준이 변하면 공급의 변화가 생기게 됩니다.

한편 공급량의 변화란 가격이 변화할 때 공급량이 따라 변하는 것을 말합니다. 그림에서 보면 공급곡선 위에서의 변화를 뜻하는 것이지요. 그러니까 가격이 10,000원일 때 40묶음이었던 것이 가격이 8,000원으로 떨어지자 30묶음으로, 또 가격이 6,000원으로 떨어지자 20묶음으로 변하는 것을 볼 수 있습니다. 이것을 공급량의 변화라고 합니다. 즉 공급의 법칙에 따라 값이 오르거나 내리면 공급량이 변화하게 되는 것이지요.

자, 또 다음 문제들에 대해서 생각해 봅시다.

1) 기술 진보로 인해 컴퓨터의 값이 내렸다고 합니다.
   이런 경우 컴퓨터의 값이 내린 것은 공급의 변화로
   인한 것일까요, 공급량의 변화로 인한 것일까요?
2) 소의 사료값이 떨어져 쇠고기값이 내렸다고 합니다.
   이것은 공급의 변화일까요, 공급량의 변화일까요?

여우에게 홀린 젊은이들

가격은 어떻게 정해질까요?

정월 대보름 대목장이 끝나자 노루목 장터는 다시 옛날로 돌아갔습니다. 꿩털 화살 한 묶음을 사려면 콩을 여섯 됫박이나 주어야 했던 대보름 대목장이었습니다. 나중엔 꿩털 화살이 떨어져버려서 닭털 화살까지 물건으로 나올 정도였습니다. 하지만 서너 달 정도가 지나고 나자 값이 뚝 떨어져서 콩 네 됫박이면 살 수 있게 되었습니다. 그건 여우털 목도리도 마찬가지였습니다. 대보름이 지나고 나자 사정이 싹 바뀌고 만 것이지요.

사냥꾼들은 집집마다 곡식을 많이 바꾸어 놓았기 때문에 속으로는 모두들 흐뭇해했습니다. 물론 그래도 아쉬워서 입맛을 쩝쩝 다시는 욕심꾸러기 사냥꾼들도 간혹 있기는 했지만요.

"허허, 일 년 내내 대보름 명절이었으면 좋겠네그려."

"그런 소리 말게, 그러면 일 년 내내 대목장을 볼 것인가? 그러다간 여우나 꿩은 씨도 남지 않고 다 없어지고 말 거야."

"설마, 이 넓은 산 속에서 여우와 꿩이 씨가 마를까?"

"허허, 이 사람아, 옛말에 한강물도 쓰면 준다는 말이 있는 걸 모르는가? 자넨 지난 겨울에 사냥이 안 돼서 그 고생을 하고도 여전히 태평세월인가?"

"아무튼 자네도 이번에 재미 좀 보았지?"

"그래, 재미를 보긴 보았는데, 뭔가 좀 찜찜해. 꼭 여우에게 홀린 것 같기도 하고."

"뭐가?"

"뭐긴 뭔가. 나도 자식 키우는 사람인데 내 먹을거리를 챙기려고 남의 마을 젊은이들에게 너무 바가지를 씌운 것 같단 말일세."

"그야 뭐, 그 젊은이들이 우릴 졸라서 그렇게 된 거지, 우리가 그렇게 하자고 한 건 아니잖아."

"아무리 그렇다 하더라도 그 처녀 총각들 부모들은 속이 무척 상했을 것이네. 아마 우리들이 원수 같을 거야. 그 젊은이들도 생각해 보면 여우한테 홀린 것 같을 거고."

"듣고 보니 그럴 만도 하네. 그까짓 여우털 목도리와 꿩털 화살이 뭐 대단한 것이라고……."

"우리들이 젊은이들을 상대로 몹쓸 짓을 한 건 사실이야."

아닌 게 아니라 그날 이후 농사를 짓는 마을의 가정에서는 자식들을 야단치는 소리가 드높았습니다. 부모들은 모두들 '남의 집 자식들이나 뒤주에서 먹을 곡식을 퍼다가 여우털 목도리나 꿩털 화살을 샀겠지.' 하고 생각하고 있었거든요. 그런데 자기 집 뒤주에서도 콩이나 보리가 푹 줄어든 걸 알게 된 부모들이 뒤늦게 자식들을 야단치느라 난리였답니다. 하지만 자식들은 야단을 맞으면서도 속으로는 다행이라는 생각들을 하고 있었습니다. 비록 먹고살 양식을 주고 바꾸긴 했지만 어쨌든 물건을 구해서 선물한 것은 매우 잘한 일이라고 생각하고 있었으니까요.

그런데 서너 달이 지나고 나자 여우털 목도리와 꿩털 화살이
헐값이 되어 버린 것입니다. 대보름 때와 같은 값을 주고 사려
고 하는 사람이 없어졌기 때문이지요.

"그럴 줄 알았으면 대보름이 끝나고 사는 건데. 꼭 여우에게
홀린 것 같아. 그렇지만 달 밝은 대보름이 지나면 그게 다 무슨
소용이야. 그 물건은 꼭 그날 필요한 것이잖아."

젊은이들은 이렇게 생각하며 아쉬움을 겨우 달랠 수 있었습
니다. 그러나 마음 한 켠에 여우에게 홀린 것 같은 기분이 남아
있는 것은 어쩔 수 없었습니다.

도움말

균형가격의 결정

앞에서 우리는 수요의 법칙과 공급의 법칙에 대해서 알아보
았습니다. 이젠 가격이 어떻게 결정되는지에 대해서 알아보기
로 합시다. 우선 대보름날을 즈음한 1월의 가격이 어떻게 결정
되었는지 살펴보기로 합시다.

앞에서 나온 수요표와 공급표, 그리고 수요곡선과 공급곡선
을 함께 살펴보면 다음과 같습니다.

만약 꿩털 화살의 값이 4,000원일 경우 수요량은 30묶음인
데 공급량은 10묶음밖에 되지 않습니다. 그래서 20묶음만큼의

〈꿩털 화살에 대한 1월 한 달 동안의 수용표와 공급표〉

꿩털 화살의 값 (단위 : 원)	수요량 (단위 : 묶음)	공급량 (단위 : 묶음)
10,000	0	40
8,000	10	30
6,000	20	20
4,000	30	10
2,000	40	0

초과 수요량이 생기며 거래는 이루어지지 않습니다. 또 꿩털
화살의 값이 8,000원이라면 수요량은 10묶음인데 공급량은 30
묶음이나 되어 20묶음만큼의 초과 공급량이 생겨 이때도 역시
거래가 이루어지지 않습니다.

〈꿩털 화살에 대한 1월 한 달 동안의 수용곡선과 공급곡선〉

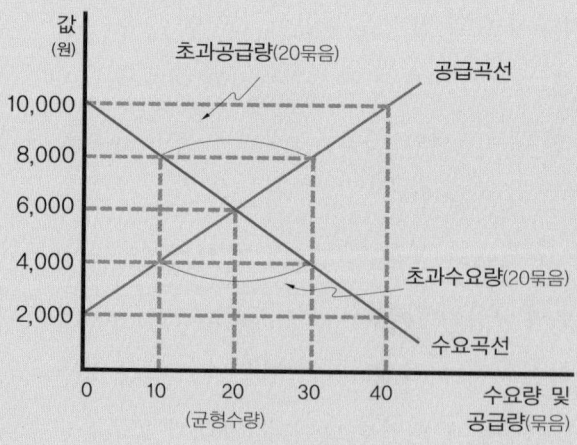

이런 과정을 거쳐 거래가 이루어질 수 있는 수요공급량과 가격이 찾아지는데 그 지점은 수요곡선과 공급곡선이 만나는 곳입니다.

이때 균형이 이루어질 때의 가격과 수량을 각각 균형가격과 균형수량이라고 하는데, 옆의 표와 그림에서 보면 균형가격은 6,000원, 균형수량은 20묶음입니다.

균형가격의 결정 과정은 시소 타기에 비유할 수 있습니다. 시소의 양쪽에 각각 수요량과 공급량이 타고 있다고 생각해 봅시다. 수요량이 공급량보다 적을 때는 이쪽으로 기울어졌다가 수요량이 공급량보다 클 때는 저쪽으로 기울어질 것입니다. 하지만 수요량과 공급량이 같아지면 시소는 그대로 움직이지 않은 채 수평을 이룰 것입니다. 이때 균형가격과 균형수량이 결정되는 것이지요.

덧붙이는 말

앞에서 우리는 1월의 꿩털 화살의 값이 어떻게 정해지는지 살펴보았습니다. 그런데 서너 달이 지나고 나자 이야기 속의 젊은이들이 꿩털 화살의 값이 떨어져서 아쉬워하는 것을 볼 수 있습니다. 1월에는 분명히 비싼 값을 주어야 살 수 있었던 꿩털 화살의 값이 봄이 되자 떨어진 이유는 어디에 있는 것일까요?

이제 여기서 우리는 앞서 수요, 공급을 설명할 때 나왔던 수요의 변화와 공급의 변화라는 개념을 다시 한 번 살펴보아야 할 것입니다. 1월이 지나자 비싼 값을 주고 꿩털 화살을 사려는 사람은 없었습니다. 즉 꿩털 화살에 대한 수요가 감소한 것입니다. 또 꿩털 화살이 달리던 1월과는 달리 봄이 되자 꿩이나 여우를 잡기가 쉬워져 공급은 증가하게 되었습니다.

이런 경우 균형가격과 균형량은 새로운 공급곡선과 수요곡선이 만나는 점에서 결정됩니다. 그래서 공급은 증가하고 수요는 감소했다면 전에 비해서 균형가격과 균형량도 당연히 낮은 수준에서 결정될 것입니다.

🐟

지금까지 살펴본 것처럼 시장에서 사는 사람과 파는 사람의 수요와 공급에 따라 물건값이 정해지는 것은 어디까지나 자본주의권의 시장경제 체제 아래에서의 일입니다.

자본주의 경제 체제 아래에서는 모든 물건값이 시장이라는 가격 기구를 통해서 이루어집니다. 그래서 아담 스미스(A. Smith) 같은 경제학자는 시장을 '보이지 않는 손' 이라고 표현했으며, '보이지 않는 손' , 즉 시장이 모든 것을 자율적으로 조정한다고 주장했던 것입니다.

물론 '보이지 않는 손' 이라는 가격 기구는 때때로 심한 부작용을 낳기도 한다는 문제점을 가지고 있습니다. 하지만 역사적 사실들은 가격을 억지로 정해 놓았을 때의 폐해가 '보이지 않는 손' 이 만드는 부작용보다 오히려 크다는 것을 말해 주고 있습니다.

'보이지 않는 손'이라는 가격 기구가 가져오는 부작용을 우리는 시장의 실패라고 부르는데(뒤에 가서 다시 이야기할게요) 현실적으로는 이를 대신할 만한 다른 가격 기구가 없는 것 또한 사실이어서 자본주의권에서는 시장이 가장 이상적인 가격 기구 노릇을 하고 있는 것입니다.

지금까지 공부한 것을 다음 문제로 확인해 보세요.

1) 수요량과 공급량이 일치하는 점에서 결정되는 가격을 무슨 가격이라고 부를까요?
2) '보이지 않는 손'이 하는 일은 무엇입니까?

봉이 김선달과 대동강 물값

값을 치르지 않아도 되는 물건과
값을 치러야 하는 물건

그리 오래지 않은 옛날, 평양 고을에 욕심 많은 부자 하나가 살고 있었습니다. 그 부자는 심술궂고 인정이 없어서 요 꾀 저 꾀를 내어 그 고을 사람들의 돈을 가로채는 것을 재미로 여기며 사는 사람이었습니다.

그때 전국을 방랑하면서 못된 부자들이나 관리들을 혼내 주고 다니던 봉이 김선달이라는 사람이 있었습니다. 마침 봉이 김선달의 귀에 그 부자에 대한 소문이 들어갔습니다.

김선달은 이번 기회에 그 부자의 못된 버릇을 고쳐 줘야겠다는 생각을 갖고 평양으로 갔습니다. 고을 사람들로부터 대충 이야기를 들은 김선달은 평양 고을 곁을 흐르는 대동강물을 보고 무릎을 탁 쳤습니다.

"음, 저 물을 이용하면 되겠군."

그때 평양 사람들은 거의가 대동강물을 길어다가 밥도 하고 빨래도 했습니다. 김선달은 고을 사람들에게 자기가 가지고 있던 돈을 모두 나누어 주면서 다음과 같이 말했습니다.

"내가 그 욕심꾸러기 부자 영감의 못된 버릇을 고쳐 주려고 합니다. 그리고 여러분들이 빼앗긴 재산도 되찾아 드리려고 하니 우선은 저를 도와 주셔야겠습니다. 어떻게 도와 주셔야 하는가 하면 이곳 대동강물을 길어갈 때마다 이 항아리에 엽전 한 푼씩을 넣어 주시면 됩니다."

사람들은 왜 그렇게 해야 되는지 이유는 잘 몰랐지만 봉이 김선달을 믿고 따르기로 했습니다. 워낙 꾀가 많기로 소문이 나 있는 봉이 김선달이었으니까요.

김선달은 마을 사람들과 짜고 대동강 입구에 큼직한 항아리 하나를 갖다 놓고 옆에 거적을 깔고 앉았습니다. 미리 약속한 대로 사람들은 물을 길어갈 때마다 엽전 한 푼씩 항아리에 넣었습니다.

그렇게 며칠이 지나자 대동강물을 퍼다 먹으려면 돈을 내야 한다는 소문이 욕심쟁이 부자의 귀에까지 들어갔습니다.

그 부자는 신발도 제대로 신지 않은 채 봉이 김선달을 찾아 갔습니다.

"이봐요, 당신 지금 뭐하고 있는 거요?"

"허허, 보고도 몰라서 물으시오? 물값을 받고 있는 중이오."

"물값이라고요? 아니, 언제부터 대동강물을 돈 주고 퍼가야 한단 말이오."

"아, 며칠 되었소. 내가 이 대동강물을 다 샀거든요."

부자는 갑자기 욕심이 생겼습니다. 물을 길어갈 때마다 엽전 한 푼씩이라면 얼른 생각해 봐도 엄청난 돈이었거든요.

"당신, 나에게 이 강물을 다시 팔 생각 없소?"

"뭐라고요? 내가 이걸 왜 팝니까? 가만히 앉아 있기만 해도

금세 부자가 될 텐데."

부자는 그 소리를 듣고 더욱 안달이 났습니다.

"그러지 말고 내게 파시오. 내게 팔면 만 냥을 드리겠소."

"뭐요? 지금 누굴 놀리는 거요?"

"그럼, 십만 냥이면 되겠소?"

"턱도 없소."

"그럼, 이십만 냥 드리겠소."

"그 정도는 몇 달 안 가도 벌어들일 수 있는 돈이오."

"그럼, 오십만 냥 드리겠소. 내게 파시오."

봉이 김선달은 그 정도면 그 부자의 거의 모든 재산에 해당되는 돈일 것 같아 오십만 냥을 받고 대동강물을 팔았습니다.

그날 밤 봉이 김선달은 부자에게서 받은 돈 오십만 냥을 고을 사람들에게 골고루 나눠 주었습니다. 그리고 원래 자기가 가지고 있던 액수만큼의 엽전 꾸러미만 다시 허리에 꿰차고 곧바로 평양을 떠났습니다.

다음 날 아침이었습니다. 욕심쟁이 부자는 봉이 김선달이 앉았던 자리에 원래 있던 항아리보다 몇 배나 더 큰 항아리를 놓고 싱글벙글 웃으면서 앉아 있었습니다. 그러나 물을 길어가는 사람들은 아무도 그 항아리에 엽전을 넣으려 하지 않았습니다.

화가 난 부자는 사람들을 붙잡고 돈을 넣으라고 윽박지르기 시작했습니다.

"내가 이 강물을 오십만 냥에 샀으니 오늘부턴 내게 돈을 내고 물을 길어가야 한단 말이오."

"별 미친 사람 다 보겠네. 강물을 돈 주고 사는 사람이 어디 있소?"

모두들 그 부자를 미친 사람으로 취급했습니다. 그 부자는 그제서야 자신이 속은 것을 알고 가슴을 쳤습니다. 하지만 봉이 김선달은 이미 평양 고을에서 멀리 떨어진 곳으로 가 버린 뒤였습니다.

 **도움말**

자유재와 경제재

우리는 앞에서 수요, 공급의 법칙에 의해서 자원(재화와 용역)의 가격이 결정되는 것을 살펴보았습니다. 그렇다면 자원을 사용하기 위해서는 언제나 값을 치러야 하는 걸까요?

그렇지는 않습니다. 재화와 용역은 상품으로 시장에 나온 경우에만 가격을 갖게 됩니다. 우리 주위에는 값을 치르지 않고도 사용할 수 있는 물건들이 상당수가 있으니까요.

바로 앞 이야기에 나오는 대동강물은 값을 치르지 않고도 사용할 수 있는 자원에 속합니다. 즉 값을 치르지 않고도 누구나 쓸 수 있는 자원이 있다는 것이지요. 이런 자원을 자유재(공짜재, 즉 공짜로 쓸 수 있는 재화)라고 부릅니다. 반면에 수요, 공급의 법칙에 의해서 값이 결정되어 돈을 치러야만 쓸 수 있는 자원을 우리는 경제재라고 부릅니다.

앞 이야기에 나오는 봉이 김선달은 공짜로 쓸 수 있는 자유재인 대동강물을 경제재인 것처럼 돈을 받고 파는 시늉을 한 것입니다. 그러다가 진짜로 비싼 값을 받고 대동강물을 팔아 버린 것이지요. 그야 물론 욕심쟁이 부자를 골탕먹이기 위한 것이었지만요.

요즈음엔 실제로 물값을 치러야 물을 쓸 수 있는 세상이 되었습니다. 수돗물도 돈을 내어야 쓸 수 있고 생수도 돈을 내야 마실 수 있으니까요. 하지만 물은 옛날에는 돈을 주지 않아도 마실 수 있는 자원이었습니다.

1980년대만 해도 기름이 많이 나는 사우디아라비아 같은 데에서는 물이 기름보다 귀해 돈을 주고 물을 사먹는다는 얘기를 들으면 웃던 우리들이었습니다. 그러나 지금은 우리나라에서도 돈을 주어야 물을 먹을 수 있는 세상이 되어 버렸지요(사실 우리나라도 이젠 물값이 기름값보다 비싸요! 1.8 *l* 짜리 물병의 생수값을 주유소 기름값과 비교해 보세요).

실제로 자유재라고 할 만한 것이 거의 없어져 가고 있는 것이 우리의 현실이랍니다.

앞으로 공해가 더 심해지면 공기도 히말라야산 같은 곳에서 사다 마셔야 하는 때가 올지도 모릅니다. 그러면 공기조차도 경제재가 되는 셈입니다. 지금도 산소가 희박한 고원 지역인 멕시코 같은 나라에서는 산소를 팔기도 한다고 하니 그건 정말 앞을 내다볼 수 없는 이야기라고 하겠습니다.

이제 우리는 물도 공기도 자유재가 아닌 경제재가 된 지구에서 살고 있는 셈입니다.

덧 붙 이 는 말

앞에서 나온 자유재, 경제재와는 다른 개념이 한 가지 있습니다. 공원에 따라서는 입장료를 내는 곳도 있지만 대개는 공짜로 입장을 하는 경우가 많습니다. 그리고 잘 닦여진 도로를 공짜로 달릴 수 있는 경우가 많습니다.

이런 공원이나 도로, 그리고 그 밖에 무료로 사용하는 공공 시설물이라든가 의무로 주어지는 초등학교 교육 등은 그 성질에 있어서 자유재라고 할 수 있을 것입니다. 그러나 이것은 자유재와는 좀 다른 성격을 갖습니다. 그러한 물건들은 사회에서 비용을 부담하여 사용자에게 공짜로 주어지는 것이지요.

이런 재화를 자유재와는 달리 공공재라고 부릅니다. 실제로는 공짜가 아니고 사회에서 그 비용을 부담하는 재화이지요. 사회는 어떻게 그 비용을 만드냐구요? 그건 그 사회의 구성원들이 내는 세금이나 기부금으로 만든답니다. 이러한 공공재에 대한 투자를 얼마나 하느냐는 각 사회에 따라 달라질 것입니다.

다음 문제들은 평소에는 별로 생각해 보지 않은 문제들일 거예요. 이제 경제학적인 논리로 다음 물음에 대답해 보세요.

1) 약수터에서 값을 치르지 않고 떠오는 약수는 자유재인가요, 경제재인가요?
2) 도로변에 있는 무료 화장실은 자유재인가요, 공공재인가요?
3) 연탄가스 중독으로 입원한 환자가 병원에서 산소 호흡기를 사용해야만 했습니다. 이 환자가 사용하게 된 산소는 자유재인가요, 경제재인가요?

4

생활의 변화와 경제

벼락부자가 된
흥부네 집 이야기

수요는 언제 변할까요?

우리가 알다시피 흥부는 부모님이 돌아가시자 형에게 쫓겨난 뒤로 무척 가난하게 살았습니다.

언덕에 움막을 지어 겨우 사흘에 한 끼 정도 먹는 처지가 되어 버린 것이지요. 쌀밥은커녕 보리밥도 제때에 먹지 못했고, 그나마 보리도 멀겋게 죽을 끓여 먹어야 하는 형편이었습니다. 보리죽이라도 끓여 먹는 날이면 아이들은 서로 한 숟가락이라도 더 먹으려고 아우성들이었습니다.

먹을 것뿐만이 아니었습니다. 자식들에게 옷을 해 입힐 수도 없었습니다. 그래서 큰 멍석을 얻어다가 자식들 수대로 구멍을 뚫어서 모두들 그 구멍에 콩나물대가리처럼 머리만 내놓게 했습니다. 그렇게 해 놓고 보니 아이 하나가 오줌이라도 누러 가려면 줄줄이 모두 따라가야 했고, 한 녀석이 드러누우면 나머지 아이들도 같이 드러누워야 했습니다.

"형, 나 쉬 마려워. 빨리빨리 일어나."

"야, 인마! 넌 하루에 오줌을 몇 번씩 싸는 거야."

"다른 땐 형이 나보다 더 자주 갔으면서 뭘 그래?"

"요 쪼끄마한 게 말이 많다. 난 옛날 같으면 장가를 갔을 나

이야. 인마, 같이 놀아 주는 것만도 고맙게 알아야지, 웬 말대
꾸야."

그러면서 큰 녀석들이 불쑥 일어나면 작은 녀석들은 멍석 구
멍에 목에 매달려 대롱대롱 달려 나가는 꼴이 되어 고래고래
소리를 지르는 것이었습니다.

"목 매달려 나 죽는다. 형들 허리 좀 굽혀 줘."

그렇게 어려운 시절을 지내고 있는데, 작년에 부러진 다리를 고
쳐 주었던 제비가 돌아오면서 박씨 하나를 갖다 주었습니다. 흥부
는 그 박씨를 정성스레 심고 박이 여물기를 기다렸습니다. 박은
무럭무럭 자라 가을이 되자 탐스럽게 지붕 위를 덮었습니다.

팔월 추석이 가까워졌습니다. 아이들은 이웃집에서 송편을
빚고 돼지를 잡는 걸 보고 와서 칭얼대기 시작했습니다.

"아버지, 우린 언제 송편 빚습니까?"

"응, 초승달이 뜨면 따다가 송편 대신 실컷 먹자."

"치……."

그러나 그렇게 둘러대는 것도 한두 번이었습니다. 흥부는 생
각다 못해 박을 타서 박 속이라도 지져 먹어야겠다고 생각했습
니다. 그래서 초가 지붕 위에 탐스럽게 익은 박을 따왔습니다.
흥부 마누라가 목수 집에 가서 빌려온 톱으로 마침내 박을 타
기 시작했습니다.

아니, 그런데 이게 웬일입니까?

첫 번째 박을 타자마자 그 속에서 녹용이니 인삼이니 웅담이
니 하는 보약재들이 쏟아져 나왔습니다. 두 번째 박을 타자 책

이며 비단이며 이불이며 가재도구들이 쏟아졌습니다. 계속해
서 나머지 박을 다 타자 각종 금은보화가 쏟아져 나왔습니다.

흥부네 식구들은 좋아서 어쩔 줄을 몰랐습니다.

비단옷에 맛있는 음식에 부드러운 이불에 돈까지 몇만 냥이
그냥 생겼으니까요.

그런 일이 있고 나서 하루 이틀이 지나자 흥부네 식구들의
모습과 살림살이는 예전과는 전혀 다르게 변해 갔습니다. 땟
국이 줄줄 흐르던 아이들의 모습은 간 데가 없고 모두 멀쑥한
도령들이 되었습니다. 흥부 내외도 위엄이 철철 넘치는 대갓
집 나리와 마님이 되었고요.

흥부네 식구들은 가난하던 시절이 언제였는지를 까마득하

게 잊어버리고 말았습니다. 아이들은 맛없는 음식은 아예 퉤 퉤거리며 뱉어 낼 정도가 되었습니다. 죽도 못 먹던 옛날과는 달리 쌀밥에 쇠고기 반찬이 아니면 거들떠보지도 않았습니다.

홍부 마누라의 모습도 변했습니다. 배가 고파 허리를 구부정하게 구부린 채 치마끈을 졸라매고 다니던 옛날의 모습이 아니었습니다. 비단 금색치마에 금비녀에 향수 냄새가 철철 넘쳤습니다. 그뿐만이 아니었습니다. 홍부네 집은 돈이 철철 넘쳐 개도 이젠 돈을 입에 물고 다니며 멍첨지 노릇을 할 정도가 되었습니다.

그러니 관가에 매품까지 팔러 다닐 정도였던 홍부가 이젠 팔자걸음에 앞뒤로 하인들을 부리며 제법 유식한 선비 행세를 하게 된 것도 당연한 일이지요. 더구나 박 속에서 나온 미인을 첩으로 삼아 제법 큰소리까지 치면서 살게 되었으니 홍부는 옛날의 가난했던 시절은 그저 꿈이었던가 보다고 여기게 되었습니다.

도움말

수요는 언제 변할까요?

우리는 이미 앞에서 어떤 상품의 가격이 변하면 수요량이 변한다는 것을 공부했습니다. 어떤 상품에 있어서 가격 변화가 아닌 다른 원인의 변화로 인해 수요량이 변하는 것을 우리는

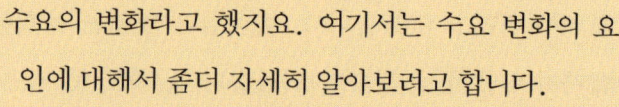

수요의 변화라고 했지요. 여기서는 수요 변화의 요
인에 대해서 좀더 자세히 알아보려고 합니다.

개개인의 소득이 변하면 수요에 변화가 생기게
됩니다. 앞의 흥부네 집 이야기에서 나오듯이 소
득의 변화는 생활을 변화하게 만듭니다. 가난
했던 흥부가 갑자기 부자가 되자 씀씀이가 늘
어나고 물건도 고급품만 삽니다. 죽만 먹던 흥부네 가족은 이
제 쇠고기가 아니면 밥을 먹지 않게 되었습니다. 이렇게 소득
이 늘어남에 따라 흥부네 가족의 죽에 대한 수요와 쇠고기에
대한 수요는 변하게 된 것을 알 수 있습니다.

이때 실질 소득이 늘어남에 따라 수요가 늘어나는 상품을 상
급재(정상재, 우등재)라고 합니다. 앞 이야기에서는 쌀밥, 쇠고
기, 향수, 비단옷 등이 상급재에 속할 것입니다. 앞에서 배운
그림으로 살펴보면 수요곡선이 오른쪽으로 옮겨 가게 되는 경
우입니다.

반면에 실질 소득이 늘어남에 따라서 수요가 줄어드는 상품
도 있습니다. 이런 상품을 우리는 하급재(열등재)라고 부릅니
다. 앞 이야기에 나오는 죽이나 보리밥이 이런 하급재에 속할
것입니다.

사람들이 어떤 상품을 좋아하거나 싫어하게 됨에 따라서 수
요 변화가 생기기도 합니다.

앞 이야기에서도 이런 변화를 살펴볼 수 있습니다. 부자가

되기 전에는 죽이라도 실컷 먹었으면 하는 것이 흥부네 가족의 소원이었습니다. 하지만 이젠 보리죽처럼 맛없는 것은 퉤퉤하고 뱉어 낼 정도로 싫어하는 음식이 되고 말았습니다. 반면에 쌀밥이나 쇠고기 반찬을 좋아하게 되었습니다.

이런 경우 수요의 변화가 이루어집니다. 여러분들이 모자 쓰는 것을 좋아하게 되면 모자에 대한 수요가 늘어나게 되고, 햄버거를 좋아하게 되면 햄버거에 대한 수요가 늘어나게 되는 것이지요.

수요는 다른 상품의 가격에 따라 변화하기도 합니다.

어떤 상품의 값이 오른 경우에 그 상품과 비슷한 만족감을 주면서 값이 오르지 않은 상품을 찾게 됩니다. 우리는 이런 상품을 대체재라고 부릅니다.

예를 들어 배값이 너무 오르면 사람들은 배 대신 값이 오르지 않은 사과를 많이 먹게 됩니다. 이런 경우 사과에 대한 수요는 늘어나게 되는 것이지요. 커피와 홍차, 콜라와 사이다, 아이스크림과 하드 같은 것이 서로 바꿔 먹을 수 있는 대체재라고 할 수 있을 것입니다.

한편 야구공과 야구 방망이, 그리고 넥타이와 넥타이핀, 커피와 설탕처럼 함께 사용해야만 더 큰 만족을 줄 수 있는 물건들이 있습니다. 이런 물건들을 경제학에서는 서로 보완 관계에 있다고 해서 보완재라고 부릅니다. 야구공값이 오르면 야구공에 대한 수요가 줄어들 것이고, 이에 따라 야구 방망이에 대한 수요도 줄어들게 되는 것이지요. 즉 보완재의 수요는 같은 방향으로 움직이게 되는 것입니다.

또 물건 중에는 어떤 상품의 가격이 변해도 전혀 다른 상품의 수요에 영향을 미치지 않는 물건들도 있습니다. 모자와 김치, 수박과 공책들이 그런 경우라고 할 수 있습니다. 경제학에서는 서로 아무런 영향도 미치지 않는 상품들을 독립재라고 합니다. 어떤 상품의 가격 변화와 다른 상품의 수요가 서로 독립적이라는 뜻이지요.

물건을 사서 쓰는 사람의 수가 변하면 수요의 변화가 생기기도 합니다.

인구가 늘어나면 거의 모든 상품에 대한 수요가 늘어나게 되는 것을 볼 수 있습니다. 반면에 인구가 줄어들게 되면 상품에 대한 수요는 줄어들게 되지요.

덧붙이는 말

여태까지 여러분들은 그저 아무런 생각 없이 주위의 물건들을 보아 넘겼을 것입니다. 하지만 이제 어떤 물건의 값이 오르거나 내리는 데는 다 나름대로의 이유가 있다는 것도 알게 되었지요?

이처럼 경제학은 우리 주변의 경제 생활 속에서 나타나는 여러 가지 현상들을 제대로 볼 수 있도록 도와줍니다.

이젠 또 생각해 볼 차례이군요.

1) 부자가 된 흥부네가 21세기에 살았다면 그 가족들은 당연히 선풍기나 부채 대신 에어컨을 썼을 것입니다. 부채와 에어컨은 서로 어떤 관계에 있는 재화인가 요?

2) 한 가정에서도 컴퓨터를 여러 대 두는 경우가 많아지 고 있습니다. 컴퓨터에 대한 수요곡선은 어느 쪽으 로 옮겨 갈까요?

3) 꿩 대신 닭이라는 말이 있습니다. 이때 꿩과 닭은 어 떤 관계에 있는 재화인가요?

4) 컴퓨터에 대한 수요가 늘면 컴퓨터 프로그램에 대한 수요는 어떻게 변할까요?

5) 컴퓨터와 컴퓨터 프로그램은 어떤 관계에 있는 재화 인가요?

코끼리 이빨 쟁기를 타고 가 본 세상

다이아몬드와 금은 왜 비쌀까요?

원시인 총각이 우연히 도깨비 방망이를 얻어 먹고사는 일이 어렵지 않게 되었을 때의 일입니다. 그때 시인의 친구 중에 원거리라는 총각이 있었습니다. 원거리는 도깨비 방망이를 얻지 못해 농사를 지어서 먹고사는 문제를 해결하고 있었습니다. 그나마 다행인 것은 농사를 짓기 시작하면서부터 산이나 들로 헤매고 다니지 않아도 된다는 것이었습니다.

원거리는 그날도 어머니가 옥수수와 콩을 넣어 정성스레 만들어 준 점심 보따리를 들고 밭일을 나갔습니다. 물론 연장과 도구도 한 지게 가득 지고 나갔지요.

차츰 산을 개간해서 밭을 만드는 일과 밭에 작물을 재배하는 일에 요령이 생기게 되었습니다. 그래서 투박한 돌도끼 대신 손에 맞게 잘 다듬어진 금도끼를 쓰고 나무 괭이 대신 단단한 다이아몬드 괭이를 쓰게 되었습니다.

주위의 산을 파다 보니 돌이나 나무보다 단단하고 쓰기 편한 것들이 땅 속에서 많이 나왔습니다.

특히 원거리가 괭이로 쓰는 다이아몬드는 주위의 땅 속에서 흔하게 볼 수 있는 것이었습니다.

오전 일을 끝내고 막 점심을 먹으려는 순간이었습니다. 갑자기 마른 하늘에 번개가 번쩍거리며 밭을 때리더니 코끼리 이빨로 만들어진 쟁기가 소가 끌지도 않는데 갑자기 움직이기 시작하는 것이었습니다. 원거리는 깜짝 놀라 점심 보따리를 팽개치고 쟁기가 있는 곳으로 달려갔습니다. 쟁기 손잡이에 걸어 놓았던 금도끼와 다이아몬드 괭이는 그대로 걸쳐져 있었습니다.

　"이상한 일이네, 쟁기가 왜 혼자서 움직이는 거지?"

　원거리는 쟁기 손잡이를 꽉 잡고 쟁기를 누르듯 힘을 줬습니다. 바로 그 순간이었습니다. 갑자기 쟁기가 세워져 있던 밭고랑이 둘로 갈라지며 원거리는 쟁기와 함께 갈라진 틈으로 빨려 들어가고 말았습니다.

　순간적으로 정신을 잃었다고 생각했는데, 귓가에 아름다운 음악 소리가 들려 왔습니다. 잠시 후 음악 소리가 그치고 나자 원거리는 자신이 사람들이 많이 모여 있는 곳에 서 있다는 것을 알았습니다.

　"어? 이게 어떻게 된 일이지. 저 사람들은 나하고 좀 다르게 생겼어. 머리도 짧고, 온몸을 다 가리고 있네. 어? 눈에다 이상한 것을 달고 있는 사람도 있잖아."

　안경을 쓰고 있는 사람을 보고 원거리는 그렇게 생각을 했던 것입니다. 원거리는 자신의 모습을 돌아보았습니다. 코끼리 이빨 쟁기가 자기 앞에 있었고 금도끼와 다이아몬드 괭이는 쟁기 손잡이에 그대로 걸려 있었습니다.

　사람들은 뭐라고 말을 하면서 금도끼와 다이아몬드 괭이를 열심히 만져 보았습니다.

그곳은 서기 2010년의 서울 거리 한복판이었습니다.

그때 사이렌 소리가 급하게 들리더니 고고인류학자가 탄 차가 도착했습니다. 그 학자가 옛날 말로 원거리에게 말을 걸었습니다. 그제야 원거리는 자신이 수천 년 전의 먼 옛날 나라에서 미래의 세상으로 왔다는 것을 깨닫게 되었습니다. 말하자면 코끼리 이빨 쟁기가 타임머신 구실을 한 것이지요.

원거리가 사는 마을에선 예로부터 코끼리 이빨을 함부로 다루면 안 된다는 말이 전해져 내려오고 있었습니다. 코끼리는 영험한 동물이어서 죽은 지 5백 년이 된 코끼리 이빨을 타면 먼 곳까지 갈 수 있다고 했으니까요.

고고인류학자의 말대로라면 그곳 사람들은 그렇게 커다란 금덩이와 다이아몬드를 본 적이 없어서 그것들을 자기네들에게 주었으면, 하고 바란다는 것이었습니다.

원거리는 세상에 이상한 일도 다 있다고 생각했습니다. 금과 다이아몬드는 자기 마을 뒷산에 가기만 하면 돌멩이만큼 얼마든지 흔하게 볼 수 있는 것들이었습니다.

원거리는 자기가 가지고 있던 다이아몬드 괭이와 금도끼를 사람들에게 공짜로 줘 버렸습니다. 그러자 사람들은 식량을 비롯하여 많은 물건을 몇 트럭분이나 되게 가져 왔습니다. 그 물건들은 원거리네 식구들이 아주 오랫동안 먹고 쓸 수 있을 정도로 많았습니다.

원거리는 사람들이 금과 다이아몬드를 왜 그토록 좋아하는

지 알 수가 없었습니다. 원거리는 사람들이 다이아몬드 대신 준 물건들을 기다란 끈으로 묶은 뒤 그 끈자락을 쟁기 손잡이 에 걸고 아까처럼 쟁기 손잡이를 꼭 잡고 힘을 주었습니다.

그러자 다시 마른 번개가 치더니 코끼리 이빨 쟁기가 서 있 는 곳 바로 아래의 땅이 갈라졌습니다. 원거리는 다시 정신을 잃었습니다.

얼마 지나지 않아 원거리는 다시 원시 시대의 자기 밭으로 돌아와 있었습니다. 코끼리 이빨 쟁기를 타고 서기 2010년의 서울 거리로부터 원시 시대의 자기 밭으로 많은 물건들을 가지 고 돌아온 것이지요.

밭둑엔 여전히 밭에서 주워 던진 금덩어리와 다이아몬드 덩어리가 돌멩이들과 함께 뒹굴고 있었습니다.

원거리는 이것이 꿈인지 생시인지 도무지 알 수 없어 자신의 볼을 꼬집어 보았습니다. 분명 꿈은 아니었습니다. 가지고 온 물건들도 밭에 그대로 놓여 있었고요.

하지만 원거리는 아무리 생각해 보아도 서기 2010년의 사람들을 이해할 수가 없었습니다. 그까짓 다이아몬드 괭이와 금 도끼를 하나씩 받고는 저렇게 많은 물건을 주다니요. 원거리는 그 사람들을 아주 마음씨 좋은 사람들이라고 생각할 수밖에 없었습니다.

도움말

가치의 역설

여러분은 가끔 이런 생각을 해 본 적이 있을 것입니다. 우리가 늘 마시는 공기는 돈을 한 푼도 내지 않고 무한정으로 마실 수가 있는데 그저 멋을 내기 위해서만 쓰이는 다이아몬드나 금은 왜 그렇게 비쌀까, 하는 생각 말입니다.

공기는 우리들이 살아가는 데 있어 없어서는 안 되는 것입니다. 하지만 거의 값을 치르지 않습니다. 반면에 없더라도 우리의 생활에 별다른 불편을 주지 않는 다이아몬드와 금의 값은 너무 비싸지요.

이 문제 때문에 고민을 한 사람은 여러분뿐만이 아니랍니다

(뭐라고요? 여러분은 그런 걸로 고민해 본 적이 없다고요? 하긴 뭐 대부분의 사람들 모두 금은 당연히 비싸고 공기는 당연히 돈을 내지 않는 걸로 생각할 테니 여러분이 이상하다고 할 수만도 없군요). 영국의 경제학자인 아담 스미스도 그 문제를 해결하기 위해 골머리를 앓았던 사람 중의 한 명입니다.

아담 스미스는 궁리에 궁리를 한 끝에 이런 결론을 내렸습니다. 즉 세상에 존재하는 모든 재화는 지니고 있는 사용 가치와 교환 가치가 다르다는 것이지요. 예를 들어 물은 사용 가치가 높지만 다른 것과 바꿀 수 있는 교환 가치가 낮기 때문에 값이 싸다는 겁니다. 그에 반해 다이아몬드나 금은 사용 가치는 별로 없지만 교환 가치가 높아서 값이 비싸다는 것이지요.

경제학에서는 이 문제를 가치의 역설(하나의 재화에 서로 다른 두 가지의 가치가 존재한다는 뜻)이라고 부릅니다. 하지만 아담 스미스가 살던 시대가 지나자 이 문제에 대해 다르게 생각하는 학자들이 나오게 되었습니다. 즉 자원의 값을 결정하는 것은 총효용이 아니라 한계효용이라는 것입니다.

그럼 다이아몬드와 물의 한계효용에 대해서 생각해 보기로 하지요. 앞에서 한계효용체감의 법칙에 대해서 공부했던 적이 있습니다. 어떤 재화에 대한 소비가 늘어날수록 그 재화 한 단위가 주는 만족감(한계효용)은 점차 줄어들게 됩니다. 이것을 우리는 한계효용체감의 법칙이라고 했습니다.

이제 다이아몬드와 물의 존재량에 대해서 생각을 해 볼까요? 여러분들도 물이 다이아몬드에 비해 상대적으로 그 존재량이 훨씬 많다는 것은 알고 있을 것입니다. 보통 때 물은 우리 주위에 충분히 많기 때문에 만족스러울 정도로(한계효용이 0이 될 정도로) 마실 수가 있습니다. 하지만 다이아몬드의 존재량은 그렇게 많지 않기 때문에 만족스러울 정도로(한계효용이 0이 될 정도로) 가질 수가 없습니다. 존재량이 적기 때문에 한계효용이 0이 되기도 전에 다이아몬드의 공급은 끝나버리게 되는 것입니다. 물처럼 한계효용이 0이 될 때까지 쓸 수가 없는 것이지요. 이제 물과 다이아몬드의 한계효용을 그림으로 나타내 봅시다.

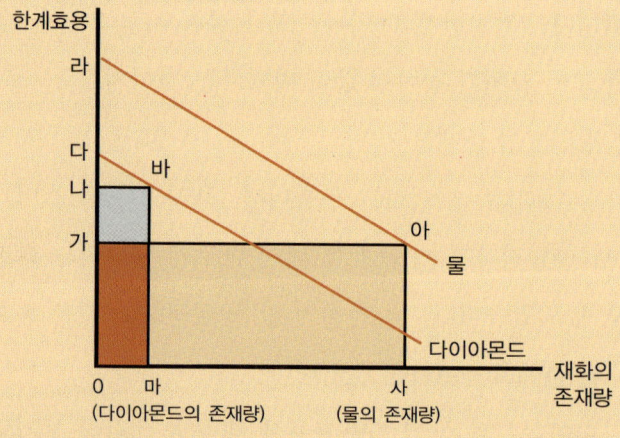

그림에서 보면 다이아몬드라는 재화는 존재량이 〈0—마〉밖에 되지 않는 반면에 물의 존재량은 〈0—사〉만큼이나 됩니다. 그리고 각각의 존재량에서의 한계효용은 각각 〈0—나〉와 〈0—가〉입니다. 우리는 이 그림에서 다이아몬드의 한계효용이 물의 한계효용보다 크다는 것을 알 수 있습니다.

앞에서 자원의 값은 총효용에 비례하는 것이 아니라 한계효용에 비례한다는 말을 한 적이 있습니다. 그렇기 때문에 한계효용이 큰 다이아몬드의 값이 물의 값보다 훨씬 비싼 것입니다.

이야기 속에 나오는 원거리가 사는 세상에서는 다이아몬드가 돌멩이만큼이나 흔한 물건이라고 합니다. 만약 우리들 세상에서도 다이아몬드가 돌멩이처럼 흔한 물건이라면 다이아몬드는 결코 비싸지 않을 것입니다. 다이아몬드는 몹시 귀한 물건이기 때문에 값이 비싼 것입니다.

하지만 실제로 우리가 느끼기엔 다이아몬드의 효용보다는 물의 효용이 훨씬 더 큽니다. 사실 물은 하루만 없어도 살 수가 없지만 다이아몬드는 없어도 살아가는 데 큰 지장이 없거든요. 앞에서 우리는 재화에 대해서 느끼는 만족감을 총효용으로 나타낼 수 있다는 것을 배웠습니다.

그럼 물과 다이아몬드의 총효용을 알아보기로 하지요. 그림에서 보면 〈0―라―아―사〉는 물의 총효용을, 〈0―다―바―마〉는 다이아몬드의 총효용을 나타내고 있습니다. 두 부분의 면적을 비교해 보면 물의 총효용이 다이아몬드의 총효용보다 훨씬 크다는 것을 알 수 있습니다.

그러므로 어떤 재화를 사용함으로써 느끼는 전체적인 만족감은 총효용으로 표시되며 그 가격은 한계효용에 의해 결정된다는 것을 알 수 있습니다. 이것은 다이아몬드뿐만 아니라 다른 상품의 경우에도 마찬가지입니다.

아무튼 한계효용이라는 개념은 아담 스미스가 고민했던 문제를 쉽게 해결해 주었습니다. 물건의 값(가치)은 한계효용에 의해 결정된다는 것으로 말입니다.

 **덧 붙 이 는 말**

우리는 앞에서 물이 다이아몬드보다 훨씬 더 많이 존재한다고 했습니다. 하지만 그 반대 현상이 없으리라는 보장도 할 수가 없는 것이 오늘날 지구의 현실입니다. 날로 파괴되어 가는 환경으로 인해 물이 다이아몬드보다 귀해져 물값이 다이아몬드값보다 훨씬 더 비싸지는 날이 오지 않으리라고 보장할 수 없는 세상이 되었으니까요. 어쨌든 물건의 값을 결정하는 것이 한계효용이라는 것만 기억해 두세요. 물론 경제학에서 한계효용이라는 개념이 전혀 문제가 없는 개념인 것은 아닙니다. 하지만 그것을 따지는 것은 이 책의 수준과 범위를 넘어가는 것이므로 여기에서는 언급하지 않겠습니다.

자, 그럼 다음 질문들에 대해 스스로 따져 보세요.

1) 원거리의 마을에서는 다이아몬드를 값을 치르지 않고도 구할 수 있습니다. 그 이유는 무엇일까요?
2) 철값이 금값보다 싼 것은 무엇 때문입니까?

당나귀와 설탕

어떤 물건의 값이 떨어졌을 때 소비자가 받는 영향

당나귀 나라에서 있었던 일입니다. 그 나라엔 당나귀들만이 모여 살고 있었습니다. 당나귀들은 주로 당근과 풀을 먹고삽니다. 하지만 언제부터인가 사람들이 사는 나라에서 설탕을 사다 먹어 본 당나귀들은 설탕이 자기들의 입맛에 정말 잘 맞는 음식이라는 것을 알게 되었습니다. 사람들은 힘을 내기 위해서 보약을 먹는데 당나귀들은 설탕을 먹고 나면 힘이 났습니다. 그래서 당나귀 나라에서는 사람들이 사는 나라에서 비싼 대가를 치르고라도 설탕을 사다 먹게 된 것입니다.

하지만 비싼 돈을 주고 사다 먹던 설탕도 요즈음은 거의 맛을 볼 수 없게 되었습니다. 언제부터인가 당나귀 나라와 사람들이 사는 나라 사이에 있는 숲에서 사자들이 살기 시작했는데, 사자들이 워낙 사나워서 당나귀들이 사람들이 사는 나라로 갈 수가 없기 때문이지요. 사자들은 설탕을 사기 위해 지나가는 당나귀들을 한 입에 잡아먹기 일쑤였으니까요.

한번 설탕맛을 본 당나귀들은 자나깨나 설탕이 먹고 싶다는 생각뿐이었습니다. 이젠 설탕을 먹지 않으면 몸에 힘이 없어서 일을 하지 못할 정도가 되고 말았으니까요.

설탕을 살 수 없게 된 당나귀들이 불평하는 소리를 듣고 당

나귀 왕은 수심에 잠겼습니다. 당나귀 왕은 어떻게 하면 당나귀들에게 설탕을 다시 먹일 수 있을까 하고 고민을 했습니다.

고민고민 끝에 당나귀 왕은 설탕을 사오는 당나귀에게 큰 상을 내리겠다고 방을 붙였습니다. 그러자 어떤 젊은 당나귀 한 마리가 설탕을 구해 오겠다고 나섰습니다.

당나귀 왕이 그 젊은 당나귀에게 물어 보았습니다.

"그대는 무슨 특별한 방법이라도 가지고 있는가?"

"예, 제 나름대로 생각해 본 바가 있사오니 너무 걱정하지 마옵소서."

"그래, 짐은 그대만 믿고 기다리겠노라."

집으로 돌아온 그 젊은 당나귀는 집안 대대로 물려받아 잘 간직하고 있던 사자 가죽을 상자에서 꺼내었습니다. 젊은 당나귀는 사자 가죽을 둘러쓰고는 터진 부분을 어머니 당나귀더러 꿰매 달라고 했습니다. 사자 가죽을 둘러쓴 젊은 당나귀의

160

모습은 얼핏 보아서는 정말 사자 같았습니다.

밤이 되자 당나귀는 길을 떠났습니다. 어슴푸레한 달빛 속을 걷는 젊은 당나귀의 모습은 영락없이 사자의 모습이었습니다.

당나귀는 속으로 덜덜 떨면서도 당당한 모습으로 사자들이 사는 숲을 걸어갔습니다. 다행히도 당나귀를 자신의 동료로 착각한 사자들은 당나귀를 건드리지 않았습니다. 덕분에 당나귀는 무사히 사람들이 사는 나라로 들어갈 수 있었습니다.

하지만 진짜 문제는 이제부터였습니다. 설탕을 사 가지고 어떻게 다시 당나귀 나라로 돌아가느냐 하는 것이었지요. 설탕을 욕심껏 사서 수레에 싣고 끌고 갈 수도 없고, 그렇다고 어려운 걸음을 했는데 몸에 지닐 만큼 조금만 가지고 갈 수도 없었습니다. 사람들도 설탕을 팔기는 했지만 사자들이 사는 숲을 지나 가져다 주려고까지는 하지 않았으니까요.

젊은 당나귀는 궁리에 궁리를 한 결과 중대한 결심을 했습니다. 설탕을 사 가지고 가기보다는 설탕을 만드는 방법을 배워 가지고 돌아가자는 것이었지요. 고생고생하여 수소문을 한 끝에 당나귀는 설탕 만드는 집을 찾을 수 있었습니다.

그곳에서 젊은 당나귀는 짐을 실어나르는 일을 하면서 설탕 만드는 법을 배웠습니다. 그리고 설탕의 원료가 되는 사탕수수의 씨도 구했습니다.

마침내 일 년이라는 짧지 않은 시간이 지나 젊은 당나귀는 다시 사자 가죽을 둘러쓰고 당나귀 나라로 무사히 돌아갔습니다.

당나귀 왕은 빈손으로 돌아온 젊은 당나귀를 보고 이만저만 실망을 하는 것이 아니었습니다.

하지만 젊은 당나귀는 아무 말 없이 자신이 가져온 사탕수수의 씨를 밭에 뿌리고 여름이 지나기만을 기다렸습니다. 가을이 되어 사탕수수가 크게 자라자, 젊은 당나귀는 사탕수수를 이용해 설탕을 만들어 당나귀 왕에게 가지고 갔습니다.

당나귀 왕은 뛸 듯이 기뻐하면서 젊은 당나귀를 입에 침이 마르도록 칭찬했습니다. 지혜로운 젊은 당나귀 덕분에 당나귀 나라에서는 아주 싼 값으로 설탕을 먹을 수 있게 되었습니다. 예전의 10분의 1도 안 되는 가격으로 설탕을 마음껏 먹을 수 있게 되었던 것입니다.

당나귀들은 갑자기 자기들이 부자가 된 것 같은 느낌이 들었습니다. 설탕값이 10분의 1로 떨어지자 당나귀들은 전보다 설탕을 훨씬 더 많이 사먹게 되었습니다. 덕분에 값이 그대로인 당근에 대한 소비량은 훨씬 더 줄어들게 되었습니다. 어쨌든 설탕값이 떨어져서 당나귀들에겐 전보다 돈이 남아 돌아 여유가 생기게 되었습니다. 당나귀들은 설탕을 실컷 사먹고 남은 돈으로 예전부터 사고 싶었던 다른 여러 가지 물건들을 살 수 있게 되었습니다. 전에는 여유가 없어서 사지 못하던 무릎 보호대라든가 털을 윤기 있고 향기롭게 만들어 주는 물비누 같은 것도 살 수 있게 되었답니다.

설탕값이 떨어지자 당나귀들의 생활은 전보다 훨씬 더 힘있고 풍요롭게 되었답니다.

대체효과와 소득효과

어떤 물건의 값이 떨어진 경우, 소비자에게 어떤 영향을 미치게 되는지를 알아봅시다. 앞 이야기에서처럼 설탕의 값이 떨어졌을 때 당나귀들에게 어떤 영향을 미쳤는지 알아보자는 거지요.

우선 어떤 물건의 값이 떨어지면 그 물건에 대한 수요량이 증가하게 된다는 것은 여러분들이 이미 배워서 알고 있을 겁니다(물론 하급재의 경우는 예외입니다). 앞 이야기에서 보면 설탕 값이 내리자 당나귀들이 전보다 훨씬 더 많은 설탕을 사먹는 것을 볼 수 있습니다. 이렇게 물건의 값이 떨어져서 그 물건에 대한 수요량이 증가하게 되는 것을 경제학에서는 소득효과라고 부릅니다.

물건의 값이 떨어졌기 때문에 실제로는 같은 돈을 가지고도 더 많은 돈을 가진 것과 같은 효과를 얻게 되는 것이지요. 예를 들어 한 당나귀가 설탕을 구입하는 데 쓰던 돈이 1,000원이었다고 하면 설탕의 가격이 10분의 1로 떨어졌을 겨우 설탕을 전보다 10배는 더 살 수 있게 됩니다. 다시 말해 실제로 소득이 10배 정도 늘어난 소득효과를 얻게 되는 것이지요.

또 어떤 물건의 가격이 떨어지면 그 물건에 대한 가격은 다른 물건들의 가격에 비해 훨씬 더 싸게 느껴지게 됩니다.

앞에서도 말했지만 소비자는 값이 싼 물건을 더 많이 사게 됩니다. 앞 이야기에서 당나귀들은 10분의 1의 값으로 떨어진 설탕을 예전보다 훨씬 더 많이 구입하게 됩니다. 그 결과 상대적으로 값이 비싸진 당근에 대한 소비량은 떨어지게 된 것이지요.

다시 말해 가격이 떨어진 재화를 더 많이 사고 상대적으로 가격이 떨어지지 않은 당근은 덜 사게 되는 것입니다. 이렇게 가격이 떨어진 재화를 가격이 떨어지기 전과 동일한 효용 수준에서 더 많이 사게 되는 것을 경제학에서는 대체효과라고 부릅니다. 즉 예전보다 값이 싸진 물건을 값이 그대로인 물건 대신 더 많이 사게 되는 효과란 뜻이지요.

이와 같이 어떤 재화의 가격이 떨어지게 되면 그 재화에 대한 수요량은 증가하게 되며, 그 수요량의 증가는 소득효과와 대체효과에 의해서 생겨나게 되는 것입니다.

덧 붙 이 는 말

실제로 우리는 어떤 물건값이 떨어졌을 때 이득을 누리게 됩니다. 어떤 물건을 사러 나갔을 때 전보다 물건값이 내렸을 경우, 우리는 조금은 부자가 된 듯한 착각에 빠지게 됩니다.

그래서 남은 돈으로 다른 물건을 사기도 하고 한 개만 사려던 것을 한두 개 더 사기도 하지요. 이것이 바로 앞에서 설명한 소득효과와 대체효과인데, 물건값이 떨어졌을 때의 경제 행위를 설명해 주지요.

다음 문제들은 별로 어렵지 않을 것입니다.

1) 쇠고기 값이 떨어지자 쇠고기에 대한 수요량이 늘어나 소득이 늘어나는 효과를 가져왔습니다. 이 효과를 경제학에서는 무엇이라고 부르지요?
2) 쇠고기 값이 떨어지자 돼지고기에 대한 수요량이 줄어든 반면 쇠고기에 대한 수요량이 증가했습니다. 이 효과를 경제학에서는 무엇이라고 부르지요?

밥도둑놈이 된 새우젓

소득과 식생활비의 관계

뭐든지 아끼고 아껴서 조선 천지에서 몇 번째 안 가는 부자가 된 자린고비가 세상에서 가장 무서워한 것은 뭐니뭐니해도 사람의 입이었습니다. 물론 자린고비가 무서워한 것은 말하는 입이 아니라 먹는 입이었습니다.

"아무리 많은 양식이 곳간에 쌓여 있을지라도 사람의 먹는 입엔 못 당하는 법이야. 그러니 아끼고 아껴서 먹어야지, 많이 번다고 많이 먹으면 아무리 많은 재산이라도 지키기 어렵다."

자린고비는 틈이 날 때마다 식구들을 모아 놓고 아껴 먹으라고 훈계를 했습니다.

그런데 그렇게 먹을 것을 아껴야 한다고 강조하던 자린고비가 어느 날 장에 갔다 오더니 소금에 하얗게 절여진 조기 한 마리를 사왔습니다.

자린고비의 아들은 자기 눈을 의심했습니다. 하지만 분명히 아버지가 사오신 것은 조기였습니다. 아들은 조기에 저녁밥을 먹을 걸 생각하며 입 안에 고인 침을 꿀꺽 삼켰습니다.

"햐! 아버지가 웬일로 생선을 다 사오셨을까? 오늘 저녁은 정말 맛있겠는걸."

그런데 이상한 일이었습니다. 자린고비는 사온 조기를 부엌으로 가져가지 않고 안방으로 곧장 가져갔습니다. 아들은 갑자기 가슴이 덜컥했습니다.

"아니, 아버지가 조기를 혼자 드시려고 안방으로 가져가시는 것 아냐? 그렇지만 설마 저걸 익히지도 않고 절인 채로 드실 순 없겠지?"

아들은 뭔가 이상한 생각이 들긴 했지만 저녁 밥상에만은 조기 반찬이 나올 것이라고 믿어 의심치 않았습니다. 마침내 저녁 먹을 시간이 되었습니다. 보통 때처럼 밥 한 그릇에 냉수 한 그릇씩 식구 수대로 놓인 밥상이 차려져 있었습니다. 그런데 오늘은 웬일인지 항상 밥상 한가운데에 놓여 있던 간장 종지가 보이지 않았습니다. 자린고비네 식구들은 늘 밥 한 번 떠먹고 간장 한 번 찍어먹고 냉수 한 숟갈 떠먹는 것이 규칙이었거든요.

"오늘부턴 짠 생선하고 밥을 먹으니 간장을 놓지 말라 했다. 간장도 될 수 있으면 아껴야 하지 않겠느냐."

자린고비는 의아해하는 아들에게 말했습니다. 그러고는 윗목 위의 벽장문을 열었습니다. 거기에는 조기 한 마리가 대롱대롱 매달려 있었습니다.

"자, 이젠 저 생선하고 밥을 먹자. 우리 식구도 오랜만에 비린 생선 맛도 좀 봐야 하지 않겠냐."

자린고비의 아내와 아들은 평소부터 자린고비의 성질을 잘 알고 있는지라 다른 말을 못하고 자린고비가 이른 대로 밥 한 숟갈 먹고 조기 한 번 쳐다보고 물 한 숟갈을 떠먹었습니다.

그런데 갑자기 자린고비가 아들의 뺨을 철썩 갈겼습니다.

"네, 이 녀석, 왜 밥 한 숟갈에 조기를 두 번씩이나 쳐다보느냐. 이 아비도 한 번씩밖에 쳐다보지 않거늘 아들놈이 두 번씩이나 쳐다보다니, 불효막심한 녀석이로구나. 그리고 그렇게 밥 한 숟갈에 두 번씩 쳐다보면 생선이 짜서 물켜는 것도 모르느냐?"

아들은 얼떨결에 맞은 뺨이 아파서 숟갈을 내려놓은 채 아무 말도 하지 못하고 고개를 숙이고 있었습니다. 자린고비의 아내는 너무 어이가 없는 나머지 벌린 입을 다물지 못하고 있었고요.

이처럼 자린고비네 식사 시간엔 반찬이 밥상에 오르지 않는 게 워낙 알려져 있어서 고기 장수들은 아예 자린고비 집에 들를 일이 없었습니다.

그러던 어느 해였습니다. 자린고비네 동네를 들른 새우젓 장수가 좋은 꾀를 생각해 냈습니다.

"천하에 인색하기 짝이 없는 자린고비라도 이 새우젓 맛을 보면 안 사먹곤 못 배길 거야."

새우젓 장수는 아침 일찍 자린고비네 집 대문 안에 새우젓 한 종지를 밀어 넣었습니다.

"흠, 자린고비가 공짜를 좋아한다지? 그렇다면 틀림없이 저걸 먹을 거야."

아침 일찍 일어나 식구들을 깨워 가며 마당을 쓸던 자린고비가 마침 새우젓 종지를 발견했습니다.

"어? 이게 뭐야? 누가 새우젓을 갖다 놓았지?"

그러면서 자린고비는 새우젓을 종지째 대문 너머 멀리 던져
버렸습니다.

마침 그것을 보고 있던 아내가 말했습니다.

"뭘 그렇게 던져 버리세요? 다른 집 개가 문 틈으로 개똥이
라도 싸놓았습니까?"

"개똥이면 버릴 것이 뭐 있겠수? 텃밭에 제일 좋은 거름이
개똥인데……. 글쎄 누가 아침 일찌감치 밥도둑놈을 몰래 들
여놓았길래 던져 버린 거요."

"밥도둑놈이라고요?"

"아, 새우젓 말이오. 그런 것하고 밥을 먹다 보면 밥을 많이
먹게 되니 새우젓이 밥도둑놈이 아니고 뭐겠소. 그런 건 남이
공짜로 갖다 줘도 먹어선 안 되는 법이오."

자린고비의 아내는 어이가 없어서 대꾸할 말을 찾지 못했습
니다.

그런데 자린고비는 먹는 것만이 아니라 아낄 수 있는 건 뭐
든지 아꼈습니다. 특히 겨울엔 땔감이 많이 드는 게 아까워 얼
어죽지 않을 정도로만 불을 땠습니다. 그 대신 안방 벽에 불이
활활 타고 있는 커다란 화로 그림을 하나 붙여 놓았습니다. 그
리곤 식구들을 모이게 한 뒤 화로를 쳐다보며 손을 비비면서
이렇게 말했습니다.

"어휴, 뜨겁다. 불이 너무 세다. 재 좀 덮어라!"

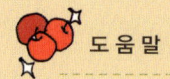

엥겔지수

우리들은 흔히 수염이 석 자라도 먹어야 양반이라든가, 금강산도 식후경이라든가 하는 말을 합니다. 그만큼 우리들의 생활에서 먹는 것이 차지하는 중요성이 크다는 뜻이지요.

이제 우리들의 소득에서 먹을 것이 차지하는 부분이 얼마나 되는지 한번 생각해 보기로 합시다.

보통의 경우 우리들의 소득에서 먹을 것이 차지하는 비율은 소득이 증가할수록 적어지게 됩니다.

그러나 소득이 증가하면 문화비에 대한 지출은 늘어나게 됩니다(문화비란 여유를 즐기기 위해서 드는 비용, 즉 사람을 사귄다든가, 휴가를 즐긴다든가, 음악을 듣거나 문학책을 읽기 위해서 드는 비용을 뜻합니다).

또 주거비(집에 들어가는 비용, 예를 들면 난방비 같은 것)는 소득과 관계없이 거의 변하지 않는다고 합니다.

소득 중에서 식생활비가 차지하는 비율을 우리는 엥겔지수라고 합니다. 예를 들어 자린고비네 집의 일 년 소득이 쌀 1,000가마였다고 합시다. 그리고 자린고비네 식구가 일 년 동안 먹은 쌀이 10가마라고 합시다. 그러면 자린고비네 집의 엥겔지수는 10가마 나누기 1,000가마 해서 1퍼센트가 됩니다. 어쩌면 세상에서 가장 엥겔지수가 낮은 집이 바로 자린고비네 집일지도 모르겠네요.

대체로 소득이 증가함에 따라 식생활비가 차지하는 비율(식생활비/소득)이 줄어들게 됩니다. 즉 엥겔지수가 낮아지게 되는 것이지요. 이것을 우리는 엥겔의 법칙이라고 부릅니다. 엥겔이라는 사람이 이 법칙을 찾아냈기 때문이지요.

자린고비네 집의 경우를 보면 쌀을 아무리 많이 수확해도 먹는 양은 늘어나지 않을 것입니다. 즉 소득(쌀의 수확량)이 늘어나면 엥겔지수는 낮아지게 되는 것이지요.

그러므로 저개발국일수록 엥겔지수가 높을 것입니다. 바꾸어 말해 가난할수록 생활비에서 먹을 것이 차지하는 비율이 크다는 것이지요.

다음 문제들에 대해 답해 보세요.

1) 엥겔지수로 그 사람이 부자인지 가난한지를 짐작할 수 있을까요? 할 수 있다면 그 이유를 설명해 보세요.
2) 소득이 늘어나면 문화비에 대한 지출도 늘어난다고 합니다. 그 이유가 무엇인지 생각해 보세요.

박 판서의 제사법

소득이 줄어들면 사람들은 어떻게 행동할까요?

그리 멀지 않은 옛날인 조선 시대에 전라도 어느 고을에서 있었던 일입니다. 날아가는 새도 말 한마디면 떨어뜨리고, 남의 품 속에 있는 비밀도 헛기침 한 방이면 캐낼 수 있을 정도로 세도가 대단하던 박 판서라는 사람이 있었습니다. 박 판서는 세도를 이용해 남의 돈을 받는 것을 아주 좋아해서 많은 돈을 모을 수 있었습니다.

벼슬을 주는 대신 받은 돈으로 항상 제일 좋은 반찬이 가득 차려진 밥상을 받았고, 옷도 속옷까지 최고급 비단으로 된 것만 입을 정도였지요.

그러나 10년 넘게 가는 권력 없고, 열흘 붉은 꽃 없다더니 박 판서의 세도도 얼마 가지 못했습니다. 반대파의 끈질긴 공격과 자신의 실수에 의해 그만 박 판서는 벼슬 자리가 떨어지고 재산도 몰수당한 채 시골 구석으로 쫓겨가 살게 된 것입니다.

옛날 생각을 하면 기가 막힌 일이었지만 박 판서는 한적한 시골에 묻혀 울분을 달래며 하루하루를 살아가야 했습니다. 하인은커녕 번듯한 논배미 하나 없으니 하루하루 살아가기가 벅찼습니다.

"허 참, 어쩌다 내 신세가 요 모양 요 꼴이 되고 말았지?"

그런 생각이 들면 들수록 박 판서는 옛날 생각이 더욱 간절했습니다. 맛있는 생선과 고기가 먹고 싶었습니다. 아주 무더운 여름날이면 겨울에 특별히 저장해 둔 얼음을 넣어 한여름에 먹던 식혜 같은 것들이 늘 눈에 아른거리는 것이었습니다.

그래서 아들로 하여금 옛날에 자신의 도움으로 벼슬 자리를 얻은 사람들을 찾아가게 해서 돈을 얼마씩 얻어 내기도 하고, 다급할 땐 빚을 내기도 했습니다. 박 판서는 그들이 잘사는 모습을 보면 자신도 그렇게 살고 싶은 마음이 굴뚝 같았습니다. 그럭저럭 어떻게 돈이 손에 들어오면 옛날처럼 돈을 썼습니다.

박 판서는 비록 지금은 몰락했어도 일상 생활만은 옛날 못지않게 해야 된다는 생각에 사로잡혀 있었습니다. 그래서 시골 생활을 시작한 뒤 처음 한두 해엔 먹는 것도 풍족하게 먹고 조상들에 대한 제사도 성대하게 지냈습니다. 하지만 해가 거듭될수록 박 판서는 점차 생활이 궁핍해지기 시작했습니다. 처음엔 옛날 부하들에게서 적지 않은 돈을 우려내 생활할 수 있었지만 그것도 한두 번이었습니다. 그런 일이 거듭되자 아무도 박 판서를 거들떠보지 않았거든요.

그래도 옛날에 돈 쓰던 가락이 있어서 박 판서의 회갑 땐 외상으로 소를 잡아 잔치도 벌였습니다(믿거나 말거나, 그때부터 외상이면 소도 잡아 먹는다는 말이 유행하게 되었다고 합니다). 그러나 그런 생활이 오래 갈 수는 없었습니다. 결국은 조상 제사를 지내는 데도 장을 못 볼 정도로 형편이 어려워지고 말았습니다.

"허허, 양반 체면에 이게 무슨 꼴인가? 이젠 조상님들 뵐 면

부스러기 드시러 온 식객

과일 고기 생선 국

목조차 없게 되어 버렸으니……."

하지만 옛날에는 거창하게 지내던 제사를 아주 지내지 않을
수도 없고, 냉수만 떠놓고 제사를 지낼 수도 없었습니다. 아무
리 못사는 집도 제삿날만은 제상에 고깃국에 쌀밥을 올리는 것
이 그 시대의 풍습이었으니까요. 박 판서는 이곳저곳 제사 지
낼 돈을 빌리러 다녔지만 아무도 돈을 빌려 주지 않았습니다.

"허허, 세상 인심 한번 고약한지고. 내가 판서 노릇을 할 때
는 우리 집 개만 죽어도 문상을 오던 인간들이 이젠 조상님 제
사 모실 비용을 좀 꾸어 달라는 데도 모른 체하니, 정말 은혜를
모르는 인간들이군."

제사 용품을 구할 수 없게 되자 박 판서는 궁리 끝에 양반 체
면도 살리면서 전에 지내던 대로 제사를 지낼 수 있는 방법을
마련했습니다. 정말 기가 막힌 방법을 생각해 낸 것입니다.

먼저 박 판서는 제상을 펴놓고 종이를 적당한 크기로 잘랐습니다. 그리곤 자른 종이마다 음식 이름을 하나씩 썼습니다. 천하 제일 가는 쌀밥이니, 열흘 동안 곤 고깃국이니, 전통 비법으로 담근 식혜니, 최고의 양조업자가 담근 술이니, 가장 맛있는 과일이니, 세상에서 제일 부드러운 고기니 하면서 제상에 오를 음식 이름을 써 넣은 것이지요. 그러나 아무렇게나 쓰지 않고 음식 이름 앞에 꼭 거창한 말을 붙여 써 넣을 정도로 옛날 생활에 대한 그리움이 대단했습니다. 종이쪽지로 제사를 지내는 형편이면서도 옛날에 거창하게 제사를 지내던 때를 잊을 수가 없었던 것이지요.

"흐흠, 이 정도면 제법 걸게 차린 셈이다."

그러나 박 판서도 사람인지라 쓸쓸한 기분은 어쩔 수 없었습니다.

그런데 이렇게 음식 이름을 쓴 종이쪽지로 제사를 지내는 방법은 나중에 조선땅 구석구석까지 널리 전해져서 구두쇠들이 제사를 지낼 때 유행처럼 되었다고 합니다.

도움말

전시효과와 톱니효과

이야기에 나오는 박 판서는 벼슬을 하고 있을 때는 아주 잘 먹고 잘살았습니다. 그러나 지금은 자신이 더 이상 부자가 아니라는 것을 잘 알고 있습니다. 하지만 남들이 잘사는 모습을 보면 자신도 그렇게 잘 먹고 잘 입고 행복하게 살고 싶어지는 것이었습니다. 뿐만 아니었습니다. 지난날 잘살던 때를 생각하면 먹고 싶고 입고 싶은 것이 너무도 많았습니다. 그렇지만 박 판서는 그럴 능력이 없었습니다.

그래서 옛 부하들에게서 돈을 우려 내기도 하고 빚을 내기도 합니다. 그건 모두가 남들처럼 살고 싶어서, 그리고 옛날처럼 살고 싶어서입니다. 한동안은 우려 낸 돈과 빚낸 돈으로 그럭저럭 살아갑니다. 시간이 지나자 그것도 할 수 없게 되었지만요.

이제 박 판서의 행동을 한번 살펴보기로 합시다. 박 판서는 자신에게 돈이 없음에도 다른 사람들이 사는 모습을 보며 자신도 그렇게 살려고 합니다. 이처럼 사람들의 소비 행동을 살펴보면 자신의 수준뿐만 아니라 남들이 쓰고 사는 것에 의해서도 영향을 받는다는 것을 알 수 있습니다.

이것을 경제학에서는 전시효과(展示效果)라고 합니다. 전시란 말은 펼쳐 보인다는 뜻을 가지고 있지요. 그러니까 전시효과란 어떤 사람들이 사는 모습을 펼쳐 보이면 다른 사람도 덩달아 그런 모습을 펼쳐 보이고 싶어한다는 것이지요. 또 박 판서는 지금의 자기 처지는 생각하지 않고 옛날에 잘살던 때만 생각합니다. 그래서 제사는 꼭 지내야 하고 환갑 때는 외상으로 소도 잡아야 했지요. 옛날에 쓰던 만큼 써야 직성이 풀리니까요.

이렇게 옛날에 쓰던 버릇이 현재의 쓰는 버릇에도 영향을 주는 것을 우리는 톱니효과라고 부릅니다. 왜 톱니효과라고 부르느냐고요? 그건 그림을 그려 보면 금방 알 수 있습니다.

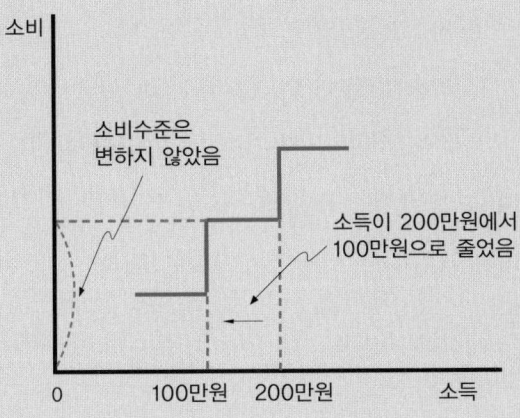

그림에서 보는 것처럼 사람들은 소득이 줄어도(200만 원에서 100만 원으로) 한참 동안은 소비를 별로 줄이지 않는 것을 알 수 있습니다. 상당한 기간이 지나야 소비 수준이 떨어집니다. 따라서 소득과 소비는 그림에서 보듯 톱니 모양처럼 움직입니다.

덧붙이는 말

전시효과나 톱니효과는 현실적으로도 흔히 볼 수 있는 경제 현상입니다.

이제 다음에 대해 생각해 보세요.

1) 친구가 가죽 코트를 입고 있는 것을 보자 나도 가죽 코트가 입고 싶어졌습니다. 경제학에선 이걸 무슨 효과라고 부르나요?

2) 이못나 씨는 하던 사업이 망해 자가용을 굴리지 못할 정도로 살림이 옹색해졌습니다. 하지만 이못나 씨는 타고 다니던 차를 팔지 않고 계속 타고 다닙니다. 이 못나 씨의 행동을 설명해 줄 수 있는 경제 이론은 무엇입니까?

5

생산과 경제 활동

떡이 된 쌀 한 알

생산이란 무엇을 말할까요?

옛날에 한 농부가 있었습니다. 그 농부는 젊어서부터 부지런히 일을 한 덕분에 나이가 들어서는 제법 많은 논을 지닌 부자가 되었습니다. 그 농부에게는 아들 세 명과 며느리 세 명이 있었지요. 농부는 점점 늙어서 마침내 살림을 물려줄 때가 되었답니다. 그러나 어느 아들과 며느리에게 살림을 물려줘야 할지 알 수가 없었습니다.

그러던 어느 날 농부는 세 며느리에게 줄 것이 있으니 모이라고 말했습니다. 세 며느리는 이제야 시아버지가 재산을 물려주실려나 보다 하고 잔뜩 기대를 하고 농부 앞에 앉았습니다.

농부는 먼저 맏며느리에게 천조각에 싸인 작은 물건을 주면서 말했습니다.

"이게 별것 아니다만 잘 받아 두도록 해라."

시아버지 말에 맏며느리는 그것이 귀중한 금은보석이라도 되는가 싶어서 공손하게 받았습니다.

다음은 둘째며느리 차례였습니다. 이번에도 역시 천조각에 싼 조그마한 물건을 주었습니다.

"둘째며늘아기야, 잘 받아 두거라. 제법 쓰일 데가 있을 것이니라."

마지막으로 막내며느리 차례였습니다. 막내며느리에게도 두 며느리들과 마찬가지로 천조각에 싼 조그만 물건을 주었습니다.

"막내며늘아기야, 너에게도 하나 줄 테니 잘 받아라."

세 며느리들은 시아버지 방에서 물러나와 천조각을 풀어 보았습니다. 그랬더니 뜻밖에도 헝겊 안에는 까지 않은 쌀이 한 알씩이 들어 있었습니다. 시아버지가 헝겊에 싸서 준 물건이 쌀 한 알이라는 것을 알게 된 며느리들의 행동은 제각기 달랐습니다.

큰며느리는 재산을 물려줄 줄 알았다가 크게 실망을 한 나머지 이렇게 중얼거리며 쌀알을 땅바닥에 내던져 버렸습니다.

"저런, 시아버님이 이젠 망령이 드셨나 보군."

둘째며느리는 이렇게 말하면서 쌀알을 까서 입에 털어 넣어 버렸습니다.

"후후, 우리 시아버님은 나이가 드실수록 장난도 잘 치셔."

하지만 막내며느리는 좀 달랐습니다. 막내며느리는 이렇게 생각했습니다.

"우리 시아버님이 괜히 쌀 한 알을 주신 게 아닐 게야. 틀림없이 무슨 뜻이 있을 텐데, 그게 무슨 뜻일까?"

막내며느리는 한참을 생각하다가 소꼬리털을 몇 개 뽑아 올가미를 만든 다음, 올가미를 막대기에 매달아 마당 한구석 양지바른 곳에 놓았습니다. 그리고 올가미 옆에 쌀알을 놓고는 참새가 날아오기를 기다렸습니다.

막내며느리가 생각했던 대로 곧 참새 한 마리가 날아오더니 쌀알을 먹으려고 내려앉았습니다. 올가미에 발이 낀 참새는 발을 빼려고 버둥댔지만 그럴수록 발목은 더욱 꼭 죄어졌습니다. 이렇게 해서 막내며느리는 쌀 한 알로 참새 한 마리를 잡게 되었습니다. 막내며느리가 잡은 참새를 들고 좋아하고 있는데 담 너머 옆집 아주머니가 불렀습니다.

"약에 쓰려고 하는데, 참새를 내게 주지 않겠는가? 그 대신 내가 건강한 씨암탉이 깐 암평아리 한 마리를 줌세."

"그러세요."

막내며느리는 참새와 바꾼 병아리를 잘 길렀습니다. 물론 병아리는 얼마 지나지 않아 커다란 암탉이 되었고, 암탉은 날마다 계란을 낳기 시작했습니다. 그 계란들은 암탉이 품어서 병

아리가 되었고, 병아리는 또 암탉이 되고, 이렇게 몇 차례를 거듭하자 닭이 수십 마리가 되었습니다.

막내며느리는 그 닭을 팔아서 어린 암퇘지 한 마리를 사서 정성껏 길렀습니다. 어린 암퇘지가 커서 또 새끼를 낳았지요. 돼지 새끼들이 잘 자라자, 막내며느리는 돼지 새끼 몇 마리를 팔아 이번엔 송아지 암놈을 한 마리 샀습니다.

그 송아지가 자라서 실한 암소가 되고 암소는 또 송아지를 낳았지요. 막내며느리는 송아지가 무럭무럭 자라 어미 소가 되자 그 소를 전부 팔아서 논 두 마지기를 샀습니다. 막내며느리는 새로 산 논 두 마지기에 볍씨를 사다 뿌렸습니다. 그리고 일 년 동안 집에 있는 농기구로 열심히 농사를 지은 덕분에 그 해 가을에는 열 가마나 되는 쌀을 수확할 수 있었습니다.

그러는 사이 세월은 벌써 삼사 년이 지났습니다. 어느 날 시아버지는 다시 세 며느리들을 모이도록 했습니다. 그날 막내며느리는 식구들을 위해 가을에 수확한 쌀로 떡을 만들고 있었습니다. 마침내 시아버지가 며느리들에게 옛날 일을 묻기 시작했습니다.

"얘들아, 내가 준 쌀을 어떻게 했는지 이야기해 보아라."

그러자 맏며느리는 그만 아무 말도 못하고 고개를 푹 수그렸습니다. 그런 일이 있었다는 것조차도 잊어버리고 말았으니 그럴 수밖에요.

둘째며느리가 말했습니다.

"저는 곧바로 까서 먹어 버렸습니다."

이번에는 막내며느리 차례였습니다.

"너는 쌀 한 알을 어떻게 했느냐."

"예, 이 떡을 만들었습니다."

"허허, 쌀 한 알로 어떻게 떡을 만들었단 말이냐."

시아버지가 어떻게 된 일이냐고 묻자 막내며느리는 그간의 일을 다 이야기했습니다. 그러자 시아버지는 만족한 웃음을 띠더니 흡족한 얼굴로 말했습니다.

"내 누구에게 이 집 살림을 맡길지 걱정이었는데, 이제야 임 자를 찾아 낸 것 같구나. 오늘 이후부터 이 집 살림은 막내며느 리가 맡도록 해라."

도움말

생산과 생산요소

앞 이야기는 우리의 할머니 할아버지들이 어린 손자를 무릎 에 앉혀 놓고 삶의 지혜를 일깨워 주기 위해 늘 들려 주던 이야 기입니다(그렇지만 쌀 한 알로 며느리를 시험한 건 너무했다고요? 글쎄 요……).

이야기 속에 나오는 세 며느리는 쌀 한 알을 각각 다르게 썼 습니다. 맏며느리는 쌀알을 버렸고, 둘째며느리는 쌀알을 먹 어 버렸습니다. 두 며느리는 쌀알이라는 재화를 소비한 것이 지요.

다음으로 막내며느리가 한 일을 하나씩 훑어보기로 합시다. 먼저 막내며느리는 볍씨를 이용해 잡은 참새를 병아리와 바꿉니다. 참새와 병아리를 교환한 것이지요. 또 병아리는 자라 어미닭이 되고, 닭은 나중에 돼지가 되고, 돼지는 나중에 소가 되고, 소는 나중에 논 두 마지기가 됩니다. 막내며느리는 사고파는 바꿈질을 계속해서 논 두 마지기를 얻게 된 것이지요. 그리고 논 두 마지기에서 쌀 열 가마를 생산해 냅니다.

생산은 인류가 발전해 나가는 데에 가장 큰 역할을 한 대단히 중요한 행위입니다. 그러면 경제학에서는 어떠한 경제 활동을 생산이라고 하는 것일까요?

넓은 뜻에서 생산이란 인간의 만족 수준을 높여 주는 모든 행위를 뜻합니다. 또 좁은 뜻으로 보면 생산은 어떤 물건의 형태를 바꾸거나 새롭게 가공해서 그 전과는 다르게 쓰일 수 있도록 새로운 재화를 만들어 내는 행위를 뜻합니다.

앞 이야기에서 보자면 쌀을 재배하는 행위도 생산이며, 쌀을 원료로 하여 떡을 만드는 것도 생산이라고 할 수 있습니다. 그러니까 이야기 속에서 막내며느리가 쌀을 가공하여 전과 다른 형태의 떡으로 만든 것도 생산이지요. 또 동물들을 길러 자라게 만드는 것도 생산이라고 할 수 있습니다.

또 어떤 재화를 교환하는 것도 넓은 뜻에서는 생산입니다. 막내며느리가 닭과 돼지를 바꾸고 돼지와 소를 바꾸고, 소를 논으로 바꾸는 것도 넓은 의미에서는 생산입니다.

한편 어떤 재화를 운반하거나 오래 보관하는 것들도 생산입니다. 재화를 운반하고 교환하고 보관하는 행위는 모두가 소비자에게 만족감을 주는 행위이기 때문이지요. 이렇게 볼 때 남해에서 잡힌 물고기가 우리들의 손에 오는 것도 생산이며, 가을에 딴 사과를 오랫동안 저장해 놓았다가 초여름까지 먹는 것도 생산입니다.

또 오늘날에 와서는 생산은 눈에 보이는 재화뿐만 아니라 용역(서비스)을 제공하는 것을 뜻하기도 합니다. 예를 들면 의사의 치료 행위라든가 변호사의 법률 상담 같은 것도 하나의 생산 행위에 속하는 것이지요.

그런데 어떤 재화나 용역을 생산하기 위해서는 꼭 필요한 생산요소가 있습니다. 말하자면 들어가는 것이 있어야 나오는 것이 있기 마련이라는 얘기지요.

전통적으로 생산요소라고 하면 토지, 노동, 자본을 말합니다. 이러한 분류가 문제점이 없는 것은 아니지만 경제학에서 가장 많이 쓰이는 무난한 분류 방법이기도 합니다.

앞 이야기에 나오는 막내며느리의 경우를 예로 들어 이 세 가지 생산요소를 살펴보기로 합시다.

첫째로 토지란 자연에서 제공받을 수 있는 것을 가리킵니다. 막내며느리가 농사를 짓기 위해 산 논 두 마지기가 바로 토지지요. 공기, 햇빛 등이 포함되는 것도 물론이고요.

둘째로 노동이란 사람들이 제공하는 힘과 노력을 뜻합니다. 이야기 속에서 나오는 막내며느리는 쌀을 생산해 내기 위해 열

심히 일을 했습니다. 즉 막내며느리는 노동을 제공하는 셈입니다.

셋째로 자본이란 사람들이 만들어 낸 생산요소를 뜻합니다. 막내며느리가 쌀농사를 짓기 위해 사온 볍씨와 농사를 지을 때 필요한 쟁기 등을 비롯한 농기구가 바로 자본인 셈이지요.

하지만 생산이란 생산요소만 있다고 이루어지는 것이 아닙니다. 생산을 위해서는 생산요소를 적당히 결합하는 과정이 필요하니까요. 다음 그림으로 이 과정을 살펴봅시다.

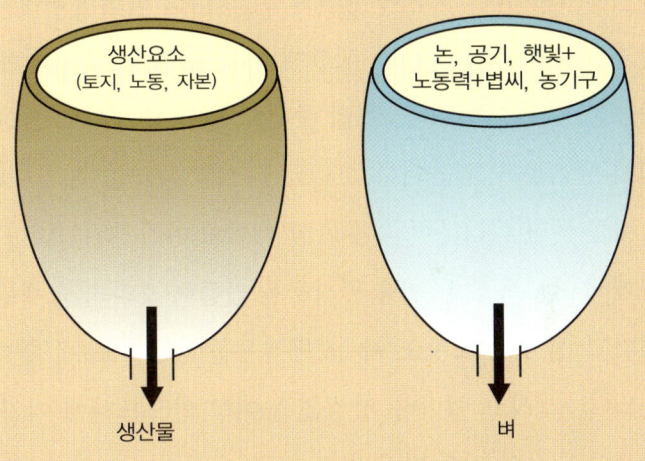

이러한 생산요소와 생산물의 사이에는 일정한 기술적 관계가 이루어지게 되는데 그러한 관계를 우리는 생산함수라고 부릅니다.

일반적으로 생산량은 생산요소들의 수량에 의해서 결정되며 생산을 위해서 사용되는 생산요소들의 수량이 늘어날수록 생산량도 늘어나게 됩니다. 예를 들어 기계를 더 가동할 것인지, 사람의 손으로 할 것인지, 원재료의 배합을 어떻게 할 것인지에 따라 생산량은 달라지게 되는 것이지요.

이처럼 사용되는 생산요소의 양과 생산량은 밀접한 관계를 가지고 있는 것입니다.

덧 붙 이 는 말

앞에서 우리는 생산과 생산요소, 그리고 생산함수에 대해서 살펴보았습니다. 이러한 생산에 대한 관찰은 꼭 공장에 가야 가능한 것이 아닙니다. 우리 주위의 생활 속에서도 생산에 대해서 살펴볼 수 있습니다.

예를 들면 여러분이 숙제를 할 때에도 마찬가지입니다. 선생님께서 되도록 많은 미술 공작물을 만들어 오라는 숙제를 내주셨다고 생각해 보지요. 우선 공작물을 만들 재료를 얼마만큼 쓰느냐, 그리고 얼마나 정성을 들여서 만드느냐에 따라서 공작물의 개수와 질은 달라질 것입니다.

다음 문제들을 통해 앞에서 배운 것들의 뜻을 확실히 해 두세요.

1) 공장에서 만들어진 물건을 가게로 옮겼습니다. 물건

을 가게로 옮기는 행위를 생산이라고 할 수 있나요?

2) 앞에서 우리는 의사의 치료 행위도 생산에 속한다는 이야기를 했습니다. 치료 행위를 하나의 생산물로 볼 때 병원이 지어져 있는 땅, 의사의 노력, 병원 건물과 치료 기구를 생산의 3요소로 나누어 보세요.

3) 가을에 거둔 무를 냉장 보관하고 있습니다. 무를 냉장 보관하는 행위도 생산이라고 볼 수 있을까요?

4) 마약은 인간에게 환각이라는 만족감을 줄 수는 있지만 유익한 물건이라고 볼 수는 없습니다. 인간의 만족 수준을 높여 주는 모든 행위가 생산이라고 한다면 마약을 만드는 것도 생산이라고 할 수 있을까요?

5) 박보람 씨는 햄버거를 직접 만들어서 파는 가게를 운영하고 있습니다. 이영리 씨는 햄버거를 만드는 회사에서 햄버거를 사다가 팔기만 합니다.

박보람 씨는 자신이 햄버거를 생산하고 있다고 생각하여 자부심을 느끼고 있습니다. 하지만 이영리 씨는 만들어진 햄버거를 갖다 팔기만 하기 때문에 생산을 하는 것이 아니라고 생각합니다. 박보람 씨와 이영리 씨의 생각에 대한 여러분의 의견을 말해 보세요.

고우니 포목점

기업 활동을 위해 필요한 자금은 어떻게 조달할까요?

박 판서가 처음으로 종이쪽지에 음식 이름을 써서 제상에 놓고 제사를 지낸 후, 그렇게 제사를 지내는 방법은 세상에 널리 알려지게 되었습니다. 그래서 제사 지내는 돈이 아깝다고 생각하는 구두쇠들은 모두 그런 방법으로 제사를 지냈지요.

구두쇠로 유명한 놀부도 동생인 흥부를 쫓아 낸 뒤 그 방법을 썼습니다. 그러니까 국, 밥, 나물, 생선, 과일, 포, 탕, 곶감, 산적, 전 등을 그런 식으로 종이쪽지에다 일일이 썼지요.

하지만 놀부는 나중에 종이쪽지에다 음식 이름을 쓰는 것조차도 귀찮고 종이가 아깝다는 생각이 들었습니다. 그래서 새로운 방법을 생각해 냈지요.

아주 기발한 생각인데, 놀부는 제삿날이 되면 그 제상을 받을 분을 모시고 장으로 나갔습니다. 물론 제상을 받을 분은 이미 돌아가시고 없는지라 대신 돌아가신 분의 위패인 신주를 들고 장터 여기저기를 쏘다녔지요. 과일 가게며 생선 가게며 푸줏간을 돌면서 신주를 내보이는 걸로 제사를 대신했습니다.

놀부는 어느 생선 가게 앞에 가서 신주에다 대고 꾸뻑 절을 하고는 이렇게 말했습니다.

"아버님, 어머님, 많이 드십시오."

아무튼 박 판서가 개발한 제사 방법은 나중에 상인들 사이에도 알려지게 되었답니다.

그때 장돌이라는 한 봇짐장수가 있었습니다. 장돌이는 주로 비단이며 무명을 등에 지고 다니며 부지런히 장사를 한 덕에 포목장사에 대해서는 거의 모르는 것이 없게 되었습니다.

젊은 시절 스무 해도 넘게 장터를 떠돌던 장돌이의 소원은 송파나루에 포목점을 하나 차리는 것이었습니다. 하지만 오랫동안 장사를 해서 포목장사에 대해 잘 알기는 했지만 모은 돈이 별로 없었습니다. 그동안 자식들 키워 시집장가 보내기에 바빴고, 또 오랫동안 앓아 누우신 어머니 약값을 대는 데 적지 않은 돈이 들어가 그야말로 돈 모을 새가 없었던 것이지요.

그래도 봇짐장수를 오랫동안 하면서 장돌이가 얻은 것이 아주 없는 건 아니었습니다. 봇짐장수와 객주들 사이에선 장돌이 하면 부지런하고 속임수 없는 깨끗한 봇짐장수로 알려졌거든요.

하늘은 스스로 돕는 자를 돕는다고 했던가요? 장돌이가 나이 마흔다섯 살이 되던 해였습니다. 같이 봇짐장수를 하던 사람들 중에서 뜻이 맞는 몇 명이 한자리에 모이게 되었답니다. 장돌이와 마파람, 그리고 소봉팔과 고달평이 그들이었지요. 먼저 장돌이가 입을 열었습니다.

"후유, 언제까지 봇짐장수를 해야 하나. 앞으로 나이를 더 먹으면 몸도 말을 잘 듣지 않을 텐데……."

그러자 마파람이 말했습니다.

"나이를 더 먹을 때까지 갈 것도 없네. 난 벌써 여기저기 쑤시지 않은 곳이 없어. 골병이 들었나 보이."

"허허, 그런데 목돈이 없으니 가게를 차릴 수도 없고."

그러자 소봉팔이 말했습니다.

"자네, 가게를 차리고 싶은가?"

"그럼, 그걸 말이라고 하나? 송파나루에 포목점을 하나 차리는 것이 내 소원이라네."

다시 소봉팔이 말했습니다.

"그렇다면 내게 좋은 생각이 있네."

"그게 뭔데?"

"몇몇이 돈을 합쳐서 가게를 하나 차리는 걸세."

"하지만 난 돈이 없는데……."

"허허, 누가 자네더러 돈을 내라고 했던가? 자네는 가게를 잘 꾸려 나가기만 하면 되네."

소봉팔의 말에 장돌이는 고개를 푹 숙인 채 아무 말도 하지 않았습니다. 그러자 소봉팔이 말했습니다.

"여보게, 마파람, 자네 가진 돈 좀 있지? 어떤가, 함께 돈을 내서 가게를 차려 보는 게?"

마파람이 말했습니다.

"그거 괜찮은 생각이네그려."

고달평이 말했습니다.

"마파람 자네가 괜찮다면 나도 힘을 합쳐 보겠네."

이렇게 해서 네 사람은 힘을 합쳐 포목점을 차리기로 했습니다.

소봉팔과 마파람, 그리고 고달평은 그동안 모아 둔 돈을 내놓았고, 돈이 없는 장돌이는 그동안 쌓아 온 신용을 내놓기로 했습니다.

돈이 모이자 그들은 가게 자리를 찾아 나섰고 마땅한 집을 찾자 그 건물을 샀습니다. 그리고 서둘러 「고우니 포목점」이라는 간판을 내걸었습니다. 고운 옷감을 파는 가게라는 뜻이지요.

그런데 문제가 있었습니다. 네 사람 중에서 누군가가 무슨 사정이 생겨 고우니 포목점에서 발을 빼고 싶을 땐 어떻게 해야 하느냐는 것이었습니다.

고달평이 말했습니다.

"그야 자신이 투자했던 걸 그대로 빼가면 되는 거지 뭐."

마파람이 말했습니다.

"그건 곤란한 일일세. 이미 투자한 건 물건이나 건물 값으로 들어갔잖나."

소봉팔이 말했습니다.

"자기 몫만큼 물건으로 가져가면 되지 뭐."

장돌이가 말했습니다.

"그게 말같이 쉽지가 않을 걸세. 그러니 이렇게 하면 어떨까? 음, 구두쇠들 제사지낼 때 음식 대신 음식 이름만 적어서 제사에 올려놓는 걸 좀 바꿔 생각해 본 걸세."

장돌이의 의견은 그 많은 포목점의 물건을 일일이 누구누구 것이라고 나누기는 불편하니 처음부터 아예 뭉뚱그려서 누구 재산은 전체 재산 중에서 몇 분의 얼마라고 기름종이에 적어 놓고 그 기름종이를 남은 사람에게 팔거나 아니면 새로 들어오고 싶은 사람에게 팔면 되지 않겠느냐는 것이었다.

그러자 나머지 세 사람이 거의 동시에 말했습니다.

"그걸 얼마에 판다는 건가?"

장돌이가 대답했습니다.

"그야, 고우니 포목점이 장사를 잘해서 전체 재산이 늘어났

을 땐 자신이 투자했던 것보다 비싸게 팔 수 있을 테고 장사가 안 돼서 살림이 줄어 사겠다는 사람이 잘 나서지 않을 땐 싼 값으로 팔아야겠지."

눈치 빠른 마파람이 말했습니다.

"허허, 그러면 그 기름종이가 바로 물건이고 재산이고 돈이고 그렇네. 야, 우린 구두쇠들보다 아예 한 술 더 떴네. 그들은 기껏해야 음식 대신 종이에 음식 이름이나 적어 넣는데 우린 종이를 사고팔기도 하잔 말이지?"

그래서 그들은 기름종이에 가게를 열기 위해 서로 들인 각각의 몫을 적었습니다. 장돌이는 돈을 내진 않았지만 장돌이만이 가지고 있는 신용과 장사 경험을 돈으로 환산해서 전체 재산의 5분의 1을 장돌이의 몫으로 정했습니다. 그래서 장돌이의 기름종이엔 이런 내용이 쓰여지게 되었습니다.

> 이 종이는 고우니 포목점 전 재산의
> 5분의 1을 나타내는 것임. 단 고우니 포목점
> 재산을 계산을 하는 때의 가격에 따라 달라짐
>
> 고우니 포목점

주식과 회사채

앞 이야기에 나오는 「고우니 포목점」은 지금의 회사 형태를 띠고 있습니다. 이렇듯 사람들은 한 사람의 힘으로 어떤 일을 벌일 수 없을 때 힘을 합쳐 일을 도모하는 지혜를 갖고 있습니다.

아무튼 여러 사람이 힘을 모아서 세우는 기업을 우리는 회사라고 하지요. 앞 이야기에서도 볼 수 있듯이 포목점 하나를 여는 데도 돈이 들어가야 합니다.

우리가 흔히 말하는 자금이 바로 그것이지요. 회사 규모가 작을 때에는 한 사람 혹은 몇몇 사람만 돈을 내도 회사를 세우고 경영해 나갈 수 있습니다. 그러나 규모가 커지면 그때는 몇 사람만의 힘으론 운영이 불가능하게 됩니다. 또 좋은 생각을 갖고 있는데 그것을 현실로 옮길 돈이 없을 때도 있습니다.

그럴 때에는 좀더 많은 사람들로부터 자금을 모집할 필요가 있게 되지요. 그런데 무작정 돈을 대라고 하면 아무도 돈을 내놓지 않습니다. 그래서 생긴 방법이 많은 사람들에게 사업의 목적과 내용을 알린 뒤(주식 공모), 사업에 필요한 자금을 마련하는 것입니다. 그렇게 해서 생긴 방법이 바로 주식을 발행해서 회사에 필요한 자금을 모집하는 제도입니다.

주식이란 그 회사 자산의 일부에 대해서 일정한 권리가 있다는 것을 표시해 주는 종이라고 할 수 있습니다. 회사는 많은 사람들로부터 그 주식의 금액에 해당하는 돈을 받고 주식을 발행하여 주는 것입니다. 그리고 주식을 구입한 사람은 그때부터 그 회사의 주주, 즉 주인이 되는 것입니다. 물론 그 회사의 주인이 되기 싫으면 자기가 샀던 주식을 다른 사람에게 팔면 됩니다.

회사는 그렇게 마련한 돈을 회사의 자본금으로 삼아 사업의 운영을 원활하게 하는 데 사용합니다. 우리가 흔히 보는 ○○주식회사라는 회사 명칭은 바로 주식을 발행하여 회사에 필요한 자금을 만들었다는 것을 표시하는 것입니다. 즉 어떤 한 개인의 회사가 아니라는 뜻이지요.

앞 이야기에 나오는 고우니 포목점은 먼저 가게를 세워 놓고서야 구성원이 들고 나기를 쉽게 하기 위한 궁리를 하다 보니 지금의 주식과 비슷한 것을 발행하게 되었지만, 결과적으로는 그 기름종이 증서가 그 사람의 재산 상태를 말해 주는 것이고, 그 증서를 가진 사람이 고우니 포목점의 주인 중 한 사람으로 인정을 받게 되는 것입니다.

 덧붙이는 말

주식회사가 되면 여러 가지로 장점이 많습니다. 주식회사는 어떤 한 사람의 회사가 아니라 여러 주주의 소유입니다. 그래서 소유와 경영이 분리되어서 어떤 한 개인의 힘에 의해 회사가 좌우되지 않기 때문에 민주적으로 회사를 운영할 수 있습니다. 그렇다고 주식을 산 수많은 주주들 모두 직접 회사 경영에 참여하는 것은 물론 아니랍니다. 주주들이 뽑은 경영자가 회사를 경영하게 됩니다. 즉 소유와 경영이 분리되어 있답니다. 이렇게 소유와 경영이 분리되다 보니 회사의 처지에서는 많은 사람들로부터 대규모로 자금을 모집할 수 있습니다. 그래서 개인 기업이 하지 못하는 커다란 규모의 사업을 할 수도 있다는 장점을 가지게 되지요.

한편 주식을 산 주주는 회사가 이익을 낼 때에는 배당을 받기도 하고 주주총회 등을 통해서 간접적으로 회사 경영에 참여하기도 합니다. 물론 이익이 없을 때에는 배당을 못 받는 경우도 있지만요.

이에 반해 회사가 이익을 내든 못 내든 무조건 일정한 금액을 주기로 하고 돈을 빌려 쓰는 제도가 있습니다. 이것을 회사채라고 하는데 흔히 줄여서 사채라고 말합니다. 사채를 산 사람들은 직접적이든 간접적이든 회사 경영에 참여하지 않고 오직 일정 기간이 되었을 때 자기가 가진 사채에 대한 이자를 받게 되어 있습니다. 회사가 운영이 잘 되고 안 되고와는 아무런 상관이 없이 이자를 받는 것이지요.

아무튼 기업의 규모가 커지면 공장도 늘어나고 종업원 수도 늘어납니다. 그렇게 규모가 늘어남에 따라 필요한 자금을 마련하기 위해서 마련된 제도가 바로 주식회사랍니다. 그리고 주식회사는 주식과 사채를 발행하여 그 자금을 마련합니다.

자, 그럼 다음 문제들을 통해 방금 배운 것들을 확인해 보세요.

1) 준일이는 샘골음료 주식회사라는 기업의 주식을 한 주 샀습니다. 준일이는 샘골음료 주식회사의 무엇이 된 것인가요?

2) 용호는 샘골음료 주식회사의 주주가 되었습니다. 용호는 자신의 주식을 마음대로 팔 수 있나요?

3) 주주는 주주총회를 통해서 간접적으로 회사의 경영에 참가할 뿐 직접 경영에 참가하는 것은 아닙니다. 이것을 우리는 ○○와 ○○의 분리라고 부르지요?

4) 샘골음료 주식회사는 어느 해에 이익을 내지 못했습니다. 샘골음료 주식회사는 사채를 산 사람들에게 이자를 지불하지 않아도 되나요?

난쟁이 나라의 구두 공장

두 가지 생산요소 중 하나만 늘리면
생산량은 어떻게 변할까요?

난쟁이 나라 사람들은 옛날부터 구두를 잘 만들기로 소문이 나 있었습니다. 여러분들 중에도 구두 만드는 난쟁이에 대한 이야기를 기억하는 사람이 있을 것입니다.

난쟁이들이 만든 구두는 신기에 편할 뿐 아니라 모양도 좋았습니다. 그래서 이웃 나라인 키다리 나라에서까지 난쟁이 나라에 구두를 주문할 정도였습니다.

사실 난쟁이 나라 사람들은 키가 작기 때문에 힘이 많이 드는 일은 잘할 수가 없었습니다. 그래서 솜씨가 있어야 할 수 있는 일을 하다 보니 구두를 잘 만들게 된 것입니다.

구두를 잘 만든다고 소문이 난 덕분에 솜씨가 좋은 난쟁이들은 집에서 구두를 만들어 파는 것으로 생활을 꾸려나가게 되었습니다.

시간이 흐르면서 몇몇 난쟁이들은 각 집에서 그렇게 한두 켤레씩 구두를 만드는 것보다는 함께 모여서 구두를 만드는 것이 더 생산적이라는 생각을 하게 되었습니다.

가죽을 다듬는 일, 꿰매는 일, 그리고 밑창을 붙이는 일을 각각 나눠서 하게 되면 같은 시간과 노력을 들이고도 훨씬 더 많

은 구두를 만들 수 있다는 생각을 한 것이지요. 다시 말해서 분업을 하는 것을 생각하게 된 것입니다.

그래서 뜻이 맞는 난쟁이들 몇 사람은 제법 커다란 공장 하나를 짓고, 그곳에 함께 모여 각자가 제일 잘하는 일을 맡아서 하게 되었습니다. 그렇게 구두만 오래 만들다 보니 그 난쟁이 구두 공장에서는 봄에는 몇 켤레, 여름엔 몇 켤레 하는 식으로 생산해야 할 구두의 켤레 수를 예상할 수 있게 되었습니다. 계속해서 보통 때처럼 일을 하는 경우 난쟁이들이 한 달 동안 만들 수 있는 구두의 생산량은 500켤레였습니다.

그러던 어느 해 봄이었습니다. 갑자기 먼 나라인 뚱뚱보 나라에서 한 달 후까지 구두 1,000켤레를 만들어 달라는 주문이 들어왔습니다. 그 주문을 받고서 그 구두 공장 공장장은 잠시 망설이긴 했지만 곧 그 주문을 받아들이기로 결정했습니다. 왜냐하면 가죽은 항상 넉넉하게 창고에 쌓여 있기 때문에 기술자만 두 배로 늘리면 가능한 일이라고 여겨졌으니까요.

누구나 돈벌이가 된다고 생각을 하면 무리를 해서라도 주문을 받게 마련입니다. 공장장은 서둘러 기술자들을 임시로 고용했습니다. 원래 공장에서 일을 하던 기술자의 수는 30명이었는데 60명으로 늘린 것입니다. 그렇게 되어 집에서 자기 식구들 구두나 손으로 만들어 신던 사람들이 임시로 공장에서 일을 하게 되었습니다. 모두들 처음에는 신이 나서 일을 했습니다. 보수를 톡톡히 받을 수 있을 것을 생각하며 힘이 든 줄도 모르고 일을 했습니다.

하지만 얼마 지나지 않아 문제가 생기고 말았습니다. 처음보다 기술자는 두 배로 늘어났지만 공장의 설비는 늘어나지 않은 그대로라는 것이 문제였습니다.

가죽을 다듬기 위해서는 가죽을 다듬는 탁자와 도구들이 필요합니다. 또 가죽을 자르기 위해서는 가죽용 가위가 필요했고 가죽을 꿰매는 재봉틀과 바늘, 그리고 구두를 걸어 놓고 못을 박는 걸이도 필요했습니다.

원래대로 공장에서 일을 하는 경우라면 문제가 될 것이 없었을 것입니다. 하지만 일하는 사람의 수가 늘어났으니 그런 도구들도 두 배로 늘어나야만 했습니다. 하지만 사정은 그렇지 못했고 모두들 도구를 쓰기 위해서 차례를 기다려야 했습니다. 그렇게 되니 사람은 두 배로 늘어났어도 생산량은 두 배로 늘어나지 않았습니다.

공장장은 부랴부랴 구두를 만드는 데 필요한 도구와 기계들을 구하려고 애를 써 보았습니다. 하지만 그런 도구들은 주문을 해야만 만들어지는 것들이었기 때문에 도구들이 만들어져서 공장에 도착하는 데 걸리는 시간만도 한 달이 넘게 걸렸습니다. 그렇기 때문에 도구를 그제서야 주문할 수도 없는 일이었습니다.

어려움은 그뿐만이 아니었습니다. 뚱뚱보 나라 사람들의 발은 다른 나라 사람들보다 커서 가죽도 거의 두 배가 들었습니다. 그래서 처음에 생각했던 것과는 달리 창고에 있는 가죽만으로는 부족해서 가죽을 구하느라 애를 먹었습니다.

공장장은 발을 동동 굴렀지만 별 도리가 없었습니다. 기술자들도 애가 탔지만 도구와 기계를 사용하기 위해서는 차례를 기다릴 수밖에 없었습니다. 결국 한 달이 지나도록 약속한 1,000켤레의 구두를 다 만들지 못하고 말았습니다.

 **도움말**

수확체감의 법칙

앞에서 우리는 생산량을 증가시키기 위해서는 생산요소들의 수량을 증가시키면 된다는 것을 살펴보았습니다. 그리고 생산량과 생산요소들의 사이에는 일정한 관계가 있으며 이러한 관계를 생산함수라고 한다는 것도 알아보았습니다.

그렇다면 이번에는 한 가지의 생산요소는 늘리지 않은 채 다른 한 가지 생산요소만을 늘린다면 생산량은 얼마나 늘어나는지를 살펴보기로 합시다.

이제 이야기 속의 난쟁이 나라 구두 공장의 경우를 예로 들어 보겠습니다. 난쟁이 구두 공장에 있는 도구와 기계 설비는 뚱뚱보 나라에서 주문한 구두를 만드는 동안 그대로 있을 것입니다. 공장 전체에 있는 도구와 기계 설비 전부를 1이라고 가정해 봅시다. 그리고 같은 도구와 기계에 기술자의 수를 점차로 늘려 봅시다. 다시 말해서 도구와 기계는 늘리지 않은 채 노동력만을 늘리는 경우가 될 것입니다.

이런 경우 생산량의 변화를 표로 나타내 보면 아래와 같습니다.

도구와 기계	기술자의 수	한 달 동안의 구두 총생산량	구두의 한계생산량
1	0	0	0
1	10	150	150
1	20	310	160
1	30	500	190
1	40	650	150
1	50	750	100
1	60	800	50
1	70	800	0
1	80	750	−50
1	90	700	−100
1	100	650	−150

한계생산량이 줄어들기 시작한다

총생산량이 줄어들기 시작한다

204

옆의 표는 도구와 기계를 늘리지 않고 기술자의 수만을 늘리는 경우에 있어서 구두의 생산량이 어떻게 변화하는지를 보여주고 있습니다. 표에서 볼 때 생산량은 어느 정도까지는 늘어나다가 줄어드는 것을 알 수 있습니다. 즉 기술자의 수만을 늘린다고(노동력을 더 늘린다고) 해서 생산량이 한없이 늘어나는 것은 아니라는 사실입니다. 기술자의 수를 80명으로 늘린 경우 오히려 총생산량은 줄어드는 것을 알 수 있습니다.

우리는 앞에서 한계라는 말의 뜻이 전보다 늘어나거나 줄어든 수치를 나타낸다는 것을 배운 적이 있습니다. 여기서 한계생산량이란 이전의 단계에서보다 줄거나 늘어난 생산량의 차이를 뜻합니다. 표에서 보면 한계생산량도 얼마간 늘다가 줄어드는 것을 알 수 있습니다.

이렇게 한 가지 생산요소를 그대로 둔 채 다른 한 가지 생산요소를 늘리는 경우, 어느 시점에 이르면 총생산량과 한계생산량은 모두 줄어드는 것을 알 수 있습니다. 경제학에서는 이것을 수확체감의 법칙 혹은 한계생산체감의 법칙이라고 부릅니다.

우리는 앞 이야기에 나오는 난쟁이 구두 공장의 공장장이 수확체감의 법칙에 대해서 모르고 있었다는 것을 알 수 있습니다. 공장장은 기술자의 수만 늘리면 기술자의 수만큼 생산량이 늘어날 것으로 생각했던 것입니다.

하지만 결과적으로 한 달 동안 1,000켤레의 구두를 만들지 못했고 결국 약속을 지키지 못했습니다. 만약 수확체감의 법칙을 알고 있었더라면 공장장은 그런 무리한 주문을 받아들이지 않았을 것입니다.

이렇게 경제학의 지식은 우리들이 살아가는 데 있어서 없어서는 안 될 중요한 것입니다.

그러면 다음 문제들에 대해서 잠깐 알아봅시다.

1) 배불러 식당에서는 점심 식사 시간 동안 주방에 있는 모든 취사 도구들을 이용할 때 최고 100인분의 식사를 만들 수 있습니다. 그런데 배뚱뚱이 사장님이 오셔서 자신의 생일날 점심때 300인분의 식사를 만들어 달라는 주문을 했습니다. 배불러 식당의 주방에서는 지금 세 사람이 일하고 있으며 손이 달리는 경우에는 파출부를 불러서 쓸 수가 있습니다. 취사 도구를 더 늘릴 수는 없다고 할 때, 여러분이 배불러 식당

의 주인이라면 그 손님의 주문을 받아들이겠습니까?

2) 컴퓨터를 만드는 공장에서 일을 하는 기술자의 수는 10명이며 한 달 동안 최고 250대의 컴퓨터를 만들 수 있습니다. 그런데 외국에서 한 달 안에 500대의 컴퓨터를 만들어 달라는 주문이 들어왔습니다. 컴퓨터 500대를 만드는 데 드는 재료는 공장의 창고에 넉넉하게 쌓여 있습니다. 다만 컴퓨터를 만드는 데는 나름대로의 특별한 기술이 필요하기 때문에 기술자의 수를 일시적으로 늘리는 것은 불가능합니다. 여러분이 컴퓨터 회사의 사장이라면 이 주문을 받아들이겠습니까?

아빠의 웃음

공장의 기계는 언제 가동을 멈춰야 할까요?

은영이 아빠는 규모는 작지만 그 분야에선 알찬 회사라고 인정받는 회사에 다니고 계시답니다. 그 회사는 전 사원이 모두 주인이나 마찬가지랍니다. 왜냐하면 회사를 세울 때부터 여러 사람들이 힘을 합쳐서 세웠거든요. 그리고 회사를 세운 뒤로도 회사를 운영하여 남는 이익을 사원들에게 모두 골고루 나누어 주기 때문이지요. 그래서 그 회사에 다니는 사람들은 언제나 힘이 넘쳤고 힘든 일을 하면서도 항상 즐거웠습니다.

그런데 요즈음 들어선 옆에서 보기에도 안타까울 정도로 아빠의 표정은 어둡기만 했습니다. 아빠가 웃음을 잃고 계셔서 은영이네 식구들은 모두 걱정이 많답니다. 왜냐고요? 그건 회사일 때문이랍니다.

아빠가 다니시는 회사는 자동차의 브레이크 장치에 들어가는 아주 중요한 부품을 만드는 회사랍니다. 그 부품은 우리나라에서는 물론 외국에서까지도 여러 군데에서 특허를 받을 정도로 독창적이고 우수한 제품이랍니다.

그동안은 주로 자동차의 고장이라고도 할 수 있는 미국에 수출을 많이 해 왔습니다. 그런데 얼마 전부터 미국에 있는 경쟁 회사들이 괜히 트집을 잡고 시비를 걸어 오더니, 마침내는 덤

핑이다 뭐다 하는 판정을 받게 되어 버렸답니다. 그래서 부품의 수출길이 막히게 되어, 그 결과 회사는 적자를 내게 되었지요.

어느 날 저녁 아빠의 침울한 표정을 보다 못해 엄마가 조심스럽게 말을 건네셨습니다.

"여보, 기왕 이렇게 된 것, 사람도 기계도 좀 쉬면서 다른 대책을 세워야 되지 않겠어요?"

엄마가 생각하시기엔 공장 문을 닫으면 돈이 들지 않을 것 같았거든요.

"그건 안 될 말이오. 공장의 기계랑 직원들을 아주 놀릴 수는 없어요. 다시 주문이 들어올 때를 생각하면 그럴 수는 없소."

"아니, 왜요? 공장도 좀 쉬면 그만큼 비용을 절약할 수 있으니까 좋잖아요."

"그건 당신이 모르는 소리요. 공장이 쉬더라도 공장에는 들어가는 돈들이 있어요. 공장 임대료라든지, 은행 이자라든지, 그리고 기계나 공구의 감가상각비 같은 건 문을 닫아도 계속해서 들어간다오. 그러니까 물건이 어느 정도만 팔린다면 그래도 문을 닫는 것보다는 낫다오. 지금처럼 손실이 고정비를 넘지 않을 정도만이라도 물건이 팔려 준다면 당분간은 문을 닫을 수가 없어요."

"그럼, 고정비만 감당이 된다면 계속해서 공장을 돌리실 건가요?"

"그렇소. 다시 주문이 들어올 때를 생각해서 공장 문을 닫을 수는 없는 거요."

아빠의 말씀에 엄마는 고개를 갸우뚱거리시더니 다시 말씀했습니다.

"그래도 제 생각엔 괜히 이득도 없이 힘만 드는 것보다는 차라리……."

"허허, 당신은 모르면 잠자코 있어요. 그래 당신 말대로 공장 문을 닫았다가 다시 문을 열면 그때 사람을 구하기가 그렇게 쉬울 것 같소? 아예 회사를 없애 버릴 생각이 아니라면 그럴 수는 없는 거요. 그리고 우리 회사 제품은 누가 뭐래도 세계에서 제일 가는 물건이오. 그러니까 어렵더라도 참고 견디다 보면 반드시 다시 수출할 길이 열릴 거요. 그때까지는 버텨야 한단 말이오."

"그건 저도 알고 있어요. 하도 답답하길래 저도 해 본 소리예요. 미안해요, 여보."

엄마는 아빠가 회사일 때문에 너무 고민을 많이 하시는 걸 보고 차라리 공장 문을 닫고 잠시 동안 쉬는 게 낫지 않을까 하고 생각을 하셨던 겁니다.

하지만 아빠의 생각은 달랐습니다. 어린 은영이로서는 뭐가 뭔지 알 수가 없었습니다. 다만 아빠 회사에서 만드는 세계 제일이라는 그 물건이 다시 당당히 수출되는 날이 오기만을 바랄 뿐이었습니다.

그래야만 아빠의 얼굴에도 다시 웃음꽃이 필 테니까요.

고정비와 변동비

엄마와 아빠가 나누는 이야기를 들어 볼 때 은영이는 어느 분이 말씀이 옳은 것인지 알 수가 없었습니다. 여러분이 그 회사의 사장님이라면 어떻게 했을까요? 당분간 공장의 문을 닫고 쉬는 것이 옳을까요, 아니면 그대로 공장 문을 연 채 조금씩이라도 물건을 만들어 파는 것이 나을까요?

이야기 속에서 아빠는 이렇게 말씀을 하시고 계십니다. 손실이 고정비를 넘지 않을(손실≤고정비) 정도만 물건이 팔려도 공장을 놀릴 수는 없다고요. 그렇습니다. 공장을 아예 없앨 것이 아니라면 기업은 미래를 바라보며 공장을 놀릴 수가 없는 것입니다. 공장문을 일시적으로 닫는 경우라면 고정비는 계속해서 들어가기 때문이지요.

기업을 운영해 나갈 때 직접적으로 들어가는 생산비는 크게 나누어 고정비와 변동비로 나눌 수 있습니다. 이때 고정비란 공장에서 물건을 생산하든 하지 않든 간에 일정하게 들어가는 비용을 뜻합니다. 반면에 변동비란 생산량을 늘려감에 따라서 일정한 비율로 늘어가는 비용을 뜻합니다.

고정비의 대표적인 것에는 공장 건물을 빌리는 대가로 지불하는 임대료라든지, 회사의 운영을 위해서 빌려 쓴 돈에 대한 이자라든지, 그리고 기계 설비의 감가상각비(기계나 건물 등이 사용이나 시간의 흐름에 따라 낡거나 닳는 것을 금액으로 계산한 것), 그리고 관리직 직원들에 대한 월급 등이 있습니다. 이러한 비용들은 공장이 쉬어도 고정적으로 들어가는 비용이라고 해서 고정비라고 부릅니다.

혹 여러분들 중에는 기계를 돌리지 않으면 닳지도 않는데 감가상각비가 왜 들어가느냐고 생각할 사람이 있을지도 모르겠군요. 그렇다면 이렇게 생각을 해 보세요. 사람의 경우, 먹고 자기만 하고 운동도 일도 하지 않아도 늙는다는 것입니다. 기계도 마찬가지입니다. 기계를 돌리지 않아도 기계는 자연 상태에서도 닳아지게 된다고 보는 것이지요. 그래서 감가상각비의 일부도 고정비가 되는 것이랍니다.

이제 변동비에 대해서 살펴보기로 합시다. 물건 하나를 더 만들기 위해선 그만큼 원료나 재료를 더 사와야 합니다. 또 생산량이 많이 늘어나면 기술자도 더 필요하게 됩니다. 이처럼 생산량이 늘어나면 늘어날수록 일정한 비율로 더 들어가게 되는 비용이 변동비입니다. 생산량에 따라 변동을 한다고 해서 변동비라는 이름이 붙은 것이지요.

앞에서 여러분이 사장님이라면 어떻게 했겠느냐고 물어 보았습니다. 이제 그 대답은 이렇습니다. 앞으로 물건이 잘 팔릴 거라는 희망을 가질 수만 있다면 손실이 고정비를 넘지 않는 한 공장을 돌린다는 것이 바로 그 대답입니다.

다시 말해 판매 금액이 판매 수량에 대한 변동비만큼만 된다면(판매 금액 변동비, 손실 고정비) 당분간 공장문을 닫지는 않는다는 것입니다.

물론 너무 오랫동안 그렇게 손실이 계속된다면 결국은 회사 자체가 문을 닫을 수밖에 없겠지만요. 지금 현재로선 은영이 아빠의 가장 큰 바람은 판매 금액이 비용(고정비+변동비)만큼 되는 거지요. 그렇게 되면 이익도 없지만 손해를 보지도 않으니까요. 다음 그림을 보면 이해가 쉽게 될 겁니다.

〈만약 손실이 고정비보다도 크다면
공장은 문을 닫게 될 것이다〉

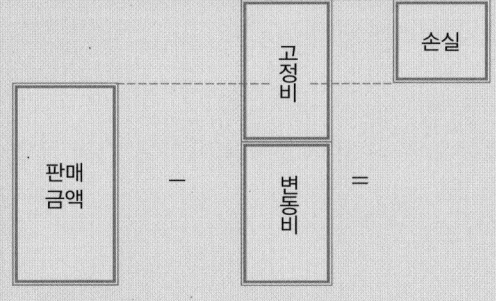

〈은영이 아빠의 현재 희망〉

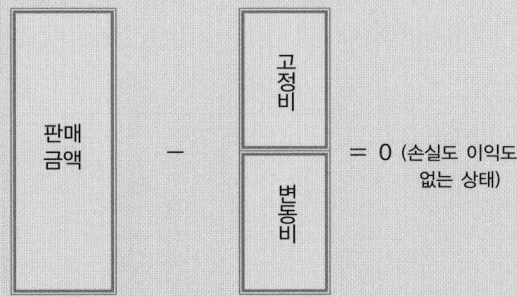

불경기가 되면 가게나 회사를 운영하는 분들이 흔히 이런 말들을 하는 걸 들을 수 있습니다. 마지못해 가게를 운영한다느니, 손해만 안 나면 그래도 문을 닫을 수는 없다느니 하는 소리들 말입니다. 그런 소리들이 앞에서 이야기한 고정비가 감당이 되느냐 안 되느냐 하는 문제와 관계가 있는 것이지요. 실제로 장사가 안 될 때 할인 판매를 한다든가, 영화관 같은 데에서 아침 관람료를 할인해 준다든가 하는 것도 다 그런 이유에서 가능한 것이지요.

다음 문제들을 풀어 보면 고정비와 변동비의 개념을 확실히 이해할 수 있을 것입니다.

1) 배불러 식당은 식당을 빌리는 대신 달마다 정해진 금액을 임대료로 내고 있습니다. 이 임대료는 고정비인가요, 변동비인가요?

2) 배불러 식당은 식사를 만들기 위해서 여러 가지 재료들을 구입합니다. 이때 들어가는 음식의 재료들은 고정비인가요, 변동비인가요?

3) 배불러 식당에서는 주방에서 일하는 아주머니에게 매달 일정한 금액을 월급으로 주고 있습니다. 아주머니에게 주는 월급은 고정비인가요, 변동비인가요?

헌 기계, 새 기계

기술이 발달하면 생산은 어떻게 변할까요?

여러분들은 뚱뚱보 나라에서 갑자기 주문한 구두를 약속한 대로 만들어 주지 못해 애를 먹었던 난쟁이 구두 공장의 이야기를 기억하고 있을 겁니다. 그래서 난쟁이 나라 구두 공장 공장장은 지난번 일을 경험으로 삼아 근본적인 대책을 세워야겠다는 생각을 하게 되어 여러 사람의 의견을 물었습니다.

"안 되겠어. 평소에 기계랑 공구를 제대로 갖춰 놔야지 갑자기 주문이 밀리면 어떻게 해 볼 수가 없더라구."

"그렇지만 무작정 기계만 들여놓아 봤자 좋을 것도 없잖아. 보통 땐 기계가 놀아야 되는 걸. 기계가 놀더라도 기계값은 다 줘야 하고."

"아냐, 그래도 기계는 새로 들여놓아야 해. 그러지 않아도 이번에 혹부리 나라에서 구두를 꿰매는 기계가 새로 개발되었대. 같은 시간에 지금보다 세 배나 되는 구두를 만들 수 있다던데."

"정말?"

"그럼, 정말이고말고. 기술 개발이 되어서 기계값도 더 싸졌다지 아마. 난쟁이 신사는 절대로 거짓말을 하지 않아, 에헴."

결국 모두의 의견이 새 기계를 사자는 쪽으로 모아졌습니다.

난쟁이 나라의 공장장도 지난번에 발을 동동 구르며 애를 많이 먹었기 때문에 다른 사람들의 의견에 따르기로 했습니다.

그래서 난쟁이 구두 공장에선 혹부리 나라에 새 기계들을 주문했습니다.

"와, 좋다! 이 기계 한 대면 헌 기계로 하루 걸릴 걸 한나절이면 만들 수 있겠어. 이젠 주문이 얼마가 들어와도 걱정이 없어."

난쟁이들은 새 기계를 보며 모두들 즐거워했습니다. 하지만 그 즐거움도 잠깐이었습니다. 난쟁이들은 생각지 못했던 어려운 문제에 부딪치게 되었거든요.

새 기계를 시험적으로 돌려 봤더니 정말로 그 전 기계에 비

해서 세 배나 빠르게 구두를 만들 수 있었습니다. 그런데 구두를 만드는 속도가 빨라지자 구두의 생산량이 너무 많아져 창고에는 재고가 수북이 쌓이게 되었습니다.

그것뿐만이 아니었습니다. 더 이상 재고를 쌓을 수 없을 정도로 창고가 꽉 차게 되자, 일부 기술자들은 할 일이 없어 놀 수밖에 없는 상황에 이르렀습니다. 난쟁이들은 워낙 일하기를 즐기는 종족이어서 할 일이 없으면 오히려 기운이 빠지고 생기가 없어진답니다. 새 기계가 돌기 시작한 후로 활기를 잃어 가는 난쟁이 기술자들이 점점 늘어 갔습니다.

난쟁이들은 다시 모여서 회의를 해야만 했습니다. 결국 그들이 얻어 낸 결론은 당분간은 옛날처럼 헌 기계를 돌리자는 것이었습니다. 그리고 되도록 빠른 시일 안에 새 기계를 돌릴 수 있도록 구두의 주문량을 늘려야 한다는 것이었습니다. 그러기 위해서는 키다리 나라는 물론이고 뚱뚱보 나라, 그리고 바다 건너의 다른 나라에서도 구두 주문을 받아와야만 했습니다.

난쟁이 나라의 왕은 바다 건너의 배불뚝이 나라에도 사신을 보내서 구두를 주문해 달라고 부탁했습니다. 그러나 그 정도의 주문량으로는 아직도 새 기계를 돌리기에 부족했습니다.

그때 마침, 새 기계를 만든 혹부리 나라에서 사신이 왔습니다. 예로부터 혹부리 나라와 난쟁이 나라는 사이가 좋았습니다. 그래서 난쟁이 나라에서 새 기계를 사가고도 주문량이 모자라 아직 새 기계를 쓸 수가 없다는 얘기를 듣고는 사신이 찾아온 것입니다.

"걱정이 많으시겠습니다. 난쟁이 대왕님."

"예, 미처 여러 가지를 깊이 생각하지 못했던 탓이지요."

"그래서 말인데요, 그동안 저희 혹부리 나라의 기계를 사 주신 것에 보답하는 뜻으로 우리나라 사람들도 난쟁이 나라의 구두를 신기로 했습니다."

"아니, 혹부리 나라에서는 워낙 좋은 기계를 가지고 계셔서 다른 나라에서 구두를 살 필요가 없으실 텐데요?"

"꼭 그렇지도 않습니다. 우리는 기계를 잘 만들기는 하지만 가죽 손질이라든지, 구두를 맵시 있게 만드는 것이라든지, 아무튼 손으로 해야 하는 일은 잘 하지 못하거든요. 그런 건 아무래도 손재주가 좋은 난쟁이 나라 사람들이 더 잘하지요. 그래서 우리나라에서는 앞으로 기계를 만드는 일을 더 열심히 하고, 구두는 난쟁이 나라에서 사다 신기로 뜻을 모았습니다."

"아, 정말 고맙습니다! 앞으로 더 좋은 구두를 만들도록 힘을 다하겠습니다."

그리하여 난쟁이 나라에서는 마침내 새 기계를 돌릴 수 있게 되었습니다. 혹부리 나라 사람들이 구두를 만들지 않고 사가게 되니까 새 기계를 돌리고도 재고가 남아 돌지 않게 되었습니다. 그리고 힘을 덜 들이고 구두를 만들 수 있게 되어서 구두의 값도 전보다 싸게 되었습니다.

물론 아직도 새 기계를 마음껏 돌릴 정도는 못 되었지만 그래도 처음보다는 훨씬 더 나아진 것이지요. 몇 명의 구두 기술자들이 새 기계 때문에 할 일이 없어지긴 했지만 그들에겐 구

두를 운반하는 새로운 일이 주어졌습니다. 주문량이 많이 늘어났기 때문에 정해진 곳까지 구두를 운반하는 사람이 더 필요하게 되었거든요.

아무튼 새 기계 덕분에 난쟁이 나라의 구두 생산량은 옛날의 두 배 정도로 늘어나게 되었습니다. 그렇다고 할 일이 없어서 노는 사람이 생긴 것도 아니었답니다.

도움말

기술의 발달과 생산

앞 이야기에서 보면 새 기계를 들여옴으로써 기술 진보가 이루어진 셈입니다. 새 기계 덕분에 전과 같은 양의 노동력을 들이고서도 전에 비해 세 배만큼이나 되는 생산량을 얻게 된 것이지요.

요즈음 자동차 공장 같은 데를 가 보면 로봇이 용접을 하거나 자동차를 조립하는 모습을 흔히 볼 수 있습니다. 그래서 하루가 다르게 기술이 발전하고 있는 것을 새삼스레 느낄 수 있습니다.

그런 모습들을 지켜 보면서 한편으로는 감탄을 하면서도 한편으론 저러다가는 사람이 할 일은 아무것도 없게 될지도 모른다는 걱정을 하는 사람들도 있을 것입니다.

하지만 앞 이야기에서 볼 수 있는 것처럼 대개의 경우 기술 진보로 인해 잃어버린 일자리는 다른 새로운 일자리가 대신해 주는 경우가 많습니다. 그러니까 기술 진보가 일어난다고 해서 사람이 할 일이 아무것도 없게 되는 일은 없을 것입니다.

앞 이야기에서 보면 난쟁이 나라의 구두 공장은 하나입니다. 그리고 그 한 개의 구두 공장에서 주문받은 구두를 모두 만들어 내고 있습니다. 이처럼 하나의 기업이 혼자서 어떤 상품을 생산하는 것을 생산 독점이라고 합니다. 난쟁이 나라에서 이러한 생산 독점이 일어나게 되는 이유는 구두의 주문량이 그다지 많지 않기 때문입니다. 주문량이 많지 않기 때문에 하나의 공장에서 충분히 만들 수 있기 때문이지요.

 덧 붙 이 는 말

앞 이야기에서 난쟁이들이 처음에는 주문량이 충분하지 못해 새 기계를 돌리지 못하고 있는 것을 볼 수 있습니다. 그러다가 점차 주문량이 늘어남에 따라 새 기계를 돌리게 되었지요. 그리고 새 기계를 돌리게 됨에 따라 생산량이 늘어날 뿐 아니라 구두의 가격도 떨어지게 되는 것을 볼 수 있습니다.

이렇게 생산 규모가 늘어남에 따라 생산물의 값이 떨어지는 것을 경제학에서는 규모의 경제가 일어났다고 말합니다.

여기까지 읽느라고 고생 많이 했습니다. 그러나 반드시 다음 문제를 풀어 본 뒤 놀아야 합니다.

1) 빛나라 컴퓨터 부품회사는 컴퓨터에 들어가는 부속을 만드는 회사입니다. 이 부품은 특별한 기술이 필요하기 때문에 나라 안의 다른 회사에서는 만들지 못합니다. 하지만 나라 간의 여러 가지 장벽 때문에 수출을 하지 못하고 우리나라 안에서만 판매하고 있습니다. 현재 빛나라 회사는 주문이 모자라 회사의 최고 생산량의 절반 정도만을 생산하고 있습니다. 만약 남북한이 통일이 된다면 빛나라 회사의 생산량과 부품의 가격은 어떻게 변할까요(북한에서는 이 부품을 만들 수 없다고 가정을 합시다)?

2) 남북한이 통일이 되어 북한의 주문을 받아 빛나라 회사의 생산량이 늘어나고 부품 가격이 떨어졌다고 합시다. 이런 현상을 경제학에서는 무엇이라고 부릅니까?

3) 솔별이네(엄마, 아빠, 솔별이)는 할아버지네(할아버지, 할머니, 삼촌)와 따로 살고 있습니다. 그때 양쪽 집의 생활비는 솔별이네가 50만 원, 할아버지네가 30만 원이 들었지요. 그런데 솔별이네와 할아버지네가 함께 살게 되자, 생활비는 70만 원으로 줄어들게 되었습니다. 이것도 규모의 경제가 일어난 것이라고 할 수 있을까요?

6

시장의
여러 가지 형태

쌀나라 공화국

현실적으로 존재하기 어려운 시장

쌀나라 공화국 사람들은 거의 모두 쌀농사만을 지으며 살아가고 있습니다. 그러다 보니 나라 이름까지 쌀나라 공화국이 된 것이지요.

쌀나라 공화국은 나라 안에서 나는 생산물이 주로 쌀이어서 생활에 필요한 다른 물건들은 다른 나라에서 쌀을 주고 바꿔 와야 합니다. 그래서 가을에 추수가 끝나면 여러 차례에 걸쳐 쌀장수들이 앞다투어 농부들로부터 쌀을 사들입니다. 쌀나라 공화국의 쌀은 워낙 맛이 좋기로 소문이 나서 인기가 좋답니다. 쌀을 쌀장수에게 판 백성들은 쌀을 팔고 받은 돈으로 자신들에게 필요한 물건을 생활용품 장수로부터 다시 사서 쓰곤 한답니다.

올해도 어김없이 추수 때가 다가왔습니다. 그런데 올해엔 유난히 날씨가 좋지 않아 쌀농사를 짓기가 보통 때보다 훨씬 힘들었습니다. 모내기가 끝날 무렵부터 비가 오지 않아 늦은 봄부터 초여름이 될 때까지 가뭄이 들어서 벼이삭이 팰 무렵엔 태풍까지 몰아쳤습니다.

그래서 농사를 짓는 백성들은 밤낮 없이 논에서 살다시피 해야만 했습니다. 가뭄이 들었을 땐 산골의 도랑에서 물 한 바가

지라도 퍼 날라서 벼논을 적시었으며, 태풍이 몰아쳐 벼포기가 쓰러질 때에는 다시 일으켜 세우느라 정신없이 보냈습니다.

그렇게 온갖 애를 쓰고 정성으로 벼를 가꾼 덕에 추수 때가 되었을 땐 큰 손실 없이 수확을 거둘 수가 있었습니다.

추수가 끝난 뒤 얼마 되지 않아 쌀들은 쌀장수들에게 팔려 나가기 위해 공동 판매장으로 실려 갔습니다. 그런데 공동 판매장에 실려 온 쌀가마 속의 쌀들은 모두 마음이 들떠서 서로들 자기 자랑을 하느라 바빴습니다.

"난 말야, 말 그대로 예쁜쌀이니까 몸값이 많이 나갈 거야."

어떤 쌀가마 속의 쌀이 제일 먼저 그렇게 말하자 그 옆의 쌀가마 속에 있던 다른 쌀이 그 말을 받았습니다.

"뭐? 예쁜쌀이라고? 쌀이 예쁘면 뭐하니? 쌀은 그저 통통해야 돼. 통통해야 식구들 모두 배불리 먹을 수가 있다고"

그러자 기다렸다는 듯이 건너편에 있던 쌀가마 속의 쌀이 그 말을 받았습니다.

"으음, 네가 통통쌀이라고? 야, 요즘에 통통쌀을 먹는 사람이 어디 있어. 모두들 살이 찔까 봐 걱정하는데 말이야. 쌀은 누가 뭐래도 날씬쌀이 최고야 최고라고, 흐음."

"날씬쌀이면 뭐해. 맛이 있어야지. 요즘은 맛이 없으면 먹었던 것도 토해 낸다는 세상이야. 그러니 쌀이라 하면 두말할 것 없이 맛나쌀이 최고라고. 두고 보라구, 내가 아마 제일 비싼 값으로 팔려 나갈 거야."

쌀가마 속의 쌀들은 저마다 자신들의 이름을 대며 비싼 값에

팔려 나가기를 바랐습니다. 그래야만 봄부터 가을까지 자신들
을 키우느라 고생을 한 논주인들에게 조금이나마 은혜를 갚는
길이라고 생각했기 때문이지요.

그렇게 떠들어대며 기다리다 보니 어느 새 수많은 쌀장수들
이 공동 판매장에 나와 서로 얼마얼마 하기도 하고 손가락을
폈다 오므렸다 하면서 값을 흥정하기 시작했습니다.

농부들은 쌀장수들과의 흥정이 끝나자 쌀장수들의 트럭에
쌀가마를 옮겨 싣기 시작했습니다. 조상 대대로 벼농사를 지
어 왔기 때문에 농부들은 쌀값이 어떻게 결정되는지 누구보다

도 잘 알고 있었습니다. 쌀장수들과 한번 흥정이 끝나면 그날 공판에선 쌀값이 바뀌는 일이 없으며, 모든 쌀이 같은 값으로 팔린다는 것을 알고 있었지요. 그래서 흥정이 끝나자마자 곧 바로 쌀가마를 넘겨주는 것이랍니다.

그렇지만 쌀가마 속의 쌀들은 세상에 태어나 처음으로 팔려 가는 것이기에 그런 사정을 알 턱이 없었습니다. 쌀들은 입을 내민 채 모두들 한 마디씩 했습니다.

"이해할 수가 없는 일이야. 보기 좋은 떡이 먹기에도 좋다고 예뻐야 비싼 게 당연하잖아? 그러니 예쁜쌀이 값이 제일 비싸야 하는데 왜 몰라 줄까?"

"아직도 굶어 죽는 사람이 있는데 그런 소릴 하니? 나 같은 통통쌀을 그런 곳에 보내면 식량 문제는 모두 해결된다고. 그러니 당연히 내가 제일 비싸게 팔려야 하는데 뭔가 잘못되어 가는 것 같아."

"아냐, 요즘엔 너무 많이 먹어 뚱뚱해지고 성인병이 생겨서 난리라고. 그러니 내가 제일 비싸게 팔려야 하는데 모두 값이 같다니! 도저히 이해할 수가 없어."

"뭐니뭐니해도 밥은 맛으로 먹는 거지, 영양이나 약으로 먹는 게 아냐. 그러니 당연히 내가 제일 비싸게 팔려야 하는데 그렇지 않으니 정말 속이 상해 죽겠어."

그러나 농부와 쌀장수의 귀엔 쌀들의 그런 하소연 소리가 들리지 않는 듯했습니다. 하긴 뭐, 농부나 쌀장수의 입장에서 보면 예쁜쌀이든 통통쌀이든 날씬쌀이든 맛나쌀이든 밥을 해놓으면 거기서 거기지 크게 다를 것이 없었으니까요. 아니, 어쩌면 사람들이 쌀맛이나 밥맛을 제대로 모르고 사는 것인지도 모르지만요.

도움말

완전경쟁시장은 어떤 시장을 말할까요?

경제학에서는 시장의 형태를 완전경쟁시장, 독점적 경쟁시장, 과점시장, 독점시장의 네 가지 형태로 나눕니다. 그 중에서 독점적 경쟁과 과점 그리고 독점시장을 완전경쟁시장과 구분하여 불완전경쟁시장이라고 부르기도 합니다.

그럼, 먼저 여기서는 어떤 기준들에 의해 시장을 구분하는지 알아보도록 하지요.

첫째로 그 제품에 대한 공급자와 수요자의 수에 의해 구분합니다.

예를 들면 공급자와 수요자의 수가 많을 때 우리는 그 시장을 경쟁적이라고 부릅니다. 우리가 일반적으로 말하는 경쟁적이라는 말의 뜻과는 좀 다르지요. 보통 경쟁적이라고 하면 경쟁하는 상대방에 대해 잘 알면서 치열하게 싸우는 경우를 말합니다.

요즈음 세 회사가 각축을 벌이는 이동통신 시장의 경쟁을 두고 우리는 흔히 경쟁이 치열하다고 말하지요. 하지만 경제학

에서는 이렇게 적은 수의 회사들이 경쟁을 벌이는 경우는 비경쟁적이라고 부릅니다.

둘째로 제품이 비슷비슷하거나 같은 정도에 따라 구분합니다. 예를 들면 쌀이나 배추 같은 것은 거의가 같은 상품이라고 할 수 있습니다.

앞 이야기에서 통통쌀, 예쁜쌀, 날씬쌀, 맛나쌀들은 제각기 자기들이 잘났다고 뽐내고 있지만 결국 같은 값으로 팔려가는 것을 볼 수 있습니다. 쌀장수들의 눈으로 보기엔 그 쌀이 그 쌀이기 때문이지요.

셋째로 얼마만큼 자유롭게 그 시장에 새로 들어가 물건을 팔 수 있느냐에 따라 구분합니다.

앞 이야기에서 보면 농부들은 누구나 자유롭게 쌀을 팔 수 있는 것을 볼 수 있습니다.

넷째로 공급자들이 어떻게 행동을 하느냐에 따라 구분하기도 합니다.

예를 들면 앞 이야기에서 맛나쌀을 생산하는 농부들만이 힘을 합쳐 더 비싼 값을 요구할 수도 있는 것입니다. 그런 경우 이러한 농부들의 행동에 따라 시장의 형태를 구분하기도 합니다.

그럼 시장의 형태를 구분하는 기준에 대해 이해를 하였으면 곧바로 완전경쟁시장이 어떤 것인지에 대해 알아보기로 하지요. 완전경쟁시장은 다음과 같은 조건을 갖춘 시장을 말합니다.

첫째로 공급자들 누구라도 가격을 마음대로 할 수 있는 능력이 없습니다. 즉 정해진 가격에 무조건 따라야만 합니다.

둘째로 공급자들이 팔려는 물건들이 같아야 합니다.

셋째로 공급자들이 시장에 들어가 물건을 파는 행위가 자유로워야 합니다.

넷째로 공급자와 수요자가 시장과 가격에 대한 완벽한 정보를 가지고 있어야 합니다.

그러나 이처럼 네 가지로 대표되는 조건을 다 갖춘 시장은 현실 속에 존재하기가 매우 어렵답니다.

덧붙이는 말

이제 완전경쟁시장이 어떤 것인지에 대해서 어느 정도 이해가 되었을 거예요. 그럼 앞 이야기에 나오는 쌀시장은 어떤 시장인지 따져 보기로 합시다.

첫째로 쌀시장에서 농부들은 일정하게 정해진 가격에 따라야만 쌀을 팔 수가 있습니다.

둘째로 쌀들의 생각과는 달리 쌀장수들은 농부들이 팔려고 가지고 나온 쌀은 모두 같은 쌀로 봅니다.

셋째로 농부들은 누구나 자신이 추수한 쌀을 가지고 자유롭게 쌀시장에 나가 팔 수 있습니다.

넷째로 농부들과 쌀장수들은 시장의 가격에 대해서 잘 알고 있습니다.

이렇게 볼 때 앞 이야기에서 나오는 쌀시장은 완전경쟁시장의 네 가지 조건을 모두 만족시키는 것을 볼 수 있습니다. 그러므로 이야기 속의 쌀시장은 완전경쟁시장입니다.

하지만 실제로 이런 형태의 완전경쟁시장은 거의 존재하지 않습니다. 이것은 상상 속의 시장일 뿐입니다. 겉으로는 모두 같아 보이지만 이야기 속의 쌀들이 주장하듯이 실제로 쌀들은 똑같지가 않습니다. 현실 속에서 쌀을 두고 볼 때에도 경기미의 값은 다른 지역의 쌀들에 비해 약간 비싼 것이 사실이니까요.

이제까지 우리는 완전경쟁시장에 대해서 이야기를 해 왔습니다. 앞에서 살펴보았던 것처럼 자본주의 사회에서는 이렇게 완전경쟁시장이라는 보이지 않는 손에 의해서 가격이 결정되는 것이 가장 바람직하다고 보고 있습니다. 물론 현실적으로 완전경쟁시장이 거의 존재하지 않는다는 것이 문제이긴 하지만요.

이제 함께 다음 문제들에 대해서 생각해 볼까요.

1) 전국의 곳곳에서 거두어들인 배추는 농수산물 시장에서 여러 채소 도매상들에게 같은 가격으로 팔립니다. 또 배추를 팔고 싶은 농부는 누구나 배추를 팔 수 있습니다. 배추 시장은 완전경쟁시장일까요?
2) 신나라 공화국에는 편리해 컴퓨터 회사와 모양좋아 컴퓨터 회사라는 두 개의 컴퓨터 회사가 있습니다.

각 회사는 각각 편리성과 디자인을 자랑하며 판매량을 늘리려고 애를 쓰고 있습니다. 두 회사의 컴퓨터 값은 차이가 납니다. 신나라 공화국의 컴퓨터 시장은 완전경쟁시장인가요?

허생이 돈을 번 방법

한 사람 또는 하나의 기업이 공급을 독점하는 시장

그리 멀지 않은 옛날에 한양하고도 남산 아래에 허생이라는 가난한 선비가 살고 있었습니다. 허생은 워낙 글읽기를 좋아해서 집안 살림 같은 건 어떻게 돌아가는지 관심조차 없었습니다. 그래서 허생의 아내가 삯바느질 같은 것을 해서 겨우겨우 입에 풀칠을 하며 지내야 했습니다.

그동안 아내는 배고프고 헐벗은 생활을 잘도 참아 왔지만 그런 생활이 너무 계속되자 더 이상 참지 못하고 투정을 부리고 말았습니다.

"여보, 오늘은 저랑 담판을 합시다. 굶어 죽든지, 돈을 벌어 오든지 말예요."

"아니, 여보 그동안 잘 참아 오다 그게 무슨 소리요? 허허."

"지금 상황에 웃음이 나오는 걸 보니 아직도 여유작작이시군요."

"지금 상황이 어때서 그래요? 그럼 웃지 말고 울어야 한단 말이오?"

"아무튼 당신은 과거도 보지 않으면서 뭣 때문에 책만 붙들고 계시는 거예요? 책 속에 쌀이 있어요, 옷이 있어요? 그놈의 공자왈 맹자왈 타령 그만하고 차라리 탱자왈 유자왈이나 하세

요. 그러면 하다 못해 쓴 탱자나 신 유자라도 몇 알 생길지 모르잖아요!"

"허 참, 마누라 말하는 본새치곤……. 아직 내가 학문의 이치를 다 깨닫지 못해서 그러니 책을 더 붙들고 있을 수밖에……."

"아니, 그 정도로 책을 붙들고 있었는데도 이치를 못 깨달았다면 학문엔 처음부터 소질이 없는 것 아니에요? 차라리 나가서 호미를 만들어 팔든 신발을 만들어 팔든 무슨 물건을 만들어서라도 먹고 살 궁리를 하세요."

"허참, 그것도 다 배운 손재주가 있어야 하는 게지 무턱대고 할 수 있는감?"

"그러면 장사라도 하세요."

"장사도 다 밑천이 있어야 하는 게야."

마침내 아내는 화가 복받쳤습니다.

"아니, 그럼 당신이 할 수 있는 건 아무것도 없다는 말이구려? 밤낮으로 공부를 많이 한 양반이 그래 할 수 있는 것이 아무것도 없단 말이오?"

허생은 아내의 성화에 견디지 못해 마침내 책을 덮고 집을 나섰습니다.

"아깝다. 십 년 동안 공부할 작정이었는데 이제 겨우 칠 년만에 공부를 끝내는구나⋯⋯."

허생은 씁쓸한 미소를 지으며 한양에서 제일 가는 부자로 알려진 변씨라는 사람을 찾아갔습니다. 허생은 변씨에게서 무턱대고 돈 만 냥을 꾸어 가지고 안성으로 갔습니다.

안성은 예로부터 경기도와 충청도의 온갖 물건들이 모이는 곳이었으며 장이 크게 서는 곳이기도 했습니다.

안성에 가자마자 허생은 제사지내는 데에 꼭 필요한 대추, 밤, 배 등을 남들보다 두 배의 값을 쳐 주고 몽땅 사들였습니다.

그러자 제사용품이 나라 안에서 다 사라져 버렸다고 모두들 난리가 났습니다. 그때는 제사지내는 것을 가장 중요한 일로 여길 때라 조상들에게 못난 후손이 되는 게 가장 두려운 일이었습니다. 그래서 허생은 두 배의 값을 주고 산 과일을 열 배의 값을 받고 다시 되팔 수 있었습니다. 허생은 속으로 코웃음을 쳤습니다.

"겨우 돈 만 냥을 가지고 세상을 쥐었다 폈다 할 수 있으니 이놈의 세상도 형편없는 검불덩이구나."

허생은 이번엔 그 돈으로 칼, 포목, 괭이 등을 사 가지고 말이 많은 제주도로 건너가 그것들을 팔았습니다. 그 돈으로 말의 갈기나 꼬리의 털인 말총을 있는 대로 사들였습니다. 허생이 살던 시대엔 말총으로 망건을 만들어 머리에 둘렀기 때문에 망건은 생활필수품이었습니다.

"얼마 지나지 않아 나라 사람들 대부분이 머리를 가리지 못할 것이다. 에헴."

과연 얼마 지나지 않아 망건값은 열 배도 넘게 뛰어올랐습니다.

도움말

독점시장이란 어떤 시장을 말할까요?

앞에서 우리는 완전경쟁시장에 대해서 살펴보았습니다. 이번에는 독점시장에 대해서 살펴보기로 합시다.

독점시장이란 시장 전체를 통해 어떤 재화를 공급하는 사람 또는 기업이 하나밖에 없는 시장의 형태를 말합니다.

먼저 한 사람 또는 하나의 기업이 공급을 독점하는 경우가 왜 일어나게 되었는지 살펴보기로 하지요.

첫째로 공급 독점은 시장규모가 작은 경우에 일어납니다. 한

기업이 만든 물건만으로 그 시장에서 필요로 하는 물건이 다 채워지게 되면 더 이상의 공급자가 필요 없게 되는 것이지요.

둘째로 가장 큰 생산규모를 지닌 기업이 혼자서 전체 시장의 수요를 다 감당할 수 있으며 동시에 장기적으로 평균 생산비가 낮아지는 규모의 경제가 일어나는 경우에 발생하게 됩니다.

셋째로 물건을 만드는 원재료를 한 기업이 혼자서 독차지하고 있을 때 생겨나게 됩니다. 예를 들면 어떤 사람이 그 지역에서만 나오는 독특한 온천수를 혼자만 사용할 수 있는 권리를 가지고 있다고 합시다. 그렇게 되면 그 온천수는 그 사람만 공급할 수 있게 되는 것이지요.

넷째로 정부의 보호나 규제에 의해 독점이 생기기도 합니다. 우리나라의 경우 대한주택공사, 한국전력공사 같은 것이 이런 경우에 속합니다.

이제 독점기업의 가격에 대해 알아보기로 합시다. 독점기업은 한 가지의 물건에 대해 한 가지의 가격만으로 공급하는 것일까요? 그렇지 않습니다. 독점기업도 다른 기업과 마찬가지로 최대의 이익을 얻으려 합니다. 따라서 시장이 나누어질 수만 있다면 시장에 따라 다른 가격으로 물건을 제공해 최대의 이익을 얻으려 할 것입니다. 이것을 경제학에서는 가격차별이라고 부릅니다.

물론 가격차별을 하기 위해서는 시장이 두 개 이상으로 나누어질 수 있어야 하며 각 시장에서 가격에 대한 수요의 반응이 달라야 합니다. 현실적으로 국내에서 가격차별이 이루어지는 경우는 거의 찾아볼 수가 없습니다. 다만 해외시장에서의 덤핑(가격을 내려서 파는 것)이 이러한 가격차별의 예에 속한다고 볼 수 있을 것입니다.

덧붙이는 말

지금부터는 공급 독점이 이루어지는 경우에 가격은 어떻게 결정되는지 알아보기로 합시다.

앞에서 설명했던 완전경쟁시장의 경우 파는 사람은 판매량의 증가와는 상관없이 일정한 값을 받을 수 있었습니다. 하지만 공급 독점인 경우엔 파는 사람이 혼자이며 공급자는 가장 큰 이익을 얻는 공급량만큼만 생산할 것입니다. 결국 공급 독점의 경우에는 완전경쟁시장에 비해 더 적은 판매량과 더 높은 가격에서 균형이 이루어지게 되며 공급자는 그 점에서 가장 큰 이익을 얻게 됩니다.

앞에 나온 이야기는 박지원이 쓴 허생전의 한 토막인데요, 허생이 돈을 번 방법은 세 번째 경우의 독점에 속한다고 할 수 있을 것입니다. 물론 이야기 속의 허생은 원재료를 혼자서 가진 채 물건을 만들어 판 것이 아니라 여러 사람이 만든 물건을 혼자서만 판 것이지요.

실제로 허생의 행위는 공급 독점이라기보다는 매점매석(어떤

물건의 값이 오르거나 물건이 달릴 것을 예상하여 물건을 쌓아 둔 채 팔지 않는 일)하여 큰 이익을 본 경우에 해당한다고 볼 수 있을 것입니다. 하지만 허생이 나라 안에서 생산되는 모든 물건을 독차지한 채 혼자서만 팔고 있으니 공급 독점과 같은 효과가 나타나게 된 것이지요. 이야기를 통해서 여러분들은 독점의 효과가 어떻게 나타나는지를 볼 수 있었을 것입니다.

소비자의 처지에서 보면 완전경쟁시장에 비해서 높은 가격을 치러야만 물건을 살 수 있기 때문에 바람직하지 못한 일이지요. 그래서 각 나라는 법률로 독점을 금지하는 경우가 많습니다.

그렇다면 공급 독점은 항상 비난을 받아야만 하는 것일까요? 꼭 그렇지는 않습니다.

공급 독점이 비난을 받는 것은 완전 경쟁이 가능한데도 독점을 한 경우에 한합니다. 실제로 시장 규모가 너무 작은 때엔 공급을 독점하게 되면 오히려 생산비가 절감되기도 하니까요.

왜냐고요? 그건 이미 우리가 공부한 바 있는 규모의 경제가 일어나기 때문이랍니다. 그러나 어떠한 경우이든 기업이 자기의 이익만을 위해서 소비자를 희생시키는 일이 있어서는 안 되겠지요.

그러면 다음의 문제를 풀어 보고 나서 책장을 넘기세요.

1) 대한민국에서 전기를 공급하는 곳은 한국전력공사

한 군데뿐입니다. 한국전력공사는 전기를 독점 공급한다고 할 수 있을까요?

2) 우리나라에서 지하철 운행은 노선마다 하나씩의 지하철공사에서만 운영합니다. 지하철공사의 지하철 운행에 대한 독점 공급은 앞의 도움말에서 나오는 독점이 이루어지는 네 가지 이유 가운데 어느 것에 해당할까요?

3) 우리나라에서는 1,500만 원을 줘야 살 수 있는 자동차를 해외에서는 1,000만 원만 주면 살 수 있다고 합니다. 이렇게 가격이 다르게 물건을 공급하는 것을 무엇이라고 하나요?

서기 2050년의 코리아

품질이 어느 정도 다른 물건으로 경쟁하는 시장

남한과 북한으로 나뉘어 있던 우리나라는 2000년대 어느 날 마침내 통일이 되었답니다. 통일된 나라의 이름은 우리나라의 옛 이름이었던 고려에서 따온 코리아로 짓기로 했지요.

"코리아? 그건 전부터 부르던 익숙한 이름이잖아."

그랬습니다. 외국에선 이미 수백 년 전부터 우리나라를 코리아라고 불러 왔으니까요. 그래서 남북한 사람들은 새로 나라 이름을 정하기보다는 이미 세계적으로 알려진 코리아를 새 나라 이름으로 쓰기로 결정을 한 것이지요. 아무튼 통일 국가인 코리아는 예전의 분단 국가 시절과는 비교도 할 수 없을 정도로 국력이 커지고 백성들의 생활 수준도 높아졌습니다.

특히 새 나라에서는 잃어버린 옛 땅인 만주 지역까지 사들여 국토가 훨씬 넓어졌답니다. 그리고 지금은 부산에서 그리 멀지 않은 대마도를 일본으로부터 사들이려고 한창 흥정을 하고 있는 중이기도 합니다.

그렇게 국토가 넓어지는 것과 때를 맞춰 서기 2050년이 되자 하늘과 땅과 바다를 한꺼번에 타고 다닐 수 있는 새로운 탈 것이 나왔습니다.

50년 전인 서기 2000년엔 땅 위를 달리는 자가용 승용차가 유행을 했었답니다. 하지만 서기 2050년이 되자 집집마다 하늘을 날기도 하고 땅 위를 달리기도 하고 바다를 떠 가기도 하는 비행기와 자동차와 배의 기능을 함께 갖춘 자가용 탈것이 유행하기 시작한 것이지요.

새로운 탈것은 속도가 엄청나게 빠른데다 하늘과 땅과 바다에 맞춰 마음대로 기능을 바꿀 수 있기 때문에 인기가 좋았습니다. 길이 막히면 하늘로 날아가면 되고 바다가 나오면 물 위로 떠 가면 되는 것이 그 새로 나온 탈것의 특징이거든요.

사람들은 그 새로운 탈것을 타고 만주에서 평양으로 출퇴근하기도 하고 제주도에서 광주로 출퇴근을 하기도 합니다. 한라산에서 백두산을 날아가는 데는 약 30분이면 되고 부산에서 대마도를 물 위로 떠가는 데는 약 20분이면 될 정도니까요.

그래서 2050년이 되면서부터는 1900년대처럼 고향을 떠나 서울 같은 도시에서만 살아야 할 이유가 없게 되었답니다. 그래서 외국 사람을 만나면 이런 자랑들을 하곤 했답니다.

"새로운 탈것 덕분에 우리나라 사람은 모두 고향에서 전원생활을 즐길 수 있게 되었어요."

코리아 정부는 새로운 탈것을 팔아 국력이 무척 강해지자 여름 피서지로 적당한 곳을 물색하던 중 하와이를 사고 싶어졌습니다. 그래서 미국에게 하와이를 팔라고 늘 재촉을 하지만 미국은 땅값을 많이 받으려고 계속 흥정을 미루고 있답니다.

그 자가용 탈것은 주로 날날이 회사와 달달이 회사 그리고 떠떠가 회사에서 만들고 있습니다. 그 세 회사가 만드는 자가

용 탈것은 코리아에서 필요로 하는 물량의 90%를, 그리고 다른 나라에서 필요로 하는 물량의 70%를 차지하고 있답니다.

그런데 세 회사가 만들어 낸 탈것은 모두 기능을 갖추고 있기는 하지만 그 성능 면에선 조금씩 차이가 난답니다. 어떻게 차이가 나느냐고요?

옛날에 비행기를 주로 만들던 날날이 회사에선 탈것의 기능 중에서도 가장 빠르게 날 수 있는 장치를 갖추었답니다.

"우리 회사의 제품 〈날타고〉는 세상에서 가장 빠르게 날 수 있는 탈것이랍니다."

또 자동차를 주로 만들던 달달이 회사에서는 좁은 길에서도 빠르게 달릴 수 있는 탈것을 개발한 걸 자랑으로 여겼습니다.

"달달이 회사의 〈달타고〉는 좁은 길에서도 빠르게 달릴 수 있습니다."

한편 선박 회사로 유명했던 떠떠가 회사에서는 물 위로 빠르게 달릴 수 있는 장치를 탈것에 특별히 갖추었답니다.

"떠떠가 회사의 〈떠타고〉는 제비가 물 위를 스치듯 흔들림 없이 안전하게 여러분을 모십니다."

세 회사는 자기 회사 제품의 가장 큰 특징이 되는 점들을 이름 앞에 내걸고 제품을 알리느라 안간힘을 썼습니다. 세 회사가 모두 자기 나름대로의 고객을 가지고 있었고 나라 안의 탈것 시장을 90%이상 차지하고 있었습니다. 나머지 10%의 시장은 수입품이 차지하고 있었구요.

어느 회사의 제품이든 공통적인 특징은 운전하는 사람이 말로 명령만 내리면 탈것은 알아서 기능을 바꾸어 스스로 운전 조작을 한다는 것입니다. 다만 각 제품의 성능이 약간씩 차이가 있기 때문에 그 가격은 조금씩 차이가 납니다.

탈것 안에 간이 화장실이나 주방이 있느냐, 비디오 장치가 달렸느냐에 따라 가격이 차이가 나기도 했고, 아이들과 놀아주는 놀이 로봇의 지능이 어느 정도냐에 따라 값이 차이가 나기도 했습니다.

하지만 세 회사가 나누어 가지고 있는 시장의 크기는 좀체 바뀌지 않았습니다. 나름대로 변함없는 고객을 유지하고 있었으니까요.

불완전경쟁시장

우리는 앞에서 완전경쟁시장에 대해서 살펴보았습니다.

이번에는 완전경쟁시장과 대비되는 불완전경쟁시장의 여러 가지 형태에 대해서 살펴보기로 합시다.

우선 독점적 경쟁시장에 대해서 알아볼까요?

첫째로 독점적 경쟁시장이 되기 위해서는 그 시장에 같은 종류의 물건을 공급하는 공급자가 많아야 합니다.

둘째로 같은 종류의 물건을 공급하지만 서로 품질이 어느 정도 다른 물건을 공급해야 합니다. 다시 말해서 독점적 경쟁시장이 완전경쟁시장과 다른 점은 서로 품질이 어느 정도 다른 물건을 공급한다는 사실입니다. 그래서 나름대로 서로 다른 고객을 가지고 있는 그런 시장이지요.

현실 속에서 보면 음식 시장이나 미장원 시장을 예로 들 수 있을 것입니다. 각 음식점들은 서로 조금씩 맛이나 양이 다른 음식을 제공하며 값도 조금씩 다릅니다. 하지만 값을 올리거나 내리는 것은 마음대로 할 수가 없습니다. 왜냐고요? 한 곳에서 값을 너무 많이 올리면 손님들은 비슷한 다른 음식점으로 가게 될 테니까요.

하지만 어느 정도 값을 내리거나 올리는 것은 가능하답니다. 예를 들어 어느 음식점의 된장찌개가 맛이 있다거나 냉면이 맛이 있다거나 하는 경우에 사람들은 돈을 조금 더 내고라도 그곳을 가게 될 테니까요. 또 맛보다는 값이 싼 음식을 좋아하는 사람이라면 값이 싼 음식점을 찾게 될 테니까요. 이런 경우 각 음식점들은 제공하는 음식의 특성(물건의 품질)에 따라 자기 나름의 고객을 가지게 됩니다. 미장원도 마찬가지입니다. 각 미장원이 제공하는 서비스의 질에 따라 자기 나름의 고객을 가지게 될 것입니다.

이러한 독점적 경쟁기업들은 그 생산 시설을 완전하게 가동할 수 없기 때문에 시설을 비효율적으로 이용하게 됩니다. 그 결과 가격도 완전경쟁시장의 경우보다는 높게 결정됩니다.

또한 각 기업들이 만들어 내는 물건의 특징을 고객들에게 알리기 위해 품질을 개선하거나 광고를 하는 등 완전경쟁기업에 비해 많은 비용을 지출하게 됩니다. 결국 이러한 원인들 때문에 완전경쟁시장에 비해 비싼 가격으로 물건을 공급하게 됩니다.

이제 과점에 대해서 살펴봅시다. 과점시장이란 첫째로 그 시장에 물건을 공급하는 공급자가 몇 명 되지 않는 시장을 말합니다. 둘째로 그 공급자들이 제공하는 물건이 똑같거나 아니면 그 품질에 있어서 차이가 나야 합니다.

각 공급자가 제공하는 물건이 똑같은 경우를 순수과점이라고 부르며 그 품질이 차이가 나는 경우를 이질적과점이라고 부릅니다.

그러면 앞 이야기에 나오는 탈것 시장은 어떤 형태의 시장인지 한번 생각해 봅시다. 우선 코리아의 탈것 시장은 세 회사가

나누어서 공급하고 있습니다. 세 회사라고 하면 공급자가 몇 명 되지 않는다고 할 수 있습니다. 그리고 각 회사의 물건은 그 품질에 있어서 차이가 납니다. 이렇게 볼 때 코리아의 탈것 시장은 이질적 과점시장이라는 것을 알 수 있습니다.

현실 속에서 살펴보자면 현재 한국의 자동차 시장은 이질적 과점시장이라고 할 수 있을 것입니다. 과점시장은 대개 순수 과점보다는 이질적 과점시장의 형태를 띠고 있는 경우가 많습니다.

과점시장은 그 나름의 특징을 가지고 있는데 무엇보다도 과점시장의 가격은 거의 변하지 않는다는 것이 가장 큰 특징일 것입니다. 왜냐하면 과점시장을 이루고 있는 공급자는 값을 올리게 되면 자신이 가지고 있는 많은 고객들을 다른 공급자에게 빼앗길 우려가 있기 때문이지요. 그래서 값을 올리기보다는 현재의 값을 지키려는 경향이 많습니다.

반대로 값을 내리게 되는 경우에도 다른 공급자들이 따라서 값을 내리게 될 것을 생각해야 합니다. 그런 경우 자신의 제품에 대한 수요량의 증가는 처음에 생각했던 것에 못 미치게 됩니다. 그래서 별다른 이유가 없는 한 값을 내리는 것도 꺼리게 됩니다.

그래서 과점시장의 공급 가격은 잘 변하지 않는 것이 그 특징입니다. 따라서 과점기업의 수요곡선은 굴절수요곡선이라는 특별한 형태를 띠게 되는데 그건 여기서 설명하지 않을 테니 겁먹지 마세요!

앞에서 살펴본 불완전경쟁시장의 기업들은 완전경쟁시장의 기업들과는 다르게 행동을 한다는 것을 알 수 있습니다. 완전경쟁시장의 경우엔 자신의 물건을 더 많이 판매하기 위해서 가격을 올린다든가 내린다든가 아니면 광고를 할 필요가 없습니다. 하지만 불완전경쟁시장의 기업들은 좀 다릅니다. 그들은 가격을 올리거나 내릴 수도 있으며 가격 외의 다른 요소들을 가지고 다른 기업들과 경쟁을 할 수도 있습니다.

앞에서 살펴본 바에 따르면 불완전경쟁시장의 경우 완전경쟁시장에 비해 비교적 높은 가격으로 물건이 판매된다는 것을 알 수 있습니다. 그리고 완전경쟁시장과는 달리 가격 이외의 다른 것으로 경쟁을 한다는 것을 알 수 있습니다. 즉 비가격경쟁을 한다는 것이지요. 비가격경쟁이란 가격이 아닌 다른 것으로 경쟁을 하는 것을 말하는데 다음과 같은 것을 들 수 있습니다.

첫째는 상품의 차별화입니다. 자기 회사의 제품이 다른 회사의 제품과 구별될 수 있도록 하는 것이지요. 예를 들면 서비스라든가 디자인이라든가 품질, 그리고 판매 조건을 달리하는 것입니다. 흔히 자동차나 화장품 회사, 그리고 주류 회사들이 많이 하는 행동입니다.

둘째로 광고를 하는 것입니다. 요즘 들어 광고는 예전의 어떤 때보다 큰 힘을 발휘하고 있습니다.

그러면 다음 문제들을 함께 풀어 보지요.

1) 우리나라의 비누 시장에서는 상당히 많은 회사들이
   경쟁을 하고 있습니다. 그리고 각 회사들은 그들이
   만드는 비누의 품질을 광고를 통해서 알리고 있습니
   다. 우리나라의 비누 시장은 불완전경쟁시장의 형태
   중 어떤 것에 속하나요?
2) 우리나라에는 냉장고를 만드는 세 개의 가전제품 회
   사들이 있습니다. 그들은 각기 자신의 제품이 다른
   회사의 제품과는 다르다고 선전을 하고 있습니다. 우
   리나라의 냉장고 시장은 경제학의 분류에 따르면 어
   떤 시장이라고 할 수 있을까요?
3) 요즈음 맥주 회사들은 자기 회사의 제품은 다른 회사
   의 제품과 다르다고 선전을 하고 있습니다. 각 회사
   들은 좋은 물로 만들었다고 선전을 하거나 아니면 순
   하다고 선전을 하며 경쟁을 하기도 합니다. 값으로
   경쟁을 하지는 않습니다. 이러한 맥주 회사들의 경쟁
   형태를 경제학에서는 무엇이라고 부르나요?

날타고 갑시다, 날타고 갑시다

이익을 위해 기업들은 서로 짜기도 합니다

날날이 회사와 달달이 회사 그리고 떠떠가 회사는 한동안 자기 회사만의 탈것을 독특하게 만드는 데 힘을 모았습니다. 그렇게 한 해 두 해가 지나자 세 회사의 탈것에 대한 소비자들의 반응이 조금씩 다르게 나타나기 시작했습니다.

점차 먼 곳을 빨리 다녀올 일들이 많게 되자 같은 탈것들 중에서도 나는 것의 기능이 가장 뛰어난 날날이 회사의 〈날타고〉가 제일 많이 팔렸습니다. 세 회사의 제품을 모두 합하면 시장 전체의 90%가 넘는 판매량을 차지하고 있었습니다. 하지만 판매량의 내용을 자세히 살펴보면 날날이 회사가 나머지 두 회사의 판매량을 합친 것만큼이나 많은 판매량을 보이기 시작했습니다.

그렇게 되자 달달이 회사와 떠떠가 회사는 위기 의식을 느끼기 시작했습니다. 그러던 어느 날 떠떠가 회사 사장이 달달이 회사 사장을 찾아왔습니다. 떠떠가 회사의 사장은 비밀리에 이야기를 조용히 나누고 싶다고 말했습니다. 그래서 두 회사의 사장은 은밀한 곳으로 가서 이야기를 나누었습니다.

"달달이 회사 사장님, 이대로 가다간 아무래도 날날이 회사 때문에 우리 두 회사가 모두 망하게 될지도 모르겠습니다."

"망하기야 하겠습니까마는 저도 날날이 회사 때문에 고민이 많습니다. 무슨 좋은 수가 없을까요?"

"그래서 드리는 말씀인데 우리 두 회사가 앞으로 서로 긴밀하게 협조를 해야 할 것 같습니다."

"협조요? 어떻게 하면 되겠습니까?"

"우리 회사의 제품인 〈떠타고〉와 달달이 회사 제품인 〈달타고〉의 가격을 서로 같게 한 뒤 날날이 회사의 〈날타고〉보다 싸게 가격을 매기는 겁니다. 그리고 백두산을 중심으로 한 북쪽 산악 지역과 한라산을 중심으로 한 해양 지역에서 두 회사가 나누어서 판매를 하는 겁니다. 그러니까 산악 지역은 달달이 회사가 맡아서 〈달타고〉를 집중적으로 팔고, 해양 지역은 떠떠가 회사가 맡아서 〈떠타고〉를 집중적으로 파는 겁니다."

"그거 좋은 생각인 것 같습니다. 다음 달부터 당장 해보도록 하지요."

그리하여 달달이 회사와 떠떠가 회사는 겉으로는 소문을 내지 않은 채 비밀리에 서로 의논하여 가격을 갑자기 내려버렸습니다. 물론 〈날타고〉보다 싼 값이었지요. 처음에는 의논했던 대로 백두산 지역과 한라산 지역을 서로 나누어서 판매하기 시작했습니다. 그러자 〈달타고〉와 〈떠타고〉를 합친 판매량이 〈날타고〉보다 앞서기 시작했습니다. 소비자들은 아무래도 값이 싼 제품을 찾게 마련이었으니까요.

산길을 잘 달리도록 설계된 〈달타고〉와 물길을 잘 떠다니게 설계된 〈떠타고〉는 각각의 지역에서 〈날타고〉보다 훨씬 더 많은 판매량을 기록하기 시작했습니다. 떠떠가 회사 사장의 생각대로 두 회사가 담합을 해서 값을 내리고 지역을 나누자, 두 회사의 판매량과 이윤이 많이 늘어나게 되었던 것입니다.

마침내 〈날타고〉의 인기는 전보다 많이 덜해졌고 판매량도 줄어들었습니다. 하지만 〈떠타고〉의 판매량이 늘어나게 되자 떠떠가 회사 사장의 마음은 다시 변하기 시작했습니다.

"음, 이 정도면 달달이 회사와 지역을 나눠먹지 않으면 날날이 회사보다도 더 많이 팔 수도 있겠어. 우리 회사의 〈떠타고〉가 〈날타고〉보다 더 많이 팔릴 수 있다구."

그런 생각을 하게 된 떠떠가 회사는 슬그머니 달달이 회사와의 약속을 어기고 백두산 지역에도 자기 회사의 제품을 내놓기 시작했습니다. 그러자 당장 달달이 회사의 사장이 화를 내며 달려왔습니다.

"여보시오, 떠떠가 회사 사장님! 어떻게 이럴 수가 있소! 약속이 틀리지 않소. 정말 이렇게 나오기요? 그렇다면 나도 별수가 없소. 우리 회사도 한라산 지역에 〈달타고〉를 내놓겠소."

이렇게 해서 두 회사의 약속은 깨지게 되었고 두 회사는 담합 전의 상태로 돌아가게 되었습니다. 그럼 날날이 회사는 어떻게 되었을까요?

두 회사가 그렇게 이익을 위해 붙었다 떨어졌다 하는 사이에도 날날이 회사는 한눈을 팔지 않고 제품의 기술개발에만 힘을 쏟고 있었습니다. 그 덕분에 품질은 더 좋아졌으면서도 가격은 내린 새로운 제품을 내놓을 수 있게 되었습니다.

우리는 같이 세일하기로했어~
오해는 하지마~

    싼 맛에 〈떠타고〉와 〈달타고〉를 사던 소비자들은 이젠 새 〈날타고〉를 사기 시작했습니다. 결국 새 〈날타고〉의 판매량은 두 회사의 담합을 하기 전보다도 더 많아졌고 결국 달달이 회사와 떠떠가 회사는 전보다도 적어진 판매량 때문에 울상이 되고 말았습니다.

    "아이고 망했다. 이제 어떻게 날날이 회사의 기술과 가격을 따라잡을꼬?"

    달달이 회사와 떠떠가 회사의 사장은 한숨만 푹푹 내쉴 뿐이었습니다. 아무튼 그때부터 '날타고 갑시다, 날타고 갑시다.' 라는 유행어가 생기게 되었습니다.

기업의 담합

앞 이야기 속에 나오는 달달이 회사와 떠떠가 회사는 날날이 회사에 대항하기 위해 서로 짰습니다. 이렇게 두 개 이상의 회사가 가격, 생산, 판매에 대하여 서로 합의를 하고 약속을 지키는 것을 담합이라고 부릅니다. 특히 이야기 속에 나오는 두 기업처럼 같은 제품을 만드는 회사들의 담합을 카르텔(기업연합)이라고 부릅니다.

카르텔은 법률상 독립된 같은 분야의 기업들이 시장을 통제할 목적으로 상품의 생산량이나 가격 등에 대해 여러 가지 협정을 맺는 것을 말합니다. 우리나라에선 예전에 소주 회사들이 각 지역을 나누어서 판매 활동을 벌였던 것이 여기에 해당됩니다.

카르텔보다 더 강력한 결합으로는 트러스트(기업합병)를 들 수 있는데요, 이것은 가입 기업들이 독립성을 버리고 단일 기업으로 합동된 것이므로 매우 높은 시장 지배력과 독점성을 갖습니다. 트러스트는 각 기업이 자발적으로 결성하기도 하지만 한 기업이 다른 기업의 주식을 사들여 버림으로써 결성되기도 합니다.

한편 가입 기업이 법률적으론 독립성을 가지나 자본 또는 금융 관계로 결합하는 것이 있습니다. 콘체른이 바로 그것인데, 카르텔이나 트러스트가 주로 동종 기업 간에 횡적으로 결합하

는 것이었던 것에 비해 콘체른은 동종 기업만이 아니고 여러 산업 부문의 기업들을 횡적, 종적으로 결합하는 것입니다. 콘체른은 단순한 시장 지배뿐만 아니라 경제력을 집중시켜 일정한 세력을 형성하려는 데 목적이 있습니다. 우리나라의 재벌 같은 경우가 여기에 해당된다고 할 것입니다.

그럼, 지금부터는 이야기 속의 기업들처럼 담합을 하는 기업들이 얻게 되는 이익에 대해서 알아보기로 하지요. 담합을 하게 되면 담합에 참가한 기업들은 서로 간의 경쟁을 줄일 수 있으며 그 결과 이윤을 더 많이 얻을 수 있게 됩니다. 이야기 속에서도 지역을 나누어 판매를 함으로써 두 회사는 잠시 동안 더 많은 이윤을 얻게 되는 것을 볼 수 있습니다. 또한 서로의 행동에 대해 의논을 하게 됨으로써 불확실성을 줄일 수 있습니다. 이야기 속에서도 지역을 나눈다든가 가격을 똑같이 내린다든가 하는 의논을 하는 것을 볼 수 있습니다. 즉 두 회사는 서로의 행동에 대해서 알고 있음으로써 상대방 회사의 행동에 대한 불확실성을 줄일 수 있는 것입니다. 바로 이런 이점이 있기 때문에 기업들은 담합을 하게 되는 것입니다.

그런데 기업들이 담합을 꺼리는 이유도 있습니다. 일단 담합이 성립되었다고 해도 언제 그 담합이 깨질지 모른다는 불안감이 담합을 꺼리게 하는 가장 큰 이유라고 할 수 있을 것입니다. 앞 이야기 속에서도 떠떠가 회사의 사장이 자기 회사의 이익을 위해서 먼저 담합을 깨는 것을 볼 수 있습니다. 즉 담합에 참가

한 회사들은 자기 회사의 이익을 위해서라면 언제고 담합을 깰 수 있다는 것이지요.

어쨌든 과점기업들은 무엇보다도 지나친 가격 경쟁을 피하고 일정한 이익을 누리면서 기업을 유지하기 위해 담합을 하는 경우가 많습니다.

덧붙이는 말

앞 이야기에 나오는 담합은 완전한 담합이라고는 볼 수가 없습니다. 완전한 담합, 즉 완전한 카르텔이란 어떤 제품에 대한 가격이나 생산량을 중앙 기구가 결정하게 되는 경우를 뜻합니다. 카르텔에 참가한 회사들 전체의 공동 이익을 가장 크게 하기 위해서지요.

대부분의 나라에서는 이러한 담합을 법으로 금지하고 있습니다. 그 이유는 기업들의 담합은 독점과 거의 비슷한 효과를 가져오기 때문이지요.

다음 문제는 너무 쉽죠?

1) 떠떠가 회사와 달달이 회사가 담합을 한 이유는 무엇이지요?

2) 떠떠가 회사가 담합을 깬 이유를 설명해 보세요.

7

특별하게
이루어지는 가격

토끼의 간과 토끼똥

남의 땅에 농사를 지을 때 치르는 비용

옛날 옛날, 아주 오랜 옛날의 이야기입니다. 사람이라는 동물이 땅 위에 살지 않고 물 속에 살 때의 이야기니까요.

땅 위는 용암으로 덮인 곳이 많아서 아직 숲이나 들판이 별로 없었습니다. 그래서 땅보다는 바닷속에서 사는 동물들이 더 많았습니다. 바닷속에는 먹을 것이 많았거든요. 심지어는 사람들까지도 땅 위에 살지 않고 바닷속에 용궁을 지어 놓고 살 정도였으니 땅 위의 사정이 얼마나 좋지 않았는지 알 수 있을 것입니다.

그때 땅 위에 사는 동물들은 염소, 토끼, 코끼리, 사자, 호랑이 등이었는데, 한때는 공룡이 왕 노릇을 하며 동물나라를 다스린 적도 있었습니다. 하지만 공룡은 워낙 많은 풀이며 나무를 먹어야 살 수 있었습니다.

그런데 먹을 것을 구하기가 힘들어지자 어느 날 갑자기 공룡은 지구에서 사라지고 말았습니다. 지구가 아닌 다른 별로 옮겨 갔다는 얘기가 있긴 하지만 아직까지 확인이 되지 않고 있습니다.

공룡뿐만 아니라 고래도 처음엔 땅에서 살았습니다. 그런데 아무래도 땅 위보다는 바닷속에 먹을 것이 더 많기 때문에 고래들은 하나둘씩 슬그머니 바다로 옮겨가고 말았습니다. 그렇게 몸집이 큰 공룡과 고래가 땅 위에서 없어지자 남은 동물 중에서 몸집이 제일 큰 코끼리가 당연히 왕의 자리를 맡게 되었습니다.

그런데 코끼리도 자신의 큰 덩치에 어울리게 엄청 먹어댑니다. 워낙 먹성이 좋은 코끼리는 풀이 조금이라도 있는 곳이면 이곳저곳을 돌아다니며 마구 뜯어먹어 버립니다.

그러다 보니 몸집도 작고 힘도 약한 토끼는 풀 한 포기 뜯어먹기가 여간 힘들지 않았습니다.

왜냐하면 코끼리 다음으로 사자와 호랑이가 차례대로 먹이를 먹고 나야 토끼의 차례가 돌아오거든요. 참, 그때는 사자와 호랑이도 풀을 먹고 살았답니다.

그러나 사자와 호랑이는 풀만 먹고는 살 수가 없어서 코끼리가 다스리는 곳을 떠나 자신들만의 나라를 세웠습니다. 그리곤 그 나라에서 힘이 약한 다른 동물들을 잡아먹고 사는 육식 동물이 되었답니다.

토끼는 그럴 힘이 없어서 코끼리가 왕인 나라에서 계속 살아야 했습니다. 코끼리로부터 도망을 갔다간 오히려 사자와 호랑이에게 잡아먹힐지도 모르는 일이어서 도망을 갈 처지가 못 되었던 것이지요.

하지만 온 나라의 풀을 코끼리가 거의 다 먹어 버리기 때문에 토끼는 항상 배가 고팠습니다.

그래서 어느 날 토끼는 코끼리에게 사정을 했습니다.

"코끼리 대왕님, 몸집이 작긴 하지만 저도 먹어야 삽니다. 그런데 제가 먹을 풀은 별로 없습니다. 그래서 드리는 말씀인데……."

"무슨 말인고?"

"제게 땅을 조금만 떼어 주시면 제가 직접 풀을 길러 먹겠습니다. 조금이면 됩니다."

"땅을 떼어 달라고? 그렇지만 공짜로는 안 된다. 이건 내 땅이다. 그러니 내 땅에서 풀을 길러 먹으려면 당연히 사용한 값을 내야지. 네가 기른 풀의 10분의 1을 내게 다오."

토끼는 속으론 못마땅했지만 할 수 없이 그렇게 하기로 했습니다. 풀씨는 씨앗을 날리며 다니는 바람에게서 빌려 왔습니다. 나중에 풀이 잘 자라 수확을 거두게 되면 빌린 풀씨에다 풀씨 몇 톨을 더 얹어서 갚기로 했습니다.

바람은 코끼리 왕만을 위해서 일을 합니다. 특히 바람을 일으켜 코끼리를 시원하게 해 주는 임무를 맡고 있었습니다.

토끼는 먹고살기 위해서 풀밭을 열심히 가꾸었습니다. 열심히 일을 한 덕분에 토끼의 풀밭에는 제법 많은 풀이 무성하게 자랐습니다. 겨울을 날 일을 생각해서 토끼는 풀들을 아껴서 뜯어먹었습니다. 가을이 되자 풀을 베어 말려 한겨울을 날 준비를 해야 했습니다.

"이 정도면 코끼리 왕에게서 땅을 빌린 값에다, 풀씨값을 갚고도 겨울 동안 배불리 먹을 수 있겠다."

그러나 그런 기쁨은 잠깐이었습니다. 코끼리가 그 긴 코를 휘저으며 나타나더니 땅을 빌려 준 값말고도 풀의 10분의 3을 더 가져가겠다고 했기 때문입니다.

"코끼리 대왕님, 땅을 빌려 주신 값만 가져가시면 되지, 왜 더 달라고 하십니까?"

"허허, 은혜를 모르는 놈 같으니라고 너는 내가 지켜주지 않았으면 벌써 호랑이나 사자에게 잡아먹혔을 거다. 그래서 넌 내가 널 지켜 준 값을 내놓아야 하는 것이다. 이 나라에 사는 동물은 누구나 세금을 내야 한단 말이다."

토끼는 기가 막혔지만 코끼리 왕이 하는 말이라 어쩔 수가 없었습니다.

가을도 가고 추운 겨울날이 되었습니다. 이것저것 떼어 보내고 나자 남은 풀은 얼마 되지 않았습니다. 겨울을 나기엔 턱없이 부족한 양이었지요.

토끼는 산 아래로 보이는 바다를 쳐다보며 한숨을 쉬었습니다. 그때 토끼의 머릿속에 좋은 생각이 떠올랐습니다.

"세금까지 내곤 정말 살 수가 없어. 그래 나도 고래처럼 바다로 가서 사는 거야. 그 큰 고래도 바다에서 사는데 조그만한 내가 못 살 게 뭐야."

토끼는 한걸음에 달려 바닷가로 갔습니다. 그때 바다에서 온 거북이 한 마리가 목을 움츠렸다 폈다 하면서 토끼를 살펴보고 있었습니다.

"왜 쳐다보는 거야? 토끼 첨 보니?"

"뭐라고? 토끼라고? 방금 네가 토끼라고 그랬니?"

"별 우스운 꼴 다 보겠네. 내가 토끼인 줄은 세상 동물들이 다 아는데 넌 날 모른단 말이야?"

"몰라 봐서 정말 미안하다. 그런데 네가 분명히 토끼란 말이지?"

"그럼, 내 긴 귀를 봐라. 이런 귀는 토끼밖에 가지고 있지 않아."

"맞아. 용궁나라 사람들도 그렇게 말했어. 토끼는 귀가 길다고 말야. 근데 넌 왜 여기 있니?"

"저 바닷속 나라에 가서 살아 볼까 하고……."

"그래? 그거 좋은 생각이다. 내가 데려다 줄게."

"잠깐, 그곳에 가면 내가 뜯어먹을 풀이 많이 있을까?"

"그럼, 그럼! 바닷속엔 풀이 얼마든지 있어. 풀밭도 굉장히 넓단다. 게다가 풀을 먹는 동물들이 별로 없어. 그러니까 바닷속에 가면 넌 평생 동안 배부르게 먹고 살 수 있어."

"그래? 그럼 날 바다로 데려가 줘."

토끼는 거북의 등을 타고 바닷속으로 들어갔습니다. 그곳엔 생전 처음 보는 물고기와 풀들이 많이 있었습니다.

"햐, 저 풀들 좀 봐. 정말 맛있게 생겼다. 저걸 내가 다 먹어도 된단 말이지? 토끼 살판 났다."

그런 생각을 하다 보니 어느덧 용궁에 도착했습니다. 그런데 토끼는 깜짝 놀라고 말았습니다. 두 발로 서서 다니는 용궁나라 사람 하나가 긴 칼을 들고 자신을 노려보고 있었거든요.

"너, 마침 잘 왔어. 우리 용왕님께서 네 간을 잡숴야 병이 낫는다고 하신다. 그러니 어서 간을 꺼내게 배를 내밀어라."

깜짝 놀란 토끼는 거북을 쳐다보았습니다. 거북은 입장이 난처하게 되자 고개를 등껍질 속으로 집어 넣은 채 얼굴을 내밀려고도 하지 않았습니다. 하는 수 없이 토끼는 꾀를 내었습니다.

"제 간은 노리는 자가 많아서 땅 위 제 풀밭 고랑 한구석에 묻어 두고 다닙니다. 저만이 아는 장소이지요. 그러니 배를 갈라 봐야 간은 없답니다. 제 간을 잡수시고 용왕님의 병이 낫기만 한다면 저는 더 이상 바랄 것이 없습니다. 제가 얼른 가서 간을 갖다 드릴 테니, 간을 가지고 돌아오면 이곳에서 풀이나 실컷 먹으면서 살게 해 주십시오."

그 말을 들은 용궁나라 사람은 오히려 토끼를 기특하게 여기고 거북으로 하여금 토끼를 태우고 빨리 땅 위 나라에 다시 다녀오도록 했습니다. 바닷속을 다 빠져 나오는 동안 토끼는 아무 말도 하지 않았습니다. 그러다가 마침내 땅 위에 올라오자마자 한숨을 크게 내쉬더니 거북에게 말했습니다.

"이 멍청한 거북아. 간을 내놓고 토끼가 어떻게 사니? 가서 이렇게 일러라. 토끼에게 속았다고!"

토끼는 깡충깡충 뛰어 산을 올라가면서 계속 거북을 놀려 댔습니다. 거북은 그제서야 아차 속았다 하는 생각을 했지만 이미 때는 늦었습니다. 거북의 걸음으로 토끼를 잡을 수는 없었으니까요.

"아휴, 하마터면 이 토끼님이 돌아가실 뻔했잖아. 코끼리 왕은 최소한 나를 죽이지는 않으니, 땅 빌리는 값에 세금까지 내더라도 그냥 여기서 살아야겠어. 괜히 헛욕심 냈다가 큰일날 뻔했잖아!"

그때부터 토끼는 너무 놀란 나머지 간이 콩알만해지고, 나중엔 똥도 콩알만하게 싸게 되었다고 합니다.

도움말

지대와 세금

앞 이야기는 다음과 같은 것을 말해 주고 있습니다. 그건 토끼가 풀을 가꾸기 위해 치러야 하는 여러 가지 비용에 대한 이야기입니다. 토끼는 땅을 빌리기 위해 값을 치렀습니다. 그것도 하나의 가격입니다. 또 안전과 평화를 위해서 나라에 세금을 냅니다. 말하자면 세금은 안전과 평화를 누리기 위한 대가이지요. 우리들이 살고 있는 세상에는 공짜로 얻을 수 있는 것이 거의 없습니다. 우리는 필요로 하는 상품에 대해서 거의 모두 값을 치러야 합니다.

어떤 물건의 가격이 어떻게 이루어지는지를 알기 위해서는 앞의 내용들을 차근차근 다시 읽어 보세요. 앞 이야기에 나오는 여러 가지 값들도 예외가 아니어서 수요와 공급이라는 시장 원리에 의해서 결정됩니다. 물론 그처럼 「보이지 않는 손」이라는 시장 원리에 의해서 자원의 가격이 결정되는 사회는 자본주의 사회입니다.

❀

이제 앞에 나오는 토끼가 지불했던 것들의 값(가격)에 대한 이야기로 돌아갑시다.

우선 토끼는 땅을 빌리기 위해서 코끼리에게 기른 풀의 10분의 1을 주기로 했습니다. 땅을 빌리기 위해서 지불하는 돈, 즉 토지라는 생산요소의 값을 지대(地代)라고 부릅니다.

이야기 속에서 토끼는 땅에서 풀을 기르는 것을 볼 수 있습니다. 이처럼 땅은 식물을 자라게 해 주기 때문에 가치를 지니게 되는 것입니다.

한편 땅의 소유에 관한 재산으로서의 값은 땅값 혹은 지가(地價)라고 부릅니다. 물론 지대와 지가는 일정한 관계를 가지고 있습니다. 지가가 오르면 지대도 덩달아 오르는 것이 일반 적이지요.

이제 땅이 값을 가지는 것은 무엇 때문인지를 한번 알아보기로 합시다. 전통적인 이론에 따르면 지대가 생기는 이유는 두 가지입니다. 그 첫 번째는 비옥한 땅이 한정되어 있다는 것입니다. 농사를 지을 수 있는 땅이 무한정하게 많다면 지대는 발생하지 않았을 거라는 뜻이지요. 하지만 실제로 땅은 더 이상 늘어나지 않는 자원이기 때문에 지대라는 것이 생겨났다는 것입니다.

두 번째에는 땅에도 수확체감의 법칙이 작용한다는 것입니다. 어떤 기름진 땅에 노동력과 자본을 들이게 되면 그 땅에서 나는 농작물의 생산량은 어느 정도까지는 늘어날 것입니다. 하지만 어느 시점이 지나면 더 이상 늘어나지 않게 됩니다.

앞의 두 가지 이유 때문에 더 많은 식량을 조달하기 위해서는 덜 기름진 땅에까지도 농사를 지어야 되고 그렇게 되면 앞의 더 기름진 땅에 대해서는 지대를 더 줘야만 하는 것입니다.

즉 그 생산량의 차이만큼에 대한 대가를 지불하게 되는 것이지요. 그래서 이 이론을 경제학자들은 차액지대설이라고 부른답니다.

예를 들어 갑의 땅 한 마지기에서는 쌀이 10가마가 나오고, 을의 땅 한 마지기에서는 쌀이 5가마가 나온다고 합시다. 이 경우 갑의 땅과 을의 땅은 수확량에서 볼 때 5가마의 차이가 납니다. 이 경우, 갑의 땅과 을의 땅의 지대 차이는 5가마 값이 되는 것입니다.

이렇게 볼 때 어떤 땅에서 나오는 수확량과 농사를 지을 수 있는 땅 중에서 가장 수확량이 나쁜 땅에서 나오는 수확량의 차이가 바로 지대를 결정하게 됩니다. 땅이 지닌 수확량의 차이가 지대의 차이를 가져온다는 것을 처음으로 주장한 사람은 리카도입니다.

오늘날의 땅은 작물을 생산하는 것에만 쓰일 뿐만 아니라 공장을 짓거나 집 등의 건물을 짓는 데 쓰이기도 합니다. 물론 그런 땅들의 값은 작물의 수확량에 따라 정해지는 것이 아닙니다. 그런 땅들의 값은 수확량이 아닌 그 땅의 다른 특성에 의해 결정될 것입니다.

예를 들면 명동의 땅값이 다른 곳에 비해 비싼 이유는 그곳이 상업지역이라 장사가 잘 되어 이익이 많이 나기 때문입니다. 더구나 명동의 땅은 지구상에 그곳 한 자리밖에 없기 때문에 비싼 것입니다.

물론 시골에 있는 싼 농지에 바퀴를 달아 명동 부근으로 가지고 올 수 있다면 큰 부자가 될 사람이 많을 것도 같은데, 도술이라도 부리지 않는 한 그럴 수도 없는 일이지요.

한편 토끼는 나라의 왕인 코끼리에게 자신이 기른 풀의 10분의 3을 세금으로 주었습니다.

이렇게 국가에 내는 돈을 세금이라고 합니다. 세금은 물건의 가격은 아니지만 한 나라의 국민이면 누구나 지불해야 하는 돈입니다. 토끼가 지불한 여러 가지 비용이나 세금의 양을 보고 여러분들은 적당하다고 생각할 수도 있을 것이고 너무 적다거나, 또는 너무 많다고 생각할 수도 있을 것입니다. 국민이 나라에 내는 세금의 양은 각 나라의 정책에 따라서 달라지는 것이기 때문에 한 마디로 적다, 많다라고 이야기하기는 어려운 문제입니다.

토끼는 세금을 내느니 코끼리가 다스리는 나라를 떠나는 게 낫다는 생각을 하기도 했습니다. 그처럼 세금은 왠지 내고 싶지 않은 돈입니다. 실제로 서양 어느 나라에서 국민들을 상대로 세상에서 가장 싫은 것이 무엇인가를 조사해 보았는데 세금 내는 것이 죽음보다 싫다고 대답한 사람이 더 많았다고 합니다.

하지만 세금은 나라를 움직이는 힘이 되는 돈이기 때문에 한 나라의 국민이라면 누구나 세금을 내야 하는 것입니다. 세금이 없으면 나라는 아무 일도 하지 못하게 되니까요.

나라, 즉 정부가 해야 하는 일에 대해서는 여러 가지 의견이 많습니다. 어느 국가이든 정부만이 할 수 있는 일이 많은 것은 사실입니다. 세금은 정부의 수입원으로 개인이 할 수 없는 여러 가지 일을 하기 위해서 쓰여집니다.

나라를 지키는 일, 나라 안의 질서를 확립하는 일, 국민들의 소득이 균형이 되도록 하는 일, 보호해야 할 산업을 지원하는 일 등이 그것이지요. 이렇게 세금은 나라의 경제에 많은 영향을 미치게 됩니다.

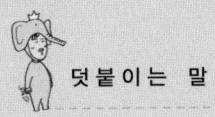

지대는 일을 하지 않고 얻을 수 있는 소득 중의 하나입니다. 우리나라 대부분의 부자들이 땅을 이용해서 소득을 얻는 것도 사실이고요. 마치 진드기가 꽃이나 풀에 붙어서 물을 빨아먹듯이 땅에 붙어서 땅에서 나오는 지대와 땅값의 상승만을 빨아먹고 있는 셈이지요. 땅은 제한되어 있기 때문에 인구가 늘어나면 늘어날수록 땅값이 오르게 되며, 그와 비례해서 지대도 상승하게 되는 것입니다. 그래서 시간이 지날수록 땅을 가진 사람은 가만히 앉아서 부자가 되는 것입니다.

그런데 요즈음 들어 농지의 값은 거의 오르지 않는 데 비해 도시와 도시 주변의 땅값은 무척 많이 올랐습니다. 인구가 폭발적으로 증가한데다 도시로만 모여들게 된 탓이지요. 도시와 도시 주변의 땅은 주택을 짓거나 상가를 짓기 위해 쓰여지고 있습니다. 그 덕분에 도시나 도시 근방에 땅을 가진 사람들은 부자가 되어 본인은 물론 자식들까지도 베짱이처럼 노래만 부르고 있어도 편안하게 살 수가 있는 것입니다. 가만히 앉아 있어도 남들이 땅값을 계속해서 올려 주기 때문이지요.

그런데 땅값은 자연적인 가격 상승뿐만 아니라 땅투기에 의해 많이 오르는 것이 사실입니다.

사실 땅투기는 없어져야 할 범죄 중의 하나입니다.

이제 다음 문제에 대해서 생각해 보세요.

1) 갑이네 논 한 마지기에서는 벼 10가마가 생산되고, 을이네 논 한마지기에서는 벼 7가마가 생산됩니다. 이때 두 논이 가지는 지대의 차이를 벼로 나타내 보세요.

2) 세금은 정말 필요한 것일까요, 없어도 되는 것일까요? 여러분들의 생각을 말해 보세요.

베니스의 상인

돈을 빌릴 때도 값을 치러야 합니다

베니스는 이탈리아 항구 도시로 무척 아름다운 곳입니다. 그곳에 샤일록이라는 사람이 살고 있었는데, 그는 돈을 빌려 주고 비싼 이자를 받는 고리대금업자, 즉 돈놀이꾼이었습니다.

샤일록은 인정이라곤 병아리 눈물만큼도 없는 지독한 사람이어서 빌려 준 돈을 떼이는 법이 없었습니다. 그래서 많은 돈을 모을 수 있었지요.

그때 바사니오라는 사람이 있었는데 결혼을 하기 위해 돈이 필요했습니다. 하지만 가진 돈이 없어 친한 친구인 안토니오와 의논을 한 끝에 샤일록에게 돈을 빌리려 했습니다. 안토니오는 배를 이용해서 외국과 장사를 하는 상인이었지요.

바사니오가 안토니오와 함께 샤일록을 찾아가서 말했습니다.

"샤일록 씨, 돈 좀 빌려 주시오. 삼천 다카트를 3개월 동안 썼으면 하오. 안토니오가 보증을 서는 조건이오."

샤일록은 싸늘하게 웃었습니다. 그건 안토니아가 사람들이 있는 곳에서 샤일록의 욕을 한 것을 알고 있기 때문이었지요. 안토니오는 돈을 빌려 주고 이자를 받는 것이 정당하지 못한 일이라고 생각하는 사람이었거든요.

"안토니오와 난 사이가 무척 좋지 않아요. 그러나……. 흠,

3개월 동안 삼천 다카트를 빌려 준다? 그런데 안토니오의 배는 지금 바다 위에 떠 있단 말이야. 그 배가 무사히 돌아올지 어쩔지는 하늘에 달린 거고……."

그러나 샤일록은 나름대로의 속셈이 있어서 돈을 빌려 주겠다고 했습니다. 얼마 지나지 않으면 장사를 나갔던 안토니오의 배가 상품을 가득 싣고 돌아올 예정이었는데 그 배와 배에 실린 물건을 저당잡는 조건으로 돈을 빌려 주겠다고 한 것이지요.

샤일록은 안토니오가 이자를 받는 것이 정당하지 못하다고 생각하는 것을 미끼로 삼아 이렇게 말했습니다.

"좋소. 돈을 빌려 주겠소. 그 대신 이자는 받지 않겠소. 안토니오 씨, 우리 앞으로 사이좋게 지냅시다. 그걸 기념하는 뜻으로 이런 약속을 하기로 합시다. 다만 이자를 받지 않는 대신 약속한 날까지 돈을 갚지 못하면 당신의 몸 가운데에서 내 마음대로 살을 1파운드 베어 내는 조건을 계약서에 써 넣기로 하는 거요. 어때요, 재미있지 않소? 설령 당신이 약속을 지키지 못한다고 한들 그 살덩이를 베어 내서 내가 무엇에 쓰겠소! 그냥 재미로 그래 보는 거지."

"좋소, 샤일록 씨. 서명하겠소."

사실 안토니오의 배가 싣고 돌아올 물건의 값은 빌리려는 돈과는 비교가 안 될 정도로 많았기 때문에 바사니오는 옆에서 말렸습니다. 하지만 안토니오는 친구인 바사니오를 도와 주고 싶었습니다. 그래서 뜻밖의 제안을 한 샤일록의 말에 아무렇지도 않게 서명을 해 주었습니다.

얼마 후 바사니오는 샤일록에게서 빌린 돈으로 포샤라는 여자와 결혼을 했습니다. 그런데 샤일록과 약속한 3개월이 가까워오던 어느 날 안토니오의 배가 폭풍을 만나 바닷속에 가라앉아 버렸다는 소식이 들려 왔습니다.

그래서 계약서의 약속대로 돈을 갚지 못한 안토니오는 결국 감옥에 갇히게 되었고 마침내는 재판까지 받아야 하는 신세가 되고 말았습니다.

안토니오가 죽을 위험에 처하게 되자 바사니오는 아내 포샤의 도움을 받아 빌린 돈을 가지고 샤일록에게 가서 돈을 갚겠다고 간청하였습니다. 하지만 샤일록은 돈을 받지 않고, 약속을 어겼으니 안토니오의 살 1파운드를 떼어 내겠다고 고집을 부렸습니다.

재판이 열렸을 때 포샤는 아는 변호사를 대신하여 변호사로 변장을 하고 법정으로 달려나갔습니다. 포샤는 샤일록으로 하여금 자비심이 뭔지를 이번 기회에 보여 달라고 설득을 했으나 샤일록은 끝까지 안토니오의 살을 베어 내겠다고 고집을 피웠습니다.

마침내 샤일록은 자신이 재판에서 이겼다고 생각하고 안토니오로부터 살을 떼어 내기 위해 칼을 들었습니다.

그때 포샤가 소리쳤습니다.

"이 계약서에는 살 1파운드라고만 씌어 있소. 그러니 살을 베어 낼 때 안토니오의 피를 한 방울도 흘려선 안 되오."

그러나 피를 흘리지 않고 살을 떼어 낼 방법은 없었습니다. 그래서 결국 샤일록은 재판에서 지고 말았습니다. 뿐만 아니라 사람을 죽이려 했다는 혐의를 받아 오히려 재산까지 몰수당하고 맙니다.

참, 얼마 후 폭풍을 만나 가라앉은 것으로 전해졌던 안토니오의 배가 무사히 항구로 돌아왔다는 소식이 뒤늦게 날아들었습니다.

이자란 무엇일까요?

앞 이야기는 셰익스피어의 유명한 희곡 「베니스의 상인」을 요약한 것입니다. 샤일록은 돈(자본)을 빌려 주는 대가로 이자를 받는 것을 자신의 돈벌이 수단으로 삼고 있는 고리대금업자입니다.

이자를 주고받는 일은 오랜 역사를 지니고 있습니다. 옛날부터 돈을 빌려 주고 이자를 받는 것을 생업으로 하는 사람들은 지독하고 악한 인간으로 그려져 있는 것이 보통입니다. 도스토예프스키의 소설인 『죄와 벌』에서도 주인공인 라스콜리니코프가 고리대금업자인 노파를 죽이는 것을 볼 수 있습니다.

요즈음에도 엄밀하게 따지면 높은 이자를 받는 고리대금업자들이라고 할 수 있는 사채업자들이 있는데, 각종 매체의 광고에 늘 등장하는 '싼 이자, 즉시 대출'이라는 문구가 바로 그런 고리 대금업자들이 아직도 존재한다는 것을 보여 주고 있는 것입니다('싼 이자'라고 하지만 결코 싼 이자도 아니지요!). 물론 은행도 돈을 빌려 주는 일을 합니다. 하지만 적정한 이자만을 받아 그 돈으로 또 여러 가지 일을 하는 합법적인 기업이므로 고리대금업자와는 좀 다르지요.

우리는 돈을 빌린 사람이 돈을 빌린 대가로 지불하는 돈을 이자(利子)라고 합니다. 이야기 속에 나오는 안토니오는 이자를 받는 것을 인정하지 않는 사람입니다. 그래서 샤일록은 돈을 빌려 주고도 이자를 받지 않는 대신 안토니오를 골탕먹일 생각을 한 것입니다.

한편 돈을 빌리는 대가뿐만 아니라 자본으로 살 수 있는 자본재(공장, 기계, 원재료)라는 생산요소의 사용에 대해서 지불하는 돈도 이자라고 합니다. 그러므로 이자는 돈이나 자본재를 사용하는 데 따르는 하나의 가격이라고 할 수 있답니다.

그리고 이자율이란 이자를 빌린 돈이나 자본으로 나눈 수치를 말합니다. 100만 원을 한 달 빌리는 데 이자로 2만원을 주기로 했다면 2만 원 나누기 100만 원 해서 이자율은 2%가 되는 것입니다.

그럼 이렇게 자본에 대해 이자를 줘야만 돈을 빌릴 수 있는 이유는 무엇일까요? 흔히들 이런 말을 합니다. 나중에 100만 원이 있는 것보다 지금 당장 10만 원이 있는 게 차라리 낫다고요. 이 말은 사람들이 당장 손에 쥐고 있는 현금을 미래에 들어올 현금보다 훨씬 더 좋아한다는 것을 보여 주고 있습니다.

사실 돈을 빌려 주는 사람은 당장 쓸 수 있는 돈을 남에게 빌려 주는 것입니다. 이야기 속에서 나오는 샤일록도 당장 쓸 수 있는 돈 삼천 다카트를 바사니오에게 빌려 주고 있습니다.

그러므로 아무런 대가가 없이는 차라리 그 돈을 금고에 넣어 둘 망정 남에게 빌려 주지는 않을 것입니다. 이렇게 보면 이자란 돈을 빌려 주는 입장에서는 당장의 현금(자본) 사용을 포기하는 데에 대한 대가, 즉 시간에 대한 대가라고 볼 수 있을 것입니다. 한편 돈을 빌리는 사람의 처지에서 보면 이자란 지금 당장 현금(자본)을 사용할 수 있는 권리를 빌려 오는 것에 대한 대가라고 볼 수 있을 것입니다.

또 돈을 빌려 주는 데는 위험이 따릅니다. 저당으로 잡은 안토니오의 배는 바다에 가라앉아 돌아오지 않을 수도 있었을 것입니다. 돈을 빌려 주는 사람의 입장에서 볼 때, 빌려 준 돈을 받지 못하는 경우도 생길 수가 있는 거지요. 그런 위험에 대한 대가가 바로 이자인 것입니다. 하지만 이야기 속 샤일록은 그런 위험에 대해 이자를 받지 않는 대신 안토니오의 살을 1파운드 베어 내는 것으로 삼천 다카트의 대가를 받으려 합니다.

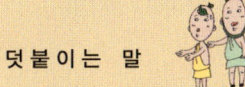

덧붙이는 말

그러면 이자율이 어떻게 결정되는지 살펴볼까요? 자본주의 사회에서는 이자율도 다른 상품들과 마찬가지로 자본에 대한 수요공급의 원리, 즉 보이지 않는 손에 의해서 결정된다고 봅니다. 말하자면 돈을 쓰겠다는 사람이 많으면 이자율이 높고, 돈을 쓰겠다는 사람이 없으면 이자율이 낮다는 거지요.

보이지 않는 손에 의해서, 즉 수요공급의 원리에 의해서 이자율이 결정되는 것이라면 실제로 한 가지라야만 할 것입니다. 그런데 얼핏 보아도 현실 속에서 볼 수 있는 이자율은 너무도 여러 가지여서 정신을 차릴 수가 없을 정도입니다.

일반적으로 은행 이자율은 시장 이자율을 보여 준다고 할 수 있을 것입니다. 물론 우리나라의 은행 이자율은 정책적으로 결정되는 경우가 많기 때문에 엄격하게 시장 이자율과 일치한다고 볼 수는 없지만요. 어째서 이론과는 달리 이렇게 여러 가지의 이자율이 생기는 것일까요?

첫 번째로 이자율은 빌려 주고 받는 돈의 위험도에 따라 달라집니다. 즉 빌려 준 돈을 받을 가능성이 높다면 이자율은 낮아집니다. 반면에 빌려 준 돈을 받을 가능성이 낮다면 이자율은 높아지게 됩니다.

두 번째로 자본의 회수에 대한 기간에 따라서도 이자율이 달라질 것입니다. 대체로 돈을 빌리는 기간이 길어질수록 이자율이 높아질 것입니다. 미래에 대한 불확실성이 높아지기 때문이지요.

세 번째로 특별한 수요가 생기는 경우나 사회 전반에 위기 상황이 높아지는 경우에는 이자율이 높아질 것입니다. 즉 사회 전반의 투자 분위기가 고조되어 투자로 인한 예상수익률이 높아질 경우 이자율은 높아집니다. 왜냐하면 많은 이익을 낼 것이 예상되는 경우, 생산자는 비싼 이자를 치르고라도 돈을 빌려서 투자를 하려고 할 테니까요. 또 전쟁시처럼 미래를 예측할 수 없는 위기에 처해 있을 경우에도 이자율은 높아집니다. 자칫 전쟁 때문에 생각지도 않은 일이 생겨 돈을 못 받을 경우가 생길지도 모르니까요.

네 번째로 지하 경제의 이자율은 시장 이자율보다 높은 것이 보통입니다. 지하 경제의 이자율이란 경제의 표면으로 드러나

지 않는 돈의 흐름을 뜻합니다. 말하자면 사채업자들에게 돈을 빌리는 경우에 물게 되는 이자가 이에 해당됩니다. 이 경우 대개는 시장 이자율보다는 높은 사채(私債) 이자율에 따라 돈을 빌리게 되는 것입니다. 그리고 이런 돈은 땅속으로 스며들어 보이지 않게 됩니다.

다섯 번째로 이자율은 정부의 정책에 따라 달라지기도 합니다.

이제 다음에 대해서 생각해 보세요.

> 1) 먹구는 식당을 차리기 위해서 은행에서 100만 원이라는 돈을 빌렸습니다. 그리고 돈을 빌린 대가로 월 1%의 이자를 지불하기로 했습니다. 먹구가 매달 은행에 지불해야 하는 이자는 얼마이지요?
>
> 2) 샤일록은 이자를 받는 게 정당하다고 생각하고 안토니오는 이자를 받는 게 부당하다고 생각하는 것으로 볼 수 있습니다. 두 사람의 생각에 대한 여러분의 의견을 정리해 보세요.

올챙이 시절을 모르는 개구리

노동 조합과 임금

철이네는 원래 남쪽의 한 시골에서 살았습니다. 철이네는 그곳에서 농사를 짓고 소도 키우며, 가난하기는 했지만 행복하게 살았답니다. 하지만 그 행복도 잠깐이었습니다. 그곳에 대형 축산물 가공 공장이 들어서면서 철이네는 농업 용수를 얻을 수 없게 되어 결국 시골을 떠날 수밖에 없었거든요.

물론 철이 아빠가 축산물 공장에 취직을 할 수도 있었습니다. 하지만 고향에 눌러 살면서 농사를 짓지 못한다는 것은 철이 아빠로선 참을 수 없는 일이어서 아예 고향을 떠나 버린 것이지요.

결국 철이네는 공장들이 많이 들어서 있는 공업도시로 이사를 가게 되었고 철이 아빠는 어떤 회사에 취직을 하게 되었습니다. 그 회사의 이름은 일만해 회사로 쇠를 녹이고 주무르고 깎아서 여러 가지 기계를 만드는 회사입니다. 작게는 고춧가루 빻는 기계 정도에서부터 크게는 쌀방아 찧는 기계에 이르기까지 아주 다양한 종류의 기계를 만들고 있지요. 그렇게 다양한 기계를 만들어 내는 만큼 일하는 노동자의 수도 많고 공장의 규모도 매우 크답니다.

물론 처음부터 그렇게 노동자 수가 많고 공장의 규모가 컸던 것은 아니랍니다. 처음에 철이 아빠가 공장에 들어갔을 때엔 종업원도 많지 않고 공장도 허름한 창고나 다름없을 만큼 보잘 것이 없었습니다. 그런데 사장을 비롯하여 노동자 모두가 세계에서 제일 가는 기계를 만들겠다는 신념으로 똘똘 뭉쳐 열심히 일을 한 덕분에 그렇게 큰 회사가 된 것이랍니다.

그런데 회사의 규모가 커지자 여러 가지 문제가 생기게 되었습니다. 그건 만들어 내는 기계의 종류도 많아지고 거기에 맞춰 노동자의 수가 늘어나면서 생기게 된 문제이지요.

그 가운데 가장 큰 문제는 노동자들의 의견과 사장의 의견이 늘 부딪친다는 것이랍니다. 노동자들은 회사가 어느 정도 발전을 하자 거기에 맞는 보수와 대우를 요구하게 되었습니다. 하지만 사장은 아직 그러한 요구를 들어 줄 수 없다면서 미루기만 하는 것이었어요. 그래서 노동자들은 노동 조합을 만들어 체계적이고 조직적으로 의견을 제시하기로 했습니다.

여기서 잠깐 노동자들이 노동 조합을 만들면서 일만해 주식회사의 사장에게 보낸 제안을 살펴보기로 하지요.

1. 우리 노동자들은 기계가 아니다. 하루 3교대로 8시간 노동을 철저히 지켜라.
2. 작업 중 일어나는 사고에 대해 적절한 치료와 배상을 하라.
3. 지금 받는 임금으로는 평균 4인 가족이 생활하기 힘들다. 생계비가 충분할 정도로 임금을 인상하라.

그러나 노동자들의 이런 주장을 보고 사장은 다음과 같은 내용의 벽보를 회사 담벼락에 붙였습니다.

1. 어느 회사를 보아도 8시간만 일을 하고 3교대를 하는 곳은 없다. 그래서 하루 12시간씩 일을 하는 2교대를 계속 지키겠다.
2. 작업 중 일어나는 사고는 거의가 노동자들이 한눈을 팔다가 일어나는 경우가 많으므로 사고의 전부를 회사가 책임질 수는 없다.
3. 우리 회사의 임금은 다른 회사보다 훨씬 높은 수준이다. 우리 회사 월급으로 4인 가족이 생활하기가 힘들다면 그건 가족들이 사치와 낭비를 하기 때문이다.

노동자들은 회사의 담벼락에 붙어 있는 사장 명의의 벽보를 보고는 피가 거꾸로 솟아올랐습니다. 특히 회사 초창기부터 일해 온 노동자들은 사장에 대해 배신감을 느꼈습니다. 철이 아빠도 예외는 아니었습니다. 게다가 철이 아빠는 노동 조합에서 간부직을 맡고 있었기 때문에 마음이 많이 상하셨습니다. 사장이 철이 아빠를 따로 불러서 노동 조합 운동을 하지 말라면서 계속해서 노동 운동을 하면 해고를 시킬 수도 있다는 말을 했거든요. 하지만 철이 아빠는 사장의 당부에 단호하게 거절을 했습니다. 회사를 그만두게 되는 한이 있어도 노동 운동을 그만둘 수는 없다고 하셨답니다.

"아니 저럴 수가? 사장은 이제 완전히 변했어. 같이 망치 들고 일할 땐 저러지 않았는데. 그런데 이게 뭐야? 개구리가 올챙이 시절을 잊어버린 격이군. 사람 약올리는 것도 아니고 말이야. 사장은 하고 싶은 것 다 하면서, 우릴 이렇게 대접할 수가 있어?"

화가 난 노동자들은 결국 파업에 들어가기로 결정을 내리고 농성에 들어갔습니다. 바로 그 시간에 사장은 골프장에 가기 위해서 외제차를 타고 회사의 뒷문을 빠져 나가고 있었습니다.

"흠, 오늘은 날씨가 참 좋군. 오랜만에 골프채 휘두르며 몸 좀 풀어야겠어. 노동 조합은 무슨 얼어죽을 노동 조합이고, 파업은 무슨 파업이야. 자기네들이 누구 덕분에 먹고사는데 감히 내게 대들어. 에이, 세상이 정말 말세야 말세."

그렇게 말하면서 사장은 외제차의 푹신한 좌석에 몸을 깊숙이 뉘었습니다. 마침 회사의 뒷문에 서 있던 철이 아빠의 눈에 사장의 차가 눈에 들어왔습니다. 철이 아빠의 눈에는 핏발이 서 있었습니다. 해고를 시킬 수도 있다고 말하던 사장의 얼굴이 떠올랐습니다.

하지만 사장은 그런 것엔 아랑곳하지 않고 푹신한 의자에 몸을 기댄 채 눈을 감고 있었습니다. 차는 소리도 없이 스르르 회사 뒷문을 빠져 나가고 있었습니다.

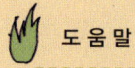 **도움말**

임금의 결정

앞 이야기는 우리 사회에서 흔히 볼 수 있는 실제 현실을 이 야기로 꾸며 본 것입니다.

물론 모든 회사들이 다 그런 것은 아니지만 아직도 많은 회 사들이 이런 상황에서 그다지 크게 벗어나지 못하고 있는 것이 사실이니까요.

우리나라의 노동 운동은 전태일에 의해서 불붙었다고 보아 야 할 것입니다. 전태일이 평화시장에서 일하던 1970년대 당 시의 임금과 작업 조건은 형편이 없었습니다. 그래서 전태일 은 형편없는 임금과 열악한 작업 조건에 항의를 하며 노동자는 기계가 아니며 인간이라고 투쟁을 하다가 자신의 몸에 기름을 끼얹고 불을 붙여 분신 자살을 하고 말았습니다.

그렇게 전태일로 말미암아 불붙은 70년대의 노동 운동은 80 년대와 90년대를 거치며 우리나라 노동자들의 임금과 작업 조 건을 점차로 개선시켰습니다.

봄과 가을이 되면 큰 회사들에선 파업을 하네, 협상을 하네 하면서 노동자와 자본가가 서로 밀고 당기는 모습을 종종 볼 수 있습니다.

그렇다면 어째서 노동자들은 노동 조합을 만들어서 회사 측 과 협상을 벌여야만 하는 것일까요? 그렇게 하지 않으면 임금 을 올릴 수 없으며 작업 조건을 개선할 수가 없는 것일까요?

그것을 알아보기 위해 노동 조합이 없는 경우에는 임금이 어떻게 결정되는지, 그리고 노동 조합이 있는 경우에는 어떻게 결정되는지 각각의 경우를 살펴보기로 합시다.

노동 조합이 없는 경우 임금은 수요공급의 원리에 따라 결정됩니다. 수요공급의 원리에 따라 결정되는 경우 일반적으로 임금은 노동의 수요자인 기업에게 유리한 방향으로 결정됩니다. 기업의 노동에 대한 수요는 노동자를 고용함으로써 기업이 이익을 얻을 수 있는 경우에만 생기기 때문입니다.

이제 이해를 돕기 위해서 노동에 대한 수요곡선과 공급곡선을 통하여 임금이 어떻게 결정되는지 살펴보기로 합시다.

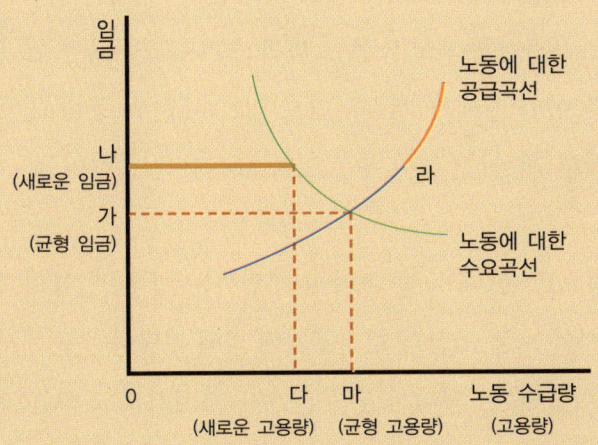

그림에서 보듯이 노동자들은 자신의 노동에 대한 공급자가 되며 노동자 개개인의 노동 공급곡선을 세로로 합치면 시장 전체의 노동 공급곡선이 그려집니다.

그리고 각 기업들이 노동에 대한 수요곡선을 합치면 시장 전체의 노동 수요곡선이 되지요. 이 경우 임금과 고용량은 각각 (가)와 (마)에서 결정됩니다.

이번에는 노동 조합이 개입하는 가장 단순한 경우와 정부가 최저임금제를 실시하는 경우를 살펴보지요. 노동 조합이 있어서 임금을 싸게 할 수 없도록 압력을 넣거나 정부에서 최소한 어느 정도의 임금을 줘야 한다는 최저임금제를 실시하면 수요 공급의 법칙에 의해 정해지는 임금보다 더 높은 수준에서 임금이 결정됩니다. 즉 단체 교섭의 결과나 정부의 최저 임금에 의해서 시장임금보다 높은 임금 (나)를 얻게 됩니다. 그래서 노동의 공급곡선은 굵은 선이 되지요. 아무튼 그 산업의 임금은 일시적으로 올라가게 되고 노동 소득의 크기도 늘어나게 됩니다.

하지만 이런 상태가 계속되면 기업 측에선 노동에 대한 수요곡선상의 한 점인 (다) 수준으로 고용량을 줄이려 할 것입니다.

현실적으로 볼 때 노동 조합이 개입하는 경우, 임금의 인상폭은 회사와 노동 조합의 힘겨루기에 의해 적당한 수준에서 결정되고 있습니다. 왜냐하면 자본가가 가져가려고 하는 몫인 이윤을 어느 정도 줄이느냐에 따라 임금 수준이 달라질 수 있기 때문이지요.

노동자의 임금 투쟁을 뒷받침해 주는 것은 자본주의 경제의 논리가 아니라 사회주의 경제의 논리입니다. 특히 마르크스의 노동가치설은 노동 조합의 결성과 임금 투쟁의 합리적 근거를 마련해 주고 있습니다. 이에 대해서는 나중에 다루게 될 것입니다. 어쨌든 우리나라의 노동 운동은 경제 성장, 그리고 우리의 경제 현실과 맞물려서 그동안 계속 찬반론을 불러일으켰습니다. 하지만 기본적으로 자본가뿐만 아니라 노동자들도 잘 사는 나라를 만들기 위해 노동 운동을 하는 것이기 때문에 사회의 발전에 따라 기업의 노사 관계도 새롭게 자리를 잡아야 할 것입니다.

이제까지 배운 것을 바탕으로 하여 다음 질문에 답해 보세요.

1) 자본주의 사회에서 임금을 결정하는 것은 어떤 원리 입니까?
2) 노동자들이 노동 조합을 결성해서 임금 투쟁을 하는 것에 대한 여러분들의 생각을 말해 보세요.

한방친 선수와 허둥대 선수

유명한 프로야구 선수의 몸값은 왜 비쌀까요?

프로야구단 호랑이수염팀의 한방친 선수는 신인 선수입니다. 그런데 신인 선수치곤 야구에 대한 재능과 실력이 뛰어나 금년 도 경기가 끝나자 수많은 선배 선수들을 물리치고 최우수 선수 로 뽑혔습니다.

야구 전문가들은 한방친 선수 같은 사람은 50년에 한 명 나올까 말까 할 정도라고 기회가 있을 때마다 입에 거품을 물며 칭찬을 아끼지 않았습니다.

하긴 뭐, 한방친 선수의 기록을 보면 누구라도 그럴 만했습니다. 한방친 선수는 다른 기록보다도 특히 타율과 도루의 기록이 좋았습니다. 타율은 4할 5푼 2리로 두 번 나오면 한 번은 안타를 칠 정도이니 거의 세계적인 기록에 해당됩니다. 그리고 도루 성공률 87%의 기록이 말해 주듯이 일단 도루를 했다하면 실패를 거의 하지 않는다고 볼 수 있습니다. 그래서 56게임 연속 도루 성공 기록을 가지고 있을 정도이지요.

그런데 이런 한방친 선수에게 두 가지 고민이 생겼습니다. 고민 중 하나는 내년에도 호랑이수염팀에서 선수 생활을 계속할 것인가, 아니면 곰발바닥팀으로 옮길 것인가 하는 것입니다.

곰발바닥팀에선 호랑이수염팀에서 받는 연봉보다 거의 세 배 이상을 주겠다며 자기 팀으로 와 달라는 제의를 강력하게 해 오고 있거든요. 어찌 보면 행복한 고민이지요.

그런데 다른 고민 하나는 초등학교 때부터 친구인 허둥대 선수 때문에 생긴 것이랍니다. 허둥대 선수도 역시 호랑이수염 팀에 소속되어 있습니다.

프로야구단에 오기 전엔 삼진아웃을 잘 당하긴 해도 어디에서나 주로 4번 타자로 뛰었던 허둥대 선수였습니다. 하지만 프로야구단에 들어온 뒤론 매번 삼진아웃만 당해서 더욱 허둥대다가 시즌 중반 이후부턴 아예 시합에 나가지조차 못하고 말았습니다. 그러다 보니 호랑이수염팀의 구단측에선 허둥대 선수를 내보내기로 했습니다.

하지만 최다 삼진아웃 기록을 가지고 있을 정도로 워낙 성적이 좋지 않은 허둥대 선수인지라 데려가겠다는 구단은 한 군데도 없었습니다.

사실 허둥대 선수가 야구를 하지 못하게 된다면 할 수 있는 일은 청소일밖에 없을 것입니다. 야구말고는 가진 기술이나 지식이 아무것도 없거든요.

한방친 선수는 허둥대 선수와 어려서부터 무척 가깝게 지내서 허둥대 선수를 누구보다도 잘 알았습니다. 그래서 한방친 선수는 허둥대 선수와 떨어지기가 죽도록 싫었습니다. 그리고 금년만 지나면 허둥대 선수도 다시 자기 실력을 찾아 반드시 한몫을 해낼 것이라는 확신이 들기도 했고요. 왜냐하면 허둥

대 선수가 그동안 남몰래 피눈물나는 연습을 했거든요.

그러나 프로야구의 세계는 냉혹하기만 해서 우선 당장 잘하지 못하면 아무도 거들떠보지 않습니다. 오직 눈앞에서 좋은 성적을 내는 선수에게만 찬사를 보내며 연봉을 높게 주면서 서로 데려가려 할 뿐이지요.

그래서 한방친 선수는 고민 끝에 이렇게 마음을 먹었습니다. 최소한 지금 호랑이수염팀에서 받는 것보다는 많은 연봉을 받으면서 아울러 허둥대 선수를 함께 데려갈 구단으로 옮기기로 한 것이지요. 왜냐하면 자신도 성적이 좋지 않으면 언제 허둥대 선수의 신세가 될지 모를 일이니까요.

그러니 인기가 좋을 때 실속도 차리고 친구도 도와 주고 싶다는 결론을 내린 것이랍니다.

경제지대와 전용수입

앞에서 지대에 대한 이야기를 한 적이 있습니다. 여기서 지대 이야기를 한 번 더 하려고 합니다. 이건 땅을 사용하고 내는 지대와는 좀 다른 이야기랍니다. 그렇다고 하면 지대가 프로야구 선수의 몸값과 무슨 상관이 있느냐고요? 글쎄, 이야기를 좀 들어 보고 나면 알게 될 겁니다.

우리가 이미 알고 있다시피 유명한 프로야구 선수나 인기 높은 텔런트 등의 몸값은 어마어마한 액수입니다. 그래서 이번엔 그런 사람들의 몸값은 왜 높은가를 살펴보기로 했습니다.

그런 사람들의 몸값이 경제학과 무슨 관계가 있느냐고요? 자, 차분하게 이야기를 더 들어 보세요. 우리 생활의 대부분은 어떤 식으로든 경제와 연결되어 있으니까요.

요즈음에 와선 지대라는 말은 땅을 빌리는 대가라는 뜻 이외의 다른 뜻으로도 쓰이고 있습니다. 바로 경제지대라고 불리는 것이 그것입니다. 경제지대란 어떤 생산요소의 공급이 고정되어 있을 때 그 생산요소가 얻게 되는 수입을 뜻합니다. 앞 이야기에 나오는 한방친 선수의 경우, 한방친 선수와 같은 탁월한 능력을 가진 선수는 많지 않습니다. 그래서 한방친 선수의 몸값이 엄청나게 비싸다면 그건 바로 경제지대가 크기 때문입니다.

현실 속에서는 공급이 그렇게 완전히 고정되어 있는 경우는 별로 없습니다. 그래서 수입 전체가 경제지대만으로 이루어지는 경우도 별로 없는 것이지요. 대개의 수입은 전용수입(이전수입)과 경제지대로 이루어지게 됩니다.

사람을 두고 볼 때 전용수입이라고 하는 것은 어떤 사람이 현재의 직업에서 다른 직업으로 옮겨가지 않도록 하기 위해 지불해야 하는 보수이고, 경제지대는 그 사람이 받는 총보수에서 전용수입만큼을 뺀 것입니다. 그리고 이것은 사람이 아닌 상품의 경우에도 그대로 적용됩니다.

이제 그림을 보며 생각해 보지요.

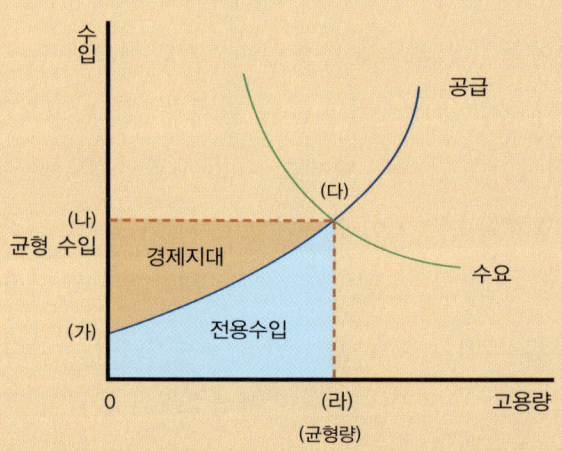

위 그림에서 보면 수요와 공급곡선이 만나는 데서 균형수입과 균형량의 결정됩니다. 공급곡선을 따라가 보지요. 그 곡선은 어떤 사람은 (가)를 받고도 일할 의사가 있고, (나)에 이르기까지 사람들은 공급곡선상의 점에 상당하는 보수를 받으면 일할 의사가 있다는 것을 나타내 주고 있습니다.

그래서 (0 — 가 — 다 — 라)만큼만 지불하면 그 직업을 가진 사람들은 다른 직업으로 옮겨 가지 않을 것인데 바로 (0 — 가 — 다 — 라)가 전용수입인 것입니다. 그런데 현실적으로 시장 가격은 수요곡선과 공급곡선이 만나는 점에서 결정되므로 (나)만큼을 꼭 받아야겠다는 사람을 뺀 나머지 사람들은 공급 가격 이상으로 보수를 받고 있는 셈입니다. 그래서 총수입 (0 — 나 — 다 — 라)에서 전용수입(0 — 가 — 다 — 라) 만큼을 빼고 남은 (가 — 나 — 다)는 경제지대가 되는 것입니다.

만약 허둥대 선수가 야구를 그만두게 되어 청소일을 하게 되면 월 50만 원의 수입을 얻을 수 있게 된다고 합시다. 이 경우, 허둥대 선수는 야구를 해서 최소한 월 50만 원의 수입만 얻을 수 있다면 자신이 좋아하는 야구를 그만두지는 않을 것입니다.

이렇게 현재의 일을 버리고 다른 일을 하지 않도록 하기 위해서 얻을 수 있는 최소한의 수입을 전용수입이라고 하는 것이지요.

이런 예는 우리 주변에서 얼마든지 찾아볼 수 있을 것입니다. 김농사 아저씨는 지금 자신이 가진 땅에 쌀농사를 짓는 경우, 일 년 동안 100만 원의 수입을 얻을 수 있습니다.

하지만 그곳을 집터로 이용하는 경우에는 일 년 동안 500만 원의 수입을 얻을 수 있다고 합시다. 김농사 아저씨가 자신의 땅을 집터로 이용해서 얻게 되는 수입 500만 원 중 100만 원은 쌀농사를 짓는 경우에도 얻을 수 있는 수입으로 전용수입이 되는 것입니다. 그리고 나머지 400만 원은 경제지대가 되는 것이지요.

앞 이야기에서 우리는 한방친 선수의 우정이 돋보이는 것을 볼 수 있습니다. 그리고 한방친 선수의 몸값이 비싼 이유는 한방친 선수처럼 능력이 있는 선수가 많지 않기 때문이라는 것도 알았습니다. 물론 이런 일은 야구에서만 볼 수 있는 것이 아닙니다. 유명한 연예인의 경우도 마찬가지인 것입니다. 요즈음 인기를 얻고 있는 탤런트나 배우들의 소식을 듣자면 영화나 연속극 출연료가 몇 억 원이니 몇 십억 원이니 하는데 이것도 다 경제지대 때문이지요.

그러나 유명 선수와 유명 연예인들은 사실 자기 직업이 아닌 곳에서 그만큼 많은 보수를 받기가 힘들어 이들이 다른 직업으로 옮겨 가는 걸 막기 위해 지불해야 하는 전용수입은 그리 많지 않습니다. 그런데도 이들의 보수가 엄청나게 높은 까닭은 그런 능력을 가진 사람은 많지 않은 데 비해 그들에 대한 수요는 많아서입니다. 따라서 유명 선수와 유명 연예인들의 높은 몸값은 수요가 많은 것에 따른 경제지대라고 할 수 있을 것입니다.

그럼 유명 선수나 유명 연예인 몸값만 비싼 것일까요? 물론 그렇지는 않습니다. 꼭 유명 선수나 유명 연예인이 아니더라도 남다른 능력을 가진 사람의 수입은 높아지게 마련인 것이지요. 아주 맛이 좋은 음식을 만드는 특별한 비법을 가진 요리사가 있을 때 그 요리사를 여기저기서 데려가려고 합니다. 그런 경우 그 요리사의 몸값은 상당히 오르게 됩니다.

땅도 마찬가지입니다. 경치가 아주 빼어나다거나 그 사용 가치가 높은 땅의 경우 다른 땅에 비해서 턱없이 값이 비싼 것도 다 마찬가지입니다. 가게나 사업체도 마찬가지입니다. 즉 독특한 능력이나 개성을 가진 생산요소의 경제지대는 시장 원리와는 상관 없이 값이 오른다는 것이지요.

아무튼 그런 사람들이 많은 수입을 올리는 것은 특별한 능력이나 개성을 가졌기 때문인데요, 여러분들도 그런 사람들처럼 많은 수입을 올리고 싶나요? 글쎄, 경쟁을 부추기는 것 같아 별로 바람직하다고는 생각되지는 않지만, 그러기 위해서는 남이 가지지 못한 능력을 갖추거나 개성을 갖추어야 하겠지요.

하지만 그렇게 이름을 날리는 야구선수나 탤런트보다는 아무 말 없이 열심히 자신의 일을 하며 사는 평범한 노동자나 농민들이 나라 경제에 더 보탬이 되는 게 사실이랍니다.

이제 다음 문제들이 쉽게 풀릴 거예요.

1) 우정이는 회사에서 경리를 담당하고 있는 아가씨입니다. 경리 사원으로 일하면서 우정이는 50만 원의 월급을 받고 있습니다. 그런데 우정이는 만화를 그리는 데 재질이 있습니다. 그래서 만화를 그리는 직장으로 자리를 옮기게 되면 70만 원을 받을 수 있습니다. 직장을 옮길 경우 우정이의 전용수입과 경제

지대는 각각 얼마인지요?

2) 앞 이야기에서 허둥대 선수가 현재의 구단에서 받고
있는 연봉은 3,000만 원이며 청소원으로 일할 경우
에 받는 연봉은 1,200만 원이라고 합시다. 그럴 경우
허둥대 선수의 전용수입과 경제지대는 각각 얼마일
까요?

수지의 가을

시장이 효율적인 자원 배분에 실패하는 이유

유난히도 하늘이 파란 어느 가을날이었습니다. 벌써 나무들은 노랗게 물들기 시작했고 아침 저녁으로는 찬바람이 불었습니다. 수지네 집 뜰 감나무에는 감이 빨갛게 익어가고 있었습니다.

하지만 파란 하늘과는 달리 수지네 집 식구들의 얼굴에는 근심이 서려 있었습니다. 얼마 전부터 시름시름 앓기 시작한 수지가 이제는 아예 자리에 누워만 있게 되어 버렸거든요.

여름이 끝나 갈 무렵이었습니다. 어느 날 아침, 수지는 자리에서 일어나지 못하고 끙끙댔습니다. 아무리 몸을 일으키려 해도 마음대로 되지 않았습니다.

"우리 수지, 아직 안 일어났니?"

수지를 깨우러 온 어머니는 수지의 얼굴이 붉게 달아올라 있는 것을 보고 이마를 짚어 보았습니다. 수지의 온몸은 불덩이처럼 뜨거웠습니다.

"아니, 이게 웬일이냐? 그래서 네가 일어나지를 못하고 있었구나."

그날 아침 어머니의 부축을 받고 겨우 자리에서 일어나 어머니가 만들어 준 죽을 먹은 뒤 수지는 학교에도 가지 못한 채 누워 있어야만 했습니다. 오후에 어머니가 갖다 준 약을 먹고서

야 수지의 열은 조금 내렸습니다. 그렇지만 자리를 박차고 일
어날 정도는 되지 못했습니다.

그렇게 이틀이 지났습니다. 아무래도 단순한 열병이 아니라
고 생각한 어머니는 수지를 병원으로 데리고 갔습니다. 병원
에서는 여러 가지 검사를 해 보았으나 병명을 밝혀 내지는 못
했습니다.

결국 수지는 병원에 입원을 해야만 했습니다. 열은 계속 오
르내렸고, 수지의 몸은 점점 말라 갔습니다.

가을이 가고 겨울이 돌아올 무렵이 되자 수지의 포동포동하
던 모습은 어디론가 사라져 버렸습니다. 이제는 겨울 나무처
럼 뼈만 남은 채 병상에 누워 있는 모습이 수지의 모습이 되고
말았습니다. 그러나 아무도 수지의 병이 무엇인지를 알아 내

지 못했습니다.

수지 아버지는 수지를 위해서 아무것도 해 주지 못하는 자신이 너무도 미웠습니다. 그저 수지의 모습을 지켜 보고 있는 것 이외에는 시름시름 앓고 있는 수지를 위해서 해 줄 수 있는 일이 아무것도 없었습니다.

그러던 어느 날이었습니다. 수지 아버지의 발걸음이 평소에 수지가 자주 가서 놀던 숲으로 향했습니다. 왠지 딸이 가서 놀던 곳에 가 보고 싶었던 것이지요. 숲에는 떨어진 나뭇잎들이 말라 비틀어진 채 뒹굴고 있어서 스산한 모습이었습니다. 숲속의 연못가에 앉아서 아버지는 수지의 이름을 부르며 얼굴을 감싼 채 소리없이 울었습니다.

그때였습니다. 코를 자극하는 냄새가 나는 것 같았습니다. 처음에는 대수롭지 않게 여겼는데 냄새가 계속해서 풍겨 왔습니다. 수지 아버지는 이게 무슨 냄새일까, 하고 코를 킁킁거리며 냄새를 맡아 보았습니다. 마침내 수지 아버지는 그 냄새가 연못물에서 난다는 것을 알게 되었습니다. 갑자기 이상한 느낌이 들었습니다. 혹시…….

그 길로 집으로 돌아온 수지 아버지는 빈 병 한 개를 가지고 가서 연못물을 퍼담았습니다.

그리고 그 연못에 이어진 작은 개울을 따라가 보았습니다. 개울은 점점 커져서 옆마을까지 이어지고 있었고 그곳에서 냇물은 다른 곳에서 오는 냇물과 합쳐져서 넓어졌습니다. 수지 아버지는 냄새가 나는 냇물을 따라 발걸음을 옮겼습니다.

냇물은 옆마을의 돈만 주식회사로 이어지고 있었습니다.

바로 그곳이었습니다. 그 고약한 냄새를 풍기는 물은 먹골 마을에 있는 돈만 주식회사로부터 버려지는 폐수에서 나와 냇물과 섞인 채 흘러내려가고 있었던 것입니다. 수지 아버지는 그곳의 물을 또 한 병 퍼담았습니다.

그리곤 두 병의 물을 화학 약품 검사 연구소에 보내 검사를 의뢰하였습니다. 검사 결과 그 물에는 벤젠과 페놀이 잔뜩 들어 있다는 것이 밝혀졌습니다. 이번에는 병원에 그 사실을 알렸습니다. 의사들은 벤젠과 페놀이 수지의 몸에 이상을 일으킨 것이 아닌가를 조사했습니다. 결국 수지의 몸에 나는 열이 그런 화학 약품 때문이라는 결론을 얻게 되었습니다. 그런데 어째서 이런 일이 생겨나게 된 것일까요?

그러니까 이건 수지의 병이 들기 2년 전쯤의 일입니다. 수지가 사는 마을의 옆마을인 먹골 마을에서는 새로 화학 약품 공장이 들어선다고 해서 한창 축제 분위기에 싸여 있었습니다. 먹골마을은 먹을 것이 흔한 마을이라고 해서 붙여진 이름이지요.

"자, 자, 조용히 합시다. 지금부터 돈만 주식회사 사장님의 인사 말씀이 있겠습니다."

장나서 이장의 소개말이 있자 먹골 마을 사람들은 들고 있던 맥주잔과 막걸리잔을 내려놓고 박수를 쳤습니다.

"안녕하십니까? 방금 소개받은 돈만 주식회사의 사장 김돈만이올시다. 여러 어르신들을 모시고 이렇게 공장의 준공식을 갖게 되어서 정말 영광입니다. 앞으로 저희 회사에서는 처음에 약속했던 대로 여러분들을 모두 직원으로 채용하여 살맛 나는 마을을 만들기 위해 노력하겠습니다. 여러분들께서 농사를 지으실 때보다 훨씬 더 많은 소득을 보장함은 물론이며 마을도 눈에 띄게 발전하게 될 것입니다. 아무튼 감사합니다. 마음껏 드시고 즐겁게 노십시오.”

“돈만 주식회사의 발전을 위해서 우리 건배합시다. 건배!”

“건배!”

“위하여!”

그날 먹골 마을 사람들은 모두 꿈과 희망에 부풀어 돈만 주식회사의 공장 준공식을 축하했습니다. 돈만 주식회사는 약속했던 대로 마을 사람들을 공장의 일꾼으로 쓰기 시작했고, 마을 사람들은 하나둘 농사일을 그만두고 돈만 주식회사의 월급쟁이가 되어 갔습니다. 그 지긋지긋한 농사일을 집어 치우고 어엿한 월급쟁이가 된 것이지요. 생각했던 대로 마을은 발전하기 시작했습니다. 전에 없던 커다란 가게들과 다방, 그리고 술집도 들어섰습니다. 외지 사람들이 많이 들락거리게 되었기 때문이지요.

그런데 공장이 들어선 지 2년이 가까워질 무렵의 일이었습니다. 마을에서 기르던 개와 돼지들이 하나둘씩 죽어 가기 시작했습니다. 특별히 유행병이 돈 것도 아니어서 처음에는 어쩌다 그러려니 하고 생각을 했습니다. 하지만 문제는 그것뿐만이 아니었습니다. 집집마다 우물에서 악취가 나기 시작했습니다. 그 물을 마시면 몸이 마비가 되기도 하고 구토가 나거나 열이 났습니다. 알 수 없는 일이었습니다.

　하지만 그 원인은 곧 밝혀졌습니다. 돈만 주식회사의 공장에서 나온 폐수가 먹골 마을 곁을 흐르는 시냇물에 그대로 흘러들었기 때문이었습니다. 돈만 주식회사는 생산량이 늘어나 공장의 폐수가 넘치게 되자 그걸 그대로 시냇물에 버렸습니다. 폐수 정화 시설이 공장의 폐수를 미처 감당할 수 없게 되었던 것입니다. 그래서 결국 땅속으로 스며든 폐수는 먹골 마을의 우물 속까지 스며들게 되었던 것이지요.

　먹골 마을 사람들은 소동을 벌였지만 이미 손을 댈 수 없을 정도로 지하수와 냇물은 오염이 되어 있었습니다. 그 시냇물로는 농사도 짓지 못할 정도가 되어 버렸으니까요. 게다가 뒤늦게서야 먹골 마을 사람들은 돈만 주식회사에서 만드는 화학 제품이 선진국에서는 공해를 일으킨다고 해서 만들지조차 않는 물건이라는 것을 알게 되었습니다. 그런 걸 알고 있기 때문에 김돈만 사장은 공해 업소에 대한 반발이 심한 도시 주변에 공장을 세우지 못했던 것입니다. 그래서 아직 세상 물정이 어둡고 싼 노동력을 이용할 수 있는 먹골 마을을 골라 공장을 세웠던 것입니다. 덕분에 돈만 주식회사는 2년 만에 아주 많은 이익을 내는 회사로 급성장을 하게 되었구요.

　마침내 먹골 마을은 먹을 것이 많은 마을이 아니라 먹물처럼 검게 죽은 물이 흐르는 마을이 되고 말았던 것입니다. 그리고 그 피해는 먹골 마을뿐만 아니라 옆마을인 수지네 마을에까지 미쳤던 것입니다. 수지는 시냇물이 모여 연못을 이루고 있는 작은 숲에서 놀기를 좋아했거든요. 그래서 폐수에 들어 있는 화학 약품에서 직접 피해를 입게 되었던 것이랍니다. 게다가 땅속으로 스며든 물이 결국은 수지네 집 우물까지 오염을 시키게 되었고요.

　수지의 가을은 어둡기만 했습니다.

도움말

시장 경제의 허점

　앞에서 우리는 완전경쟁시장(보이지 않는 손)이 자원의 가격을 가장 바람직하게 결정해준다는 것을 보았습니다. 사실 경제학이 바라는 시장은 완전경쟁시장이며 물건값이 아무런 장애물 없이 완전경쟁에 의해서 이루어진다면 세상 사람들이 느끼는 만족감의 합계는 최대가 될 것입니다.

　완전경쟁시장이 존재한다면 생산된 자원을 양과 질, 그리고 종류 면에서 사회 구성원 모두에게 공평하고 효율적으로 배분할 것입니다. 이처럼 완전경쟁시장을 통해서 다른 어떤 방법으로도 사회 구성원 전체의 만족감(이득)을 더 이상 증가시킬 수 없을 정도로 자원 배분이 잘 된 상태를 파레토 최적이라고 합니다.

　그러나 실제로는 완전경쟁시장이 거의 존재하지 않으며, 현실 속의 시장은 대부분이 불완전경쟁시장의 형태를 띠고 있기 때문에 불완전경쟁시장은 자원을 효율적으로 배분하지 못합니다.

그런데 불완전경쟁시장 말고도 시장이 효율적인 자원배분에 실패하는 이유는 몇 가지 더 있습니다. 바로 다음과 같은 경우가 그것입니다.

❀

첫 번째로 외부효과가 그것입니다. 외부효과는 시장의 가격원리를 벗어나 시장 밖에서 이루어지는 것으로 외부경제와 외부불경제가 있습니다. 먼저 외부불경제에 대해서 이야기해 보기로 하지요. 앞 이야기에서 나오는 돈만 주식회사의 제품이 바로 그 예가 될 것입니다.

예를 들어 돈만 주식회사에서 만들어 내는 갑제품의 원가가 개당 100원이라고 합시다. 이 원가에는 돈만 주식회사가 만들어 내는 폐수에 대한 폐수 처리 비용이나 보상금이 포함되어 있지 않습니다. 즉 폐수를 처리하지 않고 그냥 버리기 때문에 먹골 마을과 수지네 마을까지도 피해를 입고 있지만 그로 인해 발생하는 피해를 없애기 위한 비용이 원가에 포함되어 있지 않다는 것이지요. 원가에 포함되지 않았으니 가격에도 포함되지 않는 것은 물론이지요. 즉 시장은 공해로 인한 비용을 포함하지 않기 때문에 제품의 가격을 너무 낮게 결정하게 되며 그로 인해 공해 비용을 포함하여 값이 제대로 결정되었을 때보다 많은 물건을 생산하게 되는 것입니다.

하지만 그로 인해 피해를 보는 사람은 바로 먹골 마을 주민들과 수지네 마을 주민들이며 그들은 돈만 주식회사의 물건을 사고팔지도 않았는데도 외부불경제를 당하고 있는 것입니다.

외부불경제란 이처럼 어떤 일과 직접 관계가 없는 단체나 사람이 시장 기구를 통하지 않고(값을 받지도 못한 채) 피해를 보게 되는 것을 뜻합니다.

한편 외부경제란 어떤 일과 직접 관계가 없는 단체나 사람이 그 일로 인해 시장 기구를 통하지 않고 이익을 보게 되는 것을 뜻합니다. 예를 들어 과수원을 하는 사람과 양봉을 하는 사람이 있다고 합시다. 과수원에 꽃이 활짝 피게 되면 그들은 서로 득을 보게 됩니다. 무슨 득을 보느냐고요? 양봉업자는 꿀을 얻게 되어 좋을 것이고 과수원업자들은 벌들이 꽃을 수정해 주어 열매를 맺게 해주니까 좋을 것입니다(이런 경우 우리 말에 좋은 표현이 있지요. 누이 좋고 매부 좋다). 이렇게 직접 관계가 없는 사람이 시장 기구를 통하지 않고(값을 치르지 않고) 이익을 보게 되는 경우를 외부경제라고 합니다. 즉 당사자들은 아무런 대가(가격)를 치르지 않고 득을 보게 되는 것이지요. 이런 상품들의 가격은 외부경제로 얻는 이익을 가격에 포함시키지 못하고 있는 셈입니다.

두 번째로 들 수 있는 것이 공공재입니다. 139쪽에서도 공공재에 대해 잠깐 이야기를 한 적이 있지만 공공재는 대가를 치르지 않고 사용할 수 있는 재화나 용역을 뜻합니다. 즉 국가나 사회에서 공짜로 주는 것이지요. 물론 국가나 사회는 이러한 공공재의 대가를 국민이 낸 세금으로 치르는 것이 대부분입니다. 하지만 이러한 공공재는 공짜로 주어지기 때문에 보이지 않는 손에 의해서 가격이 결정되지 않는 한 예가 될 것입니다. 도로라든가 공원이라든가 하는 것들이 그 예가 될 수 있습니다. 실제로 공짜인 도로나 공원이 우리들에게 주는 효용은 값으로 따질 수 없을 만큼 큽니다. 그러므로 공공재는 공짜로 쓸 수 있는 점에서 시장이 그 가격의 결정을 제대로 하지 못한 경우라고 볼 수 있을 것입니다.

세 번째로 들 수 있는 것이 소득 분배가 불공평하다는 점입니다. 완전경쟁시장에서의 가격 결정은 공급자와 구매력(어떤 물건을 살 수 있는 능력)을 가진 사람에 의해서 이루어집니다. 종종 시장에서의 가격의 결정 과정은 투표를 하는 일로 비유되기도 합니다. 사고자 하는 사람이 어떤 상품이 필요한지 필요하지 않은지, 그리고 그 가격은 얼마쯤이면 사겠는지를 투표한다는 것이지요. 하지만 실제로 자본주의 사회에서는 빈부의 차가 많이 나기 때문에 구매력을 가지지 못한 수요자의 수요는 가격 결정에 전혀 영향을 미치지 못하게 됩니다.

다시 말해서 돈이 없는 사람은 아예 투표권 자체를 가지지 못하게 되며 가격에 아무런 영향을 미치지 못하게 되는 것이지요.

그런데 시장 가격은 모든 국민들이 시장 가격에 대한 투표권을 가졌을 경우에만 바람직하게 결정이 됩니다. 그렇지 못한 경우 시장은 바람직한 가격의 결정에 실패하게 되는 것입니다.

언젠가 신문에 영양 실조로 굶어 죽은 대학생에 대한 기사가 보도된 적이 있는데, 그러한 상황과는 아랑곳없이 사회의 다른 곳에선 외국산 수입 가구가 한 개당 수천만 원에 거래되고 있는 현실을 볼 수 있습니다. 그런데 그 가구의 가격은 분명 시장경제를 통해서 결정된 것입니다. 사실 많은 국민들은 그 가구의 가격이 적당하다고 생각하지 않습니다. 이처럼 불공평한 소득 분배 때문에 시장경제는 물건값이 바람직하지 못한 방향으로 이끌게 된다는 것입니다.

또, 시장에 대한 정보가 불확실한 점을 들 수 있습니다. 예를 들면 어떤 곳에서는 미장이 일을 하는 사람에게 일당 5만 원을 주는데, 다른 곳에서는 일당 10만 원을 주고 있다고 합시다. 하지만 일당 5만 원을 받고 있는 미장이는 어떤 곳에서 10만 원을 주는지 잘 알지 못하며 심지어는 10만 원을 주는 곳이 있다는 것조차도 알지 못할 수도 있습니다.

모든 사람이 모든 상품에 대한 정보를 알고 있다면 이런 일은 없을 것입니다. 하지만 실제로 이런 정보들이 불충분하기 때문에 가격은 바람직하지 못하게 결정되기도 하는 것입니다.

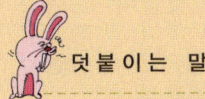

덧붙이는 말

앞에서 우리는 외부효과에 대한 이야기를 했습니다. 외부경제의 경우 이익을 받게 되는 것이므로 사실 큰 사회적 문제가 될 수는 없을 것입니다. 하지만 외부불경제의 경우 피해를 받는 당사자들이 있기 때문에 문제가 되는 것입니다. 결국 물건의 시장 가격에도 반영되지 않는 피해액이나 보상액을 누가 부담하느냐 하는 것이 문제가 될 것입니다. 1990년대에 일어났던 대구의 페놀 오염 사건이 바로 그 현실적인 예가 될 것입니다.

이런 경우, 그 외부불경제를 만드는 재화의 가격에는 그 피해액이나 보상액이 포함되는 것이 마땅할 것입니다. 앞 이야기에 나오는 수지와 먹골 마을 사람들의 피해는 당연히 돈만주식회사가 부담해야 할 것입니다. 만약 그 비용 부담으로 인해 그 제품을 만드는 회사가 이익을 내지 못하게 된다면 그 회사는 문을 닫게 될지도 모릅니다. 그렇지만 공해를 만드는 회사가 없어진다는 것은 공해 산업을 추방한다는 처지에서 보면 바람직한 일이 아닐 수 없습니다.

그리고 이런 일은 개인적인 차원에서 이루어지기는 힘이 드므로 정부에서 공해를 방지하기 위한 여러 가지 대책을 만들어 철저하게 대처해야 할 것입니다. 공기나 강물이 오염되었다고 해서 그 피해를 끼친 사람들과 그 피해를 입은 사람들을 모두 조사해 피해를 밝혀 그 금액을 청구할 수는 없을 것입니다. 따라서 이런 일은 정부 차원에서의 대책이 필요한 것입니다. 예를 들면 기준량 이상의 공해를 만드는 차량이나 강에 오염물을 버리는 기업에 벌금을 부과하는 것이 바로 그것입니다.

참, 외부효과는 비단 경제적인 일에만 국한되는 것은 아닙니다. 시장을 통해 얻어진 것이 아닌 시장 밖에서 대가를 치르지 않고 얻어진 불쾌감이나 쾌감 같은 것들도 모두 외부효과로 볼 수 있답니다. 예를 들면 옆집에 핀 꽃향기를 맡으며 즐거워하는 것도 외부경제로 볼 수 있답니다. 또 붐비는 지하철 속에서 구린 방귀 냄새와 입냄새를 맡으며 불쾌해하는 것은 외부불경제랍니다. 이렇게 보면 우리는 너무도 많은 외부효과 속에서 살고 있는 셈이지요?

이제 다음 문제들에 대해서 생각해 보세요.

1) 집 옆이 환경 보존 지구가 되어서 공기가 아주 좋아졌습니다. 이것도 외부경제라고 할 수 있을까요?

2) 올해는 시에서 소독약을 많이 뿌린 덕분에 모기가 별로 없는 여름을 보냈습니다. 이때 시에서 뿌린 소독약을 우리는 무슨 재화라고 부르나요?

3) 올해 배꼽 패션이 유행했습니다. 배꼽 패션에 대해 어떤 사람들은 눈살을 찌푸리며 불쾌해했지만 또 다른 사람들은 시원하고 보기에도 좋다고 했습니다. 이런 경우 배꼽 패션이 사람들에게 주는 느낌도 외부 불경제와 외부경제라고 할 수 있을까요?

4) '한 마을'이라는 식당을 경영하던 복돌이라는 사람이 있었는데, 그 식당은 그다지 장사가 잘 되는 편이 아니었습니다. 그런데 그 마을이 관광 지역으로 개

발이 되면서 장사가 무척 잘 되었습니다. 이런 경우 관광지 개발로 인해 복돌이가 경영하는 식당이 장사가 잘 되는 것도 외부경제라고 볼 수 있을까요?

5) 장티푸스에 걸린 사람과 식사를 같이 한 사람이 장티푸스에 걸렸습니다. 이 사람이 장티푸스에 걸린 것을 외부불경제라고 할 수 있나요?

6) 사무실 안에서 담배를 피우는 사람은 담배를 피우지 않는 사람에게 피해를 줍니다. 이런 경우 담배를 피우지 않는 사람이 받는 피해를 경제학에서는 무엇이라고 하나요?

8

조개돈과 옥돌돈

돈은 왜 생겨났을까요?

"여보! 빨리 일어나세요. 해가 나왔어요. 비가 그쳤다니까
요!"

조개표의 아내 소금이는 잠자는 남편을 깨우느라 수선을 피
워 댔습니다.

"뭐라고? 해가 나왔다고? 해는 뭐하러 나와. 잠자기 딱 좋게
비나 좀 더 오지……, 어휴, 졸려."

"아니, 비온다는 핑계로 요 며칠째 밤낮으로 자고선 뭐가 또
부족하다고 그러세요. 빨리 일어나세요. 빨리 일어나지 않으
면 얼굴에다 소금을 뿌려 버릴 거예요."

"알았어요, 알았다고요. 내 참, 마누라 등쌀에 잠 한번 편히
못 자."

아내 소금이가 남편 조개표를 그렇게 몰아붙이듯 깨우는 데
는 다 그럴 만한 이유가 있었습니다. 조개표와 소금이는 바닷
가에서 고기도 잡고 소금도 만들며 살고 있었습니다. 그래서
쌀을 비롯한 농작물을 구하기 위해서는 말린 고기나 소금을 가
지고 가서 바꿔 와야 합니다.

그런데 이번에 바꿔 오려는 물건은 좀 귀한 것이었습니다.
얼마 전에 아내 소금이는 아이를 낳아 엄마가 되었습니다.

하지만 소금이는 젖이 잘 나오지 않아서 쩔쩔매고 있었습니다.

그래서 조개표는 젖이 잘 나오는 염소 한 마리를 사서 아이에게 염소젖을 짜 먹일 생각이었습니다. 하지만 소금을 필요로 하는 염소 주인을 찾기란 쉬운 일이 아니었습니다. 결국 지난번 장날에도 두 번이나 허탕을 치고 돌아왔거든요. 지금 필요한 것은 염소뿐만이 아니었습니다. 곡식도 필요했습니다. 그런데 장마가 드는 통에 쏟아지는 빗속으로 소금 보따리를 지고 갈 수가 없어 아예 장에 가지도 못했던 것입니다. 비를 맞으면 소금은 녹아 버리니까요.

비가 며칠만 더 오면 쌀독엔 쌀이 거의 남지 않게 됩니다. 게다가 그들 부부가 사는 곳은 외딴 바닷가여서 이웃도 없었습니다. 그래서 소금이는 햇볕이 난 것을 보자마자 남편을 깨운 것이지요.

"에잇 참. 꼭 물건을 지고 가서 서로 필요로 하는 물건을 가진 사람을 찾아 맞바꾸어야 하니 정말 불편하군."

"어쩔 수가 없잖아요? 다른 사람들도 다 그렇게 사는데."

"무슨 좋은 방법이 있을 듯도 한데."

"그런 궁리 하지 마시고, 빨리 장에나 다녀오세요."

하지만 그날 장에 간 조개표의 손에는 곡식만 들려 있었을 뿐 소금이가 가다리는 염소를 끌고 오지는 못했습니다.

"무슨 좋은 방법이 없을까?"

이렇게 물물 교환을 하는 데 불편을 느끼는 사람은 조개표뿐만이 아니었습니다. 시간이 흐르면서 장터 마을 사람들은 근

처에 있는 농촌 마을과 바닷가 마을의 사람들을 모아 놓고 의
논을 하게 되었습니다. 물물 교환을 하는 불편을 없애기 위해
서 무언가 물건을 대신할 수 있는 표시를 만들자는 것이었지
요. 그 결과 만들어진 것이 조개돈과 옥돌돈이었습니다.

　조개돈과 옥돌돈이 무엇이냐고요? 조개돈은 바닷가 마을 사
람들이 생각해 낸 것으로 많이 잡히지 않는 귀한 조개에 마을
촌장이 자기 마을을 나타내는 무늬를 새긴 것이랍니다. 그리
고 옥돌돈은 농촌 마을 사람들이 생각해 낸 것으로 그 마을 뒷
산에서 나는 녹색의 예쁜 옥돌을 깎아서 가운데에다 역시 마을
촌장이 자기 마을을 뜻하는 무늬를 새긴 것이랍니다.

장터 마을의 객줏집에서 바닷가 마을 사람들이 일정한 양의 생선이나 소금을 가지고 오면 그 증표로 조개돈을 주도록 약속을 했던 것이지요. 예를 들어 조개표가 소금 한 말을 가지고 가면 커다란 조개돈 하나를 줍니다. 소금 반 말을 가지고 가면 좀 작은 조개돈 하나를 줍니다.

마찬가지로 농촌 마을 사람들이 곡식이나 짐승을 가지고 오면 그 증표로 옥돌돈을 주기로 약속을 했던 것이지요. 객줏집에선 그런 수고를 하는 대가로 소금이나 쌀 한 말당 한 홉 정도를 따로 받았습니다. 그러나 두 마을 사람들은 그동안 겪었던 불편을 생각하면 그 정도의 대가는 전혀 아깝지 않게 여겨졌습니다.

이제 조개표는 날이 좋은 날이면 말린 생선과 소금을 가지고 장터에 가서 객줏집에 소금과 생선을 갖다 주고 그 대신 조개돈을 받았습니다. 그리고 그 조개돈을 주고 자신이 필요한 물건을 살 수 있게 되었답니다. 필요한 물건이 있을 때에는 언제고 조개돈이나 옥돌돈을 가지고 장에 가서 물건을 사올 수 있게 되었습니다.

옛날처럼 자신이 필요로 하는 물건을 가진 사람을 찾아 소금이나 생선이 필요하냐고 물어 보아야만 하는 번거로움이 없어진 것이지요. 그리고 그런 마땅한 사람을 찾지 못해서 다시 물건을 지고 집으로 돌아오는 헛수고도 하지 않게 되었답니다.

필요한 물건이 없을 때에는 조개돈을 가지고 집으로 돌아와 잘 보관해 두었다가 다음 장날에 필요한 물건을 살 수도 있게 되었습니다.

비가 오면 날이 개기를 기다리며 장터에 가야 할 걱정을 하지 않아도 된 것입니다. 그래서 그때부터 비오는 날은 낮잠을 자기 좋은 날이라는 말이 생겼다고 합니다.

도움말

돈의 탄생

현대를 사는 우리들에게 돈은 없어서는 안 되는 것으로 자리를 잡고 있습니다. 물건을 사기 위해서, 그리고 어디를 가기 위해서, 어떤 서비스를 받기 위해서 우리는 돈을 지불해야 합니다. 이렇듯 돈은 경제 생활에 있어서 중요한 것입니다.

지금 우리는 주로 금속으로 만들어진 동전과 종이로 만들어진 지폐를 돈으로 쓰고 있습니다. 하지만 돈이 이러한 동전과 지폐의 형태를 띠게 된 것은 그리 오래된 일이 아닙니다.

앞 이야기 속에 나오는 것처럼 아주 오랜 옛날에는 돈이라는 것이 없었으니까요.

인간은 처음에는 자신이 스스로 만들거나 얻어 낸 물건들만을 썼답니다. 그러다가 물물 교환을 하게 되었습니다. 하지만 이야기 속의 조개표와 그 당시의 사람들은 물물 교환을 하면서 커다란 불편을 겪게 됩니다. 그리곤 그 불편함을 없애기 위해서 궁리를 하게 되지요. 궁리 끝에 나오게 된 것이 바로 이야기

속의 조개돈과 옥돌돈입니다. 그렇습니다. 옛날 사람들은 실제로 조개돈과 옥돌돈 같은 것을 돈으로 사용했던 것입니다. 물물 교환을 하거나 헛수고를 하는 것보다는 훨씬 더 발달한 형태의 돈이라고 할 수 있지요.

시간이 지나면서 사람들은 들고 다니기에 편한 것을 돈으로 사용하기 시작했고 그래서 만들어진 것이 쇠붙이로 된 돈입니다. 예를 들면 동전, 금전, 은전 같은 것들이지요.

현대에 들어서면서 더욱 들고 다니기에 편한 돈을 찾게 되었고 그 결과 만들어진 것이 바로 지폐, 즉 종이로 만들어진 돈입니다. 지금 여러분들이 사용하는 천 원권, 오천 원권, 만 원권 등의 돈이 바로 지폐입니다. 이러한 돈은 경제 거래에 있어서 일반적인 지급 수단으로 쓰이고 있습니다.

이제 돈의 그 기능에 대해서 알아보기로 합시다.

첫째로 돈은 어떤 물건과 바꿀 수 있도록 해 주는 교환수단이 됩니다. 즉 돈은 재화나 용역을 사거나 팔 때 사용됩니다. 앞 이야기에서 보면 조개표는 자신의 물건을 팔고 조개돈을 받아 그 조개돈으로 필요한 물건을 사는 것을 볼 수 있습니다.

둘째로 돈은 가치를 판단하는 기준이 됩니다. 앞 이야기에서 보면 조개표가 소금 한 말을 가져가면 커다란 조개돈 하나를 주는 것을 볼 수 있습니다. 이때 조개돈 하나는 소금 한 말의 가치를 지니고 있는 것을 볼 수 있습니다.

셋째로 돈은 가치를 보관하는 수단이 됩니다. 앞 이야기에서 보면 조개표는 필요한 물건이 없을 때는 판 물건의 값으로 조개돈만 받아 가지고 집으로 돌아옵니다. 그리곤 그 조개돈을 잘 보관했다가 나중에 필요한 물건을 사는 것이지요. 이렇게 볼 때 조개돈은 소금 한 말의 가치를 지니고 있는 것입니다.

이러한 이유 때문에 이야기 속에서도 조개돈과 옥돌돈을 만드는 것을 마을의 촌장만이 할 수 있도록 되어 있는 것을 볼 수 있습니다. 현대에 와서는 돈을 만들어 내는 것은 각 나라의 중앙은행만이 할 수 있도록 되어 있습니다. 우리나라에서는 한국은행만이 돈을 만들어 낼 수 있는 발권 은행입니다.

덧붙이는 말

앞에서 우리는 돈, 즉 동전과 지폐에 대해서 이야기를 했습니다. 현대에 와서는 돈의 종류는 더욱 많아졌습니다. 즉 돈의 기능을 가지는 여러 가지 것들이 생겨나게 된 것이지요.

그런 돈들 가운데에서 가장 대표적인 것이 바로 수표와 어음이라고 할 수 있습니다. 자기앞수표, 가계수표, 당좌수표라고 부르는 것이 바로 수표의 대표적인 것들입니다. 수표란 각 시중 은행, 개인 또는 기업이 발행한 금액이 적혀진 종이로서 현금과 똑같이 취급을 받으며 가치를 인정받고 있습니다.

즉 은행에 수표를 제시하면 쓰여진 금액만큼의 현금을 지급받을 수 있습니다. 이러한 수표가 만들어지게 된 것은 지폐도

어느 정도 이상의 금액이 되면 운반하거나 가지고 다니기가 곤란하며, 거래에 의한 돈의 지불을 일일이 지폐로 한다는 것은 불편하기 때문입니다.

그리고 수표와 비슷한 것으로서 어음이 있지만 수표와는 조금 다릅니다. 수표가 현금과 똑같이 취급되는 데 비해서 어음은 정해진 날짜에 정해진 금액을 지불하겠다는 약속을 한 종이라고 할 수 있습니다. 약속어음, 환어음이 바로 그런 것이지요. 상거래에 있어서 실제로 어음은 지불의 수단과 융통의 수단으로서 널리 쓰이고 있습니다.

또 요즈음 많이 이용되는 것으로 신용카드, 즉 플라스틱으로 만들어졌다고 해서 플라스틱 머니라고 부르는 것이 있습니다. 신용카드란 물건을 구입하고 나서 그 값을 신용카드를 증거로 제시하여 치르는 것입니다. 나중에 물건의 값은 일정한 날짜가 되면 신용카드를 가진 사람의 은행 예금에서 지불되는 것이지요. 즉 각자 개인이 가지고 있는 신용을 바탕으로 물건을 살 수 있는 것입니다.

이제 다음 문제들에 대해서 생각해 볼까요?

1) 조개표가 살던 시대에는 조개돈과 옥돌돈이 있었습니다. 현대에는 그러한 돈이 아닌 지폐와 동전을 사용하고 있습니다. 그러한 돈들이 없어지고 지폐가 등장한 이유는 무엇일까요?

2) 민이는 배가 고플 때 점심을 사먹기 위해서 돈을 가지고 다닙니다. 민이는 돈이 가지고 있는 어떤 기능 때문에 돈을 가지고 다니는 것일까요?

3) 진미 회사가 물건을 팔고 받은 돈을 계산해 보니 일천만 원이었습니다. 이때 일천만 원이라는 금액으로 물건을 판 값을 표시하는 것은 돈이 가지는 어떤 기능을 나타내 주는 것일까요?

바닷속에 던져 버린 오십만 냥

돈에 중독되는 사람도 있다면서요?

우리가 이미 알고 있다시피 허생은 돈을 빌려 장사를 해서 많은 돈을 벌었습니다. 그렇게 많은 돈을 벌고 나서 허생은 돈을 어떻게 해야 좋을지 생각했습니다. 돈을 벌면 남에게 베풀어야 한다는 것을 알고 있는 허생인지라 그 돈을 좋은 일에 써야겠다고 마음을 먹은 것이지요.

그런데 바로 그 무렵 어느 고을에 도적 수천 명이 떼를 지어 들끓고 있었습니다. 도적들이 너무 많이 설쳐대니까 나라에선 모든 고을에 도적 소탕령을 내렸습니다. 그러자 도적들도 어쩔 수 없이 산 속에 숨어 굶주림에 허덕이고 있었습니다. 그러한 사실을 알고 난 허생은 무릎을 탁 치고 난 뒤 도적의 우두머리를 찾아갔습니다. 가지고 있는 돈으로 도적들을 새 사람으로 만들어야겠다는 생각을 한 것이지요.

"그대들은 천 냥을 도적질하면 한 사람이 얼마씩 가지시오?"

"그야 공평하게 한 냥씩 갖지요."

"그대들은 처자식이 있소?"

"없습니다."

"그러면 농토는 있소?"

"듣자듣자 하니까 이 양반이 아주 웃기는 양반이시네. 농토가 있고 처자식이 있으면 뭐하러 이런 짓을 하겠소?"

"그대들도 아내를 얻어 집을 짓고 소를 사서 농사를 짓고 살면 도둑질을 안 해도 되고 가정 생활의 즐거움도 알고 관군에게 쫓기지도 않으면서 먹고 입는 게 궁색하지 않을 텐데……."

"허허, 이 양반이 이제 사람을 아주 놀리시네. 우리라고 그렇게 살고 싶지 않겠소? 돈이 없어서 못하는 게 한이지."

"아니, 돈을 도적질하면서 어찌 돈이 없단 말이오? 그렇다면 내가 그대들을 위해 돈을 주선해 줄 터인즉, 내일 저 앞바다 위에 붉은 기를 단 배가 나타나거든 그 배에 와서 마음대로 돈을 가져가도록 하시오. 그 배는 돈을 실은 배요."

허생이 그 말을 마치고 일어서자 도적들은 허생을 미친 사람이라고 웃어넘겼습니다. 그러나 다음 날 바닷가에 나가 보니 허생이 정말 돈을 삼십만 냥이나 싣고 나타났습니다. 도적들은 모두 놀라 허생을 향해 절을 하며 허생을 아예 장군님으로 불렀습니다.

"아이고, 장군님을 몰라뵈어서 죄송합니다. 이제 장군님 명령대로 따르겠습니다."

허생은 도적들에게 마음껏 돈을 짊어지고 가라 했으나 한 사람이 돈 백 냥을 넘게 갖지 못했습니다. 그때의 돈은 무거운 엽전으로 되어 있었으니 무거울 수 밖에요.

"허허, 기껏 백 냥도 짊어지지 못하는 기운으로 무슨 도적질을 한단 말이오. 그대들은 보통 사람으로 살고 싶어도 나라의

명부에 이미 도적으로 올라 있으니 별도리가 없을 것이오. 그러니 내가 시키는 대로 하시오. 그 돈으로 모두들 아내와 소 한 마리씩만 구해 가지고 이리 다시 오시오. 내가 기다리고 있겠소."

도적들은 모두 그러기로 하고 흩어진 뒤 곧 아내와 소를 데리고 한 명도 빠짐없이 나타났습니다. 그동안 허생은 이천 명이 일 년을 먹을 양식을 준비해 놓고 기다리고 있었습니다. 허생은 그들을 모두 배에 싣고 빈 섬으로 들어갔습니다.

그 섬에 도착하자 그들은 나무를 베어 집을 짓고, 대를 엮어 울타리를 친 뒤 곧 농사를 짓기 시작했습니다. 다행히 땅이 기름져서 온갖 곡식들이 풍성하게 잘 자랐습니다. 그곳에서 삼 년을 지낸 뒤 허생은 먹고 남은 양식을 일본의 어느 고을에 가져가서 백만 냥을 벌어왔습니다. 그러나 그 돈은 그 섬에선 아무런 가치가 없는 돈이었습니다.

왜냐하면 그 섬에선 모든 걸 자급자족하기 때문이지요. 그러니까 돈을 가지고 살 물건도 팔 물건도 없기 때문에 돈이 필요가 없는 것이지요.

그래서 허생은 사람들을 모은 뒤 말했습니다.

"내 이제 이곳을 떠날 때가 된 것 같소. 그러니 몇 가지만 당부하겠소. 세상 사는 법은 간단하오. 앞으로 아이를 낳거든 수저는 오른손으로 잡는다는 법 정도나 가르치고, 하루라도 먼저 태어난 사람에겐 먼저 먹도록 양보하는 방법만 가르치면 되오."

허생은 뭐든 많이 알면 오히려 병이 된다고 생각했습니다. 자칫 잔꾀나 내는 경우에는 섬 생활이 깨질 수도 있기 때문이지요. 그래서 글자를 아는 사람도 그 섬에서 자신과 함께 떠나도록 했습니다.

돌아오는 길에 허생은 백만 냥 중 오십만 냥을 바닷속에 던져 버렸습니다.

"백만 냥은 온 나라 안에서도 쓰지 못할 돈이다. 더구나 섬엔 돈이 필요 없다. 그러니 오십만 냥은 버리고 나머지 오십만 냥만 가져가면 된다."

허생은 육지로 나와 온 나라를 두루 돌아다니며 오십만 냥 중 처음에 돈을 빌려 준 변씨에게 줄 돈만 남기고, 나머지는 가난하고 의지할 데 없는 사람들에게 모두 나누어 주고 말았습니다. 허생은 돈이 너무 많으면 돈 때문에 주체를 할 수 없게 되

고, 돈에 취해서 살게 된다고 생각한 사람이었습니다. 그리고
자신에게 정말로 필요하지 않은 돈은 남에게 나누어 주어야 한
다고 생각했던 것입니다.

도움말

돈의 가치와 의미

돈은 인간이 만들어 낸 창조물 중 가장 위대한 것 중의 하나
라고 할 정도로 대단한 발명품인 것만은 틀림없습니다. 바로
앞 이야기 「조개돈과 옥돌돈」에서 우리는 돈이 대단히 편리하
고 유용하다는 이야기를 나누었습니다.

그런데 돈은 상품의 교환이 이루어지는 경우, 그러니까 상품
을 사려는 사람과 팔려는 사람이 있는 경우에만 유용하게 쓰여
집니다. 앞 이야기를 살펴보면 섬에서는 돈이 필요가 없는 것
을 볼 수 있습니다. 섬 사람들이 모든 물건을 자급자족해서 공
동으로 쓰기 때문입니다. 허생이 많은 돈을 벌어왔지만 물건
을 사고 팔려는 사람이 없기 때문에 아무런 소용이 없는 것입
니다. 잘 알려진 동화에 이런 이야기가 있습니다. 사막을 여행
하던 한 여행자가 목이 몹시 말라 있던 중 금이 가득 든 자루를
발견했습니다. 그렇지만 많은 금이 있어도 아무런 소용이 없
었습니다. 그에게 물을 팔려는 사람은 아무도 없었기 때문입
니다. 즉 돈은 상품이 거래되는 사회에서만 유용하게 쓰여진

다는 것이지요.

하지만 이렇게 편리하고 유용한 돈이지만 돈은 인간들 사이를 돌아다니면서 못된 주인에게 가서 잘못된 일에 쓰여지기도 합니다. 그 결과 돈은 편리함과 유용성만큼이나 큰 괴로움을 주는 물건이 되고 만 것입니다.

우리 사회에는 돈 때문에 남은 물론 부모나 형제까지 죽이는 사람이 있고, 어린아이를 유괴하는 사람들도 있습니다. 이런 것들을 볼 때 돈이 주는 폐해 또한 그 편리함과 유용성만큼이나 크다는 것을 알 수 있지요.

앞 이야기에서 나오는 도적들도 돈 때문에 그런 짓을 했던 것입니다. 돈, 즉 재산이 없기 때문에 어쩔 수 없이 도적질을 했다는 것이 그들의 말이지요. 이처럼 돈은 온갖 나쁜 일을 도모하는 원인과 목적을 모두 제공하는 것을 볼 수 있습니다.

그러면 이렇게 생각해 볼까요? 돈을 없애 버리자는 겁니다. 세상의 온갖 악을 만들어 내는 근원인 돈을 없애자는 거지요. 그까짓 돈이 이 세상에서 자취를 감춘다고 해서 만물의 영장인 사람이 뭐 그리 아쉬울 게 있느냐고 한번 큰 소리를 쳐보기로 하지요. 그렇게 해서 조개돈과 옥돌돈이 나타나기 전의 세상으로 돌아가 물물교환을 하면서 원시적으로 살아보기로 합시다. 필요한 물건을 얻기 위해서는 일일이 그 필요한 물건을 가진 사람을 찾아야 하고, 또 그 사람은 내가 가진 물건이 필요해야 합니다. 그렇게 살라고 하면 아마 사람들은 얼마 지나지 않아 이렇게 말할 것입니다.

"어이구, 돈 없이는 불편해서 못 살겠네. 돈이 가끔 나쁜 일을 일으키기는 하지만 그래도 그 편리함이 훨씬 더 크니까 돈이 있는 게 낫겠어."

돈을 없애자는 생각을 했던 사람은 꽤 많이 있습니다. 그들 중에는 작가도 있었고 사회주의자도 있었습니다. 특히 로버트 오웬이라는 사람은 돈을 없애자는 생각을 실제로 실천에 옮기기도 했습니다.

그는 「노동 중개소」라는 것을 열었는데요. 어떤 생산물을 가져온 사람에게는 그 생산물을 만드는 데 필요했던 시간을 기록해 줍니다. 이것이 「시간 기록표」라는 것이지요. 그곳에 온 사람들은 그 시간 기록표를 가지고 그곳에 있는 다른 물건으로 바꿔갑니다. 그러나 처음에는 잘 되는 것 같았지만 시간이 지나면서 어떤 물건들은 너무 부족했고, 어떤 물건들은 너무 많아졌습니다. 그래서 결국 그러한 방법은 실패하고 말았습니다 (이런 제도는 사회주의국가에서 비슷한 방법으로 쓰이기도 했습니다).

이런 여러 가지 실례들을 살펴볼 때 돈을 대신할 만한 어떤 기발한 것이 없는 한 돈을 없앤다는 것은 불가능하다는 결론이 나옵니다.

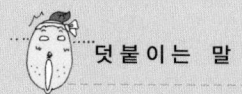

돈이 가지고 있는 편리성을 제대로 누리기 위해선 돈이 지니고 있는 폐해를 줄여 나가는 노력을 해야 합니다. 인간은 살아가기 위해서 자신의 기본적인 욕구를 채워야 하고, 그런 욕구를 채우기 위해서 얼마간의 돈이 필요합니다. 하지만 돈을 너무 많이 가지면 오히려 불편하고 불행해질 수도 있습니다.

실제로 많은 돈을 가진 사람들 중에는 돈에 중독된 사람들이 있습니다. 마치 마약이나 술처럼 돈에 취한 것이지요. 자본주의 사회에 살면서 돈을 모으는 재미나 돈을 쓰는 재미를 모르는 사람은 아마 없을 것입니다.

술을 적당히 마실 때는 기분이 좋아지지만 너무 많이 마시면 취하게 되는 것처럼 돈도 정말로 필요한 만큼 적당히 모으거나 쓸 때는 많은 즐거움을 주지만 지나치게 많이 모으거나 많이 쓰는 경우에는 오히려 돈독이 몸에 올라 중독 현상을 보이기도 합니다. 그런 경우 인간은 어떤 정신적인 갈등까지 나타내 지나칠 정도로 억지를 부리며 많은 돈을 모으거나 그 반대로 돈을 펑펑 씀으로써 잘못된 욕구를 해소하려고 합니다. 돈을 모으거나 쓰는 행위에서만 자신의 존재를 찾게 되는 거지요. 솜사탕을 아무리 많이 먹어도 배가 부르지 않은 것처럼 돈은 아무리 많이 모아도, 또 아무리 많이 써도, 그 욕구가 다 채워지지는 않습니다. 결국 어떤 적당한 선에서 욕구를 줄이는 것이 현명한 일일 것입니다.

경제를 공부하는 것도 궁극적으로는 욕구를 적당한 선에서 자제하여 합리적으로 선택을 하며 살기 위한 것이라고 할 수 있습니다. 그건 인간이 정신적인 동물이기 때문입니다. 자신의 정신적인 욕구와 물질적인 욕구를 어떤 적당한 선에서 조화시키는 일이 필요합니다.

이야기 속에 나오는 허생은 돈이 지니고 있는 마력을 이미 알고 있었던 사람입니다. 그는 자신이 지닌 정신적인 욕구를 실현하는 방법으로 가진 돈을 이용해서 도둑들을 새 사람으로 만들었습니다.

또 백만 냥이라는 돈은 자신뿐만 아니라 그 당시의 사회 규모에 비해 너무 많은 돈이라는 생각을 합니다. 그래서 허생은 그중 오십만 냥을 바닷속에 던져 버린 것이지요. 그리고 나머지 오십만 냥 중 빚 갚을 만큼을 뺀 나머지는 가난하고 힘없는 사람들에게 모두 나누어 줘버리고요.

이야기 속에 나오는 허생이야말로 돈에 대한 욕구를 적당히 조절할 줄 알았던 사람입니다.

이 이야기는 박지원이 지은 『허생전』에 나오는 얘기입니다. 박지원은 아마도 돈을 어떻게 써야 하는지를 보여 주기 위해서 이처럼 재미있으면서도 교훈이 가득 담긴 이야기를 지어 냈을 것입니다.

자, 이제 다음 것들을 생각해 보세요.

1) 돈은 정말로 필요한 것일까요, 없어도 되는 것일까요? 그 이유는 무엇일까요?

2) 한순간에 이 세상에 있는 모든 돈이 사라져 버린다면 어떤 일이 벌어질까요?

마포나루 마 영감의 유언

은행은 어떻게 해서 생겨났을까요?

마포나루에 있는 마 영감의 객주는 언제나 많은 봇짐장수들로 붐볐습니다. 원래 봇짐장수를 했던 마 영감은 젊었을 때 열심히 일을 해서 돈을 모으자 나이가 들어서는 마포나루에 객주를 차리고 머물게 되었던 것입니다. 마 영감의 객주는 점점 커졌고 이제는 나라 안에서 마 영감네 객주 하면 모르는 봇짐장수가 없을 정도가 되었습니다.

늦가을의 어느 날 저녁이었습니다.

"주인장 계시오?"

"밤 늦은 시간에 뉘시오?"

"예, 개성에 사는 송가올시다."

"어이구, 이게 누구야. 그동안 별고 없으셨나? 어서 들어오시게."

비가 주룩주룩 내리고 있는 그날 저녁에 한양땅 마포나루의 마 영감네 객주를 찾아온 한 젊은이가 있었습니다. 그 젊은이는 바로 지난 봄에 인삼과 한약재들을 싣고 마포나루를 떠나 중국으로 갔던 송가였습니다.

주인인 마 영감은 서둘러 저녁상을 내오도록 했습니다. 저녁을 달게 먹고 난 젊은이가 엽전 꾸러미와 종이를 내놓으며 말

했습니다.

"지난 봄에 꾸어 주신 돈을 가져왔습니다. 원금이 일만 냥에 이자가 일천 냥 되겠습니다."

"고맙네, 무사히 돌아와서 이렇게 보니 정말 기쁘네. 약속을 지키는 게 칼 같은 걸 보니 정말 개성상인답구만. 그래, 중국에 가서는 재미를 좀 보았는가?"

"예, 가지고 간 인삼과 한약재들을 좋은 값에 팔고, 돌아올 때에는 그 돈으로 비단을 사 가지고 돌아왔습니다. 마포로 돌아온 지는 꽤 되었습니다만, 그동안 비단을 파느라고 찾아뵙는 것이 늦어졌습니다."

"그래, 비단은 다 팔았는가?"

"예, 송파의 김물주한테 팔고 비단값을 어음으로 받았습니다."

"그래? 송파의 김물주가 발행한 어음이라면 틀림이 없지."

"참, 마 영감님, 다시 중국으로 장사를 떠나기 위해 물건을 사러다니는 몇 달 동안 제 돈을 좀 맡아 주시겠습니까?"

"허허, 빚을 다 갚고도 맡길 돈이 또 있단 말인가?"

"예, 좀 있습니다."

"음, 어쨌든 장하구만. 하긴 젊어 고생은 사서도 한다는 말이 있지 않은가?"

젊은이는 쑥스러운 듯 얼굴을 붉히며 고개를 숙였습니다.

"그래, 얼마나 되나?"

"오천 냥입니다."

"알았네, 내가 자네에게 이자를 쳐 줘야겠구만. 하긴 뭐 돈을 쓰겠다는 사람은 얼마든지 있으니까. 그리고 자네가 맡긴 돈을 우리 객주가 발행한 몇 장의 어음으로 끊어 줄 테니까 마땅한 물건이 생기면 어음을 주고 사게나."

"예, 그렇게 하겠습니다."

마 영감은 몇 장의 종이에다 금액을 쓰고 자신의 이름과 객주 이름을 적었습니다. 그리곤 종이쪽지의 중간쯤 되는 곳을 지그재그로 찢은 다음, 반 쪽을 젊은이에게 주고, 나머지 반 쪽은 자신이 보관했습니다. 당시의 어음은 이렇게 둘로 나누어 가진 뒤 나머지 반쪽을 가진 사람이 오면 서로 맞춰 보고 나서

짝이 맞으면 돈을 주었다고 합니다.

젊은이는 마 영감이 언제나 고마웠습니다. 마 영감은 마포 객주 중에서도 신망이 높아 안심하고 여윳돈을 맡길 수도 있고, 또 필요할 때는 싼 이자로 장사 밑천을 쉽게 빌릴 수도 있는 분이었습니다. 사실 마 영감은 사람이 됨됨이를 보고 성실하고 믿을만하다고 판단이 되면 얼마든지 돈을 빌려 주는 그런 사람이었습니다. 또 여윳돈을 맡아서 이자를 쳐서 돈을 불려주기도 했습니다.

처음에는 물건을 사고파는 것을 주로 하던 마 영감의 객주였습니다. 하지만 점차로 장사꾼들 사이에서 돈을 빌려 주기도 하고 맡아 주기도 한다는 소문이 나게 되어, 이제는 아예 돈을 빌려 주고 맡아 주는 일만을 주로 하게 되었던 것입니다.

이자를 받는 재미도 쏠쏠한데다 봇짐장수들에게도 좋은 평판을 받게 된 것이지요. 사실 나이가 든 마 영감으로서는 물건을 사고파는 것보다 돈을 다루는 것이 훨씬 더 쉬웠습니다.

"이거야말로 좋은 돈벌이군 그래. 필요한 사람들에게 돈을 빌려 주고 고맙다는 말을 들어가면서 앉아서 돈을 버니, 얼마나 쉽고 좋은 일이야?"

물론 장사꾼들 사이에서 신용이 좋다고 소문이 나야만 그런 일도 할 수 있겠지만요. 시간이 흐르면서 마 영감의 객주는 싸게 돈을 빌려 주고, 안전하게 돈을 불려 준다는 소문이 나게 되었습니다. 그래서 마 영감의 객주는 전국에서 모여드는 장사꾼들로 항상 북적였습니다.

"돈은 거짓말을 안 해. 돈은 정직하게 벌고 떳떳하게 써야 사람이 안 다쳐. 그렇게 하지 않으면 사람이 돈에 치이고 마는 거야."

마포나루의 마 영감은 죽을 때 이 말을 유언으로 남겼다고 합니다.

도움말

은행의 발달

앞 이야기는 은행의 원시적인 형태, 그러니까 은행이 처음 생길 때의 모습을 보여 주고 있습니다. 즉 돈을 맡기고 돈을 빌리는 일들이 이미 이루어지고 있는 것을 볼 수 있습니다.

서양의 은행은 처음에 화폐로서 사용되던 금과 그 금을 맡아서 보관해 주던 중세의 수도원과 관련되어 생겨났다고 합니다. 수도원과 금이 관계가 있다니 좀 뜻밖이지요? 그 당시 많은 금을 가진 사람들은 그 금을 보관하기 어려웠고 운반하기도 어려웠습니다. 그래서 주위에서 믿을 만한 곳이라고 여겨지던 수도원에 금을 맡기게 되었던 것입니다. 수도원에서는 금을 맡아 주는 대신 금을 인수하여 보관하고 있다는 보관증을 써 주었습니다.

앞 이야기에서 보면 마 영감이 송가에게 써 준 어음이 바로 그런 보관증이라고 볼 수 있을 것입니다. 즉 어음이란 일종의 종이로서 종이에 적혀진 금액의 돈을 정해진 날짜에 주겠다는 약속을 나타내는 것입니다.

어쨌든 중세의 수도원이 발행한 금 보관증은 금을 맡긴 사람의 물건의 대금을 지불하는 수단으로 사용하게 되었습니다. 앞 이야기에서 마 영감이 젊은이에게 물품을 구입한 대금으로 어음을 주라는 말을 하는 것을 볼 수 있습니다.

물론 그 어음을 받은 사람은 그 어음을 가지고 마 영감에게 와서 돈을 찾아가거나 아니면 그 어음을 또 다른 사람에게 주고 자신이 필요로 하는 물건을 사기도 할 것입니다. 우리나라에서는 조선 시대 때부터 어음이 유통되고 있었던 것이 기록에 남아 있습니다.

앞에서 이야기했듯이 서양에서는 수도원이 초기의 은행 구실을 하게 됩니다. 즉 수도원에서 보관되고 있는 금을 일시적으로 다른 사람에게 빌려 주고 이자를 받았습니다. 경험상으로 볼 때 대부분의 경우 맡아 둔 금을 한꺼번에 모두 찾아가는 일은 없기 때문에 그 금을 잠시잠시 빌려 주는 것이 가능했던 것이지요. 또 금을 실제로 주는 것이 아니라 금을 빌려 가는 사람에게 금 보관증만 발행해 주면 되었으니까요.

이렇게 해서 수도원에서 금을 빌린 사람은 마치 자신이 금을 가지고 있는 것과 똑같은 효과를 얻을 수 있게 되었던 것입니다. 물론 수도원은 금을 빌려 준 대가로 이자를 받아 톡톡한 재미를 보았지요.

이러한 원시적인 은행의 형태가 점차 발달되어 오늘날과 비숫한 은행의 형태를 갖추게 된 것은 중세 이후부터입니다.

우리나라에서는 예로부터 일반인들의 저축과 대출은 계를 통해서 이루어졌습니다. 그리고 상인들 간의 자금 융통은 객주를 통해서 이루어졌습니다. 현대의 은행은 바로 이러한 기능들이 모두 합쳐져서 만들어진 것이라고 할 수 있습니다.

덧붙이는 말

우리는 늘 은행을 이용하면서도 실제로 은행이 어떤 일을 하는지에 대해서는 잘 알지 못합니다. 이제 은행이 하는 일에 대해서 구체적으로 알아볼까요?

은행은 예금을 받습니다. 손님이 맡긴 돈을 잘 보관하고 그 대신 예금증서나 예금통장을 발행하는 것은 은행이 하는 가장 중요한 일 중의 하나입니다. 예금의 종류로는 저축성예금과 요구불예금을 들 수 있는데, 저축성예금은 적금처럼 비교적 오랫동안 맡겨 두는 예금을 말하며 요구불예금은 보통예금처럼 저축자가 요구하면 아무 때고 현금으로 내 주도록 되어 있는 예금을 말합니다. 은행은 그렇게 손님이 맡긴 돈에 대해서 일정한 이자를 지급합니다.

앞 이야기에서 보면 마 영감이 송가가 맡긴 돈에 대해선 이자를 쳐 주겠다는 말을 하는 것을 볼 수 있습니다.

은행은 대출을 해 줍니다. 이것도 은행이 하는 중요한 일 중의 한 가지입니다. 즉 은행은 손님들이 맡긴 돈과 자본금을 바탕으로 해서 돈을 필요로 하는 손님들에게 돈을 빌려 주는 일을 합니다. 이렇게 돈을 빌려 주는 것을 대출이라고 합니다. 은행은 그렇게 빌려 준 돈에 대해서 손님으로부터 이자를 받았습니다. 앞 이야기에서 송가는 마 영감에게서 장사 밑천을 빌려 물건을 산 뒤 중국으로 팔러 갔던 것을 볼 수 있습니다.

은행은 환 업무를 합니다. 멀리 떨어져 있는 사람들끼리 돈을 주고받는 것이 불편하기 때문에 생긴 제도지요. 즉 돈을 보내는 사람이 은행에서 돈을 내고 돈 대신 송금환을 만들어 받습니다. 그리고 돈 대신 송금환을 우편으로 보내 돈을 받을 사람이 송금환을 가지고 그곳의 은행으로 가서 돈을 찾아 쓰도록 만들어진 제도를 말합니다. 이러한 환 업무는 국내에서뿐만 아니라 국외로의 송금에도 쓰여지고 있습니다. 요즈음에 와서는 온라인 제도의 발달로 이러한 송금환 제도는 거의 사라졌습니다.

앞에서 말한 것 외에 은행은 귀중품이나 유가증권을 보관하거나 주식이나 채권에 관계된 업무를 대리하기도 하고 신탁 업무(손님의 재산을 맡아서 재산을 불려 주는 일)를 맡아서 처리하기도 합니다.

다음 문제는 실생활에서 늘 볼 수 있는 것이므로 별로 어렵지 않을 것입니다.

1) 만약에 오늘 당장 전국의 모든 은행이 문을 닫는다면
   어떤 일이 일어날 것인가를 상상해 보세요.
2) 우리나라에선 예로부터 계조직이 발달해 왔습니다.
   계의 어떤 점 때문에 그랬을까요?

발 달린 돈

돌아다니는 돈의 양은 어떻게 정해질까요?

마포나루 객주의 마 영감이 죽자 마 영감의 첫째아들인 마장돌이 객주를 물려받았습니다.

객주는 날로 번창했습니다.

마장돌은 마 영감이 젊었을 때 전국의 장을 돌아다니며 봇짐장수를 하는 동안 태어났다고 해서 장돌이라는 이름을 붙였다고 합니다. 장을 돌아다니는 장돌뱅이의 자식이라는 뜻이지요. 하지만 마장돌은 아버지를 잘 둔 덕에 이름처럼 장을 돌아다닐 필요가 없었습니다. 자신의 객주를 찾아오는 손님들만 상대해서 장사를 하면 그만이었으니까요.

마장돌은 특히 아버지가 말년에 발판을 다져 둔 장사에 힘을 쏟았습니다. 말하자면 돈장사에 힘을 쏟은 것이지요. 아버지의 신용이 워낙 좋아서 마장돌의 객주는 돈을 맡기고 돈을 빌리려는 장사꾼들로 언제나 북적거렸습니다.

"마장돌이한테 돈을 맡기면 떼일 염려도 없고 이자도 듬뿍이라구."

"암, 그렇고말고. 그거야 마 영감님 때부터 내려오는 전통이잖아."

"돈을 빌리기도 편하대. 딱 받을 만큼의 이자만 받으면 더 받지도 않는다는구먼."

"하긴 뭐, 마 영감이 유언까지 했잖아. 돈은 정직하게 벌고 떳떳하게 써야 한다고 말이야."

아무튼 마장돌은 아버지가 일궈 놓은 터전을 발판으로 삼아 사업을 더욱 번창시켰습니다.

"가만 있자, 돈을 맡기는 사람이 하루에 평균 몇 명이고 액수는 얼마지? 그리고 찾아가는 사람은 또 얼마나 되고? 빌려 가는 사람과 돈을 빌리려는 사람은……?"

돈을 맡기는 사람과 빌려 가는 사람의 숫자와 맡기는 금액과 찾아가는 금액, 그리고 궤짝에 평균적으로 남아 있는 돈 등을 따져 보기 위해서 계산을 했던 것이지요. 뿐만 아니라 자신의 객주에서 매일 어음과 바꿔 주고 있는 돈이 얼마나 되는지 등도 따져 보았습니다.

"흠, 주먹구구식으로 돈을 빌려 줄 것이 아니라 돈을 필요로 하는 사람에게 조금이라도 혜택이 더 가도록 해봐야겠어. 그래야 내가 받는 이자도 늘어날 거고, 그러면 누이 좋고 매부 좋은 일이잖아? 괜히 궤짝에 필요 이상으로 많은 돈을 남겨 두고 있을 필요가 없어. 그러려면 돈 주인이 찾아가는 돈이 평균 얼마나 되는지를 알면 되겠군."

이렇게 해서 마장돌은 자신의 객주에서 들고 나며 남는 돈의 총액수와 나가는 돈의 총액수를 계산해 보았습니다. 계산을 해본 결과 맡아 놓은 돈의 10분의 1정도를 평균적으로 찾아가고 있다는 것을 알게 되었습니다. 그렇다면 맡아 놓은 돈의 10분

의 9는 다른 사람에게 빌려주어도 된다는 결론이 나왔습니다.

그리고 빌려 주는 돈에 대해서도 생각을 해 보았습니다. 빌려 주는 돈은 대개 현금으로 주는 것이 아니라 어음을 발행해 줍니다. 즉 돈을 빌린 사람은 빌린 돈을 모두 가져가 버리는 것이 아니라 그 돈을 또 마장돌에게 맡겨 놓은 채 어음을 발행해서 필요한 때에만 현금을 가져간다는 것이지요.

즉 빌려 간 돈의 10분의 1정도만 현금으로 가져간다는 것입니다. 그러니까 돈을 빌려 간 사람의 돈 가운데 10분의 9를 다시 또 다른 사람에게 빌려 주어도 된다는 계산이 나오는 것이었습니다. 그렇게 되면 무척 많은 돈을 많은 사람에게 빌려 줄 수가 있다는 결론이 나왔습니다.

하지만 마장돌은 신중한 사람이었습니다. 만약의 경우를 생각했던 것이지요. 그래서 좀 넉넉히 맡아 가지고 있는 돈의 10분의 1보다 많은 돈을 항상 남겨 놓은 채 나머지는 빌려 주어도 되겠다는 결론을 내렸던 것입니다.

"돈을 쓸데없이 돈궤짝에 가두어 두어서는 안 돼. 돈을 빌려 쓰려는 사람도 손해고 나도 손해야. 돈은 몸으로 치자면 피와 마찬가지야. 피가 한 곳에 뭉쳐서 머물면 사람도 죽게 되잖아. 그러니까 돈은 밖에서 걸어다녀야 가치가 있는 거야. 갇혀 있으면 쇳덩이에 불과해. 돈이 햇볕을 받고 바람을 쐬며 돌아다닐 수 있도록 해야겠어."

마장돌의 생각은 돈에는 발이 달렸으니 돈을 궤짝에 가두어 두어서는 안 되겠다는 것이었습니다. 그 말은 맞는 말이었습니다. 궤짝 밖으로 나간 돈은 더 많은 돈을 끌고 객주로 돌아왔으니까요.

도움말

통화량의 크기

우리는 흔히 시중에 돈이 많이 풀렸느니, 돈가뭄이 들었느니 하는 말을 듣습니다. 도대체 그런 말은 어디에 기준을 두고 하는 것일까요? 사람들이 말하는 통화량이라는 것은 어느 정도의 크기를 가지고 있으며 무엇을 보고 통화량이라고 부르는 것일까요?

먼저 통화량이란 시중에 돌아다니고 있는 돈의 양을 뜻합니다. 그리고 통화량을 계산할 때는 민간인이 가지고 있는 현금과 돈을 맡긴 고객이 요구하면 언제든지 돈을 내주는 보통예금이나 저축예금 같은 요구불예금을 합해서 계산합니다. 그것을 식으로 나타내 보면 다음과 같습니다.

통화량 = 현금통화(민간인이 가지고 있는 현금) + 요구불예금

앞 이야기에서 보면 마장돌이 맡고 있는 돈들이 요구불예금에 속한다고 볼 수 있을 것입니다. 그리고 마장돌이 계산한 것처럼 사람들은 맡긴 돈을 한꺼번에 찾아가지 않습니다. 이야기 속에 나오는 마장돌의 객주에서는 10분의 1정도를 찾아간다는 것을 알 수 있습니다.

즉 마장돌은 사람들이 맡긴 돈을 10분의 1정도만 남겨놓고 다른 사람에게 빌려 줄 수 있다는 것이지요.

앞 이야기는 은행에도 그대로 적용됩니다. 사실 마장돌은 은행이라는 이름을 달지 않고 있을 뿐 은행이 하는 일을 하고 있으니까요.

또 마장돌은 돈을 빌려 가는 사람들이 빌린 돈을 어음으로 가져가는 경우가 많다는 것도 경험에 의해서 알게 됩니다. 이 경우에도 마장돌은 빌려 준 돈의 10분의 1만이 현금으로 나간

다는 것을 알게 되었지요.

은행도 마찬가지입니다. 은행은 빌려 준 돈을 그대로 현금으로 주는 것이 아니라 예금통장에 넣어서 줍니다. 그러면 돈을 빌린 사람은 돈이 필요할 때 찾아 쓸 수 있게 되는 것이지요.

이제 다음과 같은 가정을 해 보기로 합시다. 먼저 나라 전체를 통해서 은행은 하나뿐이며 모든 사람들이 그 은행만을 이용한다고 가정을 하는 것이지요. 둘째로 모든 거래를 수표로만 한다고 가정을 해 봅시다. 다시 말해서 지불된 돈(수표)은 다시 은행으로 돌아온다고 가정을 하는 것입니다. 셋째로 그 은행은 예금과 대출 말고는 다른 곳에 돈을 투자하지 않는다고 가정을 해야 합니다. 넷째로 그 은행은 가능한 한 최대의 금액을 대출한다고 합시다.

그럴 경우 은행은 얼마만큼의 돈을 고객에게 빌려 줄 수 있을까요? 예를 들어 고객들이 돈 1,000원을 예금했다고 할 경우, 얼마만큼 많은 돈을 빌려 줄 수 있는지를 한번 계산해 보기로 하지요.

마장돌의 객주와 마찬가지로 이 은행의 고객도 예금 가운데 10분의 1만 찾아간다고 가정을 해 봅시다. 그렇다면 우선 그 은행은 900원이라는 돈을 다른 사람에게 빌려 줄 수 있게 됩니다. 그리고 그 앞에 얘기한 대로 은행은 900원이라는 돈을 예금통장에 넣어서 빌려 주었다고 합시다. 그리고 돈을 빌린 사람도 900원의 10분의 1만을 찾아간다고 생각을 해 봅시다.

그러면 은행은 810원이라는 돈을 그대로 가지고 있는 셈이 됩니다. 은행은 810원이라는 돈을 이용해서 또다시 돈을 빌려 주게 됩니다.

이런 과정이 계속된다고 가정을 하면 은행이 빌려 줄 수 있는 돈은 900원이 아니라 훨씬 더 많은 금액이 될 것입니다.

이제 앞의 수치들을 경제학 용어로 바꾸어 봅시다. 10분의 1이라는 수치는 지불준비율, 즉 예금을 찾아가는 것에 대비해서 항상 예금액 중에서 준비해 놓아야 하는 돈의 비율을 뜻합니다. 그리고 예금액에 그 비율을 곱한 금액을 지불준비금이라고 부릅니다. 즉 예금을 찾아가는 것에 대비해서 준비해 놓아야 하는 돈이라는 뜻이지요.

이렇게 은행은 경험에 의해서 예금보다 훨씬 많은 돈을 빌려 줄 수 있게 되는 것입니다. 이러한 은행의 대출을 은행의 신용 창조라고 합니다. 즉 은행은 대출을 통해서 요구불예금을 증가시키고, 다시 그 요구불예금을 통해서 대출을 함으로써 새로운 대출(신용)을 창조하게 되는 것입니다.

앞 이야기에서 나오는 마장돌은 이렇게 해서 훨씬 더 많은 돈을 빌려 줄 수 있게 되었고 훨씬 더 많은 이자를 받을 수 있게 되었던 것입니다.

　물론 앞 이야기는 많은 가정을 필요로 하고 있습니다. 현실적으로는 그 가정들이 지켜지기가 힘들지요. 그래서 실제로 은행의 신용 창조는 계산처럼 되지는 않을 것입니다. 그러나 이야기 속의 마장돌은 꽤 머리가 좋은 사람임에는 틀림없습니다. 은행의 신용 창조 원리를 나름대로 터득해 버렸으니까요.

　그러면 다음 문제를 살펴보세요.

　1) 은행은 예금받은 금액보다 훨씬 더 많은 돈을 빌려 줄 수 있습니다. 이것을 무엇이라고 부르지요?

　2) 돌섬나라의 국민들이 가진 현금통화는 100원이고 돌섬나라 전체에 있는 은행들의 요구불예금은 1,000원입니다. 돌섬나라의 통화량은 얼마입니까?

엿장수와 비상금

사람들은 모두 현금을 좋아한다면서요?

"얼씨구씨구 들어간다, 절씨구씨구 들어간다. 작년에 왔던 각설이 죽지도 않고 또 왔네. 돈 돈 돈 봐라. 천 원짜리 돈 봐라. 이 돈으로 말할 것 같으면 울릉도 호박엿 팔아서……."

"에잇, 시끄럽소. 냉큼 저리로 가지 못해요!"

가위질을 요란하게 해대며 되는 대로 사설을 늘어놓는 엿장수가 동네에 들어왔습니다. 아이들은 엿장수 뒤를 쫄래쫄래 따라다니며 즐거워하지만 어른들은 시끄럽다고 냅다 소리를 질러 댑니다.

아이들은 엿을 한 도막씩 사먹고 싶지만 돈이 없으니 침만 줄줄 흘릴 뿐이었습니다.

옛날 엿장수들은 헌 고무신도 받고 빈 병도 받았다는데 요즘 엿장수는 어떻게 된 셈인지 엿값으로 현금만 받지 물건은 받아 주지 않습니다. 그래서 돈이 없는 아이들은 엿을 사먹을 수가 없어 안달이었습니다.

그런 아이들의 사정을 잘 아는 엿장수인지라 언제나 그렇듯 가위를 쩔렁대며 아이들에게 돈이 있을 만한 곳을 일러 줍니다.

돈 없는 아이들은 집에 가서 뒤져 봐라!

화장대 밑에 엄마 돈 있고

신발장 속에 아빠 돈 있다

작년에 맛본 호박엿이 먹고 싶지도 않느냐

안방 문갑 뒷벽에 할아버지 돈 있고

뒷방 사진틀 뒤에 할머니 돈 있다

형님들도 거기서 돈난다

가서 봐라, 가서 봐.

아이들은 키득거리며 서로의 얼굴을 쳐다봅니다. 그러면 엿
장수는 더욱 요란하게 가위를 철렁대며 아이들을 채근합니다.

이제 가면 못 온다

금년 안엔 못 온다

호박엿이 맨날 있느냐

엿장수가 맨날 오느냐

얼씨구씨구 돌아간다

절씨구씨구 돌아간다

오늘 왔던 각설이

엿도 못 팔고 돌아간다.

아이들은 엿장수가 그냥 가 버릴까 봐 안달을 했습니다. 그
러다가 몇몇은 집 안으로 뛰어들어갔습니다. 엿장수가 일러
주지 않았더라도 엄마나 아빠 비상금이 어디쯤 있으리라는 것

쯤은 다 알고 있었습니다.

어른들은 돈이 없다없다 하시면서도 만약 무슨 일이 갑자기 일어났을 때 쓰려고 나름대로 조금씩 돈을 감추어 두거든요. 말하자면 비상금인데 비상 사태가 일어났을 때 쓸 돈이라는 뜻이지요. 그걸 흉내내어 누나나 형들도 천 원권 지폐 한두 장씩은 책갈피 속에 숨겨 두기도 하구요.

그러나 아무리 엿이 먹고 싶다고 해도 엿장수가 일러 준 곳을 뒤질 수는 없는 노릇이었습니다. 그랬다간 나중에 엄마나 아빠께 들켜서 혼날 일이 더 두렵거든요. 이럴 땐 뭐니뭐니해도 할아버지나 할머니를 조르는 것이 최고입니다. 할아버지와 할머니께서는

"나 돈 없다."

하시면서도 조르면 지갑이나 호주머니 속에서 엿 한 도막 정도는 사먹을 돈을 꺼내 주시곤 하시니까요.

집에 들어갔던 아이들 몇몇이 돌아오자 엿장수는 또 신이 났습니다.

거봐라, 거봐라. 집에 가면 돈 있지?
내가 뭐라 하더냐
가서 봐라 뒤져 봐라 안 하더냐
내가 한 말 모두 맞지,
난 틀린 말은 안 한다
얼씨구 절씨구 기분이다

엿장수 마음대로 엿도막 잘라서

너도 먹고 나도 먹자

돈 낸 아이는 두 도막

돈 못 낸 아이는 한 도막

모두모두 사이좋게

형님 먼저 아우 먼저

아이 먼저 어른 먼저

자, 자, 자, 자, 작년에 왔던 각설이

오늘 가면 언제 오나

기분이다, 기분이다.

엿 남은 것 다 먹어라.

그러면서 엿장수는 엿판을 땅바닥에 내려놓으며 모여 있는
아이들 모두에게 엿 한 도막씩을 나눠 주었습니다.

"괜히 돈 냈잖아……."

몇 아이가 볼멘소리를 했지만 덕분에 돈을 안 낸 아이들까지
볼이 터지도록 엿을 입에 물고 오물거렸습니다.

곧이어 저 멀리 찻길가를 터벅터벅 걸어가는 엿장수의 가위
질 소리만이 길게 남아 아이들의 가슴 속에서 쩔렁댔습니다.

도움말

현금을 가지려는 목적

앞 이야기에서 보면 모두들 나름대로 비상금을 숨겨 두고 있
다는 것을 알 수 있습니다. 실제로 이 책을 읽는 여러분들 가운
데에도 비상금을 갖고 있는 분들이 많을 것입니다. 그런데 왜
그렇게 비상금을 숨겨 두느라고 난리일까요? 결국 비상금을
숨긴다는 것은 현금을 숨겨 둔다는 뜻이 될 것이며 현금을 좋
아한다는 뜻도 될 것입니다.

그럼 사람들은 왜 현금을 가지려고 하는지 알아보기로 하지
요. 물론 여기서 현금이라고 하면 지폐나 동전, 그리고 현금과
똑같이 쓰이는 수표까지도 포함합니다.

먼저 사람들은 일상 생활을 하는 데 있어서 편하게 쓰기 위
해 현금을 가지려고 합니다. 사람들은 생활을 하는 데 있어서

여러 가지 물건을 사용하게 되며, 자본주의 사회에서는 대가를 지불하지 않고 공짜로 얻을 수 있는 물건이 별로 없습니다. 그래서 일상 생활을 해나가는 데 있어서 현금은 꼭 필요한 것입니다.

이러한 필요에 의해서 현금을 가지려는 것을 경제학에서는 거래적 동기에 의한 현금 보유라고 부릅니다. 그리고 거래적 동기에 의한 현금의 양은 소득과 비례하는 것이 보통입니다. 대부분의 경우에 있어서 소득이 늘어나면 쓰는 돈도 늘어난다는 뜻이지요.

두 번째로 사람들은 뜻하지 않은 일에 대비하기 위해서 현금을 지니려고 합니다. 앞 이야기에서 나오는 비상금이 갖는 성격이 바로 이런 비상사태, 즉 뜻하지 않았던 일에 대비하기 위한 것이지요. 우리는 살아가면서 뜻하지 않은 일에 처하게 되는 경우가 많습니다. 예를 들어 갑자기 어디가 아프다든가, 급히 필요한 물건이 생겼다든가, 예정에 없었던 사람을 만난다든가 하는 등 여러 가지 일을 당할 수 있습니다. 이런 경우에 비상금이라도 있으면 덜 당황하게 되겠지요. 이렇게 뜻하지 않은 일에 쓰기 위해서 현금을 가지는 것을 예비적 동기에 의한 현금 보유라고 부릅니다. 예비적 동기에 의한 현금 보유도 소득이 늘어남에 따라 늘어납니다. 즉 소득과 비례하게 됩니다.

마지막으로 어떤 자원의 값이 변할 것을 기다리기 위해서 현금을 지니고 있는 경우입니다. 즉 미래에 어떤 물건의 값이 떨어질 것이라고 생각되고, 그 물건이 급하게 필요한 물건이 아니라면 당장 비싼 값을 주고 물건을 구입하기보다는 현금을 지닌 채 잠시 기다릴 것입니다. 어떤 물건을 사는 것보다 현금으로 지니고 있는 것이 더 유리하다고 생각되기 때문이지요.

예를 들면 주식값이나 집값이 지금은 비싸기 때문에 좀 기다렸다가 나중에 사기 위해서 현금을 지니고 있다는 거지요. 이렇게 투기의 목적으로 현금을 지니고 있는 것을 투기적 동기에 의한 현금 보유라고 합니다. 투기적 동기에 의한 현금 보유는 소득보다는 이자율과 밀접한 관계를 갖게 됩니다.

덧 붙 이 는   말

앞에서 우리는 투기적 목적에 의한 현금 보유는 이자율과 밀접한 관계를 갖는다고 말했습니다. 어떤 관계를 갖는지 살펴볼까요? 일반적으로 주식이나 사채의 가격과 이자율은 서로 역의 관계에 있습니다. 주식이나 사채의 값이 비쌀 때는 이자율은 낮고, 주식이나 사채의 값이 쌀 때는 이자율이 높다는 것이지요. 그럼 이 사실을 투기적 목적에 의한 현금 보유와 관련지어 보도록 하지요.

도움말에서 주식의 값이 비싸면(이자율은 낮다) 현금을 지닌 채(현금에 대한 수요량이 많다)로 떨어질 것을 기다린다는 말을 했습니다. 반대로 주식의 값이 싸면(이자율은 높다) 앞으로 값이 오를 것을 예상해서 현금을 줄이고(현금에 대한 수요량이 적다) 주식을 살 것입니다.

즉 이자율이 낮으면 현금에 대한 수요량이 많아지고, 이자율이 높으면 현금에 대한 수요량이 적어지는 것을 통해 볼 수 있습니다. 그러므로 투기적인 동기에 의한 화폐 수요는 이자율과 역의 관계에 있는 것을 알 수 있습니다.

다음 문제에 대해서 생각해 보세요.

1) 민석이 어머니는 생활비로 쓰기 위해서 현금을 가지고 계십니다. 민석이 어머니가 갖고 있는 돈은 어떤 동기에 의한 현금 보유라고 할 수 있나요?

2) 은실이는 여행을 떠나면서 생각지 않았던 일이 있을 것을 대비해 속옷 속에 돈을 지니고 떠났습니다. 은실이는 어떤 목적으로 현금을 속옷 속에 넣고 갔나요?

3) 주식만 아저씨는 주식 투자를 위해서 현금을 가지고 계십니다. 주식만 아저씨가 가지고 있는 돈은 어떤 동기에서 이루어진 현금 보유인가요?

9

무역이
이루어지는 세상

무역왕 장보고

무역의 시작

먼 옛날인 통일신라시대 때 일입니다. 활을 잘 쏜다고 해서 궁복이라고 불리는 소년이 있었습니다. 궁복은 어려서부터 무예에 뛰어나 아이들 사이에서 항상 골목대장 역을 하곤 했답니다.

"내게 덤빌 놈 누가 있니? 덤빌 테면 덤벼 보라고!"

청년이 된 궁복은 친구 정년과 함께 당나라로 건너가서 군에 입대해 장교가 되었습니다. 그리고 그곳에서 장씨 성을 얻어 장보고라고 이름을 바꾸게 됩니다.

그곳에서 장교로 지내면서 장보고는 지방군의 특성과 군대에 대해 여러 가지 것들을 보고 듣고 배우게 됩니다. 장보고가 있던 지방에는 신라인들도 많이 살고 있었는데 그들 중에는 운송업과 상업에 종사하는 사람도 많았습니다.

그때 이미 신라인들은 아라비아나 페르시아 상인들과 무역을 하기도 하고 중국, 일본 등을 드나들며 거래를 하는 사람들도 있었습니다. 그러한 무역 거래들을 지켜보면서 청년 장보고는 바닷길을 통한 무역에 대해 깊은 감동을 얻게 되었고 그러한 일에 대해 폭넓은 이해를 하게 되었습니다.

"아, 내가 평생을 바쳐서 할 만한 일이 바로 무역인 것 같구나. 무역만 잘하면 신라인들은 큰 이익을 얻을 수 있어."

당시 당나라와 신라 모두 정치가 허술해져 있는데다 흉년에다 굶주림까지 겹쳐서 해적이 들끓고 있었습니다. 특히 해적들은 신라 연안에서 많은 신라인들을 잡아다가 중국에 노예로 팔아먹기도 하고 무역선을 덮치기도 했습니다.

신라인들이 해적들에게 당하는 모습을 지켜 본 청년 장보고는 피가 거꾸로 치솟는 것을 느낄 수 있었습니다.

"이 나쁜 놈들, 도적놈들이 우리 신라인들을 잡아다 노예로 쓰다니, 도저히 있을 수 없는 일이야. 이대로 보고만 있을 수 없어."

해적들의 난동을 지켜보면서 장보고는 마침내 결심을 굳히게 됩니다. 오랫동안 지켜보았던 해상 거래와 국제 무역이었습니다. 그는 무역을 통해서 바다를 장악하여 해적을 물리치고 신라인의 힘을 키울 수 있다는 확신을 가지게 됩니다.

"우리 신라인은 할 수 있어. 신라는 해상 제일의 무역 국가가 될 수 있다고."

장보고는 마음을 굳게 먹고 신라로 돌아왔습니다. 장보고는 왕에게 완도에 해군 기지를 만들어 줄 것을 요청했습니다.

"왕이시여, 허락만 해 주신다면 해적들을 물리치고 무역을 통해서 신라의 국력을 떨쳐 보겠습니다."

간청 끝에 장보고는 왕으로부터 허락을 얻어 내게 되었고 사람들을 모으기 시작했습니다.

"자, 신라인들이여, 우리는 우리 스스로 자신을 보호해야 합니다. 우리 신라인들이 중국에 잡혀가 노예가 되는 일이 있어

서는 안 됩니다. 우리들은 한데 모여서 스스로의 힘을 키워야 합니다. 함께 모여서 힘을 합쳐야 합니다."

마침내 장보고는 사람들을 모아 1만여 명의 군대를 조직하고 완도에 청해진을 건설하여 해적들을 소탕하고 동지나해의 바다를 장악하게 됩니다. 이어 장보고는 일본, 당나라, 신라를 잇는 국제 무역의 주역 노릇을 하게 되었습니다. 그 옛날 신라 시대에 벌써 장보고는 무역의 중요성을 깨닫고 해상 무역을 크게 벌였던 것이지요. 장보고는 신라의 물건인 모직물과 비단, 금은 세공품, 그리고 구리거울 등을 당나라로 수출하고 당나라에서는 향료와 염료 등 동서남 아시아의 물건들을 수입했습니다.

그야말로 장보고는 아시아 일대의 무역권과 해상권을 장악한 큰 인물로서 우리 민족의 자랑거리가 아닐 수 없습니다.

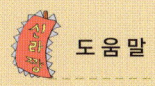

무역은 왜 이루어질까요?

사람들은 누구나 다른 지방이나 다른 나라의 물건들에 대해 많은 관심을 가지고 있습니다. 왜냐하면 다른 지방에 있는 물건 가운데에는 자기가 사는 지방에 없는 물건도 있을 것이고, 같은 물건이라 하더라도 값이 싼 물건도 있을 것이기 때문입니다.

그러한 여러 가지의 필요에 의해 예로부터 각 지방이나 나라들 사이에는 물건을 사고파는 일이 행해져 왔습니다.

이렇게 다른 지방이나 나라 사이에서 물건을 사고파는 일을 무역이라고 합니다. 그 중 다른 나라에 물건을 파는 것을 수출이라고 하며, 다른 나라에서 물건을 사오는 것을 수입이라고 합니다.

그러한 무역은 아주 오랜 옛날부터 시작되었습니다. 지구상의 무역은 역사적 문헌에 의하면 고대로부터 존재했던 것으로 보입니다. 여러분들은 실크로드(비단길)나 낙타를 타고 다니는 아라비아의 상인, 그리고 비단 장수 왕서방에 대한 이야기를 들어 본 적이 있을 것입니다.

그런 이야기들이 바로 예로부터 무역이 있었다는 것을 증명해 주는 이야기들이지요.

물론 오랜 옛날부터 무역이 지금처럼 자유롭게 이루어지지는 못했습니다. 산과 강, 그리고 바다가 가로막고 있는 자연적인 이유와 먼 거리, 그리고 각 나라들 간의 서로에 대한 이해 부족 등이 그 이유가 되었을 것입니다. 현대에 와서는 그러한 자연이나 지리적 거리 등으로 인한 무역의 장애들은 교통과 통신의 발달로 거의 없어졌습니다. 그래서 지금은 지구의 반대편에 있는 나라의 물건을 며칠 걸리지 않아 구할 수 있을 정도가 되었습니다.

오히려 이제는 자기 나라의 경제를 보호하기 위해서 무역 거래를 금지하거나 제한한다는 경우가 생겨났습니다. 하지만 그런 경우를 빼고는 무역을 하지 않고 나라 안의 생산품만으로 경제를 꾸려 가는 나라는 지구상에 거의 없습니다.

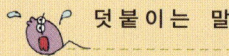 **덧붙이는 말**

그럼 무역이 이루어지는 까닭은 무엇일까요? 경제학에서는 무역이 이루어지는 이유를 어떤 상품에 대한 한 나라의 생산비가 다른 나라보다 싸기 때문이라고 합니다. 즉 각 나라들은 자신의 나라보다 싼 물건을 다른 나라에서 사서 쓰면서 이익을 얻게 된다는 것이지요. 예를 들어 보기로 합시다.

〈신라와 당나라의 생산비 비교표〉

	직물의 단위당 생산비	향료의 단위당 생산비
신라	90원	80원
당나라	100원	40원

이 경우 신라는 직물을 당나라에 수출하고, 당나라는 향료를 신라에 수출하면 두 나라는 모두 이익을 보게 될 것입니다. 왜냐하면 직물의 단위당 생산비는 신라가 싸고 향료의 단위당 생산비는 당나라가 싸기 때문이지요. 따라서 신라는 직물만 만들고, 당나라는 향료만 만들어 수출하면 두 나라 모두 물건을 싸게 살 수 있게 되어 이익을 볼 수 있을 것입니다.

두 나라가 분업을 하여 각각 생산비가 적게 드는 물건만 만들면 서로가 이익을 본다는 것이지요. 이것을 경제학에서는 절대우위론이라고 부르며, 아담 스미스가 처음으로 주장했습니다.

자, 잠깐 다음 문제를 생각해 봅시다.

1) 분업을 할 경우 생산량이 증가되는 이유는 무엇일까요?
2) 무역 당사국들이 무역으로 인해 얻게 되는 이익은 무엇일까요?

밀나라와 양나라

한 나라의 물건값이 모두 싸더라도 무역이 이루어지는 이유

옛날에 밀나라와 양나라가 바꿔강이라는 강 하나를 사이에 두고 서로 마주 보고 있었습니다. 밀나라는 북쪽에, 양나라는 남쪽에 있었는데 두 나라 국민들 모두 평화롭게 잘 지내고 있었습니다.

밀나라는 나라 전체가 주로 밀만 생산하는 나라입니다. 밀나라를 이루는 땅은 대부분이 밀농사에 맞도록 생겼습니다. 게다가 백성들도 우선 먹을 것이 많아야 나라가 발전한다는 생각을 하고 있어서 밀농사를 짓는 데 온갖 힘을 쏟았습니다. 덕분에 밀의 생산량이나 그 품질에 있어서는 밀나라를 따를 나라가 없게 되었답니다.

그래서 밀나라 사람들은 자기 나라를 일등 밀생산국, 그리고 최고의 밀생산국으로 부를 정도로 자신들이 하는 농사일에 자부심을 갖게 되었지요. 하지만 그렇게 밀만 많이 생산하다 보니 문제가 생겼습니다. 밀은 흔한 대신 다른 물건들이 너무 귀해진 것이지요. 더구나 밀나라 사람들은 먹을 것이 많아지자 점점 다른 물건들을 필요로 하게 되었답니다.

흔히들 사람들이 생활하는 데 있어서 기본이 되는 것은 옷과 먹을 것과 집이라고 합니다.

밀나라에는 먹을 것이 가장 흔했습니다. 다행히 집은 흙과 볏짚, 돌 등으로 만들다 보니 큰 문제가 되지는 않았습니다. 하지만 입을 것이 문제였습니다. 나라 전체가 거의 평야를 이루고 있어 짐승이 별로 없으니 동물의 가죽으로 옷을 지어 입기가 쉽지 않았던 것입니다. 자연히 동물의 털이나 가죽으로 만든 옷감의 값이 꽤 비쌌습니다. 옷감의 값은 한 자당 1,000원인 데 비해서 밀 한 되의 값은 500원이었습니다.

한편 양나라는 이름 그대로 양들이 무척 많은 나라로 밀나라보다 훨씬 따뜻한 나라랍니다. 나라 안에 야트막한 산악지대와 평야가 골고루 있기는 했지만 풀밭이 더 많기 때문에 양을 기르기가 무척 좋은 나라지요. 그래서 그 나라 사람들은 예로부터 양을 길러 털을 깎아서 옷감을 만드는 일을 주로 하면서 살아 왔답니다.

그런데 평야 지대에서 밀을 기르기는 했지만 밀의 값은 옷감의 값에 비해서 비싼 편이었습니다. 양나라에서 밀 한 되의 값은 400원이고 옷감 한 자의 값은 200원이었습니다. 밀나라와 비교를 한다면 밀이나 옷감의 값이 모두 싼 편이지요.

두 나라는 겨우 강 하나를 사이에 두고 있었기 때문에 서로 상대방 나라의 물건값에 대해서 잘 알고 있었답니다. 양나라 사람의 경우 나라 안에서의 옷감 두 자를 가지고 나가야 겨우 밀 한 되를 얻을 수 있었습니다. 하지만 강을 건너가기만 하면 옷감 한 자를 가지고 가서 밀 두 되를 가지고 돌아올 수 있었습니다.

밀나라 사람의 경우도 마찬가지였습니다. 나라 안에서는 밀 두 되를 가지고 나가야 겨우 옷감 한 자를 바꿀 수 있었습니다. 하지만 강을 건너가기만 하면 밀 한 되를 가지고 옷감 두 자를 얻을 수 있었습니다.

이런 사실들이 나라 전체에 알려지게 되자 국경선에서 가까운 바꿔강 나루는 점차 강을 건너가려는 사람들로 붐비기 시작했습니다. 하지만 너무 많은 사람들이 앞을 다투어 강을 건너다니게 되자 두 나라의 왕들은 자기 나라의 국민들을 관리하기가 점점 어려워졌습니다.

그래서 두 나라의 왕들은 이 문제를 해결하기 위해 서로 만나게 되었습니다. 궁리 끝에 그들이 찾아 낸 해결책은 밀나라에서는 밀만 생산하고 양나라에서는 옷감만 생산해서 서로 맞바꾸자는 것이었습니다. 이렇게 해서 매달 1일이 되면 각자 만든 물건들을 상대방 나라로 실어다 주자고 약속하였습니다.

그렇게 해서 두 나라 국민들의 불만은 사라지게 되었고, 사람들로 붐비던 강나루도 예전보다 한산해졌습니다.

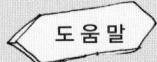

비교우위론

앞 이야기에 나오는 두 나라에서 생산되는 밀과 옷감의 값을 비교해 봅시다. 먼저 밀나라의 밀과 옷감의 가격을 비교해 보면 옷감 한 자는 1,000원이며 밀 한 되는 500원인 것을 볼 수 있습니다.

즉 옷감 1단위 = 밀 2단위의 비율로 교환이 이루어지는 것이지요. 따라서 밀나라의 단위당 가격은 옷감이 더 비싼 것을 알 수 있습니다.

이번엔 양나라의 밀과 옷감이 교환되는 비율을 알아볼까요? 양나라에서는 옷감 한 자는 200원인 데 비해서 밀 한 되는 400원에 거래되고 있습니다. 즉 옷감 1단위 = 밀 0.5단위의 비율이지요. 따라서 양나라의 단위당 가격은 밀이 더 비싸다는 것을 알 수 있습니다.

하지만 두 나라를 서로 비교해 보면 양나라에서 만들어지는 밀과 옷감의 값이 밀나라의 밀과 옷감의 값에 비해 훨씬 싸다는 것을 알 수 있습니다. 그럼에도 불구하고 이야기 속에서 밀나라 사람들과 양나라 사람들은 바꿔강 나루를 중심으로 밀과 옷감을 서로 바꾸어 가며 쓰고 있는 것을 볼 수 있습니다.

어째서 그런 교환이 이루어질 수 있는 것일까요? 그것은 두 나라에 있어서 밀과 옷감을 만들어 내는 데 들어가는 비교생산비가 다르기 때문입니다.

앞의 경우 두 나라 사이의 물건의 교환, 즉 무역이 이루어지기 전에는 각 나라 안에서의 교환 비율은 다음과 같습니다.

밀나라에서는 옷감 1단위 = 밀 2단위, 양나라에서는 옷감 1단위 = 밀 0.5단위의 비율로 거래가 될 것입니다.

다시 말해 두 나라의 교환 비율이 다르므로 나라 사이의 교환을 통해 서로 이익을 얻을 수 있는 것입니다. 단순하게 이야기하면 밀나라는 양나라에 밀 1단위를 주고 옷감을 2단위 얻어올 수 있습니다. 한편 양나라는 밀나라에 옷감 1단위를 주고 밀을 2단위 얻어올 수 있습니다. 그 결과 밀나라는 옷감 1단위의 이익을 얻을 수 있으며 양나라는 밀 1단위의 이익을 얻을 수 있게 됩니다. 두 나라는 모두가 무역을 통해서 이익을 얻게 되는 것이지요.

이와 같은 이유 때문에 물건의 가격이 상대적으로 비싼 나라와 싼 나라 사이에서도 무역이 이루어지게 되는 것입니다. 무역이 이루어지는 이러한 이유를 경제학에서는 비교우위론이라고 부르는데, 이것은 리카도라는 경제학자가 주장한 것입니다.

덧 붙 이 는 말

앞에서처럼 두 나라의 교환 비율이 달라지는 것은 무엇 때문일까요? 앞 이야기에도 나오지만 그것은 두 나라가 가지고 있는 자원이 다르기 때문입니다. 즉 밀나라에서는 옷감뿐만 아니라 밀을 생산하는 데에도 양나라보다 많은 시간이 걸립니다. 그것은 밀나라 사람들이 지닌 노동력의 질과 자연 조건(땅, 물, 기후) 등이 양나라가 가진 노동력의 질이나 자연 조건과 다르기 때문입니다.

그 결과 무역이 이루어지게 되면 각 나라는 상대적으로 자신의 나라가 다른 나라에 비해서 더 풍부하게 가지고 있는 자원을 이용하여 만들 수 있는 재화를 생산하게 된다는 것이지요.

앞 이야기에서 보면 양나라의 옷감과 밀나라의 밀이 바로 각 나라가 더 풍부하게 가지고 있는 재화인 셈입니다. 두 나라는 같은 힘과 자원을 들이고도 무역으로 인해 전보다 많은 옷감과 밀을 생산할 수 있으며 쓸 수 있게 됩니다. 또 더 많은 재화를 사용함으로써 더 많은 만족감을 느낄 수 있게 됩니다. 즉 무역은 두 나라의 복지를 향상시켜 주게 되는 거지요.

이제 다음 문제에 대해 답을 해 보세요.

1) 난쟁이 나라와 뚱뚱보 나라에서 구두와 옷감을 생산
하는 데 드는 비용은 각각 다음과 같습니다.

	난쟁이 나라	뚱뚱보 나라
구두	600원	100원
옷감	300원	200원

이 경우, 두 나라는 무역을 해서 이익을 얻을 수 있을
까요?

2) 두 나라가 모두 이익을 얻을 수 있다면, 각 나라는 어
떤 물건을 가지고 상대방 나라와 무역을 해야 할까요?

기름진 문전옥답 잡초에 묻혀 있네

수입 자유화와 국제 경쟁력

날씨가 화창한 봄날이었습니다. 은이는 아버지와 함께 기차를 타고 가는 중입니다. 시골에 있는 할아버지와 할머니의 산소에 성묘하기 위해서이지요.

은이는 약간 들떠 있었습니다. 따뜻한 햇살이 비치는 기차의 창가에 앉아 아버지와 함께 다정히 얘기를 나누며 오랜만에 여행을 하는 게 너무너무 편안하고 좋았기 때문이지요. 올해 막 고등학생이 된 은이는 새로운 학교 생활에 적응하느라 하루하루가 긴장의 연속이었거든요.

기차에는 은이 일행 말고도 가족으로 보이는 승객들이 많이 타고 있었습니다. 마침 한식이 낀 주말이어서 은이네처럼 성묘를 가기 위해 나선 사람이 많은 듯했습니다.

"기분이 좋은 것 같다?"

"예, 좋아요. 아버지."

은이는 계속 싱글벙글이었습니다. 기차 창 밖에선 산과 들이 계속 뒤로 밀려나고 있었습니다. 두 시간 정도 지나자 기차는 은이와 아버지가 내릴 역에 닿았습니다. 그리 크지 않은 도시의 역이었지요. 그곳에서 할아버지와 할머니의 산소까지 가기 위해서는 다시 버스로 갈아타야 했습니다. 버스가 40분 정도 달리자 시골 마을이 나왔습니다.

"다 왔다, 내리자."

은이와 아버지는 버스에서 내려 마을로 들어섰습니다. 할아버지와 할머니의 산소는 마을 뒷산에 있었기 때문에 마을을 지나야 했습니다. 그런데 금방까지도 즐거운 표정이시던 아버지의 모습이 왠지 어둡게 변했습니다.

"아버지, 무슨 일이 있으세요? 얼굴 표정이 이상해요."

"응? 내 표정이 어때서?"

아버지는 애써 웃음을 머금으셨지만 역시 어색해 보였습니다.

"우리 집에 먼저 가 보자."

아버지가 '우리 집'이라고 하셨지만 사실은 할아버지와 할머니가 모두 돌아가신 뒤론 아무도 살지 않는 집입니다. 식구들이 전부 시골집을 떠나 도시에 가서 살게 되었기 때문이지요. 은이의 아버지와 어머니는 모두 서울로 나가 공장에서 일을 하신답니다.

아버지와 함께 들어선 '우리 집' 마당엔 잡초가 사람 키만큼이나 자라 있었고 대청마루엔 쥐똥이 수북했습니다.

"허, 참. 잠깐 사이에 이렇게 되고 말았구나."

아버지는 어이가 없으신지 한숨만 내쉬었습니다. '우리 집'뿐만이 아니라 마을의 집들은 거의가 다 비어 있었습니다. 모두들 도시로 나가 살기 때문이었습니다.

옛날 같으면 개 짖는 소리에 아이들 떠드는 소리에 요란할 텐데 지금은 마을 전체가 조용하다 못해 고요했습니다.

　은이와 아버지는 '우리 집'을 나와 마을 뒤를 돌아 산으로 올라갔습니다. 은이는 준비해 온 제수를 할아버지와 할머니의 무덤 앞에 차렸습니다. 아버지는 무덤 앞에 서서 산 사람과 이야기를 나누듯 또박또박 말씀하셨습니다.

　"아버님 어머님, 자주 찾아뵙지 못해 죄송합니다. 사는 게 뭔지 하루하루 바둥바둥대다 보니 일 년에 한 번 찾아뵙기도 힘이 드는군요."

　성묘를 마치고 산을 내려오면서 보니 건너편 산 여기저기에 한식 성묘를 온 듯한 사람들이 눈에 띄었습니다. 그런데 이상하게도 들에는 일하는 사람이 하나도 눈에 띄지 않았습니다.

　"옛날 같으면 지금쯤 이 밭 저 밭에 노오란 유채꽃이 한창이고 밭 가는 쟁기질도 요란할 텐데……."

　아버지는 오늘따라 자꾸 옛날 생각이 나는 모양이었습니다. 성묘를 마치고 마을로 내려와 버스를 기다렸습니다. 아까 차에서 내렸을 땐 미처 보지 못했는데, 이제 보니 버스길 양쪽에 억새밭이 넓게 퍼져 있었습니다. 아직 새순이 나진 않았지만 작년에 났다가 그대로 말라 허리가 꺾인 억새들이 바람이 조금만 불어도 서걱거렸습니다.

　"어이구, 문전옥답이 모두 억새밭이 되고 말았구나."

　아버지의 그 말씀에 은이는 억새밭을 자세히 들여다보았습니다. 말라빠진 억새풀 사이엔 벼가 잘려나간 자리를 지키고 있는 벼밑동이 그대로 있었습니다.

버스는 30분을 기다려도 오지 않았습니다. 은이와 아버지는 기차 시간에 늦을까봐 할 수 없이 걸을 수 있는 데까지 걸어가기로 했습니다. 걸어가다가 빈 차라도 지나가면 얻어 탈 생각이었지요. 10분쯤 걷다 보니 검은 승용차 하나가 다가왔습니다. 은이와 아버지는 손을 들어 그 차를 세웠습니다. 그리곤 사정을 이야기한 뒤 그 차를 얻어 타게 되었습니다.

승용차 안에는 중년 부부가 타고 있었습니다. 그들 부부 역시 도시에 사는 사람들로, 고향 마을에 성묘를 다녀오는 길이라고 했습니다. 그들은 웬만하면 다시 고향으로 돌아와 살 생각에 고향 마을을 둘러보았다고 했습니다. 하지만 마을에 사는 사람이 하나도 없어서 들어와 살기가 망설여진다고 했습니다.

"산 사람은 모두 도시로 떠나고 죽은 사람들만 고향을 지키고 있더만요."

운전하는 아저씨가 그렇게 말하자 부인이 말을 받았습니다.

"농토도 이젠 다 황폐해져서 농사는 더 지을 수도 없고 할 것이 딱 한 가지 있다면 앞뒤 산에다 공원 묘지나 개발하면 좋겠더군요. 죽어서나 고향에 와서들 살으라구요."

아버지는 끙 소리를 내면서 차 의자 등받이에 머리를 기대셨습니다. 잠시 침묵이 흘렀습니다. 운전하던 아저씨가 침묵이 어색했던지 라디오를 켜셨습니다. 라디오에선 저음의 가수가 부르는 노래가 흘러나오고 있었습니다.

구름도 울고 넘는 울고 넘는 저 산 아래

그 옛날 내가 살던 고향이 있었건만
지금은 어느 누가 살고 있는지
지금은 어느 누가 살고 있는지
산골짝엔 물이 마르고
기름진 문전옥답 잡초에 묻혀 있네.

노래가 끝나자 휴일의 교통 상황을 알리는 방송이 나오고 곧 뉴스가 시작되었습니다.

"선진국들의 식량 무기화로 장차 한국은 어려움에 빠질 전망입니다. 미국 정부는 한국으로 수출하는 쌀의 가격을 200% 올리겠다고 발표했습니다. 이 발표를 전해 들은 우리 정부의 식량 담당관들은 지금 이 시간 현재 긴급 대책 회의를 하고 있습니다. 하지만 벌써 몇 년째 벼농사를 짓지 않은 우리나라로 선 지금 당장은 별다른 대책이 나오지 못하고 있습니다. 우선 미국이 아닌 다른 나라로 쌀 수입선을 바꿀 계획이지만 다른 나라들도 미국이 하는 대로 값을 올릴 것으로 보입니다."

운전을 하시던 아저씨가 그만 라디오 스위치를 끄면서 투덜거렸습니다.

"제기랄, 이젠 모두 먹지 말고 입을 봉하고 있어야겠구먼."

아버진 차창 밖으로 지나가는 논, 아니 억새밭만 뚫어져라 쳐다보고 계셨습니다.

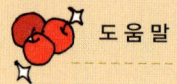

자유무역과 보호무역

앞 이야기는 UR(우루과이라운드)와 FTA(자유무역협정)으로 수입 자유화가 이루어진 뒤 농촌을 떠난 어떤 아버지와 딸이 성묘하러 가는 날을 이야기하고 있습니다. 지금의 상황이 변하지 않아 농민들이 모두 농촌을 떠나게 되면 실제로 일어날 수 있는 모습이지요.

우리는 앞에서 무역이 무역을 하는 나라 사람들의 복지를 향상시켜 주며 부유하게 만들어 주는 것을 보았습니다. 이처럼 무역으로 인해 무역을 하는 나라들이 이익을 볼 수 있다는 주장을 자유무역론이라고 하는데, 이것을 뒷받침해 주는 것이 앞에서 나온 절대우위론과 비교우위론이지요.

자유무역론은 국가 간의 무역 거래가 아무런 방해 없이 이루어져야 한다고 주장하는 것입니다. 사실 각 나라가 처한 상황들을 헤아리지 않는다면 세계 전체를 두고 볼 때는 바람직한 주장이지요.

자유무역을 촉진시키기 위해 세계의 여러 나라들이 모여서 만든 협정의 대표적인 것이 GATT(General Agreement on Tariffs and Trade, 관세 및 무역에 관한 일반 협정)로 우리나라도 1967년에 가입했습니다.

하지만 각 나라들은 여러 가지 현실적인 이유를 들어가며 무역이 자유롭게 행해지는 것을 막고 있는 것이 현실이기도 합니다. 이렇게 각자 자신의 나라를 보호하기 위해서 무역 거래를 제한하고 금지하는 것을 자유무역에 대해 보호무역이라고 부르며, 보호무역론을 주장한 사람은 독일의 리스트입니다.

보호무역을 주장하는 가장 큰 이유는 다른 무엇보다도 자기 나라의 산업을 보호하기 위해서입니다. 앞 이야기에 나오는 것만 보아도 수입 자유화로 인해 이미 농사를 짓는 사람이 없어진 것을 볼 수 있습니다.

농사를 짓지 않는 경우에 일어나는 폐해에 대해서는 앞에서 이미 이야기를 한 적이 있습니다. 식량은 인간이 살아가는 데 있어서 무엇보다도 중요한 자원입니다. 농사를 짓지 않아 식량을 자급자족하지 못하게 되는 경우, 식량을 무기로 삼아 나라를 위협할 수도 있는 것입니다.

그러니 국제 경쟁력이 약한 나라가 보호무역을 주장하는 것은 너무도 당연한 일입니다. 우리나라의 경우 다른 나라에 비해 아직 경쟁력이 떨어집니다. 그렇다면 경쟁력이 길러지는 동안 국내 산업을 보호하려 애쓸 수밖에 없는 것입니다.

예를 들어 볼까요? 국산 컴퓨터의 경우 외국산 컴퓨터에 비해서 질이 떨어지는 것이 현실입니다. 만약 컴퓨터의 수입을 자유화해서 값싸고 좋은 외국 컴퓨터들이 아무런 장벽 없이 들어오게 되었다고 생각해 봅시다. 그래서 컴퓨터를 사러 시장에 나가 보니 외국산이 훨씬 더 싸고 좋았다고 합시다.

이럴 때 여러분은 어떤 컴퓨터를 살 것인지요? 아마 특별히 애국심이 강한 사람이 아니라면 외국산 컴퓨터를 살 것입니다.

그러므로 경쟁력이 뒤지는 산업을 일정 기간 동안 보호하여 어느 정도의 경쟁력이 길러졌을 때 수입을 자유화한다면 국내의 산업은 살아남을 수 있을 것입니다. 이런 이유로 보호무역은 필요한 것입니다.

보호무역을 위한 장치는 여러 가지가 있는데, 그 목적은 수입품이 들어오지 못하도록 하거나 들어오더라도 국내에서 경쟁력을 가질 수 없도록 하는 것입니다. 그 장치로 대표적인 것이 수입품에 관세를 부과하는 것입니다.

수입품에 관세를 부과하면 수입품의 가격이 높아지는 효과를 가져옵니다. 그 결과 국내 산업이 보호되어 국내 생산이 증가되고, 외국 물건에 대한 소비 억제 효과를 가져올 수 있으며 관세로 인한 재정 수입이 증가합니다. 나아가 수입이 억제되어 국제수지가 개선될 수 있습니다. 이 외에도 수입 물량이나 금액을 제한하거나(쿼터 제도나 바터 제도), 수입한 원료를 가공해서 다시 수출하는 조건으로 수입을 허가하거나(수출입 링크제), 수입품에 관세 이외의 다른 요금을 부과하는 등 여러 가지 방법이 있습니다.

덧붙이는 말

- -

20세기 말 수입 자유화를 위해 새로 떠오른 무역 협상이 바로 GATT의 일환인 UR(우루과이라운드)입니다. 우루과이라운드가 목적으로 하는 것은 세계 무역 자유화를 위하여 관세나 수량 제한, 기타 비관세 조치 등의 무역 장벽을 완화하고 철폐하는 것입니다. 하지만 가장 큰 특징은 여태까지 자유무역 거래의 대상이 되어 온 공산품 이외에도 다른 상품, 즉 서비스와 농산물까지도 수출입을 자유화하자는 것입니다.

우루과이라운드 협상에 가장 적극적으로 나서는 나라는 미국입니다. 미국은 1980년대에 들어서면서 공산품에 있어서 일본보다 뒤떨어지게 되어 국제수지가 적자를 기록하게 되자, 그 적자를 해결하기 위해 생각해 낸 것이 무역 자유화를 공산품뿐만 아니라 농산물과 서비스업까지 확대시키자는 것이었습니다. 농산물과 서비스업에 있어서 미국은 다른 나라에 비해 비교우위를 유지하고 있기 때문이지요.

이렇게 해서 시작된 협정이 바로 UR입니다. UR의 발효와 함께 WTO(세계무역기구)가 출범합니다. WTO는 UR협정의 이행을 감독하고 국제무역분쟁을 해결하기 위해 만들어진 국제기구입니다. 기존의 GATT에 비해 훨씬 법적 구속력이 강한 국제기구입니다.

또한 WTO 각료회의는 2001년 카타르 도하에서 다자간 무역협정인 DDA(도하개발어젠다)를 체결합니다. UR에 비해 상품, 서비스, 지적재산권 등을 포괄하며 강제력이 높습니다.

결국 세계의 무역 정책이 자유무역주의로 바뀌고 있는 것이 현실인 만큼 우리는 그 현실을 거부할 수 없을 것입니다. 무엇보다도 중요한 것은 각 분야에서의 국제 경쟁력을 키워서 다른 나라의 물건보다 더 싸고 더 좋은 물건을 만들어야 한다는 것입니다.

어쩔 수 없는 분야는 개방을 하더라도 보호하지 않으면 무기화가 될 수 있는 농업이나 일정 기간 동안 보호해서 국제 경쟁력이 키워질 수 있는 산업은 보호해야 할 것입니다.

자, 이제 다음 문제를 생각해 보세요.

1) 지속가능한 산업으로서의 농업을 위해 우리가 할 수 있는 일은 어떤 것이 있을까요?
2) 앞 이야기에 나오는 것처럼 논과 밭이 억새밭이 되지 않기 위한 방법 가운데 한 가지를 아래의 도표를 보고 궁리해 보세요.

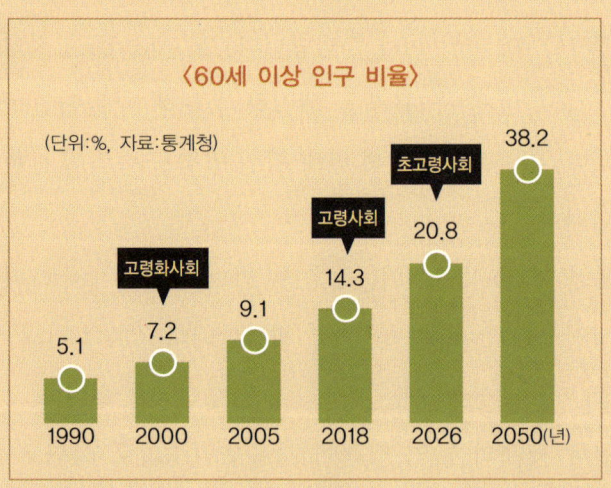

〈60세 이상 인구 비율〉

(단위:%, 자료:통계청)

고령화사회 7.2
고령사회 14.3
초고령사회 20.8
38.2

5.1 — 1990
7.2 — 2000
9.1 — 2005
14.3 — 2018
20.8 — 2026
38.2 — 2050(년)

백만금에서 금이 새는 이야기

안에서 버는 것보다 밖에 나가 더 쓰다 보면……

억만 주식회사는 자동 통역기를 만드는 회사입니다. 그 자동 통역기는 소형 라디오만하게 생겼는데 어떤 한 나라의 말이 소리로 입력이 되면 곧바로 원하는 나라의 언어로 통역이 되어 작은 스피커나 이어폰을 통해 다시 소리로 흘러나오게 됩니다. 그래서 그 자동 통역기는 나오자마자 인기가 대단했습니다. 특히 외국에서 인기가 좋아 수출 실적이 무척 좋았답니다.

억만 주식회사는 그 제품을 개발해서 생산하는 데까지 많은 어려움을 겪었습니다. 억만 주식회사의 사장인 백만금 씨는 오랜 노력과 연구 끝에 자신이 직접 자동 통역기의 주요 회로를 설계하고 시제품까지 만들어 발명특허까지 얻었습니다.

"드디어 해냈어, 이제 물건을 많이 만들어 팔아야지!"

하지만 자금이 부족해서 억만 주식회사에서는 자동 통역기를 생산할 생산 체제를 갖출 수가 없었습니다. 더구나 국내에선 백만금 씨의 자동 통역기가 많이 팔릴 거라고 생각하지 않는데다 수익성이 별로 없다고 생각해서 사업 자금을 대려는 사람이나 은행이 나타나지 않았습니다. 자금을 구하기 위해 여러 곳을 기웃거린 끝에 다행히도 백만금 씨는 외국의 어느 은행에서 자동 통역기의 대량 생산을 위한 자금을 빌릴 수 있게

되었습니다. 3년 동안 원금과 이자를 같이 상환한다는 조건이 었지요.

마침내 자동 통역기가 대량으로 생산되자 제일 좋아하는 사람은 무역업에 종사하는 사람들과 해외여행을 즐기는 사람들이었습니다. 다른 나라로 여행을 하는 사람들이 나라 안에서 여행을 하는 사람들만큼이나 많아졌으니까요.

자동 통역기는 날개 돋친 듯이 팔려 나갔습니다. 덕분에 많은 사람들이 언어의 장벽을 단숨에 뛰어넘어 버리게 되었습니다. 자동 통역기는 우리나라에서뿐만 아니라 다른 나라에서까지도 인기가 있어서 빚을 조금씩 갚고도 회사에 이익을 남겼습니다. 외국 은행에서 빌린 돈은 장기간에 거쳐 원금과 이자를 내도록 되어 있었거든요. 원금 일부와 돈에 대한 이자를 내고도 많은 이익을 남길 수 있었으니까요. 백만금 씨는 가슴을 쓸어내리며 그동안 애쓴 보람을 느낄 수 있었습니다.

그런데 자동 통역기가 개발되어 잘 팔리게 되자 좋아하는 사람이 또 있었습니다. 그게 누구냐고요? 바로 백만금 씨의 부인인 김새내 씨였습니다. 사장 부인이 좋아하는 건 당연한 일이 아니냐고요? 그야 그렇지만 김새내 씨가 좋아하는 이유가 딴데 있어서 문제이지요.

"여보, 이 자동 통역기를 실험해 볼 겸 이번에 동남아 여행을 좀 다녀올게요."

"허허, 그러구려."

김새내 씨는 기다리던 기회가 왔다는 듯이 그 자동 통역기를 들고 외국 여행을 하기 시작했습니다. 처음엔 백만금 씨도 부인이 자동 통역기를 들고 어려움 없이 외국 여행을 하는 걸 보자 가슴이 뿌듯했습니다. 자기가 만든 제품을 들고 다니며 시험을 해 보는 부인의 모습이 대견하기까지 했답니다. 그러나 시간이 지나면서 백만금 씨는 차츰 부인과 다툼을 하게 되었습니다.

"여보, 이제 여행을 그만 다니도록 해요."

"아니 왜요?"

"몰라서 묻소?"

무슨 일 때문에 그러느냐고요? 그야 외국 여행을 간 부인 김새내 씨가 외국에서 돈을 펑펑 써댔기 때문이지요. 백만금 씨

자신은 국내에서 인정을 해 주지 않아 외국 은행에까지 가서 자금을 구해 쓴 뒤 아직도 그 돈을 갚느라 정신이 없는 판이었습니다.

그런데 부인은 그런 것에 아랑곳하지 않고 외국에 나가기만 하면 미친 듯이 돈을 쓰고 다녔습니다. 어느 정도로 헤프게 쓰냐고요? 글쎄 그건 김새내 씨가 최근에 외국에서 사온 물건의 목록을 보면 알 수 있겠지요.

김새내 씨는 김포 공항에서 비행기를 타기는 했지만 우리나라 국적 비행기가 아닌 외국 국적 비행기를 탔습니다. 외국 비행기가 서비스가 더 좋대나 어쨌대나요? 김새내 씨는 비행기를 타고선 제일 먼저 프랑스로 가서 뽕빠진표 보석 장신구를 산 뒤, 파리에 사는 친구를 만났습니다. 그 친구는 김새내 씨에게 모피로 된 코트 하나를 선물해 주었습니다.

김새내 씨는 친구가 준 모피 코트를 입고 뽕빠진표 보석을 몸에 단 뒤 이탈리아로 갔습니다. 그곳에서는 뻐뻐니표 옷장을 사서 국제 화물로 부쳤습니다. 그리고선 미국으로 날라갔지요. 미국으로 간 이유를 들어 보면 더욱 기가 막힙니다. 다름이 아니라 바로 집에서 기르는 애완용 개가 먹을 사료를 사기 위해 간 것이랍니다. 그냥 사료가 아니라 영양가는 그대로이면서 살만 빠지는 다이어트용 사료를 사러 간 것이지요.

미국에서 김새내 씨는 별로라우표 개사료를 산 뒤, 돌아오는 길에 일본에도 들렀습니다. 일본에서 우리나라야 잠깐 눈 한 번 붙이면 오는 거린데 빼놓을 수가 없었지요. 김새내 씨는 일본에서 누루스루미표 밥통을 샀습니다. 뭐, 밥 짓는 것은 물론 오랫동안 두어도 변하지 않아 방금 지은 새 밥처럼 맛있고 따끈따끈하다나요?

그런데 김새내 씨는 미국으로 가기 전에 가지고 간 돈을 다 써서 신용카드를 이용해 외상으로 물건들을 샀답니다. 아무튼 김새내 씨는 남편이 개발한 자동 통역기 덕분에 세계 각국을 이웃 마을 돌듯 돌 수 있었습니다.

아내가 사온 물건들을 보고 백만금 씨가 말했습니다.

"밥통 같은 여자가 밥통을 사왔군."

아무튼 김새내 씨 같은 사람을 부인으로 두고 있는 백만금 씨는 하루도 마음이 편할 날이 없었습니다. 자신의 이름대로 백만금이 모이기는커녕 부인 김새내 씨를 통해 금(金)이 다 새 나가고 있었거든요.

도움말

국제수지란 무엇일까요?

흔히 신문이나 방송에서 종합지수가 적자라느니, 경상수지가 적자라느니 하는 말을 자주 사용합니다. 대부분의 사람들은 그 말들의 정확한 뜻을 알지 못하기 때문에 수출이 잘 안 되나 보다 하는 정도로 생각하고 넘기는 경우가 많은데, 무엇을 뜻하는 말인지 한번 살펴보기로 하지요.

〈국제 수지표〉

			수취	지급	합계
종합수지	기초수지	경상수지	무역수지	(1) 재화의 수출	(2) 재화의 수입	
			무역외 수지	(3) 용역의 수출	(4) 용역의 수입	
			이전 거래	(5) 아무런 대가 없이 외국으로부터 들어온 상품	(6) 아무런 대가 없이 외국으로 나간 상품	
		장기 자본수지		(7) 외국인의 국내투자 및 차관 (1년 이상)	(8) 내국인의 국외투자 및 차관 (1년 이상)	
	단기 자본수지			(9) 1년 이내의 해외 외상 매출	(10) 1년 이내의 해외 외상 매입	
	오차 및 누락					

먼저 국제수지란 일정기간 동안 한 나라 안에서 살고 있는 사람과 다른 나라에서 사는 사람들 사이에 이루어진 모든 경제적 거래를 뜻합니다. 여러분의 이해를 돕기 위해 국제수지표를 그려 보았습니다.

위의 표에서 보면 국제수지가 종합수지, 기초수지, 경상수지로 이루어진다는 것을 알 수 있습니다. 종합수지와 기초수지, 그리고 경상수지의 관계는 다음과 같습니다.

종합수지=기초수지+단기 자본수지+오차 및 누락

기초수지=경상수지+장기 자본수지

경상수지=무역수지+무역외수지+이전거래

이제 밑에서부터 한 항목씩 차례로 살펴보기로 합시다.

먼저 무역수지란 눈에 보이는 상품, 즉 재화의 수출과 수입을 나타냅니다. 이때 수출은 외국에 물건을 판 것으로 그 대금이 들어오게 되므로 플러스 항목으로 나타내면 됩니다. 수입은 그 반대이므로 마이너스 항목으로 처리하면 됩니다.

무역외수지란 눈에 보이지 않는 상품, 즉 용역의 수출과 수입을 나타냅니다. 예를 들면 무역외수출이란 해외에 투자한 돈에 대한 이자 수입, 그리고 외국인들이 우리나라의 배나 항공기를 이용하고 내는 운임, 해외 건설 사업 등을 말합니다. 무역외수입은 그 반대로 생각하면 됩니다.

이전거래란 우리나라 사람과 외국인 사이에서 아무런 대가 없이 주고받는 것들을 말합니다. 이 세 가지 항목, 즉 무역수지와 무역외수지, 그리고 이전거래를 합한 것이 경상수지가 됩니다.

이번엔 장기 자본수지에 대해서 알아보지요. 장기 자본수지는 1년 이상의 기간을 가진 자본의 거래를 뜻합니다. 차관이나 해외 투자로 들고나는 돈의 거래가 여기에 해당됩니다.

단기 자본수지란 1년 미만의 기간을 가진 자본 거래를 뜻합니다. 무역으로 인한 신용, 즉 외국에 물건을 팔고 받지 못한 돈이나 외국에서 물건을 사오고 주지 않은 돈이 그것이지요.

이제 국제수지가 균형을 이룬다느니 적자라느니 하는 말이 무엇을 뜻하는지 알아보지요.

먼저 주위에서 가장 자주 쓰이는 경상수지가 적자라는 말은 수출보다 수입이 많다는 뜻이 됩니다. 또 경상수지가 흑자라는 것은 수출이 수입보다 많다는 뜻이구요. 경상수지가 균형을 이룬다는 말은 수출과 수입이 같다는 뜻입니다.

경상수지가 적자가 되면 외국에 지불하는 돈이 외국에서 받는 돈보다 많게 되어 나라 안에 있던 외화를 지불하거나 외국에서 돈을 빌려다 지불해야 합니다. 경상수지는 그 나라 경제가 얼마나 튼튼한지를 보여 주기 때문에 흔히 국제수지와 같은 뜻으로 쓰이기도 합니다.

사실 무역 거래의 규모를 판단하는 데에 있어서 경상수지는 가장 중요한 자리를 차지하고 있습니다. 그건 경상수지가 실제로 나라 사이에서 이루어진 상품 거래를 반영하고 있기 때문입니다.

만약 경상수지의 적자가 계속되는 경우에는 국내의 생산이나 소득이 떨어지는 결과를 낳게 되지요. 그리고 경상수지의 흑자가 계속되는 경우에는 앞과는 반대의 결과가 나타나게 됩니다.

경상수지 외에도 기초수지를 한 나라의 국제수지가 균형을 이루는지 판단할 때 사용하기도 하지요. 기초수지는 장기 차본을 빌려 개발을 위한 투자로 사용했는지 아니면 경상수지의 적자를 메우기 위해서 사용했는지를 알 수 있게 해 주기 때문입니다.

어쨌든 국제수지의 계속적인 적자는 많은 외채와 이자 부담을 안겨 주어 국내 경제의 발전에 커다란 걸림돌이 됩니다.

이미 우리나라는 세계에서 손꼽는 채무국이 된 지 오래입니다. 그런데도 나라 안에는 이야기 속에 나오는 김새내 씨처럼 외국산 소비재를 사느라 바쁜 사람들이 많이 있습니다. 생산을 위한 도구나 원료를 수입하는 것은 바람직하다고 볼 수 있지만 단순히 소비를 위한 물건을 지나치게 사들이는 것은 국가 경제에 좋지 못한 영향을 미치게 됩니다.

각 나라의 정부들은 국제수지표(386페이지)의 어느 항목에 해당할까요? 국제수지표에 표시된 번호로 답해보세요.

백만금 씨가 외국 은행에서 3년의 기간으로 빌려온 돈

김새내 씨가 외국 비행기를 타면서 낸 운임

김새내 씨가 얻어 온 모피 코트

김새내 씨가 사온 뻔뻐니표 옷장

백만금 씨가 외국에 수출한 자동 통역기

돈으로 돈 사기

돈으로 돈을 바꾸는 세상

20세기 초에 영국에서 있었던 일입니다. 나중에 유명한 경제
학자가 된 케인즈라는 사람이 외국 돈을 관리하는 정부 부처에
서 근무하고 있을 때입니다. 그 사람이 하는 일은 정부에서 필
요로 하는 외국 돈을 사거나 필요 없는 외국 돈을 팔거나 하는
일이었습니다.

요즈음 말로 하면 외환 딜러가 하는 일을 담당했던 것이지
요. 그런데 어느 날 그 부처의 윗사람이 케인즈를 보고 말했습
니다.

"지금 스페인 돈이 많이 필요하니 좀 구해 놓도록 해요."

"예, 알았습니다."

대답을 하고 나온 케인즈는 어떻게 할까 궁리를 한 끝에 정부
에서 가지고 있는 스페인 돈을 몽땅 내다팔아 버렸습니다. 엉뚱
하게도 필요한 돈을 사들인 것이 아니라 팔아 버린 것이지요.

그 다음 날 윗사람이 다시 케인즈를 불러서 물었습니다.

"내가 말한 돈을 구해 놓았나?"

"아닙니다, 가지고 있던 스페인 돈을 모두 팔아 버리고 있는
중입니다."

"뭐라고? 자네 머리가 어떻게 된 것 아닌가?"

윗사람은 기가 막혀서 더 이상 말을 잇지 못했습니다.

"도대체 어떻게 하자는 작정인가?"

"조금만 기다려 주시면 알게 됩니다."

윗사람은 할 수 없이 케인즈의 말에 따라 시간이 지나기를 기다렸습니다. 그러든 말든 케인즈는 정부가 가지고 있는 스페인 돈이 다 떨어질 때까지 외환 시장에 갖다 팔아 버렸습니다. 그리고는 태연히 맛있는 요리나 만들어 먹고, 신문이나 보면서 시간을 보냈습니다.

시간이 지나자 영국 돈에 대한 스페인 돈이 환율이 많이 올랐습니다. 스페인 돈의 공급이 늘어났으니 스페인 돈의 값이 떨어지는 건 당연한 일이지요.

스페인 돈의 값이 떨어지자 케인즈는 기다렸다는 듯이 외환 시장으로 달려가 스페인 돈을 닥치는 대로 사들이기 시작했습니다. 그러자 주위에선 케인즈를 이상한 눈으로 쳐다보았습니다.

"저 사람 좀 이상해진 것 같아."

"글쎄 말이야. 스페인 돈 값이 떨어지고 있는데 저렇게 사들이다가 더 떨어지면 그 손해를 어떻게 감당하려고 그러지?"

그러나 주위 사람들의 말과는 달리 스페인 돈은 더 이상 떨어지지 않고 제자리를 지키고 있었습니다. 어쨌든 케인즈는 주위 사람들의 시선 같은 건 아랑곳하지도 않은 채 필요한 만큼의 스페인 돈을 아주 싼 값에 살 수 있었습니다. 물론 필요한 스페인 돈을 싸게 산 덕에 영국 정부는 큰 이익을 보게 되었지요.

케인즈는 속으로 이렇게 생각하고 있었습니다.

"남들이 하는 대로 해선 큰 이익을 볼 수가 없어. 남들이 사야 한다고 생각할 땐 파는 게 낫고, 남들이 팔아야 한다고 생각할 땐 사는 게 낫지. 이미 값이 바닥까지 떨어졌으니, 더 떨어질 리가 있겠어? 그러니 다시 오르기 전에 사는 게 당연한 일이잖아."

그 일을 알게 된 윗사람이 케인즈를 불러 말했습니다.

"자네, 정말 놀라운 사람이네 그려."

"별 말씀을 다 하시네요."

그 일을 끝내고 나서 케인즈는 마치 아무 일도 없었다는 듯이 맛있는 요리를 먹으며 침대 위에 편안히 누워 신문만 읽고 있었습니다.

아무튼 돈으로 돈을 사고파는 세상에선 이처럼 생각지 못한 일들이 일어나기도 하는 모양입니다. 그러나 그 생각지 못한 일 덕분에 영국 정부는 재정에 적지 않은 도움을 받을 수 있었다고 하는 이야기가 전해지고 있습니다.

도움말

환율이란 무엇일까요?

앞 이야기에서 우리는 외환 시장이란 말을 찾아볼 수 있습니다. 외환 시장이란 말 그대로 외국의 돈이 사고팔리는 시장입니다. 상점에 가면 여러 가지 물건을 볼 수 있듯이 외환 시장에 가면 여러 나라들의 돈이 사고팔리는 것을 볼 수 있습니다.

이미 문명화되어 세계의 거의 모든 나라가 자기 나라의 돈을 가지고 있게 되자 벌어진 재미있는 일 가운데 하나가 바로 돈으로 돈을 사는 것입니다. 보통 각 나라의 돈을 바꾼다는 표현을 쓰기는 하지만 교환 거래가 가지는 속성이 바로 매매이고 보면 돈으로 돈을 산다는 표현이 틀리지는 않을 것입니다.

그리고 그 돈들은 시장의 물건값과 마찬가지로 때에 따라 변하는 것을 볼 수 있습니다. 이러한 외국 돈, 즉 외화는 다른 여러 나라 물건값과 마찬가지로 외환 시장이라는 보이지 않는 손에 의해 수요와 공급의 법칙에 따라 결정되는 것이 일반적입니다.

이야기 속에 나오는 스페인 돈의 가격도 스페인 돈에 대한 수요와 공급에 의해 결정되는 것입니다. 다만 이야기 속에 나오는 케인즈라는 사람은 필요한 스페인 돈을 구하기 위해서 일부러 스페인 돈을 팔아 버렸습니다. 스페인 돈의 공급을 늘려서 값을 떨어뜨리기 위해서지요.

그 결과 스페인 돈의 값은 떨어졌고 그 사람은 값이 떨어진 스페인 돈을 다시 사서 영국 정부에 적지 않은 이익을 안겨 주었습니다. 사실 경제 윤리 면에서 보면 케인즈는 좋지 않은 일을 한 셈입니다. 일부러 스페인 돈을 사들여 값을 떨어뜨렸으니까요.

이제 환율이 무엇인지에 대해 알아보기로 합시다.

환율이란 외환 시장에서 교환되는 두 화폐의 교환 비율을 뜻합니다. 그런데 그 교환 비율을 나타내는 방법은 두 가지가 있습니다. 그 하나는 외국 화폐 한 단위를 얻기 위해서 필요한 자기 나라의 화폐가 얼마인지를 나타내는 방법입니다(예를 들면 1달러에 대해 800원). 또 다른 하나는 그 반대로 자기 나라 화폐 한 단위에 대한 외국의 화폐 단위를 나타내는 방법입니다(예를 들면 1원에 대해 0.00125달러). 대체로 많이 쓰이고 있는 것은 첫 번째 방법입니다.

우리는 흔히 달러고니 엔고니 하면서 달러나 엔화의 값이 올랐다는 말을 듣기도 하고, 환율이 올랐느니 환율이 떨어졌느니 하는 말을 듣기도 합니다. 이런 말이 가지는 의미는 무엇일까요?

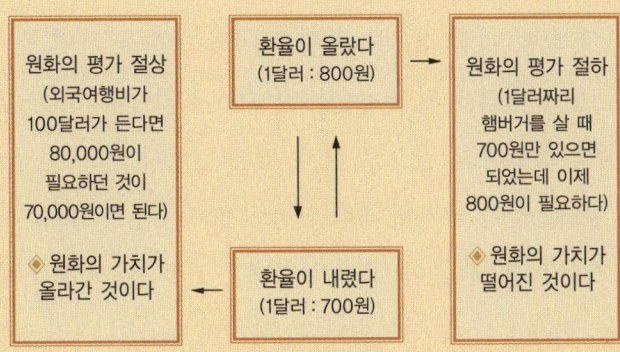

달러에 대한 환율이 올랐다는 것은 우리나라 돈의 가치가 떨어졌다는 것을 뜻합니다. 이것을 우리는 평가절하라고 합니다. 예를 들어 1달러가 700원 하던 것이 800원이 되었다면 환율이 올랐다고 합니다. 하지만 우리나라의 돈의 가치는 떨어진 것으로 평가절하가 되었다고 하지요.

환율이 오르면 외국 사람들은 우리나라 상품을 사는 데 유리한 입장이 됩니다. 예를 들어 140,000원 하는 우리나라의 도자기를 외국 사람이 산다고 생각해 봅시다. 이 경우 외국 사람은 달러에 대한 환율이 700원일 때는 200달러를 주어야 도자기를 살 수 있습니다(140,000/700=200). 하지만 환율이 800원으로 올랐을 때는 175달러를 주면 도자기를 살 수 있습니다. 따라서 환율이 오르면 우리나라 상품의 값이 떨어지게 된 효과를 가져와 수출은 증가됩니다. 또 환율이 오를 경우 외국에 진 채무의 상환 부담은 늘어날 것이며, 수입 원자재의 국내 가격 상승 등으로 인해 국내의 물가가 상승할 수 있습니다.

환율이 내린 경우는 앞과 반대로 생각을 하면 될 것입니다. 환율이 내리게 되면(평가절상이 되면) 우리나라 사람들은 외국 상품을 전보다 싼 값으로 살 수 있게 됩니다.

예를 들어 달러에 대한 환율이 800원에서 700원으로 내렸다고 합시다. 환율이 내리기 전에는 1달러짜리 통조림을 800원을 주어야 살 수 있었습니다. 하지만 환율이 내린 경우 같은 통조림을 700원만 주면 살 수 있는 것입니다.

따라서 환율이 내리면 결과적으로 외국 상품의 값이 싸진 효과를 가져와 수입이 증가됩니다. 또 환율이 내릴 경우 외국에 진 채무의 상환 부담이 줄어들 것이며, 국내의 물가는 안정될 것입니다.

외환 가격은 예측을 하기 어렵기 때문에 외환 가격이 변하는 경우, 각 나라들은 가지고 있는 외화의 보유량에 따라 많은 이익이나 손해를 입기도 합니다.

덧 붙 이 는 말

각 나라가 환율을 정하는 방법에는 여러 가지가 있는데 지금 우리나라는 관리변동환율제를 채택하고 있습니다. 관리변동환율제란 기본적으로는 외화의 수요와 공급에 따라 외화의 가격이 결정되지만, 필요에 따라서 정부가 개입을 할 수도 있는 제도입니다.

자, 이제 다음 문제를 풀어 보세요.

1) 복순이는 지금 미국으로 여행을 가려 합니다. 그런
   데 우리나라 돈의 환율이 1,000원에서 900원으로 떨
   어졌습니다. 떨어진 환율은 복순이의 미국 여행에
   어떤 영향을 주게 될까요?
2) 백만금 씨는 자동 통역기를 미국에 수출하고 있습니
   다. 환율이 떨어지는 경우, 자동 통역기의 수출은 증
   가할까요, 감소할까요?

이제 사다리는 걷어차도 돼!

자국 이기주의

"우리 영국과 미국은 자유무역을 통해 더욱 발전하고 선진국이 되었습니다. 그러니 당신 나라들도 자유무역을 통해 빨리 선진국이 되세요!"

1. 영국 이야기

14세기 무렵 영국의 제조업은 유럽에 비해 기술면에서 많이 뒤졌습니다. 유럽에서 기술을 수입해서 쓸 수밖에 없는 수준이었지요. 영국은 모직물의 원료인 양모를 주로 수출하고 모직물을 수입하는 나라였습니다.

그 무렵 영국을 다스렸던 에드워드 3세는 영국의 모직물 제조업을 발전시키기 위해 안간힘을 썼습니다.

"나는 앞으로 영국에서 만든 옷감으로만 옷을 만들어 입을 겁니다. 왕으로서 국민들에게 모범을 보이기 위해서입니다. 좋은 옷감을 만들려면 우리 영국의 모직업을 보호하고 발전시켜야 합니다. 그러기 위해서는 기술이 뛰어난 외국인 직조공들을 끌어들여 기술을 배워야 합니다. 또 모직옷감의 수입을 막고, 양모의 수출도 통제를 해야 합니다. 이건 모두가 우리 영국을 발전시키기 위한 정책입니다."

그 뒤로 헨리 7세는 더욱 강하게 모직업을 보호하고 나섰습니다.

"에헴, 앞으로는 완전히 가공이 끝난 모직물만 수출하도록 하시오. 완전한 제품이 된 모직물을 수출하는 것이 양모를 수출하는 것보다 이득이 많기 때문이오."

조지 1세 때에 이르러서 총리를 맡았던 월폴은 더욱 강력한 제조업 장려 정책을 썼습니다.

"다 만들어진 제품만을 수출하고 원자재인 양모를 수입하도록 하시오. 모직업을 보호하기 위한 법률도 만드시오. 다른 나라의 제품이 영국 제품보다 나을 경우에는 그 제품을 수입하지 마시오. 이것이 영국을 위해 가장 좋은 방법입니다."

이처럼 영국은 왕들이 나서서 모직산업 보호무역 정책을 펼쳤습니다. 영국 모직업을 발전시키기 위해 해야 할 일이 무엇인지를 미리 알아챘던 것입니다. 그래서 수입 상품과의 경쟁에서 모직물 산업을 보호하기 위해 법률을 개정하는 등 온갖 애를 썼던 것입니다.

"아니, 인도산 면직물이 우리 것보다 훨씬 낫잖아? 당장 인도산 면직물을 수입금지 시키시오!"

영국의 강력한 보호무역 덕분에 한때 세계 1위였던 인도의 면직업은 점차 쇠퇴하기 시작했습니다. 그 사이에 영국은 면직공업을 크게 발전시켰습니다. 19세기에 이르러서는 오히려 인도에서 영국의 면제품을 수입해서 쓰게 됩니다.

"에헴, 이젠 자유무역을 해도 괜찮을 듯하군."

제조업이 어느 정도 궤도에 올랐다고 생각되자, 영국은 자유무역을 하자고 나섰습니다. 즉 다른 나라에서 농산물과 원자재를 사들임으로써 다른 나라들이 제조업을 발전시키는 것을 막으려고 했던 것입니다.

"아니, 어느새 미국과 독일이 우리를 앞지르고 있잖아. 더 이상 안 되겠어. 우린 제조업을 다시 보호해야 해. 이젠 수입품에 관세를 붙이도록 해야겠어."

1932년에 이르자 영국은 수입품에 관세를 붙여 다시 제조업을 보호하기 시작했습니다.

2. 미국 이야기

미국은 현재 질적으로나 양적으로나 세계 1위의 나라입니다.

"우리가 어떻게 세계 1위가 되었냐고요? 물론 그건 자유무역 덕분이지요. 자유무역을 해야만 빨리 선진국이 될 수 있습니다."

미국은 요즈음 자유무역론을 앞세우며 다른 나라들에게 시장을 개방하라는 압력을 넣습니다.

"우리 미국과 FTA(자유무역협정)를 맺으면 당신네 나라도 잘살게 됩니다. 그게 바로 우리가 잘살게 된 원인이기도 합니다."

그렇다면 미국은 처음부터 잘사는 나라였을까요? 결코 아닙니다. 미국에도 후진국 시절이 있었습니다. 미국은 후진국 시절에 어떻게 해서 선진국을 따라잡았을까요?

"우리 영국은 식민지인 미국이 발전하는 것을 원하지 않아!"

영국은 당시 식민지였던 미국에서 제조업이 발전하기를 원하지 않았습니다. 미국이 제조업의 원료가 되는 농산물을 수출하는 나라로 남기를 원했던 것입니다. 그러나 농사 중심인 남부와는 달리, 미국의 북부에서는 제조업에 대한 관심이 많았습니다.

"영국에 비해 떨어지는 제조업을 보호하지 않으면 우리는 영원히 식민지가 될 것이오. 어떻게 해서든 제조업을 보호하고, 제조업을 살려야 합니다!"

미국은 식민지 시절부터 뒤떨어지는 제조업을 보호하려고 많은 노력을 했습니다.

"관세, 모든 수입품에 대해서는 관세를 붙입시다! 그러면 수입을 많이 하지 못하게 될 것이고, 그렇게 되면 우리 제조업은 보호를 받게 됩니다."

관세는 수입품의 가격을 높이기 때문에 관세가 높아지면 수입은 줄게 마련입니다. 18세기 말에 이르자 미국은 비로소 미연방 전체에 통일된 관세를 부과할 수 있게 되었습니다.

"독립 전쟁을 치르는 동안은 영국에서 수입을 하지 않으니 저절로 우리나라의 유치산업이 보호가 되는군, 허허허."

미국은 평균 40~50%에 이르는 높은 관세율을 유지했습니다.

"되도록 관세를 높여서 수입품이 들어오지 않도록 막아야 해요. 미국의 산업을 보호하기 위해선 이 방법밖에 없어요. 특히 철광과 섬유수입에 대해서는 높은 관세를 매기도록 하세요!"

노예제를 폐지한 대통령으로 알려진 에이브러햄 링컨도 강력한 보호주의 정책을 펼쳤습니다.

"후훗, 이제 미국은 강력한 제조업국가가 되었어. 이제는 무역 자유화를 외쳐도 돼!"

제2차 세계대전을 치르고 난 뒤, 미국은 비로소 자유무역을 외치기 시작합니다. 한마디로 자기네가 경쟁할만해 지니까 다른 나라에게는 무역자유화를 하자고 강요하는 거지요.

"이젠 보호무역이라는 사다리는 걷어차버려! 그래야 다른 나라들이 더 이상 못 올라오잖아? 자유무역, 자유무역, 우리는 자유무역을 통해서 1등 국가가 된 거야! 흐흐흐."

미국은 세계 제1위국이 되자마자 자신이 딛고 올라온 보호무역이라는 사다리를 걷어차버렸습니다. 다른 나라들이 못 딛고 올라오도록 하기 위해서이지요.

(자료출처 : 『사다리 걷어차기』, 장하준, 부키)

 **도움말**

선진국이 잘 살게 된 까닭

앞 이야기는 선진국들이 그냥 처음부터 선진국이 아니었다는 것을 보여주기 위한 것입니다. 잘사는 나라들이 잘살게 된 데는 다 나름대로의 이유가 있는 것이지요. 그들의 공통점은 어느 정도 자기 나라의 산업이 경쟁력을 가지게 될 때까지는 그 산업을 철저하게 보호한다는 것입니다. 산업이 경쟁력을 가지게 되면 그제야 그 산업에 대한 수입을 자유롭게 합니다.

리스트의 다음 글은 그런 점에서 시사점이 있습니다.

사다리를 타고 정상에 오른 사람이 그 사다리를 걷어차 버리는 것은 다른 이들이 그 뒤를 이어 정상에 오를 수 있는 수단을 빼앗아 버리는 행위로 매우 잘 알려진 교활한 방법이다.

-중략-

보호관세와 항해규제를 통해 다른 국가들이 감히 경쟁

에 나설 수 없을 정도로 산업과 운송업을 발전시킨 국가의 입장에서는 정작 자신이 딛고 올라온 사다리(정책, 제도)는 치워 버리고 다른 국가들에게는 자유무역의 장점을 강조하면서, 지금까지 자신이 잘못된 길을 걸어왔고 뒤늦게 자유무역의 가치를 깨달았다고 참회하는 어조로 선언하는 것보다 더 현명한 일은 없을 것이다.

(자료출처: 『사다리 걷어차기』, 23~25쪽, 장하준, 부키)

그런 선진국들은 우리나라와 같은 중진국이나 제3세계의 나라들에게 수입개방을 요구하게 됩니다. 우리나라가 산업화를 이루고 그나마 중진국의 대열에 끼게 된 데는 보호무역이 한몫을 했다는 사실은 부인할 수 없습니다.

실제로 나라간의 경쟁력이 비슷할 경우에는 자유무역이 그 나라들에게 도움이 될 수 있습니다. 리스트는 자유무역은 비슷한 수준의 산업적 발전을 이룬 국가들 사이에서 이루어질 때 이득이 된다고 말했습니다.

하지만 경쟁력에서 차이가 나는 나라의 경우, 자유무역협정은 경쟁력이 우수한 나라에게만 도움이 됩니다. 따라서 경쟁력이 떨어지는 나라의 경우, 산업을 보호할 수가 없어 산업을 발전시킬 수가 없습니다. 결국 경쟁력이 떨어지는 나라는 영원히 후진국으로 남을 수밖에 없는 것이지요. 그리고 노동력이나 자연자원을 착취당하게 되는 것이지요.

물론 처음에는 값싼 외국 물건들이 들어오면서 같은 돈으로 살 수 있는 상품의 량이 많아진다는 이점이 있습니다. 그렇지만 그건 잠깐 동안의 일일 뿐입니다. 국제적 거래관계에서 공짜는 없습니다. 심지어는 외국 원조의 경우에도 원조는 다 나름대로 다시 거두어들일 것을 생각하고 하는 것입니다. 자비심에서 다른 나라를 돕는 것이 결코 아닙니다.

결국 경쟁력이 약한 나라는 수입할 것은 많아지지만 수출할 것은 점점 줄어들게 됩니다. 국제수지는 적자가 되고 나라의 재정마저도 적자가 될 것입니다. 점점 빚과 이자는 쌓이게 되고, 나라의 경제는 물론 정치까지도 경쟁력이 우수한 나라의 지배 아래로 들어가게 되는 것이지요.

덧붙이는 말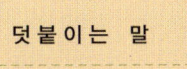

『사다리 걷어차기』의 지은이인 장하준은 미국에서 일어난 남북전쟁의 원인을 경제적인 이유에서 찾기도 합니다. 노예해방은 명목상의 이유였을 뿐이라는 것이지요. 원자재인 목화를 주로 수출하던 남부와 강력한 제조업 보호를 원하던 북부의 이해 관계가 엇갈려 전쟁이 일어난 것으로 봅니다. 즉 남부와 북부는 무역정책과 관세에 대해 서로 처지가 달랐습니다.

남부는 자유무역을 원했던 반면, 북부는 보호무역을 원했다고 봅니다. 결국 무역정책과 관세에 대한 입장 차이가 남북전쟁의 한 원인이 되었다고 보는 것이지요.

다음 문제를 한번 짚어보지요.

1) 칠레와 대한민국은 자유무역협정을 맺었습니다. 두 나라 사이의 자유무역협정은 현재 두 나라 경제에 어떤 결과를 가져 오고 있는지 알아봅시다.

2) 자신의 나라에서 생산이 되지 않는 농축산품을 수입하기도 하지만, 그렇지 않은 경우도 있습니다. 한 나라 안에서 동일한 상품을 수출하고 수입하는 경우가 점점 늘어나고 있습니다. 언제나 수입품이 값이 싼 것도 아닙니다. 이런 형태의 수출입으로 이익을 얻는 사람은 누구인지, 이런 종류의 무역이 과연 바람직한 것인지 자신의 의견을 말해보세요.

세계화와
초국적 기업

값이 7배나 오른 토르티아

북미자유무역협정(NAFTA)

"후유……."

아침 7시, 리사는 지친 몸을 끌고 공장 문을 나섰습니다. 리사는 멕시코의 마킬라도라에 있는 미국계 공장에서 전자제품 조립을 하며 생계를 유지하고 있습니다. 낮에는 아이들을 돌보느라 밤에만 일을 합니다.

리사는 한참동안 버스를 기다린 뒤 버스에 올라탔습니다. 자신의 집까지는 거의 1시간 가까이 차를 타고 가야 합니다. 버스의 안내 방송에 화들짝 놀라며 잠에서 깨어난 리사는 서둘러 자리에서 일어나 버스에서 내렸습니다. 잠깐 눈을 붙인 사이에 버스는 집이 있는 동네에 도착했습니다.

리사는 비탈길을 한참 올라가 한 집으로 들어섰습니다.

"엄마!"

아이가 반갑게 엄마 품에 안깁니다. 10평이 조금 넘는 리사의 집은 무허가 판자집입니다.

그녀가 받는 월급으로는 제대로 된 집에서 살 수가 없습니다. 그래서 하는 수 없이 이런 허름한 집에서 가족들과 함께 살고 있습니다.

"여보, 나 다녀올게."

리사의 남편은 리사가 도착하자마자 집을 나섰습니다. 리사가 막 나온 공장으로 출근을 하기 위해서지요. 둘이 벌어도 가족이 생활을 하기에는 빠듯합니다. 그나마 리사네 집은 둘이 벌기 때문에 그래도 사정이 나은 편입니다. 주위의 이웃들 가운데에서는 잘사는 편에 속하지요.

"갈수록 살기가 더 힘드니……."

나프타(북미자유무역협정)가 발효된 후로 많은 사람들은 전보다 더 살기가 힘들어졌다는 말들을 합니다. 물가는 몇 배가 올랐습니다.

"너무 비싸서 토르티아를 사먹을 수가 없어."

특히 멕시코 사람들이 즐겨 먹는 토르티아(옥수수로 만든 식품)의 값은 무려 7배나 올랐습니다.

"옥수수 값은 거의 오르지도 않았는데……."

리사는 토르티아의 값이 오른 까닭을 알 수가 없었습니다. 시골에 계시는 친정아버지 말씀이 떠올랐습니다.

"옥수수 농사를 지어봐야 아무 소용이 없어. 싸디 싼 미국산 옥수수가 들이닥치니 당할 방법이 있나. 나 같은 늙은이나 식구들 먹을 거 길러서 먹지, 농사지어서 팔 생각은 안 해야 돼. 옥수수 농사 지어서 팔아봐야 오히려 밑지는걸."

친정 아버지는 이제는 식구들 먹을 만큼만 옥수수 농사를 짓겠다고 하십니다. 원래 멕시코의 많은 땅들은 에히도(마을 단위로 함께 농사를 짓던 나라의 땅)였습니다. 그런데 나라에서는 나프타를 위해 그것마저도 없애버리고 말았습니다.

"땅이 없는데, 어디에다 농사를 짓겠어?"

농사를 짓지 못하게 된 농촌 사람들은 먹고살기 위해서 어쩔 수 없이 마킬라도라 같은 곳으로 모여들어 일자리를 구할 수밖에 없었습니다. 일자리라고 해야 주로 조립을 하는, 큰 기술이 필요하지 않는 일자리들입니다. 그래서 월급도 적습니다. 그나마 일을 하다가 고용주의 눈 밖에 나면 그대로 해고를 당합니다.

"예전과 똑같이 일을 해도 살기는 더 힘들어."

사람들이 그렇게 느낄 수밖에 없는 까닭은 물가가 오른 데 비해서 임금은 오르지 않았기 때문입니다. 나라 전체의 어린이 노숙자만 해도 10만 명이 넘습니다.

처음에는 나프타가 수출을 증가시켜서 나라 경제가 좋아지는 줄 알았던 멕시코 사람들이었습니다. 하지만 10년이 넘어선 지금, 멕시코 사람들은 나프타가 결코 나라 경제를 좋아지게 하지 않는다는 것을 뼈저리게 느끼고 있습니다.

도움말

빈곤의 악순환

앞 이야기는 실제 통계 자료를 통해 얻어진 사실들을 이야기로 꾸민 것입니다. 실제로 나프타(북미자유무역협정)가 발효되면서 미국은 많은 공장을 멕시코로 옮겼습니다. 멕시코의 값싼 노동력을 이용하기 위해서였지요. 그 결과 수출도 늘어나고 외국인들의 직접투자도 늘어나는 등 경제가 좋아지는 것처럼 보였습니다.

처음에는 마킬라도라(멕시코의 자유무역지역)를 중심으로 외국의 초국적 기업들이 들어왔습니다. 한 나라에 본거지를 두고 세계적 규모로 다른 나라에서까지 생산과 판매를 하는 기업을 우리는 초국적 기업 또는 다국적 기업이라고 부릅니다. 이를 두고 흔히 '자본에는 국경이 없고, 시장에는 민족이 없다'라고 말을 합니다. 멕시코의 경우 초국적 기업들이 들어와 조립공장을 많이 짓고 사람들을 고용하면서 실업율도 줄어들고 경제성장률도 늘어났습니다.

하지만 그것은 잠시 잠깐이었습니다. 옥수수 값은 올랐지만 물가상승률을 따라잡지는 못했습니다. 즉 옥수수 농사를 짓는 사람들의 실질소득은 전보다 더 줄어든 것이지요. 그러니 농사를 포기하고 일자리를 찾아 마킬라도라 같은 곳으로 모여들 수밖에 없는 것입니다. 농민들이 무리지어 농촌을 떠난 숫자가 100만 명을 넘어섰습니다.

그렇게 실업자들이 늘어나 마킬라도라로 모여들기 때문에 마킬라도라의 임금도 물가상승률을 따라잡지 못했습니다. 즉 명목 소득은 올랐지만 물가상승률 때문에 실질 임금은 나프타를 체결하기 전보다 줄어든 것이지요.

리스트는 '자유무역은 비슷한 수준의 산업적 발전을 이룬 국가들 사이에서 이루어질 때 이득이 된다.'고 말했습니다. 실제로 미국과 멕시코를 비교할 때 비슷한 수준의 산업적 발전을 이룬 나라라고 볼 수가 없습니다.

따라서 미국에 비해 산업발전이 뒤떨어진 멕시코는 노동력을 착취당할 수밖에 없는 결과가 나오는 거지요. 만약 멕시코의 임금이 오른다면 초국적 기업들은 멕시코의 공장을 없앨 것입니다. 그들은 또다시 싼 임금을 찾아 다른 나라에다 공장을 세울 것입니다.

실제로 나이키 같은 경우 처음에는 일본에서 제품을 만들다가 일본의 임금이 비싸지자 한국으로 공장을 옮겨왔습니다. 한국의 임금이 비싸지자 이제는 중국으로 공장을 옮겼습니다.

초국적 기업들은 싼 임금을 찾아 지구촌 곳곳을 헤집고 다닙니다. 이익이 있는 곳이라면 어디라도 가는 것이 초국적 기업의 특성입니다. 결국 초국적 기업들은 저개발국이나 개발도상국들의 싼 임금을 이용해 성장하고 있는 셈입니다.

저개발국이나 개발도상국들의 노동자들이 애써 일해 제품을 만들어도 그들에게는 낮은 임금을 줍니다. 그리고 그렇게 싸게 만든 물건을 다른 나라로 가져가서 비싼 값을 받고 팝니다. 대부분의 경우 원가와 판매가는 20배 정도의 차이가 난다고 합니다.

결국 생산국에서 100원에 생산된 물건은 판매국에서는 2,000원에 팔린다는 이야기이지요. 그리고 생산원가인 100원을 가지고 저개발국의 노동자들은 노동의 대가를 나누어 가집니다. 이런 까닭에 저개발국의 노동자들은 저임금에 시달릴 수밖에 없습니다. 나머지 1,900원은 유통업자, 판매업자, 초국적 기업의 투자자들이 다 나누어가지는 거지요.

흔히 초국적 기업은 월급을 많이 준다는 말들을 합니다. 실제로 피라미드형으로 이루어지는 초국적 기업의 성격상 피라미드의 아래에서 일하는 노동자들이 받는 몫은 얼마 되지 않는 반면에 피라미드의 위쪽에서 일하는 사람들은 많은 월급을 받습니다. 결국 초국적 기업은 저개발국 노동자들의 노동력을 착취해서 점점 더 커지고 몸집을 불리는 거지요. 실제로 저개발국 노동자들의 임금은 OECD 가입 국가들의 임금의 1/70

에 해당한다고 합니다.

OECD(경제협력개발기구)는 1961년에 설립된 국제기구로, 선진공업국을 중심으로 한 경제협력기구입니다. 회원국 수는 30개국으로 많지 않지만 그 나라들이 세계 총생산의 2/3를 차지하고 있기 때문에 영향력이 큽니다. 자유시장경제와 다원적 민주주의라는 가치관을 가진 나라만이 가입할 수 있습니다. 따라서 OECD에 가입하는 나라들은 국제간 서비스거래와 자본이동의 자유화의 규약을 지키는 것을 원칙으로 합니다. OECD의 목표는 고도의 경제성장과 완전고용을 통한 생활수준의 향상, 자유로운 무역체제의 도입, 저개발국에 대한 원조 등입니다. 우리나라는 1996년에 가입했습니다.

 덧붙이는 말

초국적 기업들이 자유롭게 활동할 수 있도록 제도적으로 보장해주자는 것이 바로 세계화입니다. 흔히 말하는 세계화의 진짜 모습은 바로 초국적 기업에게 날개를 달아주자는 것입니다. 세계를 하나로 만들어 상품과 자본이 나라 사이에서 자유롭게 이동할 수 있도록 하자는 것이지요. 초국적 기업들이 자유롭게 이동할 수 있고 몸집을 불릴 수 있도록 만들어주자는 것입니다. 그리고 FTA(자유무역협정)는 세계화로 가까이 다가가

기 위한 첫 단계입니다.

결국 현재의 방식으로 세계화가 진행되면 지구 전체시장을 몇 개의 초국적 기업이 나누어 먹는 독과점체제로 굳어질 것으로 예측됩니다. 지구 전체뿐만 아니라 각 나라 안에서도 마찬가지로 대기업 중심의 독과점체제가 자리잡게 될 것입니다. 이것이 바로 세계화 또는 신자유주의(정부의 시장개입을 비판하고 시장의 자유로운 기능을 중시하는 이론)를 향한 자유무역협정의 실체입니다. 제국주의 시절에는 식민 지배를 통해서, 현대에 들어서는 초국적 기업들을 통해서 선진국들은 후진국의 자연자원과 노동력을 끊임없이 빼앗아가고 있습니다. 후진국들이 후진국으로밖에 남을 수 없는 까닭은 바로 여기에 있습니다. 결국 선진국이 잘사는 까닭은 그들이 후진국들의 노동력과 자연자원을 빼앗아 간 결과입니다.

미국과 자유무역협정을 맺은 멕시코의 경우 국내 산업은 거의 빈사상태에 시달리고 있습니다. 특히 문화산업의 경우 더욱 심각합니다. 멕시코에는 현재 영화 감독을 직업으로 하는 사람이 없다고 합니다. 헐리우드 영화에 밀려 영화는 제작할 엄두조차 내지 못하는 것이지요. 즉 헐리우드 영화의 독점시대가 온 것입니다.

우리는 흥행에 성공한 영화 한 편이 벌어들이는 수익이 대규모 회사의 1년 수익과 맞먹는다는 것을 잘 알고 있습니다. 예를 들자면 영화 '쥬라기공원'의 판매수익금은 현대자동차의 1년간 판매수익금보다 많습니다.

이런 까닭에 영화인들은 한미FTA를 반대하는 것입니다. FTA가 그대로 시행되면 우리는 헐리우드 영화로 뒤덮인 극장가를 보게 될지 모릅니다. 어쩌면 아예 한국 영화를 보기 힘들게 될지도 모르는 위험에 처해 있는 것입니다.

다시 한번 정리해 보지요.

1) 나프타 발효 후 토르티아의 값이 오른 까닭에 대해 생각해 봅시다.
2) 멕시코 경제의 앞날에 대해 예측해 보세요.

대한민국, 마침내 미국의
51번째 주가 되다?

한미자유무역협정(한미FTA)

인천공항에 내린 닥터 김의 가족은 대한민국의 땅을 밟으며 추억에 젖었습니다.

"이제야 겨우 고국에 돌아왔군."

닥터 김은 어릴 때 이민자의 대열에 끼어 미국에서 살았습니다. 하지만 부모님들의 향수병이 워낙 심해서 닥터 김은 자신이 의사자격증만 따면 한국에 가서 살리라고 마음을 먹었습니다.

그래서 전문의 자격증을 따자마자 한국으로 돌아오는 일을 서둘렀던 것입니다. 닥터 김의 부모님은 고향 땅을 밟으며 눈물을 주르르 흘렸습니다.

한국과 미국은 FTA의 체결로 예전에 비해 교류가 자유로워졌기 때문에 닥터 김은 쉽게 한국으로 돌아올 수 있었습니다.

"택시!"

닥터 김의 가족이 미국산 자동차에 올라타자, 머리를 노랗게 물들인 기사가 닥터 김의 가족을 맞았습니다. 코가 크고 얼굴 윤곽이 뚜렷한 택시기사는 언뜻 보아서는 외국인처럼 보였습니다.

"뉴욕호텔로 가주세요!"

닥터 김의 가족은 한국사정에 대해 워낙 어둡기 때문에 미국인이 경영하는 호텔을 숙소로 잡았습니다.

차창 밖으로 보이는 풍경을 보며 닥터 김은 자신의 눈을 의심했습니다.

'여기가 대한민국이 맞나?'

거리의 간판들이 대부분 영어로 씌어져 있었기 때문입니다. 그뿐만이 아니었습니다. 건물들과 차들의 모습도 낯설지가 않았습니다. 뉴욕에서 보던 건물들의 모습 그대로였습니다. 게다가 돌아다니고 있는 차들도 거의가 미국산 자동차였습니다.

'많이 변했구나.'

목적지인 뉴욕호텔에 도착해 안으로 들어섰습니다. 호텔 안은 완전히 미국식으로 꾸며져 있었고, 미국인들이 안내대를 지키고 있었습니다. 방으로 들어가 짐을 푼 뒤 닥터 김의 가족은 식사를 하기 위해 아래층으로 내려왔습니다. 닥터 김이 먼저 식당으로 가서 차림표를 살펴보았습니다.

'전부 미국 음식뿐이군. 부모님은 한국 음식을 드시고 싶어 하시는데……'

식당 밖으로 나온 닥터 김은 부모님을 모시고 호텔 밖으로 나왔습니다.

"한국 음식을 먹으려고요."

부모님은 닥터 김의 말에 빙그레 웃으시며 고개를 끄덕였습니다. 닥터 김의 가족은 한국식당을 찾느라 한참 동안 걸어야만 했습니다. 점심 시간이라 그런지 먹을 것을 손에 들고 다니

며 먹는 사람이 많았습니다. 리바이스 청바지에 폴로티 그리고 손에는 햄버거와 코카콜라 잔을 든 젊은이들이 눈에 띄었습니다. 뉴욕에서 보던 식당의 분점들도 눈에 많이 띄었습니다. 거리의 극장에서는 미국영화를 상영하고 있었습니다.

"어떻게 된 거야, 한국 식당이 아직도 안 보이네."

한참을 걷고 나서야 한국 식당이 눈에 띄었고, 닥터 김의 가족은 안으로 들어갔습니다. 식당 안의 실내장식은 어쩐지 어색한 분위기였습니다. 한국적이라고 보기엔 분위기가 좀 이상했습니다.

차림표를 보았습니다.

"불고기백반 3인분만 주세요."

"예."

잠시 후 식사가 나왔습니다.

"갓 들어온 쇠고기로 만들어서 불고기가 맛이 아주 좋습니다."

식당종업원은 묻지도 않은 말을 했습니다.

"한국산 쇠고기인가요?"

닥터 김의 물음에 식당종업원이 말했습니다.

"아닙니다. 미국산 쇠고기입니다. 요즘은 고기와 쌀이 다 미국산이에요. 값도 싸고 맛도 괜찮아요."

"어이쿠, 한국에 와서까지 미국산 쇠고기를 먹다니."

닥터 김의 어머니는 혀를 끌끌 찼습니다.

식사가 끝나자 종업원은 후식을 가져다주었습니다.

후식으로는 캘리포니아산 오렌지와 자몽이 나왔습니다.

"쯧쯧, 과일도 미국산이군."

"대한민국에 온 건지 미국에 그냥 있는 건지 분간이 안 되네."

대한민국은 마치 미국의 51번째 주라도 된 것처럼 느껴졌습니다.

대한민국의 미래는?

앞 이야기는 FTA 때문에 바뀐 한국의 모습을 꾸며 본 이야기입니다. 물론 이것은 상상에 의한 것이기 때문에 그 실상은 이야기와 다를 수도 있습니다. 다만 FTA의 체결로 무역이 개방되는 경우 우리나라는 여러 모로 무척 불리한 처지에 빠지게 될 것으로 여겨집니다.

앞에서도 이야기했지만 자유무역협정은 산업화가 비슷하게 이루어진 나라 사이의 경우 두 나라에 모두 도움이 됩니다. 하지만 산업화의 정도가 다른 나라의 경우 경쟁력이 약한 나라는 손해를 볼 수밖에 없습니다.

일단 농축산 분야의 경우 우리 농산물이 설 자리는 없습니다. 미국산이 훨씬 싸기 때문에 경쟁력이 없기 때문입니다. 쌀이나 과일 그리고 육류의 경우 미국산의 생산 단가는 우리나라 생산 단가의 몇 분의 일에 지나지 않습니다. 그런 까닭에 수입산 과일들이 몰려 들어오면 우리나라의 과일 재배 농가와 축산업 농가가 사라지는 것은 시간 문제일 뿐입니다. 쌀의 경우도 마찬가지입니다. 미국은 쌀 수출에 대비해 쌀의 가격이나 품질이나 맛을 이미 한국인에 맞도록 연구 개발했습니다. 따라서 쌀의 경우도 경쟁력이 별로 없습니다.

지금 당장 미국과 대한민국의 경쟁력을 비교한다면 휴대폰 정도나 경쟁력이 있지 않을까 싶습니다. 당장 미국 기업과 어깨를 겨루어서 이길 수 있는 분야는 별로 없습니다. 결국 시장이 개방되면 우리나라의 산업이 사라지게 되고 경제 식민지가 되지 않을까 걱정입니다.

더구나 워낙 외국산을 좋아하는 우리나라 국민들의 품성으로 볼 때 자동차시장이며 가전제품시장, 의류와 먹을거리, 그리고 영화까지도 미국산으로 뒤덮일 것으로 예상됩니다. 지금도 거리에 나가보면 영문으로 된 간판, 영어로 이름을 붙인 상품들이 상당히 많습니다. 이미 문화적으로도 미국의 영향을 많이 받고 있다는 뜻이지요. 곳곳에 영어마을을 만든다, 영어 조기교육을 실시한다는 등 미국문화에 도취되어 있는 듯한 분위기입니다.

언어와 문화는 그 나라의 개성이자 독립성입니다. 만주족의 경우 만주어가 사라지면서 그 민족조차도 지구상에서 자취를 감추었습니다. 우리나라의 경우도 장담을 할 수가 없는 상황입니다. 언어와 문화가 미국식으로 변하면 정말로 대한민국은 지구상에서 사라질 수도 있습니다.

그렇다면 미국 것은 정말 모두 좋은 것일까요? 한번 생각해 볼 문제입니다. 앞에서도 이야기했지만 선진국들이 잘살게 된 것은 제국주의 시절부터 식민지 나라에서 강제로 빼앗아 부를 축적했기 때문입니다. 한마디로 도둑질해다가 자기네 배만 불린 것이지요. 선진국 국민들의 삶은 겉으로 보기에 부유하고 우아하고 아름답습니다. 하지만 그네들의 삶 속에는 제3세계 사람들의 피와 땀이 배어있습니다. 이것이 세계화와 자유무역협정의 실체입니다.

덧붙이는 말

미국과 자유무역협정을 맺은 멕시코를 예로 들어 그 폐해를
살펴보기로 하지요. 미국의 한 기업인 메탈크래드는 석면 폐
기물처리장을 멕시코로 옮겼습니다.

그런데 시간이 지나면서 처리장의 산 너머에 있는 마을인 과
달까사르 마을에 암환자와 기형아가 생겨나기 시작했습니다.
조사를 한 결과 두 지역의 지하수가 서로 통해 있었습니다. 결
국 주민들의 공장 철수 주장에 따라 이 지역은 생태보호구역으
로 지정이 되었습니다. 그러자 하는 수 없이 메탈크래드는 공
장을 철수하게 되었습니다.

하지만 메탈크래드는 나프타에 따라 '멕시코에서 사업을 할
수 없게 되었다.' 며 멕시코 정부에 손해배상을 청구했습니다.
나프타, 즉 북미자유무역협정에는 그 내용에 투자자와 정부
사이의 소송에 관한 내용을 담고 있습니다. 투자자인 기업이
상대방 국가에 대해 손해 배상을 청구할 수 있도록 규정하고
있는 것입니다. 결국 멕시코 정부는 메탈크래드에게 165억 원
을 배상할 수밖에 없었습니다.

앞 예에서 보는 것처럼 미국과의 FTA가 발효되면 우리나라
정부를 상대로 한 손해배상 소송도 줄을 이을 것으로 보입니

다. 또 FTA에 맞춰 개정해야 할 법률도 꽤 많습니다. 결국 우리나라 정부의 자율성과 독립성은 줄어들 수밖에 없습니다.

어떻습니까? 기분이 착잡하지요. 다음에 대해 생각해 보세요.

1) FTA협정은 우리나라 영화산업의 미래를 어떻게 바꿀 것 같나요?
2) FTA협정이 우리나라의 농업에 미칠 영향으로는 어떤 것이 있을까요?
3) FTA협정이 동네 미장원에도 영향을 미칠까요? 만약 영향을 미친다면 어떤 영향을 미칠까요?

대단한 회사

초국적 기업의 행태

다음은 어떤 회사에 대한 설명입니다. 구체적으로 어떤 회사인지 알아 맞춰 보세요.

1. 한국에 진출한 대표적인 먹튀(먹고 도망가는) 기업 가운데 하나이다.

2. IMF 직후인 1998년에 한국에 진출했다.

3. 부실채권 5000억 원어치를 사들임으로써 한국에서 영업을 개시했다.

4. 미국 텍사스주의 댈러스에 설립된 사모펀드이다.

5. 한빛리스, 스타타워, 극동건설, 외환은행을 인수했다.

6. 2004년 스타타워 건물을 매각하면서 280,000,000,000원의 이익을 남겼다.

7. 외환은행 지분 50.1%를 국민은행에 매각하면서 4,300,000,000,000원의 이익을 남겼다.

8. 극동건설을 매각하면 300,000,000,000원의 이익이 남을 것으로 여겨진다.

9. 세금은 한 푼도 안 무는 것을 원칙으로 삼는다.

10. 초국적 기업으로 세법을 요리조리 피해가는 재주를 가

졌다.

11. 이익은 모두 펀드 투자자들에게 배당한다.

12. 한국 언론에 자주 오르내린 기업이다.

 도움말

초국적 기업의 금융 활동

앞의 조건을 갖춘 것은 론스타펀드입니다. 론스타는 과거 일
본에 진출하여 막대한 차익을 남기고 소리 없이 빠져나간 펀드

이기도 합니다(펀드란 다수의 사람들이 배당을 받을 목적으로 모은 기금으로, 주로 주식이나 채권 등에 투자를 해서 이익을 남긴다).

주로 IMF 등 경제적 위기에 빠진 나라를 공격 대상으로 삼아 싸게 사서 비싸게 팔고 먹튀를 하는 것이 주업무입니다. 우리나라에 진출한 것도 IMF 직후였지요. 노른자위 기업들을 싸게 사는 것이 그들의 목표입니다. 특히 정부에서 경영을 하다가 민영화시키려는 공기업을 좋아합니다.

그런데 문제는 싸게 팔린 기업들이 실제가치보다 평가가 너무나 낮게 되어 있다는 점입니다. 어떤 문제냐 하면 일부러 자산의 가치를 싸게 평가하도록 만들어서 헐값에 초국적 기업에게 팔아 넘긴다는 겁니다. 물론 그렇게 싸게 평가하는 데에는 한국사람들의 도움 없이는 안 됩니다. 정부 관료들과 일부 기업 경영자들이 이 일에 앞장을 섰습니다. 그 과정에서 검은 돈이 거래되는 것은 두말할 필요도 없을 것입니다.

특히 외환은행의 경우 매각 당시부터 말이 많았는데, 나중에 감사원 감사 결과 여러 가지 비리가 저질러진 것으로 알려졌습니다. 은행장부터 정부 관료들까지 모두가 힘을 합해서 외환은행의 가치를 실제보다 훨씬 헐값으로 매겼습니다. 그리고 헐값에 외환은행을 론스타펀드에게 팔아넘겼습니다.

게다가 초국적 기업들은 그 차익에 대해서도 세금을 거의 물지 않습니다. 각 나라의 세법을 악용해 이리저리 옮겨 다니며 세금을 피해 가는 거지요. 우리나라의 국세청은 비록 적은 금액이지만 론스타에 세금을 물렸습니다. 하지만 론스타는 그 세금을 물 수가 없다며 뻗대고 있습니다.

당시 외환은행뿐만이 아니라 제일은행도 헐값으로 팔아치웠습니다. 한마디로 정부 관료들이 앞장서서 헐값에 우리나라의 기업을 팔아치운 것이지요. 정부의 관료들은 일반회사의 직원과는 다릅니다. 나라의 국익을 위해, 국민을 위해 일하는 사람들입니다.

그런데 실제로는 어찌된 일인지 우리나라의 관료들은 오히려 외국자본가들의 이익을 앞세우는 것처럼 보입니다. 게다가 나라의 국익은 아랑곳하지 않고 무조건 달려들어 한탕해서 자신의 주머니를 불리자는 관료들도 더러 있습니다. 예전부터 대대로 이어오던 우리나라의 선비 정신은 어디로 간 것인지 알 수 없는 일입니다. 마치 고양이가 생선가게를 지키고 있는 형국이라고나 할까요…….

덧붙이는 말
- -

한편 초국적 기업들은 외환거래로 차익을 얻기도 합니다. 예를 들자면 달러당 원화의 환율이 1,000원일 때 달러를 사들였다가 환율이 1,100원으로 오르면 달러를 다시 파는 거지요. 그러면 앉은 자리에서 100원의 차익을 얻게 되는 것입니다. 물론 실제로는 금액의 단위가 크기 때문에 그 수익도 상당히 큽니다.

실제로 외환거래에 있어 상품교역과 자금거래를 위한 부분은 전체 거래의 10%밖에 되지 않는다고 합니다. 결국 나머지 90%는 외환거래를 통한 이익을 얻기 위해 거래됩니다.

또 초국적 기업들은 싼 값에 기업을 사들여 다른 회사와 합치기도 합니다. 이를 인수합병이라고 부릅니다. 그리고 합친 회사를 적당히 키운 다음 비싼 값에 되파는 일도 합니다.

이래저래 초국적 기업들은 몸집을 계속 불려갑니다. 터질 듯 부풀어진 그들의 몸은 해마다 주주들에게 배당을 하면서 다시 홀쭉해집니다.

다같이 다음 문제를 생각해 봅시다.

1) 초국적 기업들이 지나치게 몸집을 불리지 못하도록 하기 위해 어떤 좋은 방법이 있을까요?

(토빈세에 대해서도 알아보세요.)

2) 초국적 기업들에게 회사 지분의 절반 이상을 팔아넘기면 회사의 경영은 어떻게 될까요?

누구를 위하여 약을 만드나?

공짜는 없다

#1 내전중인 르완다정부청사

다나아(초국적 제약회사) : 우리 회사는 전쟁 중인 르완다에 구
　　　　　　　　　　호약품을 보내고 싶소.

르완다정부 : 고맙습니다.

다나아 : 130만 명이 먹을 수 있는 항생제 세클로시디를 르
　　　　완다로 보내도록!

르완다정부 : 준다니까 받긴 받았는데, 항생제를 어디다 쓰
　　　　　　지? 우리는 항생제가 필요한 게 아닌데, 게다
　　　　　　가 유통기한도 얼마 안 남았잖아.

다나아 : 후후훗, 폐기처분하려면 돈이 많이 드는데, 다행히
　　　　남을 돕는데다 약을 썼군.

르완다정부 : 우리 국민들은 너무나 굶주려서 아픈 거라 항
　　　　　　생제는 쓸모가 없어. 후유 600만 개가 넘는 저
　　　　　　알약을 어디다 다 버리지?

#2 콜레라가 돌고 있는 스리랑카

스리랑카정부 : 우리나라는 지금 콜레라가 돌고 있어서 상당
　　　　　　히 어렵습니다. 테트라사이클린(항생제의 일종)

캡슐이 필요합니다. 좀 도와주십시오.

다나아 : 도와달라고? 우리 회사가 무슨 자선사업 단체인 줄
　　　　아나? 도와줄 수 없소.

스리랑카정부 : 그동안 다나아회사의 약을 많이 사지 않았습
　　　　　　　니까? 환자가 어려울 때 도와주는 것이 다나
　　　　　　　아회사의 목표라고 하지 않았나요? 이렇게
　　　　　　　되면 계속해서 다나아회사의 약을 사는 문제
　　　　　　　에 대해 생각을 좀 해보아야겠습니다.

다나아 : 그래서 우리 회사 약을 안 쓰겠다고? 그렇다면 어
　　　　쩔 수 없지. 우리 정부에다 얘기해서 당신네 나라에
　　　　식량 원조를 하지 말라고 해야겠어!

스리랑카정부 : (당황한 표정으로) 알겠습니다. 계속해서 다나
　　　　　　　아회사의 약을 사겠습니다.

#3 네팔정부청사

다나아 : 우리 회사의 꿈은 건강한 사람들을 위한 약을 만들
　　　　어 파는 것입니다. 네팔 사람들은 좀더 건강해지기
　　　　위해서 강장제 드리밍을 먹는 것이 좋겠소.

네팔정부 : 무슨 약이지요?

다나아 : 식욕을 돋우기도 하고 몸도 튼튼해지는 약이오. 이
　　　　약만 먹으면 더욱 건강해질 수 있소.

네팔정부 : 국민들이 건강해지기만 한다면 그 약을 수입해야
　　　　　지요. 당장 그 약을 사겠습니다.

다나아 : 후훗, 어리석은 인간들. 이 나라에서는 강장제 팔아
먹기가 누워서 빵 먹기보다 쉽군. 네팔시장에 돌아
다니는 약 가운데 1/3이 우리 회사 드리밍이잖아?

#4 파키스탄

다나아 : 신경질적이고 산만한 아이들에게는 이 약을 먹이면
좋습니다. 특히 영양이 부족한 아이들이 먹으면 입
맛을 돋게 할 수 있지요.

파키스탄정부 : 정말입니까?

다나아 : 물론이지요. 우린 이래 봬도 세계적으로 유명한 제
약회사요. 우리 말을 믿으면 모두가 건강해지지요.

파키스탄정부 : 안 그래도 아이들이 너무 몸이 약해서 걱정
인데, 그 약을 좀 사겠습니다.

다나아 : 룰룰루, 배고픈 아이들에게는 이 약이 최고지, 음식
도 다 필요 없어. 이 약만 먹으면 건강해진다구.

파키스탄에서는 식욕촉진제가 네 번째로 많이 팔리는 의약
품이 되었다.

#5 방글라데시

다나아 : 요즈음 왜 우리 회사의 약을 수입하지 않는 거요?

방글라데시 정부 : 아, 그 약은 우리나라에서도 만들 수 있습
니다. 훨씬 싼 값으로 만들어서 국민들에

게 보급하고 있습니다.

다나아 : 뭐야? 약을 당신네들이 직접 만든단 말이오?

방글라데시 정부 : 예, 그 약은 특허 기간이 지난 약이라 저
희가 직접 만들어도 되는 걸로 알고 있습
니다.

다나아 : (화가 나서 견디지를 못한다) 알겠소.

1974년 방글라데시는 기근으로 수만 명이 사망했다. 그 기간 동안 다나아의 본부가 있는 미국은 방글라데시에 밀 수출을 중단해 보복했다.

#6 한국

다나아 : 선생님, 이거 저희 회사가 드리는 선물입니다. 약소
하지만 받아주시지요.

의사 : 고맙소.

다나아 : 이번에 새로 나온 약을 한 가지 소개해드리겠습니
다. 이 약으로 말하자면 주의력이 산만해서 성적이
오르지 않는 아이들에게 특효지요. 그런 아이들에
게 먹이면 금세 성적이 오릅니다.

의사 : 그래요? 그 약을 좀 구입하겠소.

환자 : 선생님, 아이가 공부에 집중을 하지 못해요.

의사 : 걱정 마시오. 새로 나온 약을 처방해드리겠소. 이 약
을 먹으면 성적이 오를 거요.

한국에서 의약품은 남용되고 있다.

#7 인도

의사 : 어떻게 된 건지, 클로람페닌콜을 처방해도 장티푸스
　　　가 듣지를 않는군.

인도정부 : 이러다가 많은 사람들이 장티푸스로 죽겠소.

의사 : 전에는 잘 들었었는데, 알 수가 없습니다.

인도정부 : 조사를 해보겠소.

의사 : 가능한 빨리 조사해주세요.

인도정부 : 큰일 났소! 장티푸스 박테리아 가운데 83%가 클
　　　　　로람페닌콜에 대해 내성을 갖고 있소.

의사 : 그 약을 먹어도 박테리아들이 죽지를 않는다는 얘긴
　　　데, 그동안 그 약을 너무 많이 먹어서 약이 아무런 효
　　　과가 없군요. 이제 어떻게 해야 하지요? 많은 환자들
　　　이 죽어 가고 있는데…….

세계적으로 항생제는 남용되고 있다.

(자료출처: 『초국적 기업, 세계를 삼키다』, 창비)

434

초국적 제약회사의 꿈

앞 이야기는 초국적 제약회사에 관한 자료를 대화 형식으로 꾸며본 것입니다. 실제로 우리는 이미 초국적 제약회사의 약에 거의 둘러싸인 채 살고 있습니다. 우리 귀에 익은 화이자, 릴리, 바이엘 같은 제약회사 이름의 대부분이 초국적 제약회사의 이름들입니다. 그런데 과연 제약회사들은 환자의 병을 치유하기 위한 목적으로만 약을 만들어 파는 것일까요?

초국적 제약회사인 머크사의 최고경영자인 헨리 개스텐의 말을 들어볼까요?

'나에게는 꿈이 하나 있습니다. 건강한 사람들을 위한 약을 만드는 것입니다. 리글리사의 껌처럼 보통의 건강한 사람에게도 우리 회사의 약을 파는 것, 그것이 나의 오랜 꿈입니다.'

제약회사들의 꿈은 바로 많은 약을 파는 데 있습니다. 물론 그들의 노력이 많은 질병 퇴치에 도움이 되었다는 사실을 부인할 수는 없습니다. 하지만 필요 이상의 많은 약들이 처방되거나 폐기물로 처리되는 것이 우리의 현실입니다.

또한 앞 이야기에서 보는 것처럼 기부를 한다고 주는 약 가운데에는 쓸모가 없는 약도 있습니다. 기부의 목적 자체가 순수하지 못하기 때문이지요. 그 까닭에 기부를 받은 나라에서는 쓰레기가 된 약을 치우느라고 오히려 비용이 더 들어가기도 합니다.

그뿐만이 아닙니다. 초국적 제약회사들은 자신들의 본거지가 있는 나라를 등에 업고 제3세계 정부에 로비를 하기도 합니다. 심한 경우에는 식량원조를 끊겠다는 협박을 해서 그 정부가 꼼짝도 못하게 만들기도 합니다.

신약이 개발된 경우, 신약에 대한 특허권 때문에 일정기간 동안 다른 제약회사들은 그 약품을 만들 수가 없습니다. 따라서 신약을 개발한 제약회사는 연구개발비에 들어간 돈 외에도 막대한 이익을 얻게 됩니다.

또한 각 나라에서 되도록이면 의약품을 직접 만들지 못하도록 로비를 합니다. 의약품을 나라 안에서 직접 만들면(이런 의약품을 '제네릭 의약품'이라고 부릅니다) 생산원가가 싸지기 때문에 그 나라 국민들에게는 유리합니다. 초국적 기업이 그걸 가만히 두고 볼 리가 없지요. 온갖 방해공작을 통해 되도록 각 나라가 의약품을 직접 만들지 못하도록 만듭니다.

이것이 초국적 제약회사들의 실상입니다. 겉으로는 인류의 건강을 내세우고 있지만 속으로는 자기 회사의 이익을 위해 존재하는 것이 초국적 제약회사들입니다.

우리의 삶에 뭐가 약이 될까요? 다음 문제를 생각해 보세요.

1) '빈곤 때문에 생긴 문제를 알약으로 해결할 수 없다'
   는 말에 대해 생각해보세요.

2) 현재의 제도 아래에서는 어떤 질병에 대한 신약이 개
   발되어도 웬만한 경제력으로는 약값을 감당하기 힘
   듭니다. 좋은 해결책이 없을까요?

씨앗 도둑놈

무엇이든 상품이 되는 세상

"씨앗 재판을 시작하겠습니다."

원고는 미국의 종자회사 씨도놈, 피고는 대한민국 정부입니다.

재판장이 원고에게 말했습니다.

"원고 측은 사건의 개요를 간단하게 설명해 주시지요."

코가 유난히도 크고 흰 가루를 바른 듯 얼굴이 하얀 미국인 변호사가 유창한 한국어로 말했습니다.

"원고는 피고에게 우리 회사의 딸기 씨앗을 번식시켜 사용한 로열티로 600억 원을 지불할 것을 요구합니다. 또한 님나무를 원료로 한 생화학 살충제를 사용한 로열티로 200억 원을 요구합니다. 님나무 살충제와 딸기 씨앗은 우리 회사에 특허권이 있습니다."

"피고 측 변호인입니다. 우리는 지구상에 이미 존재하던 식물 자원을 마음대로 가져다 특허를 내고 사용료를 요구하는 것을 인정할 수가 없습니다. 지구상의 생물은 지구인 모두의 자원이지, 어느 한 회사의 자원이 아닙니다. 그것은 씨앗 도둑질이나 다름이 없습니다."

피고의 말에 미국인 변호사가 얼굴이 벌겋게 변했습니다.

"이미 존재하던 식물 자원을 그대로 쓴 것이 아니고 인간에게 더욱 필요한 방식으로 씨앗을 개량했습니다. 우리 회사는 딸기와 님나무에 대한 특허권을 가지고 있습니다."

"식물 자원을 인간에게 편리하도록 연구하는 것은 자유입니다. 하지만 우리는 그 회사의 식물 자원을 사올 때 이미 돈을 지불했습니다. 그런데도 그 씨앗을 키워 다시 얻은 씨앗으로 얻은 작물에까지 사용료를 달라는 것은 무리한 요구로 생각됩니다. 씨앗을 한번 팔아먹으면 됐지, 그 씨앗을 키워 다시 얻은 씨앗에까지 사용료를 부과한다는 것은 인정할 수가 없습니다."

"우리에겐 씨앗에 대한 특허권이 있단 말이오."

"그런 식으로 따지자면 원고는 우리 대한민국의 식물 자원 씨앗을 몰래 숨겨 도둑질해간 대가를 치러야 합니다. 미국에서 사용하는 밀과 콩의 원산지는 우리 대한민국입니다. 당신들은 우리 재래종을 가져다 개발하여 지금의 밀과 콩 종자를 만들지 않았습니까? 그렇다면 당신들도 우리 밀과 콩에 대한 사용료를 내야 합니다."

"말도 안 되는 소리, 우리는 밀과 콩에 대한 특허권도 가지고 있소. 그래서 법적으로 특허권 사용료를 요구하는 것이오."

원고가 특허권 운운하며 핏대를 올리자 피고 측 변호인이 더욱 강력하게 말했습니다.

"식물 자원을 가져다 개발했다고 해서 특허권을 가진다는 것 자체를 인정할 수가 없습니다. 식물 자원은 이미 지구상에

존재했던 자원들입니다. 그 자원을 쓰기 좋게 개량했다고 해서 계속해서 그 자원을 사용하는 데 대한 사용료를 지불할 수는 없습니다. 우리는 이미 씨앗을 사 가지고 올 때 돈을 지불했습니다. 그리고 지금 사용하고 있는 씨앗들은 그 씨앗에서 나온 종자들입니다."

"이렇기 때문에 우리 씨도놈은 앞으로 터미네이터 기술과 트레이터 기술을 이용해서 꼭 한 번밖에 쓸 수 없는 씨앗을 만들 것이오. 하지만 이미 사용한 씨앗에 대한 사용료를 꼭 받아야겠소."

"재판장님, 원고는 피고를 협박하고 있습니다."

재판관이 말했습니다.

"원고는 사건과 직접 관련이 없는 이야기로 피고에게 정신적 압박을 주지 마시오!"

"재판관님, 원고가 말하는 터미네이터 기술이란 어떤 씨앗에서 자란 식물이 다시는 씨앗을 퍼뜨리지 못하게 하는 기술을 말합니다. 그리고 트레이터 기술이란 특정한 농약과 비료를 사용해야만 씨앗이 싹이 트게 만드는 기술을 뜻합니다. 그런 식으로 유전자를 조작해 씨앗을 만들게 되면 자연생태계에 큰 교란이 오게 됩니다. 주위의 식물들이 어떤 영향을 받을지, 매우 위험한 기술입니다."

"피고는 우리 회사가 만든 씨앗으로 종자를 퍼뜨려 많은 수확을 거두었습니다. 그런데도 사용료를 내지 않겠다는 건 도둑놈의 심보입니다."

"처음 씨앗을 사올 때 이미 씨앗값을 지불했습니다. 더 이상은 사용료를 지불할 수 없습니다."

재판관이 고개를 끄덕였습니다.

"20세기를 지나면서 이미 생물의 다양성은 급격하게 줄어들고 있습니다. 예전에 존재하던 식물 자원의 3/4이 이미 지구상에서 사라진 상태입니다. 식물은 자연 상태에서 진화를 하는 것이 가장 바람직하다는 게 대부분 식물학자들의 의견입니다. 더구나 터미네이터 기술과 트레이터 기술은 아예 생물이 더 이상 자라지 못하도록 만드는 파괴적인 기술입니다. 절대로 있어서는 안 될 일입니다."

"우리 씨도놈은 이미 그 기술에 대해서도 특허권을 얻었습니다. 지금 이 자리에서 기술에 대한 이야기는 더 이상 하지 마시오!"

"씨도눔이 특허권을 얻었다는 씨앗들은 얼마 전까지도 우리 농부들이 대대로 전해온 씨앗들입니다. 그 씨앗을 조금 더 쓰기 좋게 만들었다고 해서 그 씨앗 자체에 대한 권리를 주장하는 것은 말도 안 됩니다."

재판관이 말했습니다.

"오늘은 여기까지 하겠습니다. 다음 재판은 다음 달 같은 날짜에 이 법정에서 열립니다."

미국인 변호사는 한국 측 변호사에게 주먹을 내밀어 보인 다음 서류를 챙겨가지고 법정에서 나갔습니다.

 도움말

소리 없는 전쟁, 씨앗전쟁

지금 세계는 씨앗을 가지고 소리 없는 전쟁을 치르고 있습니다. 이른바 종자전쟁입니다. 예전에는 자연에서 채취하여 서로 나누어 쓰던 씨앗이 이제는 초국적 종자회사들의 상품이 되어버렸습니다.

예로부터 우리 조상들은 농부는 죽을 때에도 씨앗을 베고 죽는다고 했습니다. 그렇게 해서 보전해 온 씨앗입니다. 그런데 농민들이 수많은 세월 동안 키워오고 보관해 온 씨앗들이 어느 사이엔가 선진국들의 소유물이 되어버린 것이지요. 선진국들은 마치 그 씨앗을 자신들이 처음으로 만들어낸 것처럼 특허권을 따서 씨앗을 팔아먹습니다. 대개는 씨앗과 농약과 비료를 한 세트로 파는 일이 많습니다. 그러니까 어떤 씨앗으로 농사를 지으려면 그에 맞는 농약과 비료가 꼭 필요하도록 만드는 것이지요.

정작 씨앗의 소유자이자 보존자인 자연과 농민들은 씨앗에 대한 아무런 소유권도 주장하지 못하고 있습니다. 오히려 각 나라들에서 씨앗을 훔쳐가 종자를 개량한 초국적 기업들만이 특허권을 주장하고 있습니다. 그리고 농민들은 울며 겨자 먹기로 씨앗 특허권에 대해 값을 치르고 있는 것이 현실입니다. 그러나 제3세계의 가난한 농민들에겐 씨앗을 살 돈조차 없습니다. 씨앗에 대한 특허권을 가장 먼저 주장한 나라는 미국입니다.

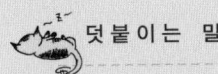 덧붙이는 말

한쪽에서는 생명을 가진 생물에 대한 특허권을 안정하는 것 자체가 문제가 있다는 주장을 펼치기도 합니다. 또한 특정한 종자만을 퍼뜨리는 것이 자연 생태의 질서를 해친다는 주장도 있습니다. 실제로 많은 식물 자원들이 지구상에서 사라지고 있는 것이 현실입니다. 즉 그토록 다양하던 식물 자원이 지금

당장 인간에게 유용한 몇 가지의 식물 자원만 남기고 사라지고 있습니다.

하지만 당장 인간에게 유용하지 않다고 해서 필요 없는 자원이라고 보는 것도 문제가 있습니다. 왜냐하면 다양한 식물 자원들의 용도에 대해 우리가 미처 알지 못하는 것이 더 많기 때문입니다. 다양한 식물 자원의 비밀이 밝혀지기도 전에 지구에서 사라지는 식물들이 점점 늘어나는 것은 여러 가지 면에서 불행한 일입니다. 어느 식물에 인류의 질병을 구할 요소가 들어있는지 알 수 없기 때문입니다. 또한 다양성은 생물의 보존과 유지를 위해서 꼭 필요한 요소이기도 합니다. 결국 다양성이 사라진다는 것은 생명이 사라진다는 것을 뜻합니다.

앞 재판을 보고 느낀 바가 많을 것입니다. 여러분 스스로가 재판관이 되어 씨앗 재판에 대한 판결문을 써 보세요.

II

경제의 흐름

사람의 몸과 경제

경제는 살아 있는 생물입니다

사람의 몸을 이루는 기관엔 소화 기관과 순환 기관 등을 비롯해 여러 기관이 있습니다.

그중 소화 기관은 입을 통해 들어온 여러 음식물을 소화시켜 영양분을 만듭니다.

순환 기관인 심장에서는 소화 기관에서 흡수한 영양분을 모든 세포로 보내 줍니다.

이때 피는 영양분을 실어나르는 매개체의 역할을 합니다. 피의 순환이 잘 이루어지지 않으면 몸엔 여러 가지 병이 생겨납니다.

나라 경제를 이루는 주체엔 기업, 가계, 정부가 있습니다.

그중 기업은 여러 가지 생산요소를 이용하여 상품을 만듭니다.

시장에서는 기업에서 생산한 상품이 다른 경제 주체들에게 팔려 갑니다.

이때 돈은 상품을 실어나르는 매개체의 역할을 합니다. 돈의 순환이 잘 이루어지지 않으면 나라 경제엔 여러 가지 탈이 생겨납니다.

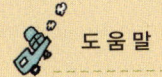 도움말

국민 경제의 순환

　흔히 경제는 살아 움직이는 생물에 비유됩니 다(여기서 말하는 경제의 뜻은 국민 경제, 지역 경제 등 경 제 단위를 나타내는 말뜻이지요). 그래서 앞에서 사람 몸의 순환과 국민 경제의 순환을 최대한 간단 하게 대비시켜 본 것입니다. 다음 그림은 국 민 경제가 어떻게 순환하는가를 나타낸 것 입니다.

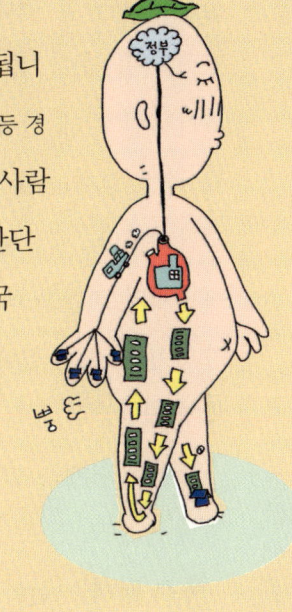

　그림에서 보듯이 기업은 가계에서 생산 요소를 사와 상품을 만듭니다. 그리고 만 들어진 상품을 가정과 정부에 팝니다.

〈국민 경제의 순환〉

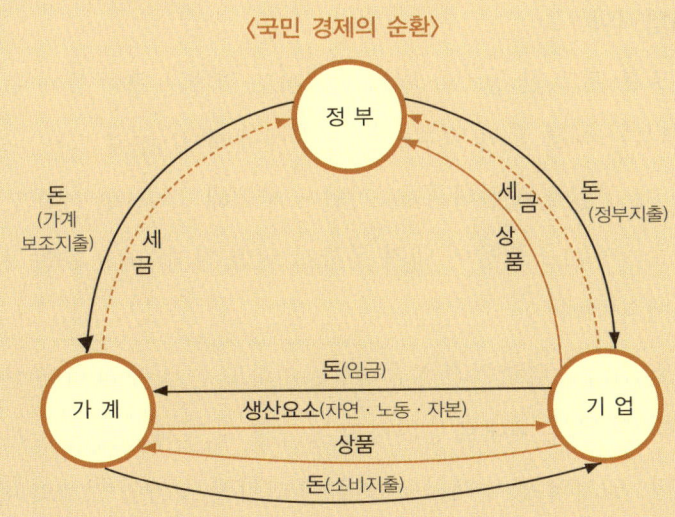

이때 가정과 정부는 소비의 주체이며, 기업은 생산의 주체입니다. 상품의 생산에 참가하여 소득을 얻는 기업과 가계는 정부에 세금을 냅니다. 정부는 필요한 경우에 가계에 무상으로 지출을 하여 가계를 도와주기도 합니다.

이처럼 경제 안에서는 돈과 상품이 순환을 하고 있습니다. 즉 국민 경제는 끊임없는 순환을 반복합니다. 한편 물건이 사고팔리거나, 세금을 내거나, 무상으로 지출을 하는 데는 돈이 매개체의 역할을 하는 것을 볼 수 있습니다. 상품과 돈은 반대의 방향으로 움직이는데, 돈은 이리저리 돌아다니며 경제 주체에 영양분을 공급해 주는 역할을 하는 것입니다.

그런데 경제는 살아 있는 생물이나 마찬가지이기 때문에 병을 앓을 수도 있으며 자칫하면 죽을 수도 있습니다.

특히 경제는 살아 있는 생물인 만큼 잘못된 생산요소(상한 음식)를 투입하여 좋지 않은 상품(독)을 만들게 되면 병이 들게 될 것입니다.

또한 어느 한 장기가 병들게 되어도 경제는 병이 들게 될 것입니다. 예를 들어 정부의 관료가 부패해서(병들게 되어서) 정부가 제 구실을 못한다든가, 기업이 부실해서(약해서) 제대로 된 상품(영양분)을 만들어 내지 못하게 되면 경제(사람의 몸)는 병이 들게 됩니다.

또 제대로 만들어진 상품(영양분)이라도 한 곳에 멈추어 선 채 돈(피)을 통해 제대로 순환하지 못하게 돼 경제는 병이 들게 됩니다. 인체의 병이 헤아릴 수 없이 다양한 것처럼 경제의 병도 그에 못지않게 다양한 형태를 가지고 있습니다.

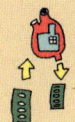

덧붙이는 말

이처럼 경제 주체인 가계와 기업, 그리고 정부는 어느 하나만 병이 들어도 경제 자체가 무너지게 되기 때문에 어느 것 하나 중요하지 않은 것이 없습니다. 그래서 경제가 제대로 건강을 유지하느냐 하지 못하느냐 하는 것은 결국 그 경제를 구성하고 있는 구성원들이 제 몫을 하느냐 하지 못하느냐에 달린 것이라고 할 수 있습니다.

앞에서 우리는 이미 경제인과 경제동물에 대해 이야기를 한 적이 있습니다. 어떤 경제에 경제인보다 경제동물들이 더 많다면 결국 그 경제는 병이 들어 죽게 될 것입니다.

이제 다음 문제들에 대해서 생각해 보세요.

1) 나홀로 나라의 부자들은 기업을 만들어서 상품을 만들기보다는 자신의 돈을 그대로 장롱 속에 넣어 둔 채 쓰기만 한다고 합니다. 부자들의 태도는 나홀로 나라의 경제에 어떤 영향을 미칠까요?

2) 국민 경제에서 돈이 하는 역할은 어떤 것인지 생각해 보세요.

멋있어 연방공화국

국민소득을 나타내는 방법

몇 개의 작은 나라가 모여 만들어진 멋있어 연방공화국에서는 지구상에서 유행하는 대부분의 옷(면으로 된 옷만을 만들지요)을 만들어 세계 각국으로 수출을 하고 있습니다. 그런데 어느 나라 사람이건 멋 좀 낸다 싶은 사람들은 모두들 멋있어 연방공화국의 옷을 한번 입어 보고 싶어 안달이었습니다. 멋있어 연방공화국의 옷을 입게 되면 이전보다 훨씬 더 멋있어 보였기 때문이지요.

그래서 멋있어 연방공화국의 옷은 대단히 인기가 좋았습니다. 하지만 멋있어 연방공화국의 옷이 그렇게 인기가 좋은 까닭은 멋있기 때문만은 아니었습니다. 멋있어 연방공화국의 옷은 여러 사람의 취향에 맞출 수 있을 정도로 정말 다양했기 때문에 인기가 좋은 것이랍니다. 왜냐하면 멋있어 연방공화국을 이루는 각 나라에서는 각 나라 나름대로의 특색을 가진 옷들을 만들고 있었거든요.

예를 들자면 편안해 나라에서는 입기가 아주 편한 옷을 만들고 있었고, 날씬해 나라에서는 입으면 날씬해 보이는 옷을 만들고 있었고, 예뻐 나라에서는 입으면 예쁘게 보이는 옷을 만드는 식으로 각 지방 나름의 특색을 살려서 옷을 만들고 있답니다.

그래서 멋있어 연방공화국에 오면 원하는 옷은 어떤 것이든 살 수 있기 때문에 모두가 멋있어 연방공화국의 옷을 좋아하게 된 것이랍니다.

그런데 멋있어 연방공화국은 소속 나라별로 옷을 만들어서 팔고 있었기 때문에 특별히 수도를 정해 놓지 않았습니다. 그래서 멋있어 연방공화국의 멋쟁이 대통령은 각 나라가 패션 쇼를 여는 기간 동안 그 나라에 가서 머물러 있곤 했습니다. 하지만 점차로 수출량이 늘어나다 보니 외국과의 편리한 무역 거래를 위해서는 멋있어 연방공화국을 대표하는 나라가 하나 필요하게 되었습니다. 어느 나라를 대표 나라로 정할까 하고 국민들의 의견을 묻자 모두들 고집을 부리며 자기네 나라를 대표 나라로 삼아야 한다고 나섰습니다.

그래서 연방정부의 대통령은 궁리에 궁리를 한 끝에 최근 일 년 동안 가장 많은 옷을 생산한 나라를 멋있어 연방공화국의 대표 나라로 삼겠다고 말했습니다. 나라 안에서 옷 이외에 다른 것들도 생산되기는 하지만 아주 적은 금액이기 때문에 계산에서 빼고 옷의 생산 금액만 계산하기로 했답니다.

그러자 각 나라들은 자신의 나라에서 만들어진 생산물의 금액을 계산하기 위해서 난리를 피웠습니다. 그중 편안해 나라의 경우를 살펴보겠습니다.

편안해 나라에서는 생산물의 양을 계산하기 위해서 국민들에게 각자가 일 년 동안 생산한 물건의 금액을 신고하도록 방

을 붙였습니다. 편안해 나라의 국민들은 자신들이 생산한 물건의 금액을 계산해서 관청에 신고를 했습니다.

편안해 나라에서는 목화를 재배하는 사람, 목화를 거두어 실을 만드는 사람, 목화실로 옷감을 짜는 사람, 옷감으로 옷을 만드는 사람이 모여서 살고 있었습니다. 편안해 나라의 수상은 국민들에게 각자 자신들이 일 년 동안 생산한 물건의 금액을 계산해 관청에 신고를 하도록 지시했습니다. 그래서 목화를 재배하는 사람들은 자신이 일 년 동안 재배해서 판 목화의 총 금액을, 옷감을 만드는 사람은 일 년 동안 만들어 판 옷감의 총 금액을, 옷을 만들어 파는 사람은 일 년 동안 만들어서 판 옷의 총금액을 신고했습니다.

수상은 계산을 정확하게 하기 위해서 보고된 자료를 여러 명의 관리들에게 나누어 준 다음 전체 생산물의 금액을 계산하도록 했습니다.

관리들은 국민들이 신고한 금액을 기초로 하여 생산물의 금액을 계산해서 수상에게 보고를 올렸습니다. 하지만 어찌 된 일인지 각 관리가 계산한 금액은 다음의 1조와 2조의 계산법에 나타난 것처럼 두 가지로 나왔는데, 그 금액에 있어서도 많은 차이가 났습니다. 그래서 편안해 나라의 수상은 어떤 계산 방식을 채택할 것인지 한참 동안 고개를 갸우뚱거려야만 했습니다.

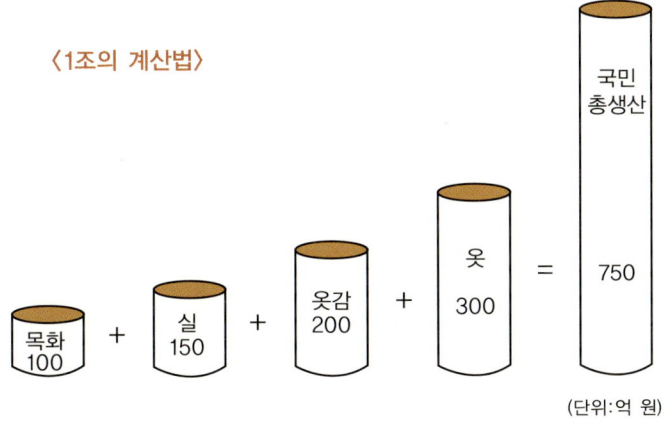

〈1조의 계산법〉

목화 100 + 실 150 + 옷감 200 + 옷 300 = 국민 총생산 750

(단위:억 원)

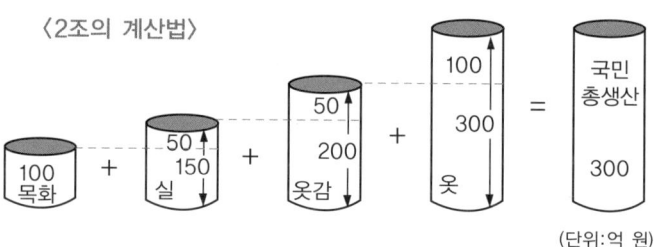

〈2조의 계산법〉

100 + 50 + 50 + 100 = 국민
목화   150   200   300   총생산
      실   옷감   옷   300

(단위:억 원)

도움말

국민총생산이란 무엇일까요?

우리는 흔히 신문이나 방송에서 1인당 국민소득이니 국민총생산(GNP)이니 하는 말들을 보거나 듣게 됩니다. 그 수치에 따라 어느 나라보다 잘사느니 못사느니 하기도 하고 십 년 전보다 얼마나 더 잘살게 되었는지 따져보기도 한다는 것을 이미 알고 있습니다.

이제 이야기 속의 편안해 나라에서 계산된 두 가지의 국민총생산에 대해서 알아보기로 하지요. 앞 그림에서 보면 어떤 관리들은 모든 생산물을 합해서 계산을 한 반면에 어떤 관리들은 마지막으로 생산된 것들만을 합해서 계산을 했다는 것을 알 수 있습니다.

여러분은 어떤 금액이 국민총생산을 나타내 준다고 생각하시는지요? 그림에서 보면 2조의 관리들이 계산한 것이 국민총생산을 보여 줍니다. 왜냐하면 1조의 관리들은 총생산을 계산하며 중간에 생산된 생산물의 금액까지 전부 더했기 때문에 이중적으로 계산을 한 셈이기 때문입니다.

경제학에서 말하는 국민총생산이란 한 나라 국민들이 생산한 최종 생산물을 합계한 금액을 나타냅니다. 즉 한 나라의 국민 전체가 일정한 기간 안에 생산(혹은 분배, 지출)한 재화 및 서비스를 화폐로 환산하여 시장 가치로 나타내 평가한 총액을 국민총생산이라고 합니다.

또 1인당 국민총생산이란 국민총생산을 그 나라의 총인구수로 나눈 것인데 이 값이 어느 정도냐에 따라 선진국이니 후진국이니 하며 생활 수준을 판가름하는 척도로 삼고 있답니다.

그림에서 보면 목화라든가, 목화실, 목화로 짠 옷감, 그리고 만들어진 옷들은 모두가 그 나라에서 만들어 낸 생산물입니다. 하지만 실, 옷감 등은 모두가 옷을 만드는 과정에서 만들어진 중간 생산물일 뿐입니다.

결국 최종 생산물은 옷이기 때문에 편안해 나라의 총생산량을 계산하려면 편안해 나라 안에서 일 년 동안 생산된 옷의 총판매 금액만을 더하면 됩니다. 따라서 2조의 관리들이 계산한 금액이 국민총생산을 나타내 주는 금액입니다.

❀

우리는 앞 그림에서 중간 생산물의 가치가 생산 단계를 거치면서 커지고 있는 것을 볼 수 있습니다. 즉 목화의 생산 금액이 100억 원이라면 목화실의 생산 금액은 150억 원, 그리고 실로 짠 옷감의 금액은 200억 원, 만들어진 옷의 금액은 300억 원으로 차차 그 금액이 증가하고 있는 것을 볼 수 있습니다.

이렇게 어떤 원재료가 생산 공정과 가공을 거치면서 늘어나는 가치를 경제학에서는 부가가치라고 부릅니다. 즉 덧붙이듯 늘어난 가치라는 뜻이지요. 그림에서 줄 쳐진 부분이 부가가치를 나타내 주고 있습니다.

실을 만드는 과정에서 목화라는 원재료와 노동력이 들어가고 기계 등이 사용됩니다. 이런 가공 과정을 거쳐서 실이 만들어지는 것이지요. 이때 목화를 제외한 새로운 노동력과 사용된 기계의 감가상각비 등이 바로 실을 만드는 과정에서 늘어난 가치, 즉 부가가치입니다. 위의 예에서 보자면 그 부가가치는 50억 원입니다(대부분의 나라에서는 이러한 부가가치에 대해서 세금을 부과하고 있으며 그것을 부가가치세라고 부릅니다).

이렇게 보면 국민 총생산물을 계산하는 방법에는 최종 생산물을 합계하는 방법 말고도 부가가치를 합계하는 방법도 있지 않을까 하는 생각을 하는 사람도 있을 것입니다.

물론 최초의 원재료에 가공을 거치면서 늘어난 부가가치를 더해도 국민 총생산물을 계산할 수 있습니다. 그림에서 살펴보면 그 합계 금액이 같다는 것을 볼 수 있습니다.

〈2조의 계산법〉에서 「왼쪽의 줄 쳐진 부분을 합계한 것 = 오른쪽의 줄 쳐진 부분(부가가치의 합계) = 국민총생산물」이 되는 것을 볼 수 있습니다.

실제로 국민총생산을 계산하는 데에는 앞에서처럼 생산하

는 면에서 접근하는 것 이외에도 분배와 지출 면에서 접근하는
방법이 있습니다.

 덧붙이는 말

국민소득 개념 중 가장 대표적인 것은 앞에서 살펴본 국민총
생산(GNP)입니다. 국민총생산은 한 나라의 영토 안에서 생산
된 최종 생산물의 합계인 국내총생산(GDP)에 내국인이 해외에
서 생산한 것을 합친 뒤 외국인이 국내에서 생산한 것을 빼준
것입니다.

국민총생산(GNP)과 국내총생산(GDP)말고도 국민소득을 나
타내는 말들이 있는데, 그것은 국민순생산(NNP)과 국민소득
(NI)입니다. 이런 소득들은 서로 관계를 가지고 있는데 그것을
식으로 나타내면 다음과 같습니다.

GNP = GDP + 내국인이 해외에서 생산한 것 - 외국인이 국
　　내에서 생산한 것

NNP = GNP - 감가상각비

NI = NNP - 간접세 + 정부보조금

다음 문제들은 숫자가 들어가 있기는 하지만 그리 어렵지 않
습니다. 한번 꼼꼼하게 풀어보세요.

1) 다음 수치는 우산만을 만드는 비오는 나라의 것입니다. 비오는 나라의 국민총생산을 계산해 보세요.

방수 처리하지 않은 천   100원

방수 처리한 천   120원

우산 꼭지와 손잡이   20원

우산에 들어가는 실   10원

임금   500원

우산 완성품의 총가격   650원

* 참고 : 모든 금액은 비오는 나라 전체의 금액을 합한 것임.

2) 다음 수치를 보고 밀가루가 생산되고 밀가루가 빵이 되는 각각의 과정에서 발생하는 부가가치의 금액을 계산해 보세요.

빵 한 개 만드는 데 들어간 밀   20원

20원어치의 밀로 만든 밀가루   30원

30원어치의 밀로 만든 빵   50원

어이춰 공화국과
와더워 공화국

어머니의 가사 노동을 인정하지 않는 GNP

그리 오래지 않은 옛날, 지구의 북쪽 끝에 어이춰 공화국이라는 나라가 있었습니다. 이 나라는 거의 일 년 내내 추운 날씨가 계속되고 있었습니다. 그래서 봄부터 가을까지는 그런대로 바깥 활동을 할 수 있지만 겨울에는 실내에서만 지내야 할 정도였습니다.

하지만 그 나라 국민들은 무척 부지런한 편이었습니다. 그래서 추운 날씨에도 온 국민이 힘을 합쳐서 열심히 일을 한 덕분에 요즈음 들어선 GNP가 세계에서 몇 번째가 될 정도로 잘사는 나라가 되었습니다.

어이춰 나라에선 담요와 방한복, 난로, 보일러 같은 것을 세계에서 제일 잘 만드는 것으로 유명합니다. 아무래도 추운 기후 조건을 이기며 살다 보니 그런 물건에 대해 더욱 열심히 연구하고 세심한 노력을 한 결과겠지요.

그러나 사람이라는 동물은 가진 것이 좀 있으면 뻐기고 싶고, 조금 편해지면 더욱 편해지고 싶은 속성을 가지고 있답니다. 어이춰 공화국의 사람들도 결코 예외는 아니었습니다. GNP가 세계에서 손가락으로 꼽을 정도로 잘사는 나라가 되었다는 것을 알게 되자, 갑자기 해외 여행을 하는 사람이 부쩍 늘고 돈 씀씀이도 커졌습니다. 여기서 어이춰 공화국에 사는 잘난체스키 부부의 이야기를 살짝 엿들어 보기로 하지요.

"여보, 우리도 이젠 살 만하니까 여행도 좀 다니고 그럽시다. 남쪽에 있는 와더워 공화국 같은 곳에 한 번 다녀옵시다. 얼마나 더우면 나라 이름이 와더워 공화국인지 궁금하지 않소?"

"거긴 일 년 내내 해수욕을 할 수 있다지요? 근데 그곳은 GNP가 너무 낮아서 가 보기가 겁이 나요. 세계에서 거의 꼴찌에 가까울 정도라면서요? 그렇게 못사는 나라에 가 봐야 먹을 거나 제대로 있겠어요? 그리고 사람이란 너무 못살면 험해지게 마련이잖아요. 그 나라 사람들이 갑자기 돈이라도 뺏으려고 달려들면 어떻게 해요?"

"당신은 남편을 뭘로 보는 거요. 이래 봬도 난 태권도 유단자라오. 태권도를 배운 사람에게 감히 누가 덤벼들겠소, 에헴."

"피이, 저번에 가게에 도둑이 들었을 때 책상 밑으로 제일 먼저 엎드린 사람이 당신이라던데요? 다른 사람들은 당당하게 도둑을 달래고 설득하는데 당신은 도둑에게 해코지라도 당할까 봐 꼼짝도 안 했다면서요? 누가 당신 같은 사람을 무서워하겠어요?"

"누가 그런 소릴 해? 난 그때 발에 쥐가 나서 발을 주무르기 위해서 엎드렸을 뿐이라고. 난 도둑이 든 것도 몰랐다니까."

"알았어요, 알았다고요. 그랬다고 합시다."

460

부부는 마침내 와더워 공화국으로 여행을 떠났습니다. 듣던 대로 와더워 공화국은 공장도 없고 자동차도 많이 다니지 않아 거리가 몹시 한산한 모습을 하고 있었습니다. 하지만 온통 바다와 열대림으로 둘러싸여 경치가 아주 좋았습니다.

"이렇게 공장이 하나도 없으니까 GNP도 낮고 못사는 게 당연하지."

"어휴, 이런 나라에서 태어나지 않은 게 얼마나 다행인지 몰라요. 그렇지요, 여보?"

"근데 생각했던 것보다 사람들은 행복한 모습으로 살고 있는 것 같소. 날씨가 워낙 따뜻하니까 두꺼운 옷도 필요 없고 난로나 보일러도 필요가 없는 것 같고 게다가 산과 들에는 열매들이 주렁주렁 열려 있으니 먹을 것을 걱정할 필요도 없고……. 그래서 그런지 사람들 모습이 평화롭고 즐거워 보이는군."

"그건 정말 그래요. 뭘 먹고 사나 싶었는데……."

정말 그랬습니다. 와더워 공화국에는 사실 공장이 별로 필요하지 않았습니다. 먹고사는 일은 거의 산과 들에서 해결이 되고, 나머지 필요한 물건은 관광객들에게서 벌어들인 수입으로 사오면 되었으니까요. 그래서 시장에서 거래되는 생산물이 별로 없다 보니 GNP가 낮을 수밖에 없었지요. 하지만 그 나라 사람들은 힘들거나 어렵게 살고 있지 않았습니다. 낮에도 그다지 힘들게 일하지 않았고 밤이면 모여서 노래를 부르거나 춤을 추면서 여유를 즐기며 행복하게 지내고 있었으니까요.

와더워 공화국 사람들이 사는 모습은 잘난체스키 부부가 생각했던 것과는 전혀 달랐던 것입니다. 먹을 것은 어느 곳에나 풍부하게 널려 있었고, 사람들의 모습이 험악하지도 않았으며, 돈을 훔쳐 가려는 사람도 물론 없었답니다. 두 나라의 GNP가 지니고 있는 차이는 엄청난 것이었지만, 두 나라의 사람들이 GNP의 차이만큼 더 행복하거나 불행해 보이지는 않았습니다. 돌아오는 비행기 속에서 잘난체스키 부부는 그저 고개를 갸우뚱거릴 뿐 그 이유를 알 수가 없었습니다.

 도움말

국민 소득 측정의 문제

앞 이야기에서 나오는 잘난체스키 부부는 와더워 공화국에 가 보기 전에는 어이춰 공화국이 와더워 공화국보다 훨씬 더 잘사는 나라라고 생각을 하고 있었습니다. GNP가 훨씬 더 높기 때문이지요.

하지만 실제로 그 나라에 가 보고 나서는 와더워 공화국이 GNP가 낮은 만큼 못사는 나라는 아니라는 것을 알게 됩니다.

어째서 그럴까요? 이제 GNP 측정의 문제점을 살펴보면서 그 이유를 생각해 보기로 합시다.

먼저 앞에서도 말했듯이 GNP란 한 나라 안에서 생산된 최종 생산물의 시장 가치를 합한 금액입니다. 여기서 우리는 시장 가치라는 말에 주의를 기울일 필요가 있습니다. GNP에 포함되는 최종 생산물은 시장에서 거래되는 것에 한한다는 것이지요.

즉 실제로 생산이 되었다고 하더라도 시장에서 판매되지 않는 것은 계산에 넣지 않는다는 것입니다.

와더워 공화국의 경우, 그 나라 사람들은 먹을거리를 주로 산과 들의 열매에서 채취하고 있는 것을 볼 수 있습니다. 자신이 따서 자신이 먹는 것이지요. 즉 시장에서 사고판 음식을 먹는 것이 아니라는 점입니다. 하지만 GNP를 계산할 때는 시장에서 판매된 생산물만을 계산에 넣게 되는 것입니다. 이렇게 볼 때 와더워 공화국의 GNP는 그 나라 국민들의 먹을거리만큼이 덜 계산되었다고 볼 수 있습니다.

이런 예는 우리 주변에서 흔하게 찾아볼 수 있습니다. 예를 들자면 어머니의 가사 노동은 시장에서 판매되는 것이 아니기 때문에 GNP 계산에 포함되지 않습니다. 또 있습니다. 집에서 채소를 가꾸어 먹는다고 할 때, 즉 자가생산을 한다고 할 때 그 생산물도 GNP에 포함되지 않습니다.

뿐만 아니라 학생들의 아르바이트로 인한 소득도 대부분의 경우 GNP에 포함되지 않습니다. 그리고 사채업자들이 돈을 빌려 주고 받는 이자도 GNP에 포함되지 않습니다. 이렇게 밖으로 드러나지 않은 채 시장 밖에서 이루어지는 경제 거래를 우리는 지하 경제라고 부릅니다.

두 번째로 들 수 있는 것이 GNP가 국민들이 누리는 복지까지는 계산해 내지 못한다는 것입니다. 예를 들어 와더워 공화국 사람들은 어이춰 공화국 사람들처럼 부지런을 떨며 살지 않아도 자연 속에서 시간적 여유와 행복을 누리면서 즐겁게 살고 있다는 것입니다. 이때 와더워 공화국 사람들이 생활에서 얻는 즐거움이나 만족감은 GNP에 포함되지 않았다는 것입니다.

세 번째로 GNP는 국민 경제가 필요로 하는 어쩔 수 없는 지출까지 포함하게 된다는 것입니다. 효용을 증가시키지 못하면서 단순히 경제를 유지하기 위해서 필요한 수단에 드는 비용까지도 포함한다는 것이지요. 실제로 각 나라가 치안이나 국방, 도로의 정비 같은 것을 위해서 지출하는 비용까지도 GNP에는 포함이 되고 있는 것을 볼 수 있습니다. 이러한 지출들은 국민들의 효용을 직접적으로 증가시키지는 못하면서 경제 활동을 위해서는 꼭 필요한 지출이지요.

앞 이야기에서 보자면 와더워 공화국에서는 두꺼운 옷이나 난방 기구가 없이 생활을 할 수 있습니다. 다시 말해서 두꺼운 옷이나 난방 기구를 만들거나 살 필요가 없다는 것이지요. 하지만 어이춰 공화국에서는 두꺼운 옷이나 난방 기구 없이는 살 수가 없습니다. 그렇다면 어이춰 공화국과 와더워 공화국이 똑같은 GNP를 가졌다고 할 경우, 어이춰 공화국의 GNP는 두꺼운 옷이나 난방 기구의 가격만큼 부풀려져 있다고 할 수 있을 것입니다.

와더워 공화국과 비교를 하는 경우, 어이춰 공화국에서 생산된 두꺼운 옷이나 난방 기구도 이러한 지출에 해당됩니다.

이런 경우 GNP는 두 나라의 생산량을 비교하는 지표로서의 구실을 제대로 하지 못하게 됩니다.

네 번째로 GNP는 환경 오염이나 공해로 인한 비용만큼을 과장해서 계산하고 있습니다. 실제로 공해로 인한 피해를 줄이기 위해 드는 비용은 국민총생산에 포함되어 있으며, 공해 비용까지도 GNP에 포함된다는 것은 정말로 잘못된 일이 아닐 수 없습니다.

앞에서 살펴본 것처럼 GNP라는 수치는 많은 문제점을 가지고 있습니다. 하지만 GNP가 어떤 경제의 크기를 보여 주는 것은 사실이며 그러한 이유 때문에 각국은 GNP로 경제 활동의 크기를 계산하고 있는 것입니다.

덧 붙 이 는 말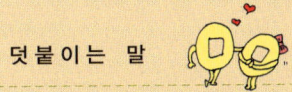

이번에는 GNP를 물가와 관련지어 이야기해 보려고 합니다. 흔히 GNP는 많이 늘어났다는데 우리네 살림살이는 별로 나아진 게 없다는 말들을 하곤 합니다. 이때 우리가 생각해야 하는 것이 실질 GNP와 명목 GNP라는 개념입니다.

예를 들어가면서 설명해 보지요. 작년에는 100만 원이었던 민영이 아빠의 월급이 올해는 110만 원으로 올랐다고 합시다. 그리고 물가 지수는 110이라고 합시다. 물가 지수가 110이 되었다는 말은 100원이면 살 수 있던 물건을 110원을 주어야만 살 수 있다는 것입니다. 이런 경우 실제로 민영이 아빠의 월급은 하나도 오르지 않은 것과 마찬가지의 결과를 낳게 됩니다 (110/100=110만 원/100만 원). 월급이 오른 비율만큼 물가도 올랐기 때문에 월급이 오른 것은 실제로는 아무런 혜택을 주지 못한다는 것이지요. 이렇게 물가가 오르는 경우 GNP가 늘어났다고 해서 살림살이가 나아지는 것은 아니랍니다.

이렇게 수치상으로 나타난 GNP를 우리는 명목 GNP라고 부릅니다. 그리고 명목 GNP에 물가가 오른 것을 감안하여 다시 계산한 GNP를 우리는 실질 GNP라고 부릅니다. 앞의 예에서 보면 실질 GNP를 구하기 위해서 우리는 명목GNP를 1.1(=110/100)로 나누어 주어야 할 것입니다. 이때의 1.1을 우리는 GNP 디플레이터라고 부릅니다. 즉 GNP 디플레이터란 명목 GNP에서 실질 GNP를 계산하기 위해 사용하는 일종의 물가 지수이지요.

이제 다음 문제들을 풀어 보세요.

1) 진이네는 시골에서 할아버지가 손수 농사를 지어 보내 주시는 쌀을 먹습니다. 물론 아무런 값도 치르지 않습니다. 이때 할아버지가 보내 주신 쌀은 GNP에 포함되나요?

2) 김큰손 아줌마는 건설 회사를 하는 박지어 사장에게 돈을 빌려 주고 이자를 받았습니다. 그리고 이자를

받기는 했지만 세무서에 신고를 하지는 않았습니다. 이 경우 김큰손 아줌마가 받은 이자는 GNP에 포함 되나요?

3) 1990년의 GNP를 1,500만 달러라고 합시다. GNP 디플레이터가 1.2라고 하면 실질 GNP는 얼마인지 계산해 보세요.

개미 허리는 항상 날씬하다

경제를 순환시키는 힘

개미 나라는 워낙 넓은 국토를 가지고 있는데다 모든 자원이 풍부했습니다. 땅이 넓다 보니 없는 것이 별로 없었습니다. 특히 농사를 지을 땅이 충분했고 게다가 땅은 기름져서 많은 수확을 거둘 수 있었습니다. 또 금과 석유까지 쏟아져 나와서 나라 살림에 큰 보탬이 되었습니다. 게다가 국민들이 부지런해서 개미 나라는 점점 부유해졌습니다.

그러나 개미 나라의 왕족 개미들과 귀족 개미들은 일을 하지 않고 빈들거리면서 일개미들이 부지런히 일을 해서 만드는 물건을 빼앗아 쓰는 것을 당연시했습니다.

그런데 개미 나라 국민들의 신체적 특징은 누가 하나 뚱뚱한 이가 거의 없다는 것입니다. 일개미들은 허리띠를 졸라매고 땀 흘리며 열심히 일을 하기 때문에 날씬하고, 일을 하지 않는 왕족 개미들과 귀족 개미들은 밤낮으로 다이어트를 하기 때문에 항상 날씬하답니다.

그런 개미 나라에 돈모아 왕이 새로 왕위에 오르게 되었습니다. 돈모아 왕은 이전의 왕들에 비해 낙천적이며 놀기를 좋아하는 그런 왕이었습니다. 돈모아 왕이 왕위에 오르고 얼마 지나지 않아 개미 나라는 세계에서 가장 부유한 나라로 불리게 되었습니다. 그러자 돈모아 왕은 이런 연설을 했습니다.

"우리나라는 그 어느 때보다 부유해졌습니다. 그동안 열심히 일한 덕분에 수년 동안 번영을 누려서, 나라 전체는 평화로우며 국민들은 만족스러워하고 있습니다. 이제 우리 국민들도 즐기면서 살 때가 왔습니다."

사실 나라가 부자가 되었다고 해서 그 나라 국민들이 모두 부자인 것은 아닙니다. 그런데도 개미 나라 국민들은 자신들이 모두가 부자라는 착각을 하게 되었지요.

장사꾼들은 국민들의 이런 착각을 잽싸게 장삿속으로 이용했습니다. 그래서 휴양지로 좋은 땅을 골라 싸게 사들여서 휴양 시설을 짓기 시작했습니다. 휴양지로 적당한 땅은 울창한 숲을 낀 언덕이나 바닷가였으며 겨울에도 따뜻한 곳이었습니다. 장사꾼들은 용케도 그런 땅을 골라 개미굴을 짓기 시작했습니다.

가장 인기가 좋은 곳은 사철 과일이 열리는 바닷가였습니다. 겨울에도 춥지 않고 따뜻한데다 주렁주렁 달린 과일들은 보기에도 좋았습니다.

"자, 여러분, 호텔급 개미굴에서 휴가를 즐기십시오. 제가 소개하는 휴양지 개미굴은 단물이 줄줄 나오는 과일들이 사철 나오고 출렁이는 파도 소리를 자장가 삼아 잠을 잘 수도 있는 곳입니다."

돈 많은 부자 개미들은 하나둘씩 좋은 휴양지의 개미굴을 사서 휴가를 보내는 것이 유행이 되었습니다. 장사꾼들은 휴양지에 점점 더 많은 땅을 사서 개미굴을 날림으로 지어 팔기 시작했습니다. 처음에 개미굴을 산 개미들은 날림으로 지은 개미굴도 많은 웃돈을 얹어 다시 되팔 수 있었습니다. 또 땅을 판 개미들도 많은 이익을 챙길 수 있었습니다. 대개 산 값보다 두 배 정도의 값을 더 받을 수가 있었지요.

여러 개미들이 짭짤한 재미를 보자 개미 나라 전체가 휴양지용 개미굴을 지을 땅을 사고파는 열풍에 빠져 버렸습니다. 휴양 시설이 들어서기도 전에 심지어는 열 번씩 사고팔기도 했습니다. 나중에는 계약금만 걸어 놓고 땅을 파는 일도 흔해져서 방금 산 땅을 그 자리에서 팔기도 했습니다.

땅을 사고팔아 재미를 본 투기꾼 개미들은 아예 땅장사를 하기 위해 돈을 빌려서까지 땅을 사게 되었습니다. 산 땅을 되팔기만 하면 빌린 돈을 갚고도 많은 이익을 남길 수가 있었습니다. 그러다 보니 온 나라 국민들이 땅을 사고파는 데만 정신이 팔려 일은 뒷전이었습니다.

하지만 땅을 사고파는 일은 언젠가는 끝이 날 수밖에 없었습니다. 개미 나라 국민들 대부분이 땅을 사고파는 일에 참가하고 나자 더 이상 땅을 살 사람이 없어졌고, 마지막에 땅을 산 개미들은 비싼 값으로 땅을 사고도 다시 되팔지 못하게 되었습니다. 더 이상 비싼 돈을 주고 땅을 살 개미가 없어지자, 땅값은 폭락해 버렸습니다. 결국 마지막에 땅을 산 개미들은 큰 손해를 보게 되었습니다.

한편 처음에 땅을 사고팔아 재미를 본 투기꾼 개미들은 일찌

감치 땅장사에서 손을 떼고 이번엔 증권 시장으로 진출하여 주식에 손을 대었습니다. 땅장사를 할 때와 마찬가지로 진짜 값은 얼마 되지도 않는 주식을 사서 값을 많이 올려 되팔았습니다.

주식값이 오르자 땅장사를 할 때와 마찬가지로 많은 개미들이 주식을 사고팔았습니다.

게다가 회사의 자산은 증가하지 않았는데 주식값만 자꾸 올라가자, 개미 회사들은 일을 해서 상품을 만들기보단 주식값을 올리는 일에 더 열을 올렸습니다. 하지만 땅값과 마찬가지로 주식값도 결국 떨어지게 되었고, 주식은 휴지와 다름없이 되어 버렸습니다.

돈을 빌려 주식과 땅에 투자를 했던 개미들은 모두 돈을 갚을 능력이 없는 빚쟁이가 되고 말았습니다. 빚진 개미들의 한숨 소리가 땅을 꺼지게 할 정도가 되었습니다.

주식값과 땅값이 터무니없이 떨어지자 개미들은 불안해졌습니다. 은행에 예금을 가지고 있는 개미들은 돈을 찾아가느라 바빴습니다. 그리고 빌려간 돈을 내놓지 않았습니다. 빌려준 돈을 받지 못하는데다 예금된 돈을 찾아가는 개미가 많아지자 결국 은행은 망하고 말았습니다. 소위 말하는 공황이 찾아온 것이지요.

그동안 땅과 주식에 열중하느라 생산에 투자를 제대로 하지 않은 까닭에 이미 생산은 감소되어 있었습니다. 얼마 지나지 않아 생활 물자가 턱없이 부족해졌습니다.

그러나 상품 생산에 투자를 하려는 개미는 아무도 없었습니다. 많은 은행이 문을 닫는데다, 그나마 망하지 많은 은행에서조차도 돈을 빌려 생산에 투자를 하려는 개미도 없었습니다. 수많은 회사들이 문을 닫고 실업자들이 생겼습니다. 시간이 지나면서 물건을 사려는 이도 팔려는 이도 점차 줄어들었습니다. 결국 시장의 가게들도 하나둘씩 문을 닫게 되었답니다. 시간이 더 흐르자, 개미 나라의 중앙 은행을 뺀 나머지 은행들은 모두 문을 닫게 되었습니다. 가게도 모두 문을 닫게 되었습니다. 공장들도 문을 닫게 되었습니다.

개미 나라 국민들은 이제 필요한 물건이 있어도 살 수가 없게 되었습니다. 직장을 잃어버린 국민들은 더 이상 돈을 벌 수도 저축을 할 수도 없게 되어 버렸으니까요. 나라 안에는 온통 실업자뿐이었습니다. 모두들 필요한 물건을 구하느라 이리저리 뛰어다니고 있었습니다. 거리에는 떨어진 옷을 입는 개미들이 먹을 것을 달라고 외치며 시위를 하면서 돌아다녔습니다.

나중엔 거리에도 오가는 이도 거의 없고, 자동차 소리도 기계 소리도 들리지 않았습니다. 텅 빈 거리에서 파란 하늘만이 높이 자리잡고 있었습니다. 개미 나라의 경제는 마침내 깊은 잠에 빠지고 만 것입니다.

그때부터 개미 나라의 국민들은 날씬한 허리가 자랑이 아니라 불만스러운 대상이 되고 말았답니다. 왜냐고요? 처음엔 열심히 일을 하거나 몸매를 가꾼 덕에 허리가 날씬해졌지요. 하지만 나중엔 먹지 못해서 몸이 마르다보니 허리는 더욱 날씬해져 버렸거든요.

하여튼 이래저래 개미 허리는 항상 날씬한 것이 제 모습인 것처럼 되고 말았습니다.

도움말

저축과 투자

이야기에 나오는 개미 나라 경제는 투기 때문에 생산에 대한 투자가 이루어지지 않아 병이 들어 버렸습니다. 앞에서 우리는 경제의 순환에 대해서 살펴본 적이 있습니다. 경제는 살아 있는 생물과 같아서 피가 순환하듯 돈이 순환을 하지 않으면 죽거나 병이 든다는 것이지요. 개미 나라에선 상품의 생산에 투자를 하는 대신 땅과 주식에만 투자를 하여 점점 상품의 생산량이 줄어들게 되었던 것입니다.

그 결과 기업은 가계에서 노동과 같은 생산요소를 사지 않게 되어 이익을 남길 수가 없게 되고, 가계는 소득을 잃게 되었습니다. 경제를 순환시킬 상품과 돈이 모두 줄어들게 된 것이지요. 즉 가계와 기업이 모두 병이 들자 경제도 병이 든 것입니다.

이제 저축과 투자에 대해서 살펴보기로 합시다. 먼저 투자란 자본재에 대한 지출, 다시 말해서 새로운 공장이나 기계 그리고 설비에 대한 지출을 뜻합니다. 그리고 투자를 결정하는 가장 중요한 요인은 이자율과 투자로 인해 얻을 수 있는 예상수익률(기업이 자본재를 이용하여 얻을 수 있으리라고 생각되는 수익률)입니다.

하지만 이러한 투자에는 비용이 들어가야 하기 때문에 기업은 예상수익률이 이자율보다 높은 경우에만 투자를 하게 됩니다. 그런데 개미 나라에서는 투기를 하는 것이 생산에 투자를 하는 것보다 이익이 많이 나기 때문에 땅과 주식에는 투자를 하면서도 생산에 대한 투자는 거의 하지 않는 것을 볼 수 있습니다. 그 결과 경제가 병들자 소득이 줄어들어 물건을 살 사람도 팔 사람도 없어지게 됩니다. 결국 기업은 문을 닫게 되었고 투자를 하지 않아 국민소득(국민총생산)은 점점 낮아지게 되어져 개미 나라 경제는 병이 깊어지게 되었습니다.

물건을 살 사람이 없어지게 되면 투자도 이루어지지 않게 되

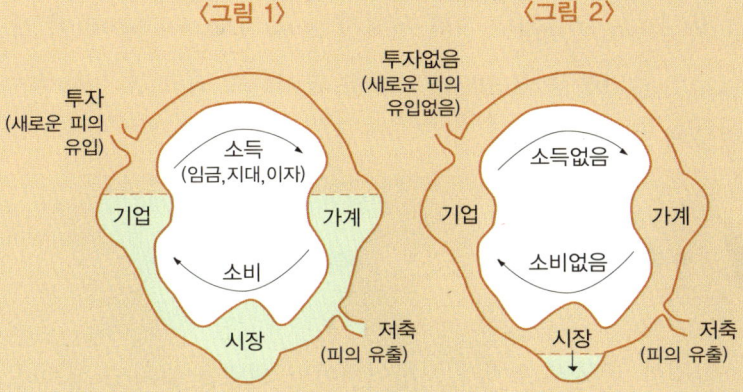

〈그림 1〉 〈그림 2〉

기 때문에 자의든 타의든 물건을 살 사람이 없어지면 경제는 병들게 됩니다. 그런데 지나치게 절약을 하는 경우도 물건을 살 사람이 없어지는 결과를 가져오기 때문에 케인즈라는 경제학자는 절약이 항상 미덕은 아니라는 말을 했습니다. 이것을 우리는 절약의 역설이라고 부릅니다.

이것을 간단한 그림을 이용해 설명해 보기로 합시다. 경제 순환에 있어서 투자는 경제에 대한 유입(경제의 순환 과정 속으로 들어오는 자원)이 되지만 저축은 유출(경제 순환 과정 밖으로 빠져 나가는 자원)이 됩니다.

위 그림은 경제의 순환을 단순하게 나타낸 것입니다. 그림에서 볼 때 일정한 투자(새로운 피의 유입)가 계속되면서 일정한 저축(피의 유출)도 계속되어야 경제는 계속해서 순환하게 됩니다(그림 1). 물론 인체에서 피를 순환시키는 것은 심장의 몫입니다. 경제에서 돈과 상품을 순환시키는 것은 보이지 않는 손이라 불리는 시장의 몫이고요. 하지만 개미 나라(그림 2)에서처럼 투자(새로운 피의 유입)는 이루어지지 않고 저축(피의 유출)만이 계속되면 국민총생산(연한 녹색 부분)은 줄어들게 되고 결국 경제는 병들게 되는 것입니다.

덧붙이는 말

일정한 규모의 소비가 이루어져야만 새로운 투자도 생겨나게 마련입니다. 물건이 팔리지 않는다면 물건을 만들려고 하는 사람도 없을 테니까요. 즉 소비와 저축 그리고 투자 모두가 경제를 순환시키는 힘이 된다는 얘기지요.

이제 소비와 저축은 어떻게 해서 생겨나게 되는지에 대해서 알아봅시다. 소비와 저축을 결정하는 요인은 여러 가지가 있지만 가장 중요한 요인은 각 개인의 소득입니다. 대개의 경우 소득과 소비는 같은 방향으로 움직입니다. 소득이 늘어나면 소비도 늘어난다는 뜻이지요.

한편 저축은 소득에서 소비를 뺀 것이기 때문에 소비를 알면 소득을 알 수 있습니다. 소비와 마찬가지로 저축도 소득과 같은 방향으로 움직입니다. 소득이 늘어나면 저축도 늘어난다는 뜻이지요.

그렇지만 소비와 저축의 비율은 소득이 늘어나는 데 따라 항상 비례적으로 변하는 것은 아닙니다. 즉 증가하는 비율이 일정하지는 않습니다.

다만 우리는 소득 가운데에서 소비가 되는 비율과 저축이 되는 비율을 구할 수는 있을 것입니다. 이것을 우리는 평균소비성향과 평균저축성향이라고 부릅니다. 수식으로 나타내 볼까요?

평균소비성향 = 소비금액 / 소득금액

평균저축성향 = 저축금액 / 소득금액

평균소비성향 + 평균저축성향 = 1

앞 이야기에 나온 개미 나라 국민들은 투기의 결과 기업과 은행이 문을 닫게 되었고, 일자리를 잃은 국민들은 소득이 없어져 소비를 할 수 없게 됩니다. 그리고 소비를 하지 않으면 투자는 이루어지지 않게 되구요.

이처럼 한 나라 국민들의 소비성향과 저축성향 그리고 투자 의욕은 국민의 소득을 결정하는 데 중요한 요인으로 작용합니다.

다음 문제들을 통해 지금까지 배운 것을 확인해 보세요.

1) 흔히들 저축이 미덕이라는 말을 합니다. 국가 전체로 볼 때 저축은 항상 좋은 것일까요? 여러분의 생각을 말해 보세요.

2) 두이네 집의 소득 금액은 100만원, 소비는 70만원입니다. 두이네 집의 평균소비성향과 평균저축성향을 구해 보세요.

개미굴이 홍수에도 견디는 이유

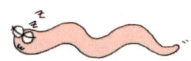

국민소득은 어떻게 결정될까요?

개미 나라의 경제는 완전히 침체되어 회복될 줄을 몰랐습니다. 돈이 있어도 물건을 만드는 사람과 팔려는 사람이 없으니 아무런 소용이 없었지요. 살기가 불편하고 어려워지자 국민들은 돈모아 왕을 원망하기 시작했습니다. 국민 경제를 되살려 놓으라고 아우성들이었습니다.

그제야 돈모아 왕은 무언가가 잘못되었다는 생각을 하게 되었습니다. 돈모아 왕은 장관들을 모아 놓고 경제에 대한 회의를 했습니다. 여러 가지 의견들이 나왔지만 뾰족한 묘안을 제시하는 장관은 아무도 없어서 마땅한 결론을 내리지 못했습니다.

하는 수 없이 돈모아 왕은 경제를 되살릴 수 있는 묘책을 가진 국민에게 큰 상을 내리겠다고 방을 붙였습니다. 하지만 묘책을 가진 국민 역시 쉽게 나타나지 않았습니다.

어느 날이었습니다. 일좋아 나라에서 왔다는 경제학자 하나가 개미 나라의 경제를 되살릴 묘안이 있다고 귀뜸을 했습니다. 물에 빠진 사람처럼 어려움에 처해 있던 돈모아 왕으로서는 지푸라기라도 잡을 심정이었기 때문에 그 경제학자를 붙잡고 매달렸습니다.

"좋은 방법이라도 있단 말이오?"

478

"예, 저를 믿으시고 제게 모든 걸 맡겨 주시면 개미 나라의 경제는 되살아날 것입니다."

"선생께선 우리 개미 나라의 경제가 이렇게 된 이유가 무엇이라고 생각하시오?"

"제가 보기엔 그동안 투자를 제대로 하지 않아서 이렇게 된 것 같습니다."

"그럴까요?"

"이대로 두면 경제가 저절로 살아나는 데는 무척 오랜 시간이 걸릴 것입니다. 그러니까 정부에서 문제를 해결하는 방법을 찾아야 할 것입니다."

"그럼, 어떻게 해야 하나요?"

"소비를 이끌어 내야 합니다. 그러기 위해선 먼저 투자가 필요하구요. 하지만 지금 상태에선 정부가 투자를 하지 않으면 안 됩니다. 정부가 과감하게 소비를 일으킬만한 투자를 해야 합니다.

"어떻게 말입니까?"

"우선 대규모 건설 사업을 벌여 국민들을 많이 고용하고, 시장을 다시 북적대게 해야 합니다. 먹을거리와 입을 것들이 시장에서 다시 사고팔릴 수 있도록 해야지요. 국민들은 소득이 있어야 돈을 쓰기 때문에 사업을 벌여야 하는 것입니다."

돈모아 왕은 그 경제학자가 말한 대로 보통 개미들이 마음 놓고 가족 모두 살 수 있는 크기의 개미굴을 많이 만들기로 했습니다. 그리고 그 개미굴을 집 없는 개미들에게 나누어 주겠

다는 계획까지 세웠답니다. 그리고 당장 급한 것은 아니었지만 많은 개미들이 일꾼으로 참여할 수 있도록 개미 박물관을 짓는 것과 동시에 개미 시장을 다시 열도록 만들었습니다.

공장을 다시 돌리거나 새로 시작하겠다는 국민에게는 보조금을 주기도 했습니다.

그러자 개미 나라의 경제는 조금씩 잠에서 깨어나기 시작했습니다. 개미굴 공사와 박물관 건설 공사가 시작되고 공장이 다시 돌아가자 국민들은 소득을 다시 얻게 되었고 소득이 생기자 물건을 사려는 수요도 생겨났습니다. 그 결과 개미 시장이 다시 문을 열었고 물건도 팔리기 시작했습니다. 국민들은 점차로 활기를 되찾고 물건을 만들거나 사고팔았습니다. 은행도 다시 문을 열었습니다.

돈모아 왕은 이런 모습들을 지켜 보면서 가진 돈이 있어도 돈을 생산에 투자하지 않으면 경제가 돌아가지 않는다는 것을 새삼스럽게 깨닫게 되었습니다. 그래서 돈모아 왕은 국민들에게 이런 말을 했습니다.

"개미답게 살기 위해서는 소비와 투자가 모두 필요합니다. 개미는 즐겁게 살기 위해서 돈을 버는 것입니다. 저축한 돈을 그대로 가진 채 쓰지도 않고 투자하지도 않으면 오히려 삶은 고달프고 고생스럽게 됩니다. 투자되지 않는 저축은 악덕이며, 지나치지 않은 소비는 미덕입니다. 즐겁게 일하고 즐겁게 쓰면서 삽시다. 그래야만 모두가 잘살 수 있습니다."

아무튼 그때 벌인 대대적인 공사로 인하여 개미 나라에선 여러 가지 좋은 일이 일어났습니다. 그중에서도 가장 좋은 일은 뭐니뭐니해도 날림 공사를 하지 않고 튼튼하게 지은 개미굴의 덕을 후손들이 두고두고 본다는 것입니다. 사실 그 이후로부터 개미굴은 홍수에도 떠내려가지 않고 끄떡없이 견디고 있거든요.

도움말

총수요와 총공급

앞 이야기는 위기에 빠진 개미 나라의 경제가 다시 살아나는 모습을 보여 주고 있습니다. 이런 식으로 경제가 위기에 처한 것을 경제 공황이라고 부릅니다. 실제로 세계 경제는 벌써 여러 차례 공황에 처한 적이 있었습니다.

그리고 그러한 공황은 그 공황의 성격에 따라 해결책이 달라지게 마련입니다. 여기서는 수요가 부족해서 일어난 공황을 나라가 끼어들어 해결해 가는 과정을 보여 주고 있습니다. 경제학에서는 이렇게 나라가 개입을 하여 투자를 하는 방법을 재정 정책이라고 합니다. 앞 이야기는 재정 정책이 무엇인지를 보여 주고 있지요.

자본주의 사회에서 국민소득은 시장의 원리에 의해 결정됩니다. 즉 총수요와 총공급이 국민소득을 결정하는 것이지요. 총수요란 그 나라 경제 전체가 가지고 있는 전체 재화와 용역에 대한 수요를 나타냅니다. 그리고 총공급이란 그 나라의 경제 전체가 가지고 있는 재화와 용역에 대한 공급을 나타냅니다.

이론적으로 볼 때 국민소득은 총수요와 총공급이 만나는 점에서 결정됩니다. 그런데 수요나 투자가 부족하면 경제 공황이 일어나게 되고 국민소득도 줄어들게 되지요. 이런 때 재정 정책을 펴게 되면 효과적이라는 것이 일반적으로 인정된 경제 이론입니다. 즉 정부가 투자를 하여 사업을 벌임으로써 수요와 투자를 이끌어 내어 국민총생산을 늘린다는 것이지요.

이제 재정 정책의 효과가 얼마만큼 일어나는지에 대해서 알아봅시다. 실제로 경제 공황일 때에 정부 투자는 투자 금액보다 훨씬 더 많은 소득의 증대를 가져오게 됩니다. 그림으로 그효과를 알아보기로 하지요.

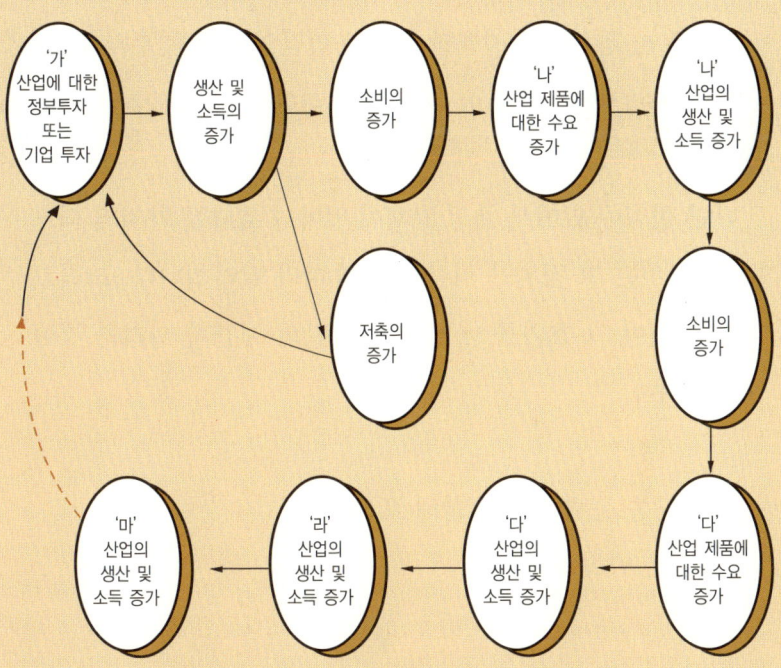

위 그림에서 본 것처럼 정부의 투자는 수요를 일으키게 되고, 그 수요는 또다시 다른 투자를 일으키게 되어 국민총생산은 점점 커지게 됩니다. 이렇게 투자로 인해 국민소득이 커지

게 되는 것을 승수 효과라고 합니다. 승수라는 말은 곱셈에서 곱하는 수를 말하지요. 예를 들어 2×7=14에서 보면 7 같은 수이지요. 그래서 승수 효과라는 말은 곱하는 수치처럼 커지는 효과를 뜻한답니다. 아무튼 재정 정책은 총수요를 늘림으로써 승수 효과에 의해서 소득의 증대를 가져오게 하는 것이지요(이와는 반대로 정부의 지출을 줄임으로써 소득의 감소를 가져오게 하는 것도 재정 정책입니다).

실제로는 정부의 투자뿐만 아니라 민간인의 독립 투자(소득과 관계 없이 독립적으로 이루어지는 투자)도 이러한 승수 효과를 일으킵니다.

다만 현실에 있어서 재정 정책이 얼마나 효과를 가지게 되느냐 하는 것은 그 경제가 처한 상황에 따라 달라집니다. 그리고 재정 정책이 그 효과를 내는 데는 약간의 시간이 걸리는 것이 보통입니다.

이제 다음 문제에 대해 답해 보세요.

1) 경제가 침체되어 있을 때 정부가 경제 문제에 직접 투자를 함으로써 개입하는 것을 무슨 정책이라고 부르나요?

2) 정부의 투자는 국민 경제에 어떤 효과를 일으키게 되나요?

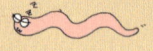

여왕 개미의 탄생

통화량과 이자율을 조정하는 이유

재정 정책을 쓰고 나서부터 되살아나기 시작한 개미 나라의 경제는 점차로 안정되어 갔습니다. 국민소득은 늘어나고 실업자는 줄어들고 이제는 모두들 살 만하다는 소리를 하게 되었구요.

모두들 즐겁게 일을 하고 즐겁게 돈을 쓰면서 살게 되었지요. 어느 정도 국민소득이 증가하게 되자 나라 안에는 실업자가 한 명도 없다는 뉴스가 보도되었습니다. 즉 일을 하고 싶은데도 일자리를 얻지 못하는 국민은 한 명도 없다는 것이지요.

'개미 나라, 드디어 실업자가 한 명도 없는 나라가 되다.'

한동안 개미 나라의 경제는 아무런 문제 없이 순조롭게 흘러가고 있었습니다. 실업자가 없어졌다는 보도 이후로 국민소득이 늘어나지는 않았지만 모두들 행복하게 살고 있었습니다.

돈모아 왕은 경제가 다시 되살아나자 후유 하고 안심을 했습니다. 하지만 악몽과 같은 지난 일을 생각할 때면 다시 또 그런 일이 일어날까봐 마음속으로는 항상 걱정이었습니다.

"여보게 국무총리, 전과 같은 일이 또 일어날까봐 내 마음은 항상 조마조마하구려."

"폐하도 참, 다시는 그런 일이 없을 테니 너무 걱정하지 마십시오."

돈모아 왕은 경제가 되살아나고 난 후에도 정부의 투자를 없애지 않고 계속했습니다. 또다시 경제가 잠을 자게 되는 것을 두려워한 탓이지요.

하지만 얼마 지나지 않아 생각하지 못했던 근심거리가 다시 생겼습니다. 그건 나라 안에 실업자가 없어진 대신 물가가 계속해서 오르고 있다는 사실이었습니다. 갑자기 쌀값이 거의 두 배 정도 뛰었고 다른 물가들도 쌀값 못지않게 많이 올라서 같은 소득을 가지고도 살기가 점점 힘들어지고 말았습니다.

돈모아 왕은 또다시 고민에 빠지게 되었고 결국 물가 문제를 해결하기 위해서 경제 회의를 열게 되었습니다. 여러 가지 의견들이 나왔습니다.

"물가가 계속해서 올라가는 것은 수요가 공급보다 많기 때문입니다. 소득이 늘어난 국민은 너무 많은 소비를 하려고 하기 때문에 물건이 달려서 물가가 오르는 것입니다. 이제는 무조건 저축을 좀 해야 합니다."

"정부가 계속해서 투자를 하니까 화폐량이 늘어나서 물가가 오르는 것입니다. 이제 정부는 투자를 줄여야 할 것입니다."

"물가가 오르는 것은 시중에 화폐량이 너무 많은 까닭입니다. 그러니까 화폐량을 줄여야 합니다."

여러 의견이 나왔지만 돈모아 왕은 저축을 해야 한다는 의견은 도무지 마음에 들지 않았습니다. 그러다 보면 또 소비가 줄어들어 예전처럼 경제 사정이 갑자기 어려워질지 모른다는 염려가 생겼거든요. 결국 돈모아 왕은 그동안 계속해 온 정부의

투자를 줄이고 통화량을 줄이는 방법을 택했습니다.

화폐량을 줄이기 위해서 은행의 지불준비율을 높였습니다. 그리고 각 은행에 되도록 대출을 하지 않도록 지시를 내림과 동시에 대출 이자율을 높였습니다. 시간이 지나면서 개미 나라의 물가는 예전처럼 많이 오르지 않게 되었습니다.

"어휴, 왕 노릇도 못하겠어. 난 왕 노릇 그만할 거야. 왕이란 자리는 무엇보다도 살림살이를 잘해야 되는 자리인 것 같아. 살림살이라면 여자들이 낫잖아. 개미 나라는 앞으로 여자가 왕이 되어야만 망하지 않을 것 같아."

그때부터 개미 나라는 여자만이 왕이 될 수 있다는 법이 생겼다고 합니다. 여왕개미가 다스리는 나라가 된 것이지요.

금융 정책

앞에서 우리는 돈모아 왕이 물가를 잡기 위해서 두 가지 정책을 한꺼번에 쓰는 것을 볼 수 있습니다. 우선 정부의 투자를 줄이는 재정 정책과 통화량을 줄이는 금융 정책입니다. 재정 정책에 대해서는 이미 설명을 했고 여기서는 금융 정책에 대해서만 설명을 하려고 합니다.

금융 정책이란 정부가 통화량과 이자율을 조정함으로써 물가의 상승이 없는 완전 고용을 이루려는 정책을 뜻합니다. 앞 이야기에서 보면 은행의 지불준비금을 늘림으로써 대출을 억제하여 통화량을 줄이는 것을 볼 수 있습니다. 화폐에 대한 수요가 변하지 않는 한 일단 통화량이 줄어들게 되면 이자율은 높아지게 됩니다. 이렇게 통화량과 이자율이 변하게 되면 총수요도 변하며, 더불어 국민소득과 물가 수준도 변하게 되지요.

그럼 금융 정책엔 어떠한 것이 있는지 알아볼까요?

먼저 공개 시장 조작이라는 것이 있습니다. 공개 시장 조작이란 중앙 은행이 은행과 민간인을 상대로 하여 국채(정부가 발행한 채권)를 사거나 파는 것을 말합니다.

중앙 은행이 국채를 사들이게 되면 시중 은행은 그 금액만큼의 초과지불준비금(정해진 지불준비금보다 많은 지불준비금의 금액)을 갖게 됩니다. 그 결과 시중 은행은 그 초과지불준비금을 바탕

으로 신용을 창조하게 됩니다. 즉 통화량이 늘어나게 되는 것
이지요. 반대로 중앙 은행이 국채를 팔게 되면 앞과는 반대 효
과가 나타나게 됩니다.

두 번째로 법정지불준비율의 조정이 있습니다. 이것은 중앙
은행이 법적으로 정해진 지불준비율을 변화시킴으로써 이루어
집니다. 법정지불준비율이 줄어들게 되면 예금 은행의 초과지
불준비금은 늘어나게 되고 그 결과 통화량도 늘어나게 됩니다.
반대의 경우에는 앞과는 반대의 효과가 나타나게 되지요.

세 번째로 재할인율 정책이 있습니다. 시중 은행이 중앙 은
행으로부터 돈을 빌리는 이자율(재할인율)을 변화시켜 시중 은
행의 지불준비금을 변화시키려는 정책이지요. 이때 재할인율
을 내리게 되면 중앙 은행으로부터의 대출이 쉬워져서 시중 은
행의 대출 능력은 커지며 재할인율을 올리게 되면 중앙 은행으
로부터의 대출이 어려워져서 시중 은행의 대출 능력은 줄어들
게 됩니다. 이렇게 시중 은행의 대출 능력을 줄이거나 늘임으
로써 정부는 통화량을 줄이거나 늘릴 수 있는 것입니다.

덧붙이는 말

금융 정책도 재정 정책과 마찬가지로 총수요를 줄이거나 늘
리기 위한 정책이라는 것을 알아보았습니다. 다만 금융 정책
은 재정 정책에 비해서 그 효과가 나타나는 데 비교적 오랜 시

간이 걸린다는 차이가 있습니다. 실제로 금융 정책이 어느 정도의 효과를 거둘 수 있느냐 하는 것은 그 경제가 처한 상황에 따라 조금씩 달라지게 됩니다.

금융 정책이 효과를 거두려면 먼저 그 나라의 화폐 수요와 이자율에 대해서 연구할 필요가 있습니다. 소위 화폐에 대한 수요가 이자율이 변해도 늘거나 줄지 않고 그대로인 경우(이런 경우를 경제학에선 유동성 함정이 존재한다고 말합니다)엔 금융 정책은 효과를 발휘하지 못합니다.

이 경우 이자율이 변해도 화폐에 대한 수요가 변하지 않으면 통화량도 변하지 않게 됩니다. 통화량이 변하지 않으면 총수요도 변하지 않고 그 결과 국민소득과 물가도 변하지 않고 그대로 머물러 있게 되는 것이지요. 유동성 함정이 존재하는 경우 금융 정책은 아무런 효과를 발휘하지 못하게 됩니다.

다음 문제는 신문이나 텔레비전에서 늘 얘기되어지는 것들입니다. 도움말을 한 줄이라도 빼먹지 않고 읽은 사람은 풀 수 있습니다. 여러분은 이제 절반쯤 경제학자가 되어 있거든요.

1) 한국은행이 지불준비율을 높였다고 합니다. 지불준비율이 높아지면 통화량은 어떻게 변할까요?
2) 한국은행이 국채를 매입했습니다. 통화량은 줄어들까요, 늘어날까요?

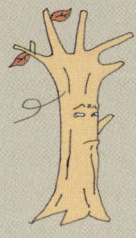

12

경제가 힘들다는 건
무슨 뜻일까요?

지폐로 벽을 바르고
담배를 말아 피우는 나라

물가는 왜 오를까요?

제1차 세계 대전이 끝날 무렵의 이야기입니다. 연합군 측을 상대로 전쟁을 치르느라 힘에 부친 독일은 전쟁에 소요된 비용을 감당하기 위해서 돈을 마구 찍어댔습니다. 독일 정부가 실제로 가진 재산은 없으면서 이 종이엔 백만 원짜리, 저 종이엔 천만 원짜리 하는 식으로 무조건 돈의 동그라미 개수를 늘려가며 돈을 찍었던 것이지요.

그때 독일 어느 도시에 건달에다 술주정뱅이인 형과 그와는 전혀 반대인 착실한 동생이 살고 있었습니다. 두 형제는 부모님이 물려준 집과 땅을 바탕으로 해서 각자 다른 살림을 차리게 되었습니다.

형과 동생은 성격이 서로 달랐습니다. 형은 원래 놀기를 좋아하고 게으른 반면에 동생은 부지런하고 일을 열심히 하는 성격이었습니다. 그래서 형은 전쟁 중이라는 핑계를 구실삼아 일은 하지 않고 거의 매일 술만 마셨습니다.

"세상도 시끌시끌하고 이놈의 전쟁도 언제 끝날지 모르는데 일은 해서 무얼 해? 부모님이 주신 재산이 떨어질 때까지 술이나 마시면서 닥치는 대로 사는 거야. 이래도 한 세상, 저래도

한 세상 아니겠어?"

형은 그렇게 될 대로 되라는 식으로 계속해서 외상으로까지 술만 사다 마셨습니다. 그리고는 마시고 난 술병은 내다 버리기조차 귀찮아서 마당 한구석에 쌓아 놓았습니다. 그래서 얼마 가지 않아 형의 집엔 방이고 부엌이고 할 것 없이 빈 술병이 꽉 차고 말았습니다.

하지만 동생은 형과 달랐습니다. 원래가 부지런한 동생은 열심히 일을 했습니다.

"부모님이 물려주신 재산이라 더욱 소중하다고. 그걸 바탕으로 해서 더욱 열심히 돈을 벌어야지. 세상이 어수선하다고 해서 한없이 그럴까. 머지않아 전쟁도 끝날 거야. 내일 세상이 망하더라도 나는 오늘 사과 나무를 심는 마음으로 살 거야."

동생은 열심히 일을 해서 돈을 버는 대로 안방 깊숙한 곳에 차곡차곡 쌓아 두기 시작했습니다. 부지런히 일을 한 덕분에 돈은 점점 많이 모였고, 동생은 쌓여가는 돈을 볼 때마다 마음이 흐뭇했습니다. 그러던 어느 날 드디어 전쟁이 끝났습니다. 동생은 이렇게 마음을 먹었습니다.

"이제 전쟁도 끝났고 하니 저 돈을 밑천으로 해서 본격적인 사업을 해 봐야지."

그러나 동생의 꿈은 산산이 부서지고 말았습니다. 왜냐하면 전쟁이 끝날 무렵부터 정부에서 돈을 마구잡이로 찍어댄 탓에 물가가 엄청나게 올라 버렸기 때문입니다.

얼마나 올랐느냐고요? 빵 한 조각을 사기 위해선 손수레 가

득 돈을 싣고 가야 할 정도가 되어 버렸을 정도인데다 또 빵을 사는 동안 자칫 한눈을 팔았다 하면 손수레에 실려 있는 돈은 놔두고 손수레를 훔쳐 갈 정도였답니다. 그 정도로 돈의 가치는 떨어지고 상대적으로 물건값은 올라 버린 것이지요. 그뿐만이 아니랍니다. 식당에 가서 식사라도 할 때는 식사를 하는 그 순간에도 음식값이 오르고 있었으므로 식사비가 얼마나 나올지 예상을 할 수가 없을 정도로 물가가 오르는 속도가 빨랐답니다. 또 벽지 대신 지폐로 벽을 바르는 게 더 싸게 먹히고, 담배를 말아 피울 때도 지폐를 사용하는 게 일반화되었답니다.

어느 날 동생이 형을 찾아와서 말했습니다.

"형, 난 망했어. 그동안 벌어 놓은 돈이 하루치 식사비도 안 돼요. 옛날 같으면 가게 하나를 차릴 수 있을 정도의 돈인데……"

"글쎄 말야, 그러니까 무조건 돈벌이만 할 것도 아니라고. 그러나 너무 걱정하지 마. 다행히 내가 그동안 대책을 세워 놓았거든."

그러면서 형은 그동안 마시고 모아 둔 술병을 보여 주었습니다. 그때는 술병이든 뭐든 물건이라면 돈보다 더 가치가 있었거든요. 형은 그동안 밀린 외상 술값을 술병 몇 개를 팔아서 간단히 갚을 수가 있었습니다. 물건값이 올랐다고 해서 외상 술값도 덩달아 오르는 건 아니니까요. 어떻게 해서 그런 일이 일어날 수 있었던 것인지 참으로 알 수 없는 세상이었습니다.

 도움말

인플레이션

앞 이야기는 1920년대에 독일에서 실제로 있었던 일을 이야기로 꾸며 놓은 것입니다. 돈의 가치가 떨어지게 되고 물가가 오르게 되면 실제로 이런 일이 일어날 수 있지요. 이렇게 물가 수준이 일정 기간에 걸쳐서 계속해서 오르는 현상을 경제학에서는 인플레이션이라고 부릅니다.

그러면 물가는 왜 오를까요? 여태까지 연구된 것에 따르면 물가가 오르는 이유는 몇 가지가 있습니다.

첫째로 총수요가 총공급을 초과할 때 물가는 오르게 됩니다. 우리는 앞에서 수요가 증가하면 물건의 값이 오른다는 것을 배운 적이 있습니다. 경제 전체를 볼 때도 그것은 마찬가지입니다. 총수요가 총공급을 초과하게 되면 물가는 오르게 되는 것이지요.

둘째로 화폐의 통화량이 증가하게 되면 물가가 오르게 됩니다. 같은 규모의 경제에 있어서 거래되는 화폐의 양이 많아지게 되면 물가가 오르게 되는 것은 당연한 결과라고 할 수 있을 것입니다. 앞 이야기에서 보면 돈을 많이 찍어댐으로써 물가가 오르게 되었다는 것을 알 수 있습니다. 그리고 사람들은 앞으로 물가가 더 오를 것으로 예상이 되면 돈을 가지려 하기보다는 물건을 사 놓으려고 하게 되는 것이지요. 그 결과 수요가 증가하게 되고 수요가 증가하면 물가는 더욱더 오르게 되는 것입니다.

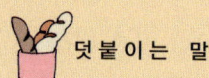 덧붙이는 말

이제 인플레이션이 경제에 미치는 영향에 대해서 생각해 보기로 할까요? 먼저 인플레이션이 일어나게 될 것이라고 예상이 되는 경우에는 그 영향의 크기가 줄어들 수 있을 것입니다.

하지만 예상을 하지 못한 인플레이션이 일어나게 되면 다음과 같은 결과가 일어나게 됩니다.

첫째, 소득 분배가 변화하게 됩니다.

매달 같은 금액의 월급을 타거나 이자를 받거나 연금을 받아서 생활하는 사람은 불리해질 것입니다. 예를 들어서 인플레이션이 일어나기 전에는 만 원이라는 돈으로 쌀 10킬로그램을 살 수 있었다고 합시다. 하지만 인플레이션이 일어난 결과 만원으로 쌀을 1킬로그램밖에 살 수 없게 되었다면 같은 금액의 월급을 타는 사람에겐 크게 불리한 일이 될 것입니다.

둘째, 부의 분배가 달라지게 됩니다.

앞 이야기에 나오는 형과 동생의 경우를 살펴봅시다. 인플레이션이 일어나지 않았다면 동생이 형보다 훨씬 부자여야 하며, 일반적으로 그것은 당연한 일일 것입니다. 하지만 인플레이션이 일어난 결과 그동안 술이나 마시면서 게으름을 피우며 놀았던 형이 오히려 부자가 된 것입니다. 그래서 인플레이션이 일어나게 되면 모두가 무엇이든 물건을 사놓으려고 아우성을 치게 되는 것입니다. 또 인플레이션은 빚을 지고 있던 사람에게 유리한 결과를 가져오게 됩니다. 이야기 속의 형이 빈 병 몇 개를 팔아서 외상값을 모두 갚아 버리는 것을 보았죠? 또 인플레이션은 돈을 빌려 준 사람에게는 불리한 결과를 가져오지만 돈을 빌린 사람에게는 유리한 결과를 가져다 주게 됩니다.

셋째, 수입을 증가시키고 수출을 감소시키게 됩니다. 국내에서만 인플레이션이 일어나는 경우엔 국내의 물건값이 외국의 물건값에 비해 비싸지게 되므로 자연히 값이 싼 외국 물건에 대한 수입이 늘어나게 마련입니다. 그 결과 수입은 늘어나고 수출은 줄어들게 되는 것입니다.

넷째, 경제 성장을 해치고 사회의 불안정을 가져옵니다.

계속해서 인플레이션이 일어나는 경우 기업들은 생산을 하기보다는 물건에 대한 투기를 하게 될 것이며 그 결과 경제 성장은 멈추게 될 것입니다. 또한 사람들의 마음속은 물가에 대한 불안함으로 가득 차게 되어 사회도 불안정해질 것입니다. 앞 이야기에서도 볼 수 있듯이 인플레이션이 일어나게 되는 경우 모두들 삶의 의욕이나 일할 의욕을 잃어버리게 될 것입니다.

이제 인플레이션에 대한 공부가 끝났습니다. 그럼 다음의 보기에서 인플레이션이 일어나는 경우 이익을 보게 되는 사람을 골라 보세요.

빚을 지고 있는 사람, 월급쟁이, 외국의 수출업자, 고리대금업자, 연금 생활자.

나사고 씨의 꿈

누구나 실업자가 될 수 있어요

제법 쌀쌀한 늦가을, 바람이 불고 낙엽이 흩날리는 남산 공원의 어느 벤치입니다.

　나사고 씨는 벤치에 앉아 연발 한숨만 짓다가 이제 벤치에 기댄 채 설핏 잠이 들어 버렸습니다. 나사고 씨는 얼마 전까지만 해도 철강 회사에서 일을 하던 노동자였습니다.

　제일 먼저 출근을 해서 일할 준비를 해놓고 끝날 때도 제일 늦게 퇴근해서 뒷정리를 할 정도로 부지런하고 성실한 노동자였습니다. 그런데 요즘 집에서 놀고 있는 신세가 되어 버렸습니다. 어쩌다 그렇게 되었느냐고요?

　어느 날이었습니다. 돌리고 있던 절삭기의 전원을 끄고 철재를 꺼내려던 참이었습니다. 기계가 멈출 때쯤 되어서 철재를 꺼내려고 기계 안으로 손을 넣었을 때였습니다.

　"악!"

　갑자기 다시 기계가 돌아가더니 그만 기계 속에 들어간 나사고 씨의 손이 철재와 함께 잘려 나가고 만 것입니다. 기계의 스위치를 끄지 않았던 것일까요? 그렇지는 않았습니다. 기계의 전원 스위치가 접촉 불량이 되어서 잘못 돌아갔기 때문이었답니다.

결국 젊디젊은 나사고 씨는 한 손이 잘린 불구자가 되고 말았습니다. 회사에서 퇴직금과 보상금을 조금 받기는 했지만 그것만으로는 식구들의 생계를 계속 이어갈 수가 없었습니다.

그래서 나사고 씨는 날이면 날마다 일자리를 구하러 다녀 보았지만 한 손만으로 할 수 있는 일은 거의 없었습니다. 일자리를 구하러 다니다 지친 나사고 씨는 마침내 절망감에 싸여 있을 수밖에 없게 되었습니다. 불구자를 반겨 주는 곳은 아무 데도 없었으니까요. 그렇다고 집에만 있자니 식구들 눈치가 보이기도 하고 답답하기도 했습니다. 그래서 이렇게 훤한 대낮에 공원 벤치에 앉아 비둘기들과 하늘을 쳐다보며 시간을 보내는 일이 많아졌답니다.

오늘도 그렇게 시간을 보내다 벤치에 앉은 채로 잠깐 잠이 들었는데 꿈을 꾸게 되었습니다. 꿈속에서 나사고 씨는 어떤 낯선 나라에 가게 되었습니다. 그곳은 전혀 가본 적이 없는 나라였습니다. 젊은 사람들은 거의 없었고, 노인들, 그리고 불구가 된 사람들과 그들의 가족들만이 주로 사는 곳이었습니다. 하지만 그곳 사람들은 나사고 씨처럼 한숨을 쉬고 있지는 않았습니다. 모두들 건강하고 행복하게 보였습니다.

"어서 오세요, 나사고 씨. 이곳에 오신 것을 환영합니다."

"예? 아, 예? 여기가 어디지요?"

"여긴 편안해 나라입니다. 모두들 일을 할 수 없는 사람들만이 살 수 있는 곳이지요."

"그럼, 먹고사는 것은 어떻게 해결을 하나요?"

"아, 그건 나라에서 다 해결해 주지요. 우리는 이제 일을 할 수가 없거든요."

"그럼, 처음부터 일을 하실 수가 없었나요?"

"아닙니다. 젊었을 때랑 몸이 건강할 때는 일을 했었지요. 하지만 늙거나 다쳐서 일을 할 수 없게 된 후론 이곳에서 살게 되었답니다."

"그럼, 일을 하지 않아도 살 수 있다는 말입니까?"

"물론이지요. 먹을 것과 입을 것, 그리고 필요한 물건들과 서비스를 모두 국가에서 제공해 주니까요. 우리는 일을 하지 않는 것이 아니라 못 하는 거랍니다."

"저도 이곳에서 살 수 있을까요?"

"당신이 원하신다면 그럴 수도 있답니다."

"가족들을 데리고 와도 되나요?"

"물론이지요."

"야호, 나도 이제 사람답게 살 수 있게 되었다!"

바로 그 순간 나사고 씨는 벤치 아래로 굴러 떨어졌습니다.

"꿈을 꾸었잖아⋯⋯."

나사고 씨 앞으로 젊은 연인 한 쌍이 팔짱을 낀 채 조잘거리며 지나갔습니다. 아무런 근심 걱정이 없는 표정들이었습니다. 바람에 낙엽 한 닢이 나사고 씨의 어깨 위에 굴러 떨어졌습니다.

실업의 원인과 대책

앞 이야기는 불구가 되어 일자리를 잃게 된 한 남자가 낮잠을 자다가 꾸었던 꿈에 대한 것입니다. 여기서는 실업자는 왜 생기게 되는지, 그리고 실업을 막을 수 있는 방법은 무엇인지에 대해서 알아보기로 하지요.

먼저 실업이란 일할 수 있는 능력과 일할 생각을 가진 사람이 일할 곳을 구할 수 없는 상태를 뜻합니다. 일할 수 있는 능력이 없거나 일할 곳을 적극적으로 구하지 않는 사람은 경제학에서 말하는 실업자에 포함되지 않습니다.

그러면 실업자는 왜 생기며 실업을 막을 수 있는 방법으로는 어떤 것이 있을까요?

실업의 원인과 대책에 대해서 알아보려면 실업의 종류에 따라 그 원인과 대책을 살펴보아야 할 것입니다.

첫 번째로 마찰적 실업이라는 것이 있는데, 이것은 노동자가 새로 일자리를 얻거나 일자리를 옮기는 과정에서 생기는 실업을 말합니다. 이 경우 노동자는 일자리에 대한 정보를 수집하느라 일시적이며 자발적으로 실업자가 되는 것입니다. 이러한 실업의 대책으로는 고용 정보를 제대로 제공하는 것을 들 수 있을 것입니다.

두 번째로 경기적 실업이 있습니다. 이것은 총수요가 부족해서(즉 일자리가 부족해서) 일어나게 되는 실업을 뜻합니다. 이런

경우의 실업은 경기가 회복되어야만 해결될 수 있을 것입니다. 그러므로 경기 회복을 위한 정책들이 그 대책이 될 것입니다.

세 번째로 구조적 실업이 있습니다. 이건 전체 노동에 대한 수요와 공급은 일치하지만 어떤 특수한 부분의 노동 시장에 대한 수요와 공급이 균형을 이루지 못하기 때문에 일어나게 되는 실업을 뜻합니다. 예를 들면 계산기가 주판을 대신하게 됨에 따라서 주판을 만드는 공장에서 일하던 노동자가 일자리를 잃게 되는 경우가 그것입니다. 이 경우 주판 공장 노동자가 막바로 계산기 제조 공장으로 일자리를 옮길 수 없기 때문에 발생합니다. 구조적 실업의 대책으로는 실업자가 새로운 기술을 갖출 수 있도록 다시 훈련시키는 것을 들 수 있습니다.

그렇다면 어쩔 수 없는 이유에 의해서 실업자가 된다거나 나사고 씨처럼 사고를 당하거나, 나이가 들어 노인이 되어서 일을 할 수 없게 되면 어떻게 해야 할까요? 그런 경우에 대비해서 인간은 어떤 대책을 세우고 있을까요? 지금까지 인간이 궁리해 낸 것으론 보험과 사회보장제도가 있습니다.

보험이란 일시적이며 우연한 사고에 따른 위험에 대비해서 그 위험을 여러 사람이 나누어 지는 제도라고 할 수 있습니다. 이때의 위험에는 화재, 도난, 사망, 실업 등이 포함될 수 있을 것입니다. 각 개인이 이러한 위험에 대비하는 경우가 바로 보험입니다.

각 개인이 위험에 대비해서 가입하는 것이 보험인 반면에 정부가 이러한 위험에 대해서 대비를 하게 되는 경우를 사회 보장이라고 합니다. 앞 이야기에 나오는 편안해 나라의 경우를 보면 모든 노인과 불구자들이 생계를 걱정하지 않고 잘살고 있는 것을 볼 수 있습니다.

사회보장제도의 체계는 사회 보험과 공적 부조로 크게 나누어집니다. 사회 보험은 노동자, 고용주, 정부가 내는 기여금에 의해서 이루어지는 것으로 의료 보험이라든가 연금 보험 등이 이에 해당합니다. 그리고 공적 부조란 사회 보험으로 보장하지 못하는 위험에 대비하기 위한 것으로 앞 이야기에서처럼 소득이 없어지거나 줄어든 경우에 대비하거나 소득이 없어서 사회 보험에 가입하지 못하는 가난한 사람을 위한 것입니다.

이처럼 사회보장제도가 잘 되어 있는 나라의 국민이라면 나사고 씨처럼 사고를 당해서 일을 할 수 없게 된 노동자도 생계 걱정을 할 필요가 없을 것입니다. 그러나 우리나라의 현실은 아직 그런 수준에 이르지 못하고 있습니다.

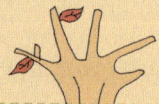

덧붙이는 말

우리는 지금까지 인플레이션에 이어 실업에 대해 공부했습니다. 이 책을 읽는 여러분들은 대부분이 인플레이션도 없고 실업자도 없는 사회가 되면 얼마나 좋을까 하는 생각을 할 것입니다.

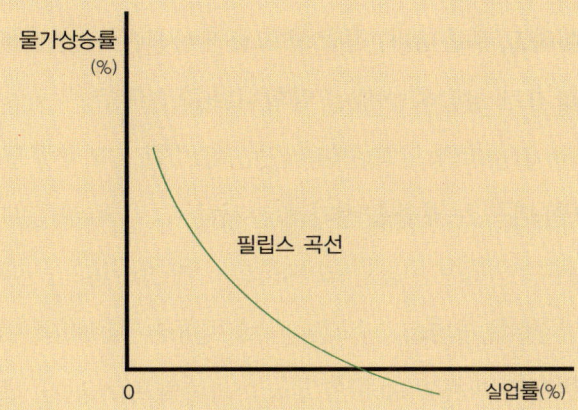

물가상승률
(%)

필립스 곡선

0   실업률(%)

그러나 지금까지 연구된 바에 따르면 실업과 인플레이션은 일정한 관계를 가지고 움직이는 것이 보통입니다. 즉 실업을 줄이면 인플레이션이 따르고, 인플레이션을 잡으면 실업이 뒤따랐습니다.

이처럼 인플레이션과 실업 사이엔 서로 역의 관계가 나타나는데, 이러한 관계를 잘 나타내 주는 것이 필립스(Phillips) 곡선입니다. 즉 필립스 곡선은 인플레이션과 실업률 사이의 관계를 나타내 줍니다.

위 그림에서 보듯이 실업률이 낮아지면 물가 상승률이 높아지고, 물가 상승률이 낮아지면 실업률은 높아지는 것을 볼 수 있습니다. 그렇기 때문에 인플레이션을 잡으려면 실업이 어느 정도 따를 걸 각오해야 하고, 실업률을 낮추려면 인플레이션을 각오해야 합니다.

한편 1970년대 이후 높은 인플레이션율과 높은 실업률이 동시에 나타나는 현상이 발생했답니다. 이러한 현상을 스태그플레이션이라고 부릅니다. 즉 스태그플레이션은 이른바 불황 속에서도 물가가 상승하는 것을 말합니다.

자, 그럼 다음 문제들을 생각해 봅시다.

1) 우정이는 광고 회사에 다니다 지금은 집에서 쉬고 있는 아가씨입니다. 그런데 방송국에 일자리가 날 때까지 기다릴 예정이라고 합니다. 우정이의 경우 어떤 실업에 해당하나요?

2) 신도시 개발 공사가 끝난 뒤 오도배 씨는 일자리가 없어 벌써 여섯 달째 놀고 있습니다. 오도배 씨의 경우는 무슨 실업일까요?

3) 배짱만 씨는 가진 게 돈밖에 없어 직장을 다니지 않고 집에서 놀고 있습니다. 배짱만 씨의 경우도 실업에 해당하나요?

내 고향으로 날 보내 주

호황이 있으면 불황도 있어요

내 이름은 참아름이랍니다. 아름드리 참나무로 만들어진 고급 가구이지요. 내 고향은 아주 먼 산간 지방으로 그곳엔 맑은 강이 흐르고 푸른 하늘이 있으며 새들이 지저귀는 아름다운 곳이랍니다.

난 그곳에서 맑은 공기를 마시고 따뜻한 햇빛을 쪼이기도 하고 비가 오면 뿌리로 물을 실컷 빨아먹기도 하면서 점점 커다란 아름드리 나무로 자라고 있었답니다. 가을이 되면 입었던 옷을 벗고 겨울의 흰 눈이 지어 준 눈옷을 입은 채 즐겁게 살곤 했지요. 새들과 다람쥐들이 내 몸을 그들의 집으로 삼아 사는 것을 보면서 난 그저 마냥 행복하기만 했답니다. 그리고 난 그곳이 세상의 전부인 줄만 알았고요.

그러던 어느 날이었습니다. 내가 서 있던 숲 속에 좀 사납게 생긴 사람들이 차를 몰고 오더니 쇠로 만들어진 커다란 기계를 든 채 들이닥쳤습니다. 내 몸에 집을 짓고 살던 다람쥐며 새들은 부지런히 도망을 쳐버렸지만 나무인 나는 도망을 갈 수가 없었습니다.

나무의 다리는 땅 속에 깊이 박혀 있기 때문이지요. 난 겁을 잔뜩 집어 먹은 채 오들오들 떨면서 그 사람들이 하는 행동을

지켜 보면서 당할 수밖에 없었답니다.

"야, 이거 정말 쓸 만한 나무들인데. 베어 가면 좋은 가구를 만들 수 있겠어."

아, 그랬습니다. 그 사람들은 벌목꾼이었습니다. 그 사람들이 나타남으로 인해서 나무로서의 내 행복한 삶은 끝나 버린 것이지요. 윙윙거리는 기계톱 소리와 함께 옆에 서 있던 친구들의 몸이 잘려 나갔습니다. 물론 얼마 지나지 않아 내 몸도 밑동에서부터 잘려 버렸고요.

그렇게 나무로서의 삶이 끝나자 나는 목재로서의 새로운 삶을 시작하게 되었습니다. 나는 잘려진 채 응달에서 오랫동안 누워 지내야만 했습니다. 가구용 목재로 쓰이기 위해서는 몸

을 잘 말려야만 했으니까요. 그렇게 오랫동안 몸을 잘 말린 다음 나는 목수에게 보내졌습니다. 그곳에서 나는 모양이 아주 좋은 가구가 되었답니다. 새로 만들어진 내 몸은 내가 보기에도 꽤 아름다운 모습을 하고 있었습니다. 난 불안하고 고통스러웠던 그동안의 기억도 잊고 옆에 있는 친구들에게 내 아름다움을 뽐내었습니다.

"어떠니, 내 새 모습이? 정말 근사하지? 난 이제 부잣집의 거실로 가서 서 있게 될 거야."

"그래, 넌 정말 아름답구나. 나보다 훨씬 멋진 모습이야. 정말 넌 좋은 집으로 가서 편히 살게 되겠구나."

나는 새로운 기대감과 흥분으로 인해 몸을 떨면서 커다란 상자 속에 들어가게 되었습니다. 그렇게 상자에 싸인 채 어느 어두컴컴한 창고 속으로 들어가서 서 있게 되었습니다. 함께 실려 온 다른 친구들보다 더 깊숙한 곳에 자리를 잡게 되었지요. 어쩌다 보니 창고 가장 안쪽에 자리를 잡게 되었답니다.

시간이 흐르면서 옆에 서 있던 나보다 못생긴 친구들은 하나둘씩 밖으로 실려 나갔지만 내 차례는 오지 않았습니다. 나는 점차로 초조해지기 시작했습니다.

"웬일일까? 내가 가장 멋진 가구였는데, 왜 나는 팔려 가지 않지?"

그건 참아름이 다른 친구들에 비해서 창고의 가장 안쪽에 자리를 잡고 있기 때문이었습니다. 덕분에 창고 문에서 가까운 친구들이 다 팔려 나가도록 참아름은 그대로 서 있어야만 했습니다. 참아름은 꾹 참고 기다리다 보면 자기 차례가 올 것이라고 스스로를 위로했습니다.

그러는 사이 참아름이 창고에 실려 온 지 거의 일 년이라는 세월이 흘러가 버렸습니다. 그런데 그동안 새로 들어온 가구들은 별로 없었습니다. 그런데도 참아름의 차례는 오지 않는 것이었습니다.

그런 어느 날이었습니다. 참아름의 옆에 서 있던 가구를 가지고 나가던 아저씨의 말씀이 참아름의 귀에 들려 왔습니다.

"아이 참, 불경기라 비싼 참나무 가구는 전혀 나가지를 않으니 걱정이야. 벌써 일 년도 넘게 먼지만 잔뜩 쌓여 가지고 서 있으니 저걸 어떻게 하지? 경기가 언제 풀릴지 알 수가 없으니……."

아, 이제야 참아름은 자신이 팔려 가지 못하는 이유를 알게 되었습니다. 불경기가 뭔지 모르지만 자신이 팔려 나가지 못한 건 바로 그 불경기 탓이라는 걸 알게 되었던 것이지요.

참아름은 남몰래 눈물을 흘리면서 탄식을 했습니다.

"부잣집 거실도 필요 없다고. 어두컴컴한 창고에서 나갈 수만 있으면 좋겠어. 아니 그보다도 내 살던 고향에 갈 수 있으면 더 좋겠어. 차라리 날 내 고향으로 보내 주."

경기 변동이란 무엇일까요?

일 년이라는 기간도 봄, 여름, 가을, 겨울 등으로 그 상태가 변화하듯이 한 사회의 경제 활동도 변화를 겪게 됩니다. 그래서 경제 활동의 상태를 우리는 경기라고 부르며 경제 활동의 상태가 변화하는 것을 경기 변동이라고 부릅니다.

또 한 해가 지나고 나면 새로운 해로 이어지듯이 경기 변동도 새로운 경기 변동으로 이어져 되풀이됩니다. 이러한 현상을 우리는 경기 순환이라고 부릅니다.

보통 우리가 경기가 좋다 나쁘다 하는 것은 이러한 경제 활동의 상태가 활발한가 활발하지 못한가를 두고 말하게 됩니다. 경기가 좋은 때였더라면 생산도 늘고 판매도 늘기 때문에 참아름 같은 고급 가구도 쉽게 팔릴 수 있을 것입니다. 하지만 창고의 가장 안쪽에 자리잡고 있던 참아름은 경기가 좋은 때에 미처 팔려 나가지를 못하고 창고 속에서 불경기를 맞게 된 것입니다.

불경기란 경제 활동의 상태가 활발하지 못하다는 뜻으로 생각하면 됩니다. 덕분에 경기가 좋을 때 깊숙한 곳에 서서 차례를 기다리던 참아름은 경기가 나빠질 때까지 팔려 나가지를 못하고 어두운 창고에서 먼지를 뒤집어쓴 채 서 있게 된 것이지요.

그러니 이제 경기가 다시 좋아질 때를 기다릴 수밖에 없겠지요.

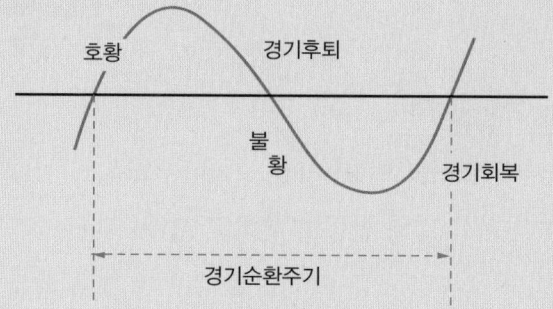

경기 변동은 위 그림에서 보듯 네 가지의 국면을 가지고 있
습니다.

먼저 호황이란 보통 경기가 좋다고 말하는 때를 뜻합니다.
호황 때는 생산, 소비, 투자, 소득, 고용 등이 모두 커지게 되며
경제 활동이 활발해지게 됩니다. 참아름의 친구들이 팔려 나
간 때가 바로 호황 때라고 볼 수 있을 것입니다.

호황이 끝나고 나면 경기 후퇴기가 옵니다. 이때는 생산, 소
비, 투자, 소득, 고용 등은 모두가 줄어들게 되며 경제 활동도
활기를 잃게 됩니다.

불황이란 경기 후퇴가 점차로 심해져서 경제 활동이 더욱 활
기를 잃게 되는 경우를 뜻하는데, 망하는 기업이 생기기도 하
고 생산도 줄어들게 됩니다. 재고는 줄어들게 됩니다. 물론 불
황 속에서도 생활에 꼭 필요한 싼 물건들은 팔리지만 값비싼
물건을 팔리지 않습니다. 이야기 속에서 보자면 참아름보다
모양이 못생긴 싼 가구들은 팔려 나가는 것을 볼 수 있습니다.

경기 회복이란 불황이 끝나고 경기가 서서히 다시 살아나는

것을 뜻합니다. 이때가 되면 생산, 소비, 투자, 소득, 고용 등
도 다시 커지게 됩니다.

그리고 경기 회복 국면은 호황으로 이어지게 됩니다. 즉 새
로운 경기 순환이 시작되는 것이지요. 아마 새로 호황이 와야
참아름도 새 주인을 만나게 될 겁니다. 이미 다시는 고향으로
돌아갈 수 없는 몸이 되었으니 새로이 갈 곳이 생길 때까지 기
다릴 수밖에요.

덧붙이는 말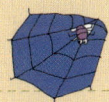

경기 변동의 종류로는 한 번 순환하는 데에 걸리는 주기의
길고 짧음에 따라 단기파동, 중기파동, 장기파동이 있습니다
(재미있는 것은 파동의 이름은 모두 사람의 이름을 땄다는 것입니다). 하지만
파동을 정확하게 구분하기는 어려운 일입니다.

단기파동은 3~5년을 주기로 변하는 것으로 키친(Kitchin) 파
동이라고 하며 주로 통화 공급이나 이자율의 변동, 기업의 재
고 변동 때문에 일어나는 걸로 알려져 있습니다.

중기파동은 10년 전후의 주기로 일어나는 것으로 쥬글라
(Juglar) 파동이라고 합니다. 이것은 주로 기업에 있어서 설비
투자의 변동으로 일어납니다.

장기파동은 50년 전후의 주기로 일어나는 것으로 콘트라티
에프(Kondratiev) 파동이라고 합니다. 이 파동의 원인은 주로 혁

신적인 기술 개발 때문에 일어나는 것으로 보고 있습니다.

그럼, 다음 문제들을 풀어 보세요.

1) 생산, 소비, 투자, 고용 등이 모두 불붙듯 활발하게 진행되고 있습니다. 이러한 경제 활동의 상태는 경기 변동 중 어느 국면에 해당합니까?
2) 공장이 문을 닫아 실업자가 많이 생겼습니다. 어느 국면일 때 이런 일이 일어날까요?

13

사회의 발전과 경제

염소의 지구 정착기

경제의 가장 기본적인 문제들

우주의 어느 별에서 있었던 일입니다. 그곳엔 우리가 동물이라고 부르는 생물들이 나라를 이루며 살고 있었습니다. 그 별에 사는 동물들은 말을 할 수 있을 뿐 아니라 생각도 할 수 있어서 상당히 발달된 과학 기술까지 지니고 있었습니다.

특히 우주 과학이 발달되어 있어서 동물들은 이미 지구라는 별에 사람이라고 하는 생물들이 살고 있다는 것도 알고 있었습니다. 그땐 지구에 사는 사람이라고 하는 생물들은 옷도 제대로 입지 않고 나뭇잎으로 앞만 겨우 가리고 살고 있었는데 그별에 사는 동물들은 이미 옷을 만들어 입고 살고 있을 정도로 문명이 발달되어 있었습니다.

옷을 입고 있을 뿐 아니라 그곳의 동물들은 땅 위에서 타고다니는 자동차는 물론 하늘을 나는 비행기까지도 개발해서 이용하고 있었습니다. 그리고 몇몇 동물 과학자들은 우주 기지를 만들어 우주선 개발에 몰두하고 있었습니다.

그런데 평화롭던 동물나라에 염소가 대통령으로 당선되면서부터 조금씩 좋지 않은 일이 일어나기 시작했습니다. 대통령이 된 염소는 원래 박치기 선수 출신이었습니다.

그 당시 동물나라에서 가장 인기가 있는 운동 경기가 바로

박치기였습니다. 그래서 박치기 경기하는 것을 직업으로 삼아 이름을 떨치고 돈을 번 동물들도 꽤 많았습니다.

그런데 염소들은 태어날 때부터 머리통과 뿔이 박치기에 알맞도록 생겨서 유명한 박치기 선수는 거의 염소들이었습니다. 이번에 대통령이 된 염소도 박치기 선수로 유명해진 것입니다. 게다가 원래가 부유한 집 출신이어서 많은 동물들에게 선물을 보내어 인심을 얻었지요. 워낙 돈이 많아서 동물나라에서 힘깨나 쓰는 동물들은 그 집의 하인들까지도 대통령 염소가 준 선물을 받았다고 합니다.

대통령 염소는 자신의 유명세와 돈을 이용해서 대통령에 당선되자마자 대통령궁에 박치기 경기장을 만들고 매일 박치기 대회를 열었습니다. 그리고 텔레비전 방송국에서는 박치기 경기를 매일 생중계하도록 했습니다.

그러자 장관 자리에 있던 수탉이나 소, 개, 오소리, 부엉이 등의 동물들은 대통령의 그런 정책에 반대하고 나섰습니다.

"대통령께선 어쩌자고 운동 경기에만 매달리십니까?"

"백성들을 잘 다스리려면 재미있는 운동 경기를 자주 보여 주는 게 좋지 않소? 그래야 다른 생각들을 못할 테니까 말이오."

그뿐만이 아니었습니다. 대통령 염소는 침실에까지 노래방을 만들어 놓고 틈만 있으면 노래를 부를 정도로 노래부르기를 좋아했습니다. 그래서 나라 곳곳에 노래방을 만들어 백성들도 틈만 있으면 노래를 부를 수 있도록 해 주었습니다.

대통령이 놀기만 좋아해서 나라일을 뒷전으로 미루기만 하니 나라 꼴은 자연히 말이 아니게 되었습니다. 하지만 대통령 염소는 나라일은 뒷전으로 미루면서도 세금을 많이 거두는 일에는 일등이었습니다.

그때 농사를 짓는 동물들은 힘이 좋은 호랑이, 사자, 코끼리들이었는데, 그들은 자신들의 논에서 농사를 지어 농산물을 시장에 갖다 팔아서 생활을 하고 있었습니다. 한편 공장에서 일을 하는 동물들은 몸집이 조그마한 개, 토끼, 다람쥐, 닭, 쥐들이었습니다. 이 작은 동물들은 돈이 많은 부자 동물들이 가진 공장에서 일을 하고 임금을 받아 생활하고 있었습니다.

시간이 지나면서 일을 하는 동물들은 점점 살기가 힘들어졌습니다. 웬 세금이 그렇게 많은지 세금을 내고 나면 입에 풀칠을 하기도 바빴습니다.

대통령 염소는 백성들이야 힘이 들든 말든 세금을 많이 거둬들여 하루가 멀다하게 잔치를 열고 방탕한 생활을 즐겼습니다. 나중엔 대통령이 하는 일에 반대를 하는 장관들은 모두가 쫓겨나고, 남아 있는 장관들은 대통령 염소의 비위만 맞추느라 정신이 없었습니다.

가뭄이 들어 농사를 망친 백성들이 먹을 쌀이 부족하다고 아우성을 쳤습니다. 그러자 다음과 같은 대통령의 담화가 나왔습니다.

국민 여러분들은 지혜롭게 대처하십시오.

쌀이 없으면 쌀 대신 라면이나 빵을 먹으면 문제가 해결될 것입니다.

대통령이 박치기 선수와 노래 선수들에게만 좋은 대우를 해 주자 백성들은 점차 일할 의욕을 잃고 말았습니다. 날이 갈수록 농사를 짓거나 공장에서 일을 하겠다는 동물들은 줄어들었습니다. 더구나 어린 동물들은 거의가 박치기 선수나 노래 선수가 되겠다고 난리들이었습니다. 나라가 그런 상황에 처했는데도 대통령은 무사 태평이었습니다.

"허허, 그건 좋은 일이오. 농사를 짓는 동물보단 박치기 선수나 노래 선수가 많이 나와야 외국에 내보내서 외화를 많이 벌 수 있단 말이오. 두고 보시오, 조금만 있으면 다른 별나라에서도 박치기와 노래가 인기가 있을 테니까. 그때가 되면 우리 국민들은 박치기와 노래를 수출해서 국민소득을 높이면 될 것이오."

그러면서 대통령 염소는 외교부 장관을 불러 박치기와 노래 산업이 인기를 얻을 수 있도록 외교를 펼치라고 지시했습니다. 그러나 어느 별나라에서도 박치기나 노래는 별로 인기가 없었습니다.

국민들의 삶이야 고달프든 말든 대통령 염소를 비롯한 장관들과 부자들은 좋은 옷에 좋은 음식을 먹으며 흥청망청이었습니다.

특히 대통령 염소는 맛있는 음식을 쉬지 않고 먹어댔습니다. 배가 너무 불러서 더 이상 음식을 먹을 수 없을 땐 꿩의 깃털을 입 안에 넣어 먹은 음식을 토한 뒤 다시 먹기 시작했습니다.

차츰 동물나라 백성들의 원성 소리가 높아졌습니다.

"에잇, 이놈의 나라 정 떨어져서 못 살겠다. 어디 다른 데에 가서 살아야지."

결국 백성들은 몇 가족씩 무리를 이루어 과학자들이 개발한 우주선을 타고 동물나라별을 떠나기 시작했습니다. 그러나 그렇게 백성들이 거의 다 나라를 떠나고 있는 것도 모르고 대통령 궁에선 흥청망청하며 경기와 노래 잔치를 벌이고 있었습니다.

그러던 어느 날 텔레비전에서 중계 방송을 맡았던 동물까지도 다른 별로 떠나가고 말았습니다. 그제야 대통령 염소는 나라가 텅 비었다는 것을 알았습니다.

520

"다들 어디로 간 거야! 엉!"

결국 나중에는 대통령은 물론 대통령궁에 남아 있던 동물들까지도 대통령 전용의 우주선을 타고 동물나라별을 떠나게 되었습니다. 그런데 동물나라별의 우주선은 발사가 되면 무조건 지구라는 별나라로만 가도록 설계가 되어 있었습니다. 결국 앞서 떠난 백성들은 물론 대통령까지도 지구로 모이게 되었습니다.

그러나 지구에는 이미 사람이라는 생물이 자리를 잡고 살고 있었습니다. 동물들은 사람들과는 다른 말을 사용하고 있었기 때문에 사람들과는 이야기를 나눌 수가 없었고 다른 생물이 사는 별에 허락도 없이 들어왔다는 이유로 옷을 입을 수 없는 벌을 받게 되었습니다. 그래서 동물들은 몸에 붙어 있는 털옷만 입고 살게 되었답니다.

또 염소들은 같은 동족인 대통령 염소 때문에 벌칙을 하나 더 받게 되었습니다.

음식을 먹고 나면 토할 수가 없도록 되새김질을 해야 하는 벌을 받게 되었지요. 그 후로 염소는 되새김질을 함으로써 장의 길이가 길어졌고, 동물나라별에서 뿔을 박으며 박치기를 많이 한 까닭에 잘 깨지지 않는 머리통을 가지게 되었다고 합니다.

무엇을, 어떻게, 그리고 누구를 위해 생산해야 할까요?

사무엘슨이라는 경제학자는 어떤 사회가 해결해야 하는 경제 문제 중 가장 기본적인 것은 무엇을 얼마만큼 생산할 것인가, 어떻게 생산할 것인가, 그리고 누구를 위해 생산할 것인가 등 세 가지라고 말했습니다. 이 세 가지 문제는 어떤 경제 체제를 채택하고 있는 사회라도 반드시 부닥치게 되는 문제인 것입니다. 그리고 이 세 가지 문제의 해결 방식은 곧 경제 체제의 방식에 따라 다르게 나타납니다.

아무튼 이 세 가지 문제는 어느 사회, 어느 시대에도 존재하는 기본적인 문제여서 경제에서는 대단히 중요하게 여기고 있습니다. 그럼, 세 가지 문제에 대해 하나씩 알아보기로 합시다.

한 나라 안에서 농사를 짓거나 공장에서 물건을 만드는 등 생산 활동을 하는 경우에 제일 먼저 결정해야 하는 일은 무엇을 얼마나 심거나 얼마나 만들 것인가 하는 문제입니다. 나라 전체로 볼 때 무엇을 얼마만큼 생산할 것인가는 그 나라가 어떤 경제 체제를 택하고 있는가에 따라 결정하는 방법이 달라집니다.

앞 이야기에 나오는 동물나라별에서 생산되는 것들을 한번 살펴보기로 하지요.

이야기 속에서는 농업도 나오고 공장도 나옵니다. 그렇다면

식품과 공산품을 생산하고 있다는 뜻이 되지요.

하지만 염소가 대통령에 취임을 하고 난 뒤로 박치기 선수와 노래 선수들만을 우대하는 바람에 국민들은 일할 의욕을 잃고 맙니다. 그러다가 나중엔 아예 그 나라를 떠나고 말지요.

나라 전체로 볼 때에 올해에 무엇을 얼마만큼 생산해야 할 것인가 하는 것을 결정하는 건 매우 중요한 일입니다. 국민들 중 물건을 만드는 사람이나 쓰는 사람이 모두 만족할 수 있도록 결정을 해야 하기 때문이지요.

만약 어떤 나라의 공장들이 오락 기구나 마약 같은 것만 만든다고 생각해 봅시다. 그 나라는 어떻게 되겠습니까? 아마도 망할 것입니다.

생활에 정말로 필요한 물건을 만들지 않고 사치나 향락을 위한 물건만을 만들어 낸다면 그 나라는 결국 망하게 되는 것이지요. 이야기에 나오는 동물나라별도 대통령 측근들의 사치와 향락을 위한 물건들을 만들다가 결국 망하고 맙니다.

역사를 훑어보아도 한 나라를 망하게 한 이유 중의 하나가 바로 무엇을 만드느냐 하는 문제라는 걸 알 수 있습니다. 예를 들자면 옛 중국의 진시황은 만리장성을 쌓느라 너무 많은 인력과 자원을 낭비한 끝에 망하게 됩니다.

신문을 보면 올해는 풍작이라 쌀이 남아 도느니, 돼지 파동이 났느니, 어떤 해에는 에어컨이 너무 많이 생산되어 창고에 재고가 쌓였느니, 또 어떤 해에는 에어컨이 부족해 난리라느니 하는 기사들을 읽게 됩니다.

결국 이런 모든 문제들은 무엇을 얼마만큼 생산해야 하는지를 제대로 결정하지 못했기 때문에 생기는 문제라고 할 수 있습니다.

그럼 다음으론 어떻게 생산할 것인가에 대해서 생각해 보기로 합시다. 어떻게 생산하느냐 하는 문제는 생산 방법과 생산 조직에 관한 문제입니다.

생산 방법에 대한 인간의 노력은 오랜 역사를 가지고 있습니다. 원시 시대의 수렵 채취에서부터 시작하여 현대의 자동화된 기계 생산에 이르기까지 생산 방법은 오랜 시간을 두고 발달해 왔습니다.

요즈음 자동차 공장 같은 곳을 가 보면 일하는 로봇이 자동차를 조립하는 모습을 흔히 볼 수 있습니다. 또 원격 조정 장치를 이용해서 차가 혼자서 움직이기도 합니다. 인간이 생산 방법을 연구하고 발달시키는 것은 적은 노력을 들이고 많은 성과를 얻기 위한 것입니다. 생산 방법은 산업 혁명이 일어난 근대에 들어오면서부터 커다란 발전이 이루어졌는데, 무엇보다도 가장 효율적인 생산 방법을 택하는 것이 그 목표라고 하겠습니다.

또 어떻게 생산하느냐 하는 문제는 생산 조직의 문제와도 관계가 있는데, 어떤 생산 조직을 누가 만들어 어떻게 관리하느냐가 문제가 될 것입니다. 생산 조직을 만들고 관리하는 일을 자본주의 사회에서는 개인이, 사회주의 사회에서는 국가가 담당하게 됩니다.

이제 누구를 위해서 생산해야 하는가 하는 문제에 대해서

생각해 보기로 하지요. 이 문제는 만들어진 생산물을 누가 사용하게 되느냐 하는 것입니다. 다시 말해서 만들어진 생산물이 주는 혜택을 누리며 사용하게 되는 사람은 누구인가 하는 것이지요. 그런데 생산물을 사용하기 위해서는 소득이 있어야 하기 때문에 이 문제는 바로 소득의 분배에 관한 문제이기도 합니다.

앞 이야기에서 보면 농사를 짓는 동물들과 공장에서 일을 하는 동물들은 힘겹게 일을 해서 돈을 벌어도 세금을 내고 나면 입에 풀칠을 하기도 힘들다는 말이 나오는 것을 볼 수 있습니다. 동물들은 일을 해서 소득을 얻지만 쓰지 못하고 많은 부분을 세금으로 내야 합니다.

그런데 동물들이 낸 세금은 나라 전체를 위해서 쓰이는 것이 아니라 대통령의 측근들만을 위해서 쓰입니다. 즉 동물나라별의 생산물은 일부 지배층에게만 분배되며, 일부 지배층을 위하여 생산된 결과를 낳고 있습니다.

국민들이 만든 생산물은 국민들 모두가 공평하게 나눠 써야 하는 것이 원칙입니다. 이야기 속의 동물나라별에서는 생산물이 공평하게 분배되지 못하여 나중엔 국민들이 나라를 떠나가 버리는 결과를 낳았습니다.

이제 경제학의 세 가지 문제에 대해서 모두 이야기했습니다. 이러한 문제들은 어느 시대, 어느 사회에도 존재했던 문제이며, 인간은 이러한 경제 문제를 해결하기 위하여 끊임없이 노력해 왔습니다.

현대에 와서 그 노력의 결과로 나타난 것이 자본주의 시장경제 체제와 사회주의 계획경제 체제입니다. 그리고 이러한 경제 체제는 곧바로 정치 체제와 연결이 됩니다.

그럼 다음 문제들을 진지하게 생각해 본 뒤 책장을 넘기세요.

1) 정부에서 쌀의 소비를 증가시키기 위해 쌀로 막걸리를 만들기로 결정했다고 합니다. 정부의 결정은 경제의 세 가지 기본 문제 가운데 어디에 해당할까요?

2) 동물나라별의 동물들은 자신들의 논에서 농사를 짓거나 공장에서 일을 해 생활에 필요한 물건들을 만듭니다. 이것은 경제의 세 가지 기본 문제 가운데 어느 것에 해당하나요?

3) 동물나라가 망하게 된 과정을 경제의 세 가지 기본 문제와 관련지어 여러분 나름대로 정리해 보세요.

인간을 몰아 낸 양떼들

자본주의 시장경제란 어떤 경제 체제일까요?

모직물 공업이 서서히 발달하기 시작하던 무렵에 영국에서 있었던 일입니다. 나라와 나라 간의 교역이 확대되자 영국의 주요 수출품인 양털의 가격이 무척 많이 올랐습니다.

"흠, 양털값이 많이 올랐으니 전보다 양을 많이 기르면 더 많은 수입을 올릴 수 있겠군."

많은 사람들은 이런 생각을 하며 돈을 벌 궁리에 바빴습니다. 하지만 양을 기르기 위해서는 풀이 잘 자라는 넓은 땅이 필요했습니다. 그런데 당시 영국의 땅 대부분은 영주들의 소유였습니다. 그리고 영주들의 소유인 농지에는 농노들이 농사를 지으며 살고 있었지요. 농노들은 영주의 땅에서 농사를 지어 먹고사는 대신 영주들에게 소작료를 내었답니다. 그러니까 농사를 지어 생산한 농작물들을 영주에게 바쳐야 했던 거지요.

농노는 영주에게 속하고 있긴 했지만 노예와는 달라서 자신들이 직접 농사를 지어 그걸로 생활을 했기 때문에 힘들기는 했지만 그런 대로 자유롭게 살 수 있었습니다.

그런데 양털의 값이 오르자 영주들은 생각이 달라졌습니다.

"농노들이 내는 소작료를 받는 것보다 양을 길러 양털을 팔아 돈을 버는 것이 훨씬 더 낫겠어. 그렇다면……."

그래서 영주들은 자신들의 농지에 농사를 짓는 대신 목장을 만들어 양을 길러야겠다고 마음을 먹었습니다. 그러나 그러기 위해서는 농지에 살고 있는 농노들을 내보내야 하는 문제가 생겼습니다.

"저놈들을 어떻게 몰아 낸다지……."

영주들은 자신들의 이익만을 생각하고 농노들의 입장은 전혀 생각하지 않은 채 농노들을 몰아 낼 궁리를 하느라 바빴습니다.

"내 땅 내가 마음대로 쓰겠다는데 제깟 것들이 안 나가면 어쩔 테야."

그러나 대대로 자신들이 사는 곳에서 땅만 부쳐먹으며 살아 온 농노들의 입장은 달랐습니다. 그들에게 농지를 내주고 나가라는 말은 죽으라는 말과 다름없었습니다. 그야말로 마른 하늘에서 떨어지는 날벼락 같은 소리였지요.

"안 돼, 나갈 수 없어. 농사를 짓지 않으면 우린 해먹고 살 일도 없잖아!"

그러나 영주들은 농노들의 사정까지 생각해 주지 않았습니다.

"나가라면 나갈 것이지, 웬 말들이 그렇게 많아!"

결국 영주들은 병사들을 동원하여 농노들을 쫓아 내기 시작했습니다. 강제로 농노들을 쫓아 내며 병사들은 그들이 다시 그곳으로 돌아오지 못하도록 집에 불을 질렀습니다.

"난 이곳을 떠나선 살 수가 없어! 차라리 난 내가 살던 집과

함께 불 속에서 타죽고 말 거야!"

　자신들이 살던 집이 불에 타는 것을 본 농노들 중에는 그대로 불 속에 뛰어들어 죽는 사람들도 있었습니다. 하지만 힘이 약한 농노들은 제대로 저항 한 번 하지도 못하고 농지에서 쫓겨나고 말았습니다.

　농노들을 쫓아 낸 영주들은 농지에 울타리를 치기 시작한 뒤 그곳을 풀밭으로 만들어 양을 기르는 목장으로 이용했습니다. 그리하여 사람들이 살던 삶의 터전은 양들이 사는 목장으로 바뀌었습니다. 결국 양들이 사람들을 쫓아 낸 셈이 되었습니다.

자본주의 시장경제의 시작

앞 이야기는 울타리치기, 즉 인클로저 운동(Enclosure Movement) 이라 하여 실제로 있었던 이야기입니다. 인클로저 운동이 역사 에서 갖는 의미가 무엇인가를 알아보기 위해선 중세부터 근대 까지의 경제 생활에 대해 훑어볼 필요가 있습니다.

12～16세기까지 유럽은 봉건 제도에 의해 경제 생활을 유지 하고 있었습니다. 앞 이야기에서도 나오는 것처럼 봉건 제도 에서는 영주들이 자신의 영토를 가지고 있었지요. 그리고 영 주들의 영토 안에는 농노라고 불리는 농민들이 살고 있었답니 다. 먹고사는 문제를 해결하기 위해서 농노들은 영주의 땅에 서 농사를 지어, 그 일부를 영주에게 바치고 살았습니다.

당시 농노들은 모든 것을 자신들이 만들어 써야 했습니다. 곡식과 옷, 그리고 집까지도 손수 만들어 쓰고 있었기 때문에 다른 사람들과 상거래를 할 필요가 별로 없었습니다. 그리고 자신에게 주어진 땅 안에서는 어느 정도의 자유를 누리며 살고 있었습니다.

자급자족의 형태를 크게 벗어나지 못한 당시의 경제 생활에 서 상업은 그다지 큰 비중을 차지하지 못했고, 따라서 자본의 형성은 극히 미약한 상태였습니다. 아무튼 이 시기는 대부분 의 농노들이 자급자족을 하고 있던 때여서 경제에 대한 특별한

의견이나 주장이 없던, 그야말로 봉건주의 시대라고 할 수 있습니다.

그런데 이처럼 농업에 의해서 유지되던 봉건 사회는 변화를 겪게 됩니다. 봉건 사회에 변화를 가져온 원인 중 하나는 백년 전쟁 같은 오랜 전쟁과 유럽에 상륙한 페스트입니다.

전쟁은 유럽의 농토를 황폐화시켜 농업 생산량을 감소시켰으며 또 전쟁에 필요한 물자의 공급은 먹고사는 데 필요한 물자를 부족하게 만들었습니다. 게다가 유럽에 상륙한 페스트는 농사를 지을 수 있는 인구의 감소와 생산량의 감소를 가져와 사람들의 생활을 더욱 어렵게 만들었습니다.

한편 십자군 전쟁이 끝난 뒤 서유럽과 동방 국가들의 교역은 확대되어, 해외 무역이 행해졌습니다. 해외 무역을 통해 이익을 얻은 상인들은 동방에 있는 나라에 관심을 갖게 되었습니다. 이 시기에 마르코폴로, 바스코 다 가마, 콜럼버스 등의 해외 항로 발견은 무역을 더욱 확대시키게 되었는데, 동방과의 무역은 큰 이익을 가져다 주었습니다. 셰익스피어의 희곡 「베니스의 상인」의 무대가 된 곳이 바로 이 시기의 이탈리아이며, 그 희곡을 통해서 상인과 대금업자의 등장을 볼 수 있습니다.

그때부터 유럽 사람들은 과거와는 달리 농업이 아닌 무역을 통해서 생활에 필요한 물자를 구하게 됩니다. 시간이 지나면서 유럽은 동방과 신대륙의 나라들을 식민지로 삼아 식민지 무역을 통해 큰 이익을 얻었습니다.

그리하여 영주들은 더 이상 생활에 필요한 것들을 농노들에게서 구하지 않게 되었습니다. 영주들은 상업을 장려하여 상인들에게서 그들이 필요한 것을 구하게 된 것입니다. 점차로 상인들의 지위는 향상되었으며 그들 나름의 상업 자본을 형성하게 됩니다. 농업은 이미 중요성을 잃어버렸으며 상업의 중요성은 어느 때보다도 강조되었습니다.

16세기 초에 들어서자 양털에 대한 수요의 증가로 양털의 가격이 무척 많이 올랐습니다. 양털의 가격이 오르자 양을 기르는 것이 농사를 짓는 것보다 수익성이 높게 되어, 양이 사람을 몰아 내는 인클로저 운동으로 이어지게 됩니다. 앞 이야기는 당시의 인클로저 운동을 보여 주고 있습니다.

지금까지 살펴본 것처럼 당시의 경제는 상업을 기반으로 하여 이루어지고 있었으며, 나라에서도 상업을 장려하고 있었습니다. 그래서 상업이 나라를 부강하게 만들어 준다는 주장까지 나오게 되었는데, 이러한 주장을 중상주의라고 합니다. 중상주의자들은 되도록 수출을 많이 하고 수입을 적게 하여 나라를 부강하게 만들어야 한다고 주장했답니다.

그러나 상업이 많은 이익을 가져다 준다는 것이 사람들에게 알려지자 모두들 상업에 뛰어들었습니다. 점차 상업으로 얻을 수 있는 이익이 줄어들자 사람들은 많은 이익을 줄 수 있는 것을 찾게 되며, 생산만이 큰 이익을 갖다 줄 수 있다는 것을 깨닫게 됩니다.

당시 개별적으로, 또 소규모 생산으로 만든 물건을 상인들에게 팔던 장인들은 점차로 상인들에게 종속되어 상인은 여러 명의 장인들을 거느린 대규모 제조업자로 변하게 됩니다.

이러한 대규모 제조업자의 출현은 마침내 산업 자본주의를 여는 첫 발자국이 됩니다. 대규모 제조업은 많은 사람들에게 일자리를 마련해 줍니다.

그리하여 장인들은 상인들에게서 임금을 받고 일하는 노동자가 되었으며, 처음으로 산업 자본가 계급과 노동자 계급이라는 새로운 계급이 출현하게 됩니다.

이러한 사회 분위기 속에서 나온 주장이 중농주의인데, 당시의 피폐된 농업을 살리기 위해서였답니다. 중농주의를 주장한 대표적인 학자는 케네로 자신이 만들어 낸 경제표를 통해서 한 사회가 지닌 재생산 구조를 설명하고 있습니다.

중농주의는 자연 질서를 기본 원리로 삼고 있으며 농업만이 순생산을 만들어 낼 수 있다고 주장합니다. 그리고 농업이 창조하는 가치는 토지가 지닌 생산력에서 나오는 것이라고 주장했습니다.

농업만이 순생산을 창조하기 때문에 사회적 부를 증대시키기 위해서는 농업을 발전시켜야 한다는 것이 그들의 주장이지요. 그들의 주장은 현실엔 맞지 않았지만, 생산이 부를 만들어 낸다는 생각은 다른 학자들에게 받아들여져 농업이 아닌 공업에 눈을 돌리도록 만들어 주었습니다.

대규모 제조업이 생겨나자 분업은 생산량의 증가를 가져다 주었고 곧이어 발명된 증기 기관은 더욱 큰 생산량의 증가를 가져다 줍니다. 그리고 생산량의 증가는 산업 자본가들의 경제력을 증가시켰으며 그들의 사회적 지위를 높여 주었습니다. 그런데 당시의 농민들은 지배 계급인 귀족과 왕족들에게 많은 세금을 바쳐야만 했고 그 결과 농민들의 삶은 점점 힘들어졌습니다. 결국 굶주린 농민들은 지배 계급에 대해 강한 불만을 품게 되었습니다.

한편 눈부신 산업혁명의 결과 많은 부를 축적한 중산층인 부르주아들도 지배 계급에 대해 불만을 품고 있었습니다. 비교적 교육을 받은 신흥 자본가, 즉 부르주아들은 지배 계급들이 돈까지 빌려 쓰면서도 자신들을 무시하는 것에 대해 강한 불만을 품고 있었습니다. 부르주아와 농민들의 지배 계급에 대한 불만은 시민혁명으로 이어졌고 그 결과로 봉건 왕정은 무너지게 됩니다.

봉건 왕정이 붕괴되면서 부르주아들은 귀족과 왕족들을 대신해 새로운 지배 계급으로 등장하게 되며, 이로써 자본주의 시대가 열리게 됩니다. 자본주의라는 말을 쓰지는 않았지만 그 내용으로 볼 때 자본주의 이론을 처음으로 주장한 사람은 아담 스미스이며, 경제학의 시조로 불리웁니다.

덧 붙 이 는 말

좀 숨이 가쁘긴 해도 자본주의 사회가 열리게 되는 과정을
간단하게 살펴보았습니다. 경제사는 한 사회의 경제가 어떻게
변해 왔는가를 말해 주는데, 도움말에서 우리는 그러한 경제
사를 뒷받침해 주는 경제학자들의 주장을 살펴본 것입니다.

앞에서 살펴보았듯이 어떤 한 시기의 경제는 어떤 경제학자
의 주장을 그 기반으로 하고 있는 것을 볼 수 있습니다. 이처럼
경제학자들은 그 시대의 현상을 보고 어떤 주장을 하기도 하지
만 미래에 다가올 바람직한 경제를 예언하기도 합니다. 즉 경
제학자의 주장이 현재의 경제를 좌우하기도 하고 미래의 경제
를 좌우할 수도 있다는 것이지요.

그러면 다음 물음들에 대해 잠깐 생각해 보세요.

1) 경제사적으로 볼 때 인클로저 운동이 갖는 의미는 무
   엇일까요?
2) 자본주의 사회의 기본을 이루는 계급은 어떤 계급인
   가요?
3) 자본주의는 산업혁명으로 인해 생겨났다는 말을 합
   니다. 그 말이 가진 뜻을 설명해 보세요.

품을 팔아 돈을 사는 사람들

사회주의 계획경제란 어떤 경제 체제일까요?

바로 앞 이야기에서 농노들은 자신이 살던 곳에서 쫓거나 농사를 짓지 못하게 되었습니다. 농사를 못 짓게 되자 당장 문제가 되는 것은 먹고사는 일이었습니다. 지금까진 어찌 되었든 자신의 손으로 직접 먹고 입는 것을 다 해결했습니다. 하지만 농지에서 쫓거나자 당장 돈을 주고 먹을 것을 구해야만 했습니다.

"엄마, 배고파."

"여보, 내 옷가지를 팔아서라도 먹을 것을 구해야 되겠어요."

처음엔 그런 식으로 몸에 지니고 있던 것들을 팔아 얼마 동안 먹고 살았습니다. 하지만 시간이 지나자 그들은 거지가 되고 말았습니다.

"이게 무슨 꼴인가? 이제 거지 중에서도 상거지가 되었으니. 그나저나 얻어먹는 것도 쉽지가 않으니……, 거지들이 워낙 많으니 얻어먹을 수가 있어야지."

결국 가진 것이 없는 그들은 자신의 노동력을 팔아 돈을 벌어야 했습니다. 그때부터 품팔이 노동자들은 일자리가 많은 도시로 몰려들게 되었습니다.

그러나 한꺼번에 많은 사람들이 공장이 있는 도시로 몰려들

어 도시에서의 생활도 비참하기 이를 데 없었습니다. 먹을 것, 입을 것, 잠잘 곳 가운데 어느 것 하나 제대로 해결할 수가 없었습니다.

말이 도시지 도로 한가운데에는 똥이 함부로 버려져 있고, 골목 구석구석엔 쓰레기가 산더미처럼 쌓여 있었습니다. 노동자들이 사는 합숙소들은 돼지우리만큼이나 지저분했습니다. 워낙 더러워서 그곳의 위생 상태는 콜레라 같은 유행병이 돌기에 딱 좋았습니다.

"지옥이 따로 없어. 아니, 지옥도 이곳보단 나을지 몰라. 지옥에 간 사람들도 다 견딜 만하니까 다시 이 세상으로 안 오는 걸 거야. 살기가 힘들면 이 세상으로 탈출한 사람이 하나라도 있을 텐데, 하나도 없는 걸 보면 지옥이 살기가 낫다는 얘기지. 허허, 내 얘긴 이렇게 사느니보단 차라리 죽는 게 낫다는 소리야."

노동자들은 공장에서 노동을 해서 돈을 벌었지만 자신의 온몸을 다 바쳐 일을 해도 입에 풀칠하기조차 어려웠습니다. 하루에 15시간 이상 일을 했지만 제대로 먹지도 못하고 쉬지도 못한 탓에 노동자들은 과로와 영양 실조로 시달렸습니다.

더구나 열 살 안팎의 아이들은 물론 예닐곱 살밖에 되지 않은 어린이들도 힘든 노동에 시달려야 했습니다. 그런 아이들은 공장 주인으로부터 졸기만 해도 회초리로 얻어맞았고 손을 조금만 느리게 움직여도 얻어맞기 일쑤였습니다.

"야, 이놈아. 졸고 있으면 어떡해! 네가 할 일이 태산 같은데 졸면서 언제 다 하려고 그래. 어, 이 녀석은 왜 이리 느려터졌어? 그 따위로 일하다간 없는 손자 환갑 지나도 그 일 다 못하겠다. 이런 굼벵이들 같으니라고!"

과도한 노동과 영양 실조로 많은 노동자들의 몸은 기형이 될 정도였습니다. 손과 무릎의 뼈가 굽거나 인대가 늘어나 제대로 움직이지 못하게 되는 일이 흔했습니다.

어려서부터 힘든 일을 해야 했기 때문에 노동자들은 허리나 팔다리를 제대로 쓰지 못하게 된 것이지요.

우선 당장 부족한 영양 공급은 노동자들을 각종 질병에 허덕이게 했습니다. 몸이 아파도 치료를 받는다는 것은 생각할 수도 없었고, 편히 쉴 수조차 없었습니다. 일을 하지 않으면 당장 굶어 죽어야 했으니까요.

노동력이라는 품을 판다는 것은 결국 자신의 몸뚱이 전체와 인격이라는 것까지 모두 내주어야 하는 것을 의미했습니다.

"이제 내 몸도 내 것이 아니야. 돈을 사느라 품을 판다는 것이 온 몸뚱이를 다 파는 꼴이 되고 말았구나."

도움말

사회주의 계획경제의 시작

앞 이야기는 자본주의 사회가 시작되고 난 뒤 도시의 빈민이 된 농노들의 생활상을 보여 주고 있습니다. 산업혁명으로 농업의 생산성이 상대적으로 떨어지게 되자, 농업에 쓰여졌던

노동력은 공업에 쓰여지게 됩니다. 즉 소작농들이 농촌을 떠나 공업에 종사하게 된 것이지요.

하지만 농촌에서 공업 지역으로 노동력이 이동하는 과정에서 미처 일자리를 구하지 못한 사람들은 거지가 되어 떠돌게 되었습니다. 또 간신히 일자리를 구한 사람들의 생활도 옛날보다 훨씬 못했습니다. 당시엔 거지가 너무도 많아 나라에서 내 준 거지 면허가 없는 사람은 비럭질도 할 수 없었다고 합니다. 그러한 걸로 미루어 볼 때 그 비참함이 어느 정도였는지를 짐작할 수 있을 것입니다.

당시에 집계된 통계 자료의 신빙성이 낮기 때문에 도시 노동자들의 생활 수준을 소작농 시절의 생활 수준과 단순하게 비교를 할 수는 없지만 확실한 것은 사회 전체의 생산량이 크게 증가했는데도 불구하고 노동자들의 생활 수준은 참으로 비참했다는 것입니다.

사회적 부의 증가분은 사회 전체의 구성원이 골고루 나누어 가져야 하는 것이 원칙입니다. 그런데 당시의 자본가들은 영리 추구에만 집착하여 점점 부자가 되는 반면에 노동자들의 부는 증가하지 않았고 생활은 말 그대로 비참한 상태를 벗어나지 못하고 있었습니다. 그리고 초기 자본주의 시대에 자본가들이 부를 축적할 수 있었던 것은 노동자들의 싼 임금 덕분이었습니다. 즉 자본가들이 노동자의 몫까지 챙겼기 때문이지요..

19세기를 살고 간 마르크스의 눈에 비친 당시의 사회는 희망이 없는 사회였습니다. 그래서 마르크스는 어째서 그런 현상이 생겨났는지, 해결책은 없는지를 고민하기 시작했습니다. 인간 모두가 평등하고 재산을 똑같이 나누어 가지는 세상을 만들 수는 없는지에 대해 생각했던 것입니다.

마르크스는 눈앞의 불합리한 현상들은 자본가들이 노동자들을 착취하기 때문에 일어나는 것이라고 생각하게 되었습니다. 또 자본주의가 가진 자체의 모순 때문에 결국 자본주의 사회는 붕괴될 것이며, 사회주의로 변할 것이라고 주장했습니다. 하지만 마르크스의 예언이 모든 나라에 맞아들지는 못했습니다.

아무튼 이러한 마르크스의 생각은 유물사관과 잉여가치설로 표현됩니다. 마르크스는 사람들이 자신들의 뜻과는 관계없이 필연적인 생산 관계 속으로 들어가게 되며, 이 경우 의식이 그들의 존재를 규정하는 것이 아니라, 그들의 사회적 존재가 의식을 규정하게 된다는 생각을 했습니다. 그것이 바로 유물사관입니다.

또 잉여가치설이란 가치의 근원이 되는 것은 인간의 노동이라는 노동가치설에 기초를 두고 있습니다. 즉 노동자들이 생산해 낸 가치 가운데 임금으로 주어지는 부분을 뺀 나머지가 잉여가치이며 자본가들은 잉여가치를 착취하고 있다는 것이지요. 어쨌든 마르크스의 사회주의 사상은 나중에 동유럽과 러시아, 중국 등에서 큰 호응을 얻어 정치 체제와 경제 체제에 반영이 되었습니다.

마르크스는 비참한 사회 경제 현상을 보고 사회주의라는 처방을 내렸습니다. 그런데 그 이전에 활동했던 맬더스라는 경제학자는 비참한 사회 현실을 보고 이런 처방을 내렸습니다.

"이건 필요 이상으로 너무 많은 인구가 늘어났기 때문에 생기는 현상이야. 노동자들의 작업 조건을 개선해 준다거나 임금을 올려 준다고 해도 아무런 소용이 없어. 임금을 올려 주면 그들은 많이 먹고 더 많은 아이들을 낳을 테니까. 그렇게 되면 결국 식량은 또 부족하게 돼. 이걸 막기 위해서 인구 증가는 억제되어야 해. 전염병이 돌든가 아니면 전쟁이 일어나든가 해야 해. 그렇지 않으면 가난은 신의 뜻일 수밖에 없고 노동자들은 평생 가난을 면할 수가 없어."

사회 현실이 비참한 걸 보고 맬더스는 그 원인을 인구 폭발과 식량 부족에서 찾았습니다. 인구는 기하급수적으로 증가하는 데 비해서 식량은 산술급수적으로 증가하기 때문에 식량 부족 현상이 일어난다는 것이지요.

이제 우리는 비참한 사회의 현실을 보는 두 학자의 주장을 살펴보았습니다. 두 학자는 거의 비슷한 현실에 대해 전혀 다른 처방을 내렸던 것입니다.

자, 그럼 다음 문제에 대해 생각해 볼까요?

1) 마르크스의 사상이 나오게 된 배경은 무엇인가요?

지구를 떠난 압구정동 베짱이와 봉천동 개미

자본주의 사회의 문제점은 무엇일까요?

20세기가 저물어 가는 어느 해에 끝을 알 수 없을 정도로 넓고 넓은 우주의 어느 한 귀퉁이에 있는 한 점 별인 지구촌의 한 귀퉁이 한국이라는 나라의 서울에서 일어난 일입니다.

어느 날 갑자기 압구정동 베짱이와 봉천동 개미가 한강 다리에 신발을 벗어 둔 채 사라져 버렸습니다. 경찰은 재빨리 수색조를 만들어 한강물 속을 뒤졌지만 그들의 시체를 찾아 내지 못했습니다. 그리고 그날 이후 한강변 어느 곳에서도 그들의 시체가 발견되었다는 소식은 들려 오지 않았습니다.

그렇다면 그들은 어디로 갔을까요? 그들이 사라진 지 이틀 뒤 그들의 집엔 각각 빠른우편으로 편지 한 통이 배달되었습니다.

먼저 압구정동 베짱이의 편지입니다.

압구정동 베짱이 둥지에 사는 아우 베짱이에게

아우야, 나 형 베짱이는 드디어 지구라는 별을 떠나기로 했다. 나도 이렇게까지 할 생각은 아니었는데, 내 생활이 너무 재미가 없어서 고민 끝에 어렵게 내린 결정이란다.

아우야, 너도 생각해 봐라. 사는 게 얼마나 재미가 없었

으면 내가 이런 생각을 했는가를. 우리 베짱이들에겐 삶이 오로지 재미 그 자체여야 하지 않니?

그런데 난 요즘 사는 게 너무 재미가 없다는 걸 알았단다. 왜냐고? 처음에는 이것저것 새로운 놀거리를 찾아다니느라 바빴는데, 계속해 보니까 그게 아무것도 아니란 걸 알았기 때문이야.

어느 날 갑자기 날이면 날마다 하고 노는 일이 그게 그거라는 생각이 들었던 거야. 사실이 그렇지 뭐. 우리가 사는 압구정동은 너무 별볼일없는 곳이잖니. 손수건 한 장에 기껏해야 10만 원밖에 하지 않고, 바지 한 벌에 100만 원도 나가지 않으니, 옷 사는 재미도 요즈음엔 너무 없었단다. 한 끼에 50만 원을 주고 프랑스 요리를 먹어 봐야 그것도 한두 번이지 만날 먹다 보니 질리더라고. 요즈음은 입맛에 맞는 음식이 아무것도 없어.

난 호주머니 속에 적어도 100만 원짜리 열 장 정도를 가지고 다니지 않니? 사실 땅부자인 아버지가 가진 건 돈밖에 없으니, 그걸 어떻게든 써야 아버지가 기뻐하시잖아. 그래서 막 써야 하는데, 압구정동엔 돈을 쓸 만한 데가 별로 없어. 내가 우울해하니까 아버지는 내가 행여 잘못될까 봐 자동차를 사달라는 대로 다 사주셨지. 그래서 국내에서 나오는 모든 승용차를 장난감 모으듯 모아 보았지만 그것도 금세 시들하더라고.

그래서 이번엔 한 잔에 50만 원 하는 기죽어 술을 마시고 호텔 노래방이라는 데를 가서 한 번에 10만 원씩을 주고 노래도 불러 봤지. 그래도 사는 게 너무 시시하다는 생각만 들더라고.

　내가 우울증에 걸려 있는 것도 모르고 어머니는 고액 과외를 시키느니 본토 영어를 배우게 하느니 하시면서 어떻게든 날 대학 문턱을 밟게 하려고 하시는데, 그놈의 대학엘 내가 왜 가겠니? 하긴 뭐, 남는 게 시간이니 시간이나 죽이러 대학에 간다면 또 모르겠다. 어쨌든 난 이 지루한 지구를 떠난다.

　　　　　　　　　암구정동 베짱이 둥지를 떠나며 형 베짱이가

다음은 봉천동 개미의 편지입니다.

　봉천동 개미굴에 사시는 우리 부모님 보시옵소서
　아버지 어머니, 아들 개미는 드디어 지구라는 별을 떠나기로 했습니다. 저도 이렇게까지 할 생각은 아니었는데, 생활이 너무 힘들어서 고민 끝에 어렵게 내린 결론입니다.
　아버지 어머니도 생각해 보십시오. 제가 얼마나 힘들었으면 이러겠는가를. 아버지 어머니는 저에게 우리 개미들에게 삶이란 오로지 힘든 것이어야 한다고 가르쳐 주셨습니다.

　그런데 전 요즘 너무 힘이 빠져 버렸어요. 왜냐고요? 날이면 날마다 하는 일이 그게 그거지 뭐예요. 사실 우리 개미굴이 있는 봉천동은 너무 별볼일없는 곳이잖아요.

　일장갑 한 짝 사기 위해 한나절 동안 일을 해야 하고, 작업복 바지가 떨어져도 무릎이 터진 대로 몇 달을 더 견뎌야 하고, 아무리 열심히 일해도 자기 개미굴 하나 살 수 없다는 건 아버지 어머니가 더 잘 아실 거예요. 이제 조금만 참으면 우리 개미굴로 이사를 간다고 하시던 아버지의 말씀도 이젠 믿을 수가 없어요. 그래도 제 주머니에는 버스를 두 번 정도 탈 수 있는 1,000원짜리 두 장이 항상 들어 있어요. 아버지가 가진 게 한숨뿐이라서 그걸 함부로 쓰지 못하기 때문이지요. 그래서 차를 타지 않고 기어다녀야 하는데 봉천동은 동네가 너무 높아요.

국내에서 나오는 모든 연탄 공장의 연탄을 힘들여 져날라 봤지만 그건 너무 힘든 일이었어요. 그래서 요즘은 한 개비에 100원 하는 담배를 사서 피워보고, 저녁이면 200원 하는 털털이 술을 마시고 공동 변소 담벼락에 기대 청승맞은 뽕짝도 불러 보았지요. 그래도 기운이 안 났어요.

게다가 저처럼 돈을 아껴쓰는 개미도 없을 텐데, 어머니는 저에게 돈 아껴쓰지 않는다고 항상 꾸지람이시니 전 어떻게 해야 돈을 아주 안 쓸 수 있을까요? 어떻게 해야 그놈의 돈을 벌어 실컷 써 볼 수 있을까요?

이러나 저러나 우리 집에 넘치는 건 한숨뿐이니, 저라도 한숨 쉬는 걸 줄이기로 마음먹었습니다. 한숨 소리로 개미굴 천장이 무너지면 그야말로 전부 몰사할지 모르잖아요. 아무튼 전 지구라는 별을 떠나야겠습니다.

봉천동 개미굴을 떠나는 아들 개미 올림

도움말

빈부의 격차

우리가 잘 알고 있는 개미와 베짱이 이야기는 놀지 않고 열심히 일을 해야 잘살 수 있다는 교훈을 담고 있습니다.

하지만 자본주의 사회에서는 아무리 개미처럼 열심히 일을

해도 잘살지 못하는 사람이 많습니다. 그러나 일단 자본을 형성한 부자들은 베짱이처럼 노래만 부르며 놀아도 부유하게 살수 있습니다. 앞 이야기에 나오는 압구정동 베짱이와 봉천동 개미가 바로 우리의 현실을 보여 주고 있는데, 자본주의가 낳은 가장 큰 문제점이 바로 빈부의 격차입니다.

18세기 산업혁명과 시민혁명을 거치면서 시작된 자본주의 경제를 합리화하는 이론적 기초를 마련해 준 것은 고전파 경제학입니다. 아담 스미스로 대표되는 고전파 경제학자들은 자본주의 경제가 가진 놀라운 생산력에 대해 격찬을 보냈으며 상공업의 중요성에 대해 강조했습니다.

그는 자본을 축적할 수 있는 자본가만이 국가를 부강하게 만들어 줄 수 있다고 보아 부르주아 계급을 옹호했습니다. 그는 공업뿐 아니라 상업의 중요성도 강조했으며 나라 사이의 무역이 자유롭게 이루어져야 한다고 주장했습니다. 또 시장 기구를 통한 자유 경쟁과 이익을 추구하는 이기적 행동이 나라의 부를 증가시킬 수 있다고 하여 완전한 자유주의 시장경제를 이상적인 경제 체제로 보았습니다.

물론 그가 생각했던 자본주의 사회는 건전한 시민 정신과 윤리관에 바탕을 둔 사회였습니다. 즉 개인과 사회가 모두 도덕적이며 윤리적이어서 인간의 이기심이 지나치지 않도록 제동을 걸 수 있다고 믿었기 때문에 완전한 자유 경쟁을 주장했던 것입니다.

그러나 그가 생각했던 자본주의는 이상에 지나지 않았습니다. 19세기 말에 들어서면서 자본주의가 지닌 단점들이 나타나기 시작했기 때문입니다. 차근차근 자본을 축적한 자본가들이 기업의 규모를 늘리면서 독점이 나타나기 시작했고, 주기적으로 공황이 나타났으며, 빈부의 차가 커졌습니다. 결국 자본주의가 더 이상 이상이 아니라는 것이 증명된 셈이지요. 그럼 자본주의 시장경제 체제는 어떤 제도인지 한번 살펴보기로 하지요.

첫째로 자본주의 시장경제에서는 생산 수단을 개인이 가지고 있습니다. 그래서 개인의 창의성과 의욕이 십분 발휘됩니다.

둘째로 자본주의 시장경제에서는 시장과 가격이 경제의 세 가지 기본 문제를 해결해 줍니다. 물론 시장과 가격이 바람직한 방향으로 운용되면 좋지만 현실은 그렇지 못합니다. 자본의 지나친 축적으로 말미암아 사회적으로 바람직하지 않은 독점기업을 낳기도 하고 가격 기구에만 모든 걸 맡김으로써 사회 발전에 도움이 되지 않는 물건들이 생산되기도 합니다.

셋째로 자본주의 시장경제는 각 개인이 자신의 이익에 따라 경제 문제를 해결하는 것을 원칙으로 합니다. 그래서 개인은 자신의 이익을 위해 경쟁에 참여하게 됩니다. 그 결과 생산에 있어 창의성과 효율성을 발휘할 수 있습니다. 그러나 개인의 이익과 사회 전체의 이익이 충돌하는 경우가 발생합니다. 이처럼 자본주의는 개인의 자유와 이기심에 바탕을 두고 있는데, 역설적이게도 바로 그 점 때문에 자본주의는 또 여러 가지 문제를 안고 있기도 합니다.

지금까지 두고 볼 때 자본주의가 지닌 가장 큰 문제점은 무엇보다도 격심한 빈부의 차이에 있습니다. 그래서 이러한 여러 가지 문제를 해결하기 위해 등장한 것이 혼합 경제 체제입니다.

덧 붙 이 는 말

혼합 경제 체제란 자본주의가 지닌 문제점을 해결하기 위해 등장한 것으로 경제 문제를 가격 기구에만 맡기지 않고 적극적으로 개입하는 경제 체제입니다. 여러 자본주의 국가들은 지속되는 공황과 실업 문제 및 독점, 그리고 빈부의 격차 등을 없애기 위해 혼합 경제 체제를 받아들이고 있는데, 혼합 경제의 목표는 복지 국가를 만드는 데 있습니다.

자, 이제 다음 문제에 대해 생각해 보세요.

1) 앞 이야기에 나오는 개미와 베짱이는 우화에 나오는 개미와 베짱이와 어떻게 다른가요?

2) 두 편지를 비교해 보고 느낀 점은 무엇인가요?

3) 개인적 이익과 사회의 이익이 일치하지 않아 갈등이 생기는 경우, 어떻게 문제를 해결해야 할까요?

4) 현재의 자본주의 경제에 대한 여러분의 생각을 정리해 보세요.

동물 마을의 살림살이

사회주의 사회의 문제점은 무엇일까요?

조지 오웰이라는 작가를 통해서 어떤 농장에서 동물들이 인간들을 몰아 내고 동물 농장을 세웠다는 소식이 산간 지방에 있는 한 마을에까지 알려졌습니다. 그래서 그곳 마을 동물들로부터 존경을 받는 황소가 동물들을 모아 놓고 연설을 했습니다.

"우리 마을 동물들도 이제 인간들로부터 자유로워져야 합니다. 인간들은 우리를 부려먹고 우리들이 만들어 낸 것들로 자신들의 배를 채우고 있습니다. 인간들을 마을에서 몰아 내고 우리가 마을을 꾸려나가야 합니다."

"옳소, 우리들 몫은 우리가 가져야 합니다. 인간들에게 우리들 몫을 빼앗길 필요가 없습니다."

그렇게 해서 동물들은 밤을 틈타 인간들을 쫓아 내고 마을을 차지하게 되었습니다. 동물들은 마을의 이름을 동물 마을이라고 붙이고 마을 안내판도 바꾸어 단 뒤, 황소를 중심으로 해서 마을 살림을 꾸려나가기 시작했습니다.

동물들은 인간들로부터 자유를 얻었다면서 대단히 기뻐했습니다. 그들은 조지 오웰이 전한 동물 농장에서처럼 철저하게 동물주의를 실천할 것을 다짐했습니다. 말하자면 동물들을 착취하는 인간을 적으로 삼고 동물들이 주인이 되는 마을을 만

들어야 한다는 것이지요. 그들은 나름대로의 계율을 만들었습니다.

1. 모든 동물은 평등하다.
2. 마을은 마을 안에 있는 모든 동물들의 것이다.
3. 모두 일해야 하며 일한 만큼 나누어 가진다.
4. 물건을 사고파는 것을 금한다.
5. 필요한 물건과 물건의 양은 미리 의논하여 결정한다.
6. 인간들과의 거래를 금한다.

동물들은 한자리에 모여앉아 그들에게 정말로 필요한 물건이 무엇이며 얼마만큼을 만들어야 하는지 의논했습니다. 회의 결과 그들은 먹을 식량과 옷을 만드는 일이 중요하다는 결론을 내렸습니다.

봄이 되자 밭을 갈고 씨를 뿌려야 했습니다. 일한 만큼 가져가는 것이 규칙이었기 때문에 처음에는 모두들 서로 일을 하겠다고 나섰습니다. 하지만 모두들 자신의 능력과 몸이 생긴 체질대로 일을 하도록 정해졌습니다.

땅을 잘 파는 두더지는 땅을 파헤치는 일을 맡았습니다. 그리고 씨앗 뿌리는 것은 참새가 맡았습니다. 씨앗 위로 흙을 덮는 것은 뒷발길질을 잘하는 노루가 맡았습니다. 수탉은 아침에 소리내어 울어 동물들을 깨우는 일을 맡았습니다. 암탉은 동물들이 먹을 알을 낳는 일을 맡았습니다. 암탉은 하루에 최소한 한 알의 달걀을 낳도록 정해졌습니다. 젖소는 동물들이 먹을 젖을 공급하는 일을 맡았습니다. 젖소도 하루에 한 통 이상의 젖을 생산해야만 했습니다. 옷을 짓는 일은 바느질 솜씨가 좋은 원숭이가 맡았습니다. 그래서 원숭이는 삼 일에 한 벌의 옷을 만들도록 정해졌습니다.

동물들은 모두들 열심히 일을 하며 봄을 보내고 여름을 맞았습니다. 하지만 여름이 되어 날이 더워지고 잡초를 뽑는 것 말고는 별달리 할 일이 없어지자 게으름을 피우는 동물들이 생기기 시작했습니다.

그러나 다른 동물들이 날이 덥다고 해서 놀아도 정해진 일을 해야만 하는 닭과 젖소, 그리고 원숭이는 놀 수가 없었습니다. 놀더라도 정해진 양의 달걀과 젖과 옷을 만들고 나서야 쉴 수 있었으니까요.

하루는 암탉이 수탉에게 말했습니다.

"당신은 팔자도 좋수, 아침에 소리만 한 번 지르고 나면 하루 종일 빈들거리고 놀아도 되니."

"그런가?"

수탉은 겸연쩍은 나머지 머리를 긁적댔습니다. 어느덧 가을이 되어 추수를 하게 되었습니다. 추수한 곡식을 쌓아 놓고 곡식을 타가기 위해 동물들이 모였습니다. 황소가 말했습니다.

"올해 한 해 동안 모두들 일을 열심히 하셨습니다. 올해는 우리 동물 마을이 문을 연 첫해이고 해서 누가 더 열심히 일을 했는지를 정확하게 헤아릴 수가 없었습니다. 그래서 올해는 모

두들 똑같이 곡식을 나누어 갖기로 했습니다."

"좋습니다."

하지만 아무런 찬성의 표시를 하지 않은 동물이 있었는데, 그건 바로 암탉이었습니다.

"저는 불만입니다. 제 생각으로는 다른 동물들은 저보다 일을 덜한 것 같아요. 저는 더운 여름에도 쭈그리고 앉아 매일 알을 낳았단 말이에요."

그러자 원숭이와 젖소도 나섰습니다.

"나도 그렇게 생각해요."

그렇게 해서 곡식을 똑같이 나누어 주는 대신 암탉과 젖소와 원숭이는 겨울에 휴가를 얻게 되었습니다. 휴가를 얻긴 했지만 그들이 전혀 일을 하지 않은 건 아니랍니다. 왜냐하면 일을 하던 습관이 몸에 배서 아주 놀 수가 없었거든요. 그래서 암탉은 이틀에 하나 정도씩 달걀을 낳았습니다.

달걀이 제법 모이자 암탉은 그 달걀로 인간들에게서 옷을 사 올까 하는 생각까지 하게 되었습니다. 암탉은 원숭이가 만드는 옷이 못마땅했습니다. 예쁘지도 않은데다 편하지도 않은 것이 꼭 쌀자루 같다는 생각이 들었거든요. 병아리에게 예쁜 옷을 입히고 싶은 생각에 암탉이 수탉에게 말했습니다.

"여보, 달걀이 많이 모였는데 이걸 인간들에게 팔아서 병아리옷을 사야겠어요."

"뭐라고? 그건 안 될 말이오. 인간들과 거래를 하면 안 된다고 하지 않았소? 당신도 참, 큰일날 소리를 하는구먼."

"흥, 난 병아리에게 예쁜 옷을 입히고 싶어요."

"안 된다면 안 되는 줄 알아요."

그러나 암탉은 수탉 몰래 마을을 빠져 나가 달걀을 팔아 병아리에게 입힐 옷을 사왔습니다. 사실 겨울 동안 사람들과 거래를 한 것은 암탉뿐만이 아니었습니다. 곡식이 충분하다고 생각한 다른 동물들도 몰래 곡식을 팔아서 필요한 물건들을 사왔으니까요.

그렇게 겨울이 지나고 동물 마을에도 봄이 왔습니다. 지난해와는 달리 동물들은 열심히 일을 하지 않고 꾀를 부렸습니다.

"일을 열심히 해도 한 자루, 열심히 안 해도 한 자룬데, 열심히 할 필요가 뭐 있겠어?"

그해 가을에 동물 마을에선 작년보다 훨씬 적은 양의 수확을 거두게 되었고, 겨울을 나기도 전에 식량이 바닥나 버렸습니다. 동물들은 배고픔을 참으며 추위를 견뎌야 했습니다.

도움말

생산성의 저하

모든 사람이 평등하게 재산을 공유한다는 마르크스의 사회주의 사상은 많은 사람들의 지지를 불러일으켰습니다. 그리고 20세기에 들어와 일어난 사회주의 혁명은 많은 나라들의 경제 체제를 사회주의로 전환시키는 데 성공했습니다. 앞 이야기에

나오는 동물들도 사회주의 혁명을 일으켜 동물 마을을 사회주의 마을로 바꾸었습니다.

한동안 마르크스의 예언이 그대로 들어맞는 듯이 보였습니다. 러시아와 동유럽의 여러 나라들, 그리고 중국이 차례로 사회주의 경제 체제를 받아들여 공산화되었습니다. 그러나 1950년대에 들어서면서 사회주의 계획경제는 문제점을 드러내기 시작하였고 1980년대에 들어서자 위기를 맞게 되었습니다. 그 결과 소련의 사회주의 경제는 결국 붕괴되고 맙니다.

그처럼 많은 사람들의 지지를 불러일으켰지만 현실적으로 붕괴되어 가고 있는 사회주의 경제가 지닌 특징을 살펴보면서 그 단점도 함께 살펴보기로 합시다.

첫째로 사회주의 계획경제는 생산 수단을 국가가 가집니다. 엄밀히 말하면 모든 국민들이 함께 가지는 거지요. 그러나 인간은 근본적으로 이기적인 본성을 가지고 있으며 공동 소유는 누구의 소유도 아니라는 생각을 하게 만듭니다. 그 결과 국민들의 생산 의욕이 저하되며 생산성이 떨어집니다.

둘째로 사회주의 계획경제에서는 국가의 계획이 경제 문제를 해결합니다. 원칙적으로 모든 국민들은 자신이 노동한 만큼 대가를 받게 되며, 물건의 가치는 그 물건을 만드는 데 들어간 노동량에 의해 결정됩니다. 또 어떤 물건을 얼마만큼 만드느냐는 문제도 국가가 결정하기 때문에 비교적 건전하고 바람직한 물건이 생산되는 장점이 있습니다. 하지만 노동가치의 계산이 잘못 이루어지는 경우 소득 분배를 왜곡시킬 수 있습니다.

셋째로 사회주의 계획경제가 목표로 하는 것은 국가의 이익입니다. 즉 개인의 이익보다는 사회 전체가 얻는 이익을 우선으로 합니다.

사실 이상적으로 실현이 되기만 한다면 사회주의도 이상적인 자본주의와 마찬가지로 많은 장점들을 안고 있습니다. 그러나 개인이 지니고 있는 이기심으로 사회 전체의 이익보다는 개인의 이익을 우선하는 경우가 생기면 사회주의의 이상은 실현하기가 힘들어집니다. 더구나 최근 몇몇 사회주의 경제 체제의 붕괴로 사회주의 사상은 이제 끝난 것이 아닌가 하고 생각하는 사람들도 있습니다.

하지만 자본주의의 성립과 함께 자본주의의 비판을 위해 생겨난 사회주의이기에 자본주의가 이 세상에서 사라지지 않는 한 사회주의도 사라지지 않을 것입니다. 사회주의는 특히 노동자들의 이익을 옹호하는 사상으로서 자본주의의 비판자 역할을 계속할 것입니다.

경제학자 갤브레이스는 이런 말을 했습니다. 사회주의를 자유롭게 연구하도록 학문의 마당을 개방했던 나라가 사회주의 연구를 금지했던 나라에 비해 더 큰 경제 발전을 이루었다는 것입니다. 갤브레이스는 그 대표적인 예로 일본을 들었습니다.

그러나 우리나라는 그동안 사회주의에 대한 논의 자체를 금할 정도로 닫힌 사회였습니다. 사회주의든 자본주의든 인간이 만들어 낸 제도는 뭐든지 일장일단을 가지게 마련입니다.

갤브레이스의 말대로라면 경제 발전을 위해서라도 아무런

제한 없는 탁 트인 연구와 비판이 필요합니다. 그래야만 진정으로 경제 발전에 필요한 성과들이 쌓일 수 있을 것입니다.

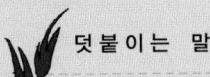
덧붙이는 말

요즈음 들어 많은 사회주의국가들이 시장경제의 원리를 일부 도입하여 경제를 꾸려나가고 있습니다. 즉 기본 원칙은 사회주의에 두면서 경쟁이 필요한 부분에 시장경제의 장점을 살려 보자는 것입니다. 왜 그런 방법을 택했을까요? 그건 사회주의 경제 체제만으론 우리가 늘 말하던 경제의 세 가지 기본 문제를 해결하기가 어려웠기 때문입니다.

구소련에 대해서는 이 책의 마지막 부분에서 다시 이야기를 하겠습니다.

자, 이제 다음 문제를 풀어 볼까요?

1) 암탉의 행동을 동물 마을 경제의 입장에서 비판해 보세요.
2) 동물 마을의 농사가 두 번째 해가 되자 생산량이 떨어진 이유는 무엇인가요?
3) 동물 마을의 동물들은 경제의 세 가지 기본 문제를 어떻게 해결했나요?

한밤중의 몸값 다툼

상품의 가치를 결정하는 기준

공장의 요란한 기계 소리를 뒤로 하고 샘골표 호박 주스는 어떤 도시에 있는 백화점의 창고로 실려 갔습니다. 그 창고에는 어마어마하게 많은 물건들이 쌓여 있었습니다. 샘골표 호박 주스가 놓이게 된 선반 위칸에는 주로 병에 담긴 물건들이 놓여 있었는데 그 중에서 눈에 띄는 물건친구들은 목이 길고 허리 아래가 둥글넓적하게 생긴 분위기표 포도주였습니다. 그 아래칸에는 주로 주방 기구들이 놓여 있었는데 허리라곤 따로 없이 온 몸뚱이가 쌀자루처럼 덤덤하게 생긴 입맛표 전기 밥솥이었습니다.

샘골표 호박 주스가 들어오자 분위기표 포도주가 먼저 말을 건넸습니다.

"야, 넌 처음 보는 녀석이구나, 샘골표 호박 주스라고? 에이 촌스러워. 도시에서 팔리려면 가로수표랄지 교차로표랄지 그런 이름이 좋지 않겠어? 넌 보나마나 값도 얼마 안 나가겠다."

"아니, 왜 남의 이름을 가지고 그러니? 그러는 넌 분위기표가 뭐니? 아예 감상파표라고 하지 그랬어?"

그때 아래칸에서 듣고만 있던 입맛표 전기 밥솥이 꽥 소리를 지른 뒤 한마디 했습니다.

"야, 이 녀석들아 제발 좀 조용히 해. 너희들 때문에 시끄러워서 입맛 밥맛 다 떨어지겠어."

그러자 분위기표 포도주가 말했습니다.

"입맛이고 밥맛이고 난 너희들 같은 싸구려 물건들과 어울려 있을 물건이 아니야. 너희들과 있어서 내 가치가 떨어지는 게 아닌가 염려된다고."

입맛표 전기 밥솥이 말했습니다.

"쳇, 팔리지도 않아서 먼지나 뽀얗게 뒤집어쓰고 있는 주제에 무슨 물건값 타령이야, 타령은!"

"어흠, 모르는 소리. 나 분위기표 포도주는 가만히 이렇게 앉아 있기만 해도 값이 계속 올라간다고. 묵으면 묵을수록 내 몸은 값이 더 나간다니까. 오래 묵을수록 값이 떨어지는 너희들과는 다르단 말이야."

샘골표 호박 주스가 말했습니다.

"그건 또 무슨 소리야? 어떻게 오래될수록 값이 더 나간다는 말이니? 네가 무슨 골동품도 아니고……."

"포도주는 해를 거듭할수록 맛이 더 좋아지기 때문이지. 그래서 난 오래 묵은 뒤에 팔려가는 게 더 좋아. 그래야 부잣집에 가서 제대로 대접을 받을 수 있으니까."

"아무튼 이렇게 만나게 되어서 반갑다. 난 샘골이라는 시골에서 태어났기 때문에 이름이 샘골표야. 하지만 난 맛이 좋아서 네 생각처럼 그렇게 값싸게 팔리는 물건은 절대로 아니야. 꽤 비싸게 팔리는 물건이라고. 그러니까 도시 사람들이 좋아

하는 이름을 달지 않아도 된다고."

　그러자 입맛표 밥솥이 말했습니다.

　"비싸게 팔린다고? 비싼 걸로 치면야 이 창고에서 나보다 더
비싸게 팔리는 게 몇 안 될 거야. 날 만들려면 원재료만 해도
이것저것 많이 들거든. 전기판부터 시작해서 녹지 않는 플라
스틱까지 아무튼 첨단 재료가 많이 들어간다고 그래서 난 항상
귀한 몸이야. 보라구, 내일 아침에 내 몸의 가격이 얼마로 매겨
지는지를. 그리고 내가 얼마나 좋은 집에 비싼 가격으로 팔려
가는지를."

　그러자 샘골표 호박 주스가 나서면서 말했습니다.

　"글쎄, 재료로만 친다면 그럴 수도 있겠지만 사람 손이 많이
간 거나 정성들인 걸로 치면 나를 따를 물건이 없을 거야. 나

하나를 만들기 위해서 얼마나 많은 사람의 손을 거쳐야 하는데. 우선 호박씨를 심어야지, 물도 줘야지, 거름도 줘야지, 벌레도 잡아 줘야지, 그렇게 해서 다 자란 뒤에는 씻어서 기계에 넣어 가공을 해야지, 그리고 포장을 해야지. 손이 얼마나 많이 가는지 몰라. 게다가 요즈음 사람들 품삯이 좀 비싸야지."

"야야, 시시한 소리 하지 마. 뭐 밥솥은 사람 손 안 가고 만드는 줄 아니? 나사 하나 박는 것도 다 사람 손으로 하는 거라고. 아무리 네가 나하고 비교를 해도 들어간 재료비로 봐서도 나하곤 상대가 될 수 없어. 내가 너보다는 값이 더 나간다니까."

그때까지 듣고만 있던 분위기표 포도주가 톡 나서며 말했습니다.

"나사 정도 박는 거야 요즘엔 로봇이 다 해버리잖니, 사람 손이 간 걸로 쳐도 나보다 더 귀하고 비싼 물건은 없어. 포도 한 송이를 따려면 적어도 몇 년 동안 포도나무를 길러야 한다고. 그렇게 해서 어렵게 포도를 얻고 나면 깨끗이 씻어 저장을 해야 돼. 그리고 시간이 지나면 제대로 술이 잘 익었는지 사람 혀로 맛까지 보아야 한다고. 그런 일은 죽었다 깨어나도 로봇이나 기계가 할 수가 없어. 게다가 나는 벌써 태어난 지 30년이 넘었어. 말하자면 30년 묵은 포도주란 말이야. 아무리 너희들이 떠들어 봐야 나보다 비싼 물건은 없어. 자고로 물건값은 시간이 결정해 주는 것이지 너희들 생각처럼 손이 많이 간 거나, 재료비가 많이 든 걸로 결정하는 게 아니란 말이야."

입맛표 밥솥이 그 말을 듣고는 입맛을 쩝쩝 다시면서 말했습니다.

"글쎄 길고 짧은 건 대봐야 안다니까. 어쨌든 오늘은 그만 떠들고 자기로 하자. 내일이 되면 누구 말이 맞는지 알 수 있게 될 테니까."

샘골표 호박 주스는 둘의 말이 다 맞는 것 같기도 하고 틀린 것 같기도 해서 어떤 것이 맞는지를 알 수가 없었습니다. 다만 자신을 정성스럽게 만들어 준 샘골 사람들이 보고 싶어졌을 뿐입니다. 잠을 못 이룬 채 밤을 지새는 샘골표 호박 주스의 귓가에 분위기표 포도주의 코고는 소리가 들려 왔습니다.

도움말

노동가치설

앞 이야기에 나오는 물건들의 주장을 간추려 보면 다음과 같습니다. 우선 호박 주스는 자신에게 들어간 노동력이 다른 물건들보다 많기 때문에 자신의 가치가 제일 높다고 주장하고 있습니다. 그리고 전기 밥솥은 자신에게 들어간 재료가 제일 많기 때문에 자신의 가치가 제일 높다는 주장을 하고 있고요. 한편 포도주는 재료와 노동력, 그리고 시간까지 들어간 자신의 가치가 제일 높다고 주장하고 있습니다.

자본주의 사회에서의 물건값이 시장 원리, 즉 보이지 않는 손에 의해서 결정된다는 것은 이미 앞에서 살펴봤습니다. 물

론 그러한 물건값이 일차적으로는 물건에 들어간 원가에 의해서 결정된다는 것은 두말할 나위도 없지만요.

어쨌든 앞의 세 물건들은 각각 자신이 가치가 제일 크다고 주장을 하고 있는데, 모두들 그럴 듯하게 들리는 말들을 하고 있는 것 같습니다. 이제 그들의 주장에 대해서 하나씩 살펴보기로 하지요.

먼저 전기 밥솥이 말한 재료비와 노동력에 대해서 살펴봅시다. 자본주의 사회에서는 전기 밥솥의 주장이 가장 합리적인 생각으로 받아들여질 수 있을 것입니다. 들어간 재료비와 노동력을 따로따로 계산에 넣고 있으니까요. 하지만 사회주의 경제학자들이 말하는 노동가치설에 따르면 전기 밥솥에 들어간 재료비는 엄격하게 따져 보면 노동력의 값과 일치합니다. 전기 밥솥의 재료가 되는 여러 가지 원료들도 결국 인간의 노동 없이는 자연에서 얻어질 수 없으며 쓸모 있는 형태가 될 수도 없기 때문이지요. 실제로 전기 밥솥을 만들기 위해서 들어가는 광물들은 자연 광산에서 그냥 얻어지는 것이 아닙니다. 광산의 광물들은 인간이 캐내어 가공함으로써 광물로서의 가치를 갖게 되는 것이니까요. 다시 말해 인간의 노동력이 들어감으로써 물건으로서의 가치를 갖게 되는 것이지요.

여러분 가운데에는 자연물이나 상품을 만드는 데 필요한 자본 설비(기계, 공장)도 값을 치러야 얻을 수 있는 게 아니냐고 생각하는 분들도 있을 것입니다.

하지만 사회주의 계획경제에서처럼 나라가 나라 안의 자연

물과 자본 설비들을 가지는 경우 자연물은 국민 모두의 것으로 값을 치르지 않아도 될 것입니다. 따지고 보면 자본 설비 같은 것도 노동이 축적되어 만들어진 것이라고 볼 수 있으니까요. 자연물에 노동력이 가해지고 가해져 점차로 쌓인 결과 자본 설비들이 만들어진다는 것이지요.

그렇게 보면 광물은 원래가 자연 속에 존재하던 것이기 때문에 광물이 캐어져 나와 생긴 가치는 노동력(여기서는 광물을 캐내어 가공하는 데 들어간 노동력)에 의한 것뿐이라는 그들의 주장이 합리적이라고 생각할 수 있습니다.

여기서 사회주의 경제학자들이 주장하는 노동가치설이라는 이론의 바탕이 나오게 됩니다. 그래서 사회주의 경제에서는 정부가 노동가치, 즉 노동량에 따라 물건값을 정하게 됩니다. 물론 그건 결코 쉬운 일이 아니지요.

한편 자본주의 경제에서는 노동가치설을 이론적 바탕으로 해서 노동 운동이 전개됩니다. 자본가들은 노동자들이 만들어 내는 노동의 가치보다 낮은 임금을 노동자들에게 지불하기 때문에 잉여가치를 얻게 되고 그 잉여가치로 점점 그들의 부를 늘려 간다는 것이지요. 그래서 사회주의 경제학자들이 주장하는 노동가치설을 특별히 잉여가치설이라고 부릅니다. 그런 논리로 본다면 자본가들은 노동자의 노동력을 이용하여 부당하게 이익(잉여가치)을 중간에서 가로채는 것이 됩니다. 그러므로 노동자들은 자본가들이 착취한 부당한 이익을 되찾아야 한다

는 논리가 성립되는 것입니다.

자, 그러면 앞에서 이야기한 잉여가치에 대해서 정리해 봅시다.

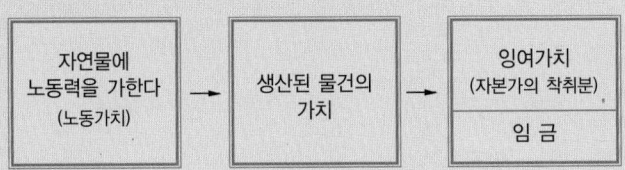

〈잉여가치가 만들어지는 과정〉

자연물에 노동력을 가한다 (노동가치)	→	생산된 물건의 가치	→	잉여가치 (자본가의 착취분)
				임 금

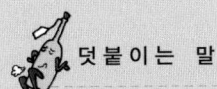

덧붙이는 말

그런데 앞에서 설명한 포도주의 예를 보면 포도주는 더 이상의 노동력을 들이지 않아도 시간이 지나면 그 가치가 늘어나는 것을 볼 수 있습니다. 노동가치설은 이처럼 자연과 시간이 만들어 내는 가치를 설명할 수 없다는 한계를 가지고 있는 것입니다. 노동가치설은 노동력이 들어가지 않아도 시간이 지나면 저절로 자라서 값이 오르는 나무나 시간이 지날수록 값이 올라가는 포도주 등에 대해서는 설명을 하지 못하고 있으니까요.

다음 문제에 대해서 또 생각해 봅시다.

   1) 노동가치설에 대한 여러분의 생각을 말해 보세요.

   2) 노동가치설에 따라 물건값을 정하려면 어떻게 해야
      할까요?

14

사람과 경제

땅콩별 나라의 마술

소득 분배가 공평하게 이루어지지 않는 세상

그리 멀지 않은 옛날, 지구 남쪽 하늘 어느 곳에 지구와 비슷하게 생긴 별나라가 있었습니다. 그 별의 이름은 땅콩별이었습니다. 그 별에 있는 산의 모양이 모두 땅콩처럼 생긴 탓에 붙여진 이름이지요.

아무튼 땅콩별 나라는 땅이 기름지고 자연 환경도 좋아 사람과 동물들, 그리고 식물들이 살기에 아주 좋은 곳입니다. 그래서 그곳에선 사람과 동물도 따로 구별 없이 서로 어울려서 살았지요. 모두들 욕심을 내지 않고 자기에게 주어진 일을 열심히 하며 평화롭게 살았답니다.

그런데 그 땅콩별 나라에 언젠가부터 문제가 생겼습니다. 지구인이라는 사람들이 하나둘씩 옮겨 와 살기 시작하면서부터 땅콩별의 분위기가 달라지기 시작한 것입니다. 지구인이 들락거리기 시작하자 땅콩별의 논밭이며 공장들이 자꾸만 지구인의 손에 넘어가기 시작했습니다. 지구인들은 더 이상 지구에는 투자할 데가 없자 땅콩별에까지 찾아온 것이거든요.

지구인들이 들어온 뒤로 땅콩별 나라의 백성들은 하나둘 일자리를 잃게 되거나 소득이 줄어 가난해졌습니다. 지구인들은 돈을 많이 벌면서도 땅콩별 나라의 은행에는 되도록 저축을 하지 않았고 땅콩별 나라에는 세금도 내지 않았기 때문이지요. 지구인은 원래 법을 잘 안 지키는 종족이라 땅콩별 나라의 법도 무시한 채 자신들이 버는 돈을 지구로 빼돌리거나 숨기기에 바빴던 것입니다. 지구인들도 버는 대로 세금을 내고 땅콩별의 법대로 생활을 한다면 사실 아무런 문제가 생기기 않을 수도 있었을 텐데 지구인들은 욕심이 많아서 그러지 않았던 것입니다.

땅콩별의 왕은 더 이상 그대로 보고만 있을 수 없었습니다.

"지구인들이여, 이곳에서 살고 싶다면 당신들이 가진 재산과 소득에 따라 세금을 내고 법을 지키며 생활을 하도록 하시오."

하지만 지구인들은 왕의 말을 듣지 않았습니다. 오히려 세금을 낼 정도로 돈을 벌지 못했다고 엄살을 피웠습니다.

"우리가 무슨 돈을 벌었다고 그럽니까? 오히려 지구에서 가져온 돈을 땅콩별 나라에 투자하느라 다 까먹고 말았습니다. 그리고 법을 지키지 않는다고 그러는데, 우리 지구인들은 법대로 잘 살고 있으니까 염려 마세요."

결국 왕은 하는 수 없이 땅콩별 나라에 천 년 전부터 내려오는 마술을 쓰기로 했습니다. 그 마술은 한 번 쓸 때마다 한 시간 동안 쓸 수 있는 것인데 각자의 재산과 소득에 따라 키가 늘어나거나 줄어들면 그 키의 순서에 따라 한 줄로 왕 앞을 지나가게 되어 있는 그런 마술이었습니다.

마침내 마술을 쓰는 날이 왔고 땅콩별에 사는 모든 사람들과 동물들이 궁전 근처로 모여들었습니다. 물론 지구인들도 모이지 않을 수 없었습니다. 비록 속으로는 '마술은 무슨 마술' 하면서 비웃고 있기는 했지만요.

정해진 시간이 되자 정말 마술이 시작되었습니다. 그러자 강아지나 쥐, 고양이들과 돼지, 사슴, 호랑이, 늑대 등의 동물들은 키가 작아지더니 땅에 거의 붙을 정도가 되었습니다.

그중에 어떤 것은 아예 땅 속으로 몸이 들어가 버리는 것도 있었습니다. 그들은 가진 재산이 없을 뿐 아니라 오히려 빚을 지고 있는 생물들이지요.

그 다음엔 키가 채 한 뼘도 안 되는 사람들이 나타났습니다. 그들은 주로 청소부, 버스 운전사, 공장 노동자들이었습니다. 모두들 자신의 재산과 소득만큼의 키를 가지고 나타난 것이지요.

그렇게 20분 정도의 시간이 흐르면서 인구의 절반 정도가 지나자 이번엔 학교 선생님, 회사원, 군인, 작가, 화가 등이 나타났는데 그들의 키는 원래의 키와 거의 비슷했습니다. 그리고 30분쯤 지나자 자신의 실제 키보다 훨씬 더 큰 키를 가진 변호사, 의사, 금은방 주인, 인기 배우, 농장 주인 등이 나타났습니다. 그 뒤를 이어 한국이라는 나라에 있다는 63빌딩만큼의 키를 가진 지구인이 나타났습니다. 그는 지구에서 물건을 가져다가 땅콩별 나라에 파는 수입업자였습니다.

마지막으로 5분 정도가 남았을 때였습니다. 이번엔 아예 머리가 구름 속에 가려져 보이지 않을 정도로 키가 큰 지구인들이 나타났습니다. 온천이며, 호텔이며, 공장이며, 관광 회사에

다 백화점 같은 것들을 몇 개씩이나 가지고 있는 재벌 회사의 사장들이었습니다.

그렇게 해서 한 시간 동안의 행렬이 끝나자, 사람들과 동물들은 다시 원래의 키로 돌아왔습니다. 물론 땅콩별 나라의 왕은 조금 전의 행렬을 녹화해 놓았습니다. 그리고 녹화된 필름을 이용해서 소득과 재산을 측정해 보았습니다. 그랬더니 한 시간 중 대부분의 시간에 나타나는 사람들은 숫자만 많았지 가진 게 별로 없는 땅콩별 사람들이라는 것을 알 수 있었습니다. 하지만 한 시간이 거의 다 지났을 무렵에 나타난 지구인들은 몇 명 되지는 않았지만 땅콩별 나라의 재산을 거의 다 가지고 있는 것으로 나타났습니다.

마침내 땅콩별 나라의 왕은 그 녹화 필름을 근거로 평균키가 넘는 사람들에게 세금을 많이 거둬들인 뒤 평균키도 못 되는 사람들에게 나눠 주는 정책을 폈습니다. 그렇게 해서 땅콩별 나라의 국민들은 다시 모두가 평등한 삶을 살 수 있게 되었습니다. 지구인들도 더 이상 재산을 숨기거나 욕심을 부릴 수가 없게 된 것은 더 말할 나위도 없었지요.

왜냐하면 땅콩별 나라의 왕이 마술을 쓰면 언제라도 감춰진 재산만큼 키가 또 늘어나 버린다는 걸 알게 되었으니까요.

도움말

소득 분배의 불균형

앞 이야기는 자본주의 사회에 있어서 소득과 재산의 분배가 얼마만큼 불공평하게 이루어지고 있는지를 보여 주고 있습니다. 인구의 절반이 훨씬 넘는 사람이 지나가고 나서야 평균적인 키를 가진 사람이 나타나는 것을 볼 수 있습니다. 그리고 마지막으로 나타나는 사람은 얼굴을 쳐다보지도 못할 정도로 키가 크다는 것을 볼 수 있습니다. 작은 사람은 오히려 땅 속으로 들어갈 정도인데 말입니다. 이것은 바로 소득과 재산의 차이가 그만큼 심하다는 것을 뜻하고 있습니다. 소득 분배의 불평등을 사람들의 행렬로 처음 나타낸 사람은 네덜란드의 경제학자인 펜(Jan Pen)이랍니다. 앞 이야기는 그걸 바탕으로 다시 꾸민 것이지요.

우리들은 같은 인간이면서도 소득 분배의 불평등으로 인해서 인간다운 삶을 누리지 못하는 경우가 많다는 것을 알고 있습니다. 한쪽에서는 영양실조로 죽어가는 사람이 있는가 하면 다른 한쪽에서는 돈 쓸 데가 없어 흥청망청하는 사람들을 볼 수 있을 정도니까요.

그리고 일단 소득과 재산의 차이가 벌어지게 되면 그 차이는 시간이 지날수록 더 커지는 것이 자본주의 사회의 원리이기도 합니다. 흔히들 돈이 돈을 벌어들인다고 말하는 것이 바로 그 사실을 단적으로 보여 주고 있다고 할 수 있습니다.

이러한 소득 분배의 불균형을 없애고 가장 많은 숫자의 사람들이 물질적, 정신적으로 행복한 삶을 살 수 있도록 연구하는 것이 바로 경제학이 맡고 있는 역할이며 목표이기도 합니다.

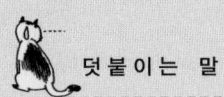

덧붙이는 말

이 이야기에 나오는 땅콩별 나라의 왕은 마술을 써서 소득 분포가 어떻게 되어 있는가를 알아냈습니다.

그런데 경제학에서 소득 분포의 불평등을 측정하는 대표적인 방법으로 로렌츠(LORENTZ) 곡선이라는 것이 있습니다.

로렌츠 곡선은 어떤 사회에서 소득이 가장 낮은 사람부터 시작해서 소득이 높아지는 순서대로 배열을 했을 때 낮은 소득

계층이 차지하는 소득이 그 사회의 전체 소득에서 차지하는 비율이 어느 정도인가를 나타내는 곡선입니다.

　잠깐 그림을 살펴보기로 해요.

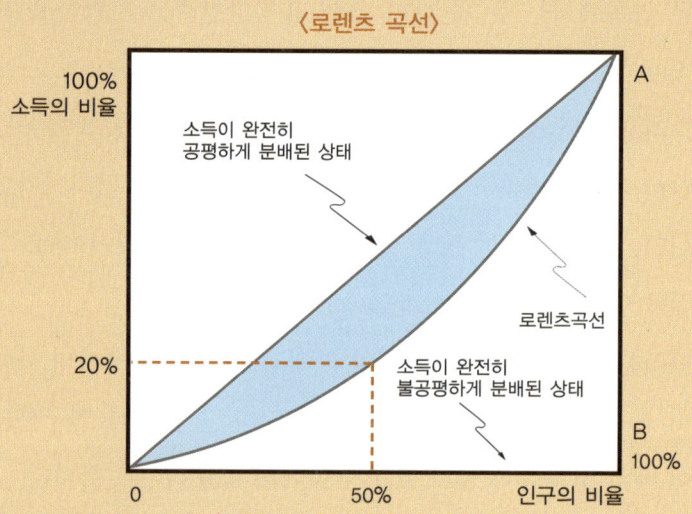

〈로렌츠 곡선〉

대각선 OA 상태이면 소득이 완전히 공평하게 분배된 상태를 나타내는 것이며 OBA가 되면 소득이 완전히 불평등하게 분배된 상태를 나타내는 것입니다. 그러니까 빗금친 부분의 면적이 늘어날수록 소득 분배가 불평등하다는 말이지요.

　앞의 로렌츠 곡선은 소득 수준이 낮은 계층에 속하는 50%의 국민이 전체 소득 중에서는 20%밖에 차지하지 못하고 있는 상황을 나타내고 있습니다.

그럼 다음 물음들에 대해 나름대로의 생각을 정리해 보세요.

1) 지구인들이 들어온 뒤 땅콩별 나라의 소득 분배는 불평등
   해졌습니다. 지구인들의 어떤 행동 때문에 그렇게 되었나
   요?
2) 이야기로 미루어 볼 때 땅콩별 나라의 로렌츠 곡선을 그
   린다면 OA와 같은 직선이 될까요, 아니면 OBA에 치우
   친 곡선이 될까요?

호수가 삼킨 논

가만히 앉아서 돈을 벌고 싶은 사람들

봉이 김선달은 대동강물을 부자에게 팔아서 동네 사람들에게 돈을 나눠 준 뒤 한양으로 갔습니다. 그런데 한양 땅에 사는 양반이라는 사람들이 하고 있는 짓은 차마 눈을 뜨고 볼 수가 없을 정도로 포악스러웠습니다.

양반들은 자신들이 가지고 있는 권세를 이용해서 온 나라 곳곳의 논밭을 뺏거나 사들이고 있었습니다. 그래서 백성들은 자신들 몫으로는 땅 한 조각도 갖기가 힘들었습니다. 게다가 요 핑계 저 핑계로 관가에서는 관가대로 뜯어가는 것이 워낙 많아서 백성들은 차마 죽지 못해 사는 지경에 이르고 말았던 것입니다.

백성들이야 어떻게 되든 말든 벼슬자리에 있는 관리들이나 돈 많은 양반들은 어떻게 하면 재산을 늘릴까 하는 궁리만 하고 있었습니다.

김선달은 특히 한양 부자들이 재산을 늘리느라 눈이 벌건 것을 알고는 좋은 꾀를 생각해 냈습니다. 부자의 돈을 빼앗아서 가난한 백성들에게 나눠 주고 싶어진 것이지요.

"흠, 양반 부자들, 당신들도 양심이라는 것이 좀 있어야지. 원 세상에 ……."

김선달은 겨울이 될 때까지 기다렸습니다. 그리곤 겨울이 되자 한때 살았던 적이 있는 함경도 땅 어느 마을로 갔습니다. 그 마을엔 바다처럼 넓은 호수가 있었습니다. 김선달은 마을 사람들에게 자신의 생각을 말했습니다.

"이번에 한양에 가서 보니 한양 부자들은 돈이 넘쳐서 주체를 못하고 있더이다. 이번 기회에 부자들 돈 좀 나눠 가집시다."

김선달은 마을 사람들로 하여금 얼음이 두껍게 얼어 있는 호수로 볏짚을 모조리 가져오도록 했습니다. 그리곤 가져온 볏짚단을 길게 잇듯 뉘어서 논두렁처럼 만들어 논 수십 개가 되도록 나누었습니다.

그런 뒤 나머지 볏짚을 한 뼘 크기로 자른 뒤 한 움큼씩 묶도록 했습니다. 그리고 얼음이 잔뜩 얼어 있는 호수 위에 그 볏짚 묶음을 일정한 간격으로 모 심듯 세워 놓도록 했습니다.

그러고 나서 며칠이 지나 눈이 내렸습니다. 눈이 오자 누운 볏짚단은 마치 눈 쌓인 논두렁처럼 되었고 짧게 잘라서 세워놓은 볏짚은 벼를 베어 낸 그루터기처럼 보였습니다.

김선달은 얼른 한양으로 가서 돈이 쓸 데가 없어 몸살이 나있던 부자들을 부추겼습니다. 전라도 김제 평야보다 더 넓은 논이 함경도에 있으니 논을 사러 가자는 것이었지요.

자신이 살던 곳이니 자신이 흥정을 붙이면 싸게 살 수 있다는 말도 잊지 않고 했습니다. 그러자 가진 것이라곤 돈밖에 없는 부자들이 너도나도 논을 사겠다고 따라나섰습니다.

　김선달을 따라서 논을 구경하러 온 부자들은 드넓은 논을 보
자 입이 딱 벌어져 버렸습니다. 정말로 어마어마하게 넓고 반
듯반듯한 논이 함경도 산골에 감춰져 있었던 것입니다.

　부자들은 서둘러 마을 사람들에게 논값을 치르고 다투어 논
을 나눠 가졌습니다. 김선달은 돈이 마을 사람들에게 다 건네
지는 것을 지켜 보았습니다. 그리곤 마을 사람들에게 뒤처리
하는 방법까지 일러 주고 다시 유람길에 올랐습니다.

　겨울이 가고 봄이 왔습니다. 한양 부자들은 자기 논에 모내
기하는 걸 구경하고 싶어 우르르 몰려왔습니다. 그런데 이게
어찌 된 일입니까? 그 넓던 논은 온데간데 없고 바다처럼 넓은
호수가 출렁이고 있는 것이었습니다.

부자들은 마을 사람들을 붙잡고 여기 있던 논이 어디로 갔느냐고 고래고래 소리를 질렀습니다.

"거기 있던 논이요? 저 호수가 다 삼켜 버렸지요."

"뭐, 뭐라고? 이놈들! 네놈들이 감히 양반을 속이다니! 호수가 어떻게 논을 삼킨단 말이냐?"

"한양 양반들의 뱃속은 작아도 온 나라 안의 논밭을 삼키지 않소? 그런데 저 넓은 호수가 그까짓 논 몇 자리 못 삼킬 이유가 있겠습니까?"

몰론 그 말은 김선달이 마을 사람들에게 일러 준 것이었습니다. 그 말을 들은 부자 양반들은 얼굴이 붉으락푸르락하며 분을 참지 못하다가 모두 그 자리에 쓰러지고 말았습니다.

도움말

땅투기와 거품경제

우리나라는 예로부터 논농사를 주로 지어 왔기 때문에 땅을 소중하게 여겼습니다. 농부들은 땅을 재산이라기보다는 생산의 수단으로 보아 소중하게 여겼던 것입니다.

하지만 앞 이야기에도 나오는 것처럼 부자들은 땅을 재산으로 보아 한 뼘이라도 더 가지려고 애를 쓰고 있는 것을 알 수 있습니다. 땅을 투기의 대상으로 삼아 사고팔아서 큰 이익을 얻기 위해서 가지려 하는 것이지요.

땅투기는 요사이 더욱 심해져서 땅투기를 하는 사람들을 주위에서 흔히 볼 수 있을 정도가 되어 버렸습니다. 물론 이야기 속에 나오는 것처럼 호수를 논으로 사고파는 일은 없을 것입니다. 하지만 어떤 곳의 땅값이 오를 것이라는 정보를 가지고 돈이 있는 부자들을 부추겨 그곳의 땅값을 올려놓곤 하는 것을 일삼는 부동산업자들은 많이 있습니다.

흔히 우리는 이렇게 땅값이 턱없이 높이 올라가 있는 것을 보고 거품경제라고 부르기도 합니다. 땅은 그대로인데 땅값만 거품처럼 부풀려져 있다는 뜻이지요.

그러한 거품경제의 결과 정말로 땅을 필요로 하는 사람들은 아주 비싼 값을 치르지 않고서는 땅을 살 수 없게 되고 마는 것입니다.

집값이 요즈음 들어 많이 오른 이유는 바로 그러한 투기꾼들 때문입니다. 그 탓에 집이 없는 사람이 집을 사는 일은 더욱 힘들게 되고 말았지요.

땅투기가 문제가 되는 것은 노력도 하지 않고 가만히 앉아서 땅값이 오르는 것을 이용해 돈 버는 사람이 생긴다는 점입니다.

그 결과 땅투기를 했던 사람의 재산은 그렇지 않았던 사람의 재산에 비해 점점 더 많아지게 되는 것이지요. 그래서 시간이 지나면 지날수록 가난한 사람과 부자 사이의 간격은 마치 하늘과 땅처럼 커지게 됩니다.

우리나라의 경우도 예외는 아니어서 많은 불로소득자들의 부가 땅투기에 의해서 이루어졌고 그들은 놀고 먹으면서도 부유한 생활을 하고 있습니다.

결국 땅투기의 결과 상대적으로 가난해진 사람들은 아무리 열심히 노력을 해도 소용이 없다는 절망감에 빠지게 되고 맙니다. 이러한 것들이 우리가 살고 있는 자본주의 사회의 가장 큰 문제점이라고 할 수 있을 것입니다.

집을 사기는커녕 전세 보증금도 올려 주지 못해 가장이 자살을 하는 일이 늘 일어나고 있다는 것을 우리는 기억해야 할 것입니다.

덧붙이는 말

땅투기를 막고 토지 문제를 해결하기 위해서 제시된 것이 '토지공개념' 이라는 것입니다. 토지공개념이란 나라 전체와 국민들의 이익을 위해 각 개인의 토지 소유를 제한해야겠다는 것이지요.

즉 재산권은 헌법상에 명시된 국민의 기본권이긴 하지만 공익을 위해선 제한할 수도 있다는 생각이지요.

토지공개념은 기본적으로 토지는 나라와 국민 전체의 것이라는 생각에 바탕을 두고 있습니다. 이 생각을 실천하기 위해선 땅투기로 인한 부작용을 막기 위한 제도적이며 법적인 장치가 필요합니다.

그러나 현재 우리나라에는 토지공개념을 제대로 뒷받침할

수 있는 완전한 법률이나 제도가 마련되어 있지는 못합니다. 몇 해 전에 토지공개념을 실천에 옮기려던 시도가 있었지만 가진 자들의 반대에 의해 무산되고 말았습니다.

자, 다음 문제들에 대해 자신의 의견을 말해 봅시다.

1) 똑같은 땅이 무한정 많을 경우 땅투기의 문제가 생길까요, 생기지 않을까요?

2) 토지공개념이 엄격하게 실시되었을 때 가장 크게 반발한 사람들은 누구일까요?

3) (자료1) 1963년~2004년까지 주요 도시의 땅값은 780배, 서울 땅값은 954배로 뛰어 올랐습니다. 같은 기간 동안 소비자물가는 38배가 올랐습니다. 1963년에 서울에 땅을 사둔 사람은 아무런 노력없이 25배나 되는 이익을 얻은 셈입니다.

(자료2) 대한민국의 경우 2004년 현재 토지소유자의 상위 5%가 전체토지의 82.7%를 차지하고 있습니다.

(자료출처: 『우리 농업, 희망의 대안』, 시대의 창)

위의 자료로 미루어볼 때 땅투기가 경제에 미치는 해악으로는 어떤 것이 있을까요?

서기 2500년의 어느 날

경제 성장과 경제 발전의 대가

서기 2500년, 서울에 해가 지고 있었습니다. 지고 있는 태양의 빛깔이나 크기가 20세기와는 달라 보였습니다. 왠지 붉은 빛을 띠고 있는데다 식어 버린 듯한 느낌까지 주고 있었습니다. 거리에는 돌아다니는 사람들의 모습도 전혀 눈에 띄지 않았습니다. 거리에는 마치 부채처럼 펼쳐진 지붕으로 덮인 건물들만이 서 있었습니다.

"딩딩딩딩 댕댕댕댕."

작업을 끝내는 신호음이 들리자 방 안에서 일을 하던 사람들은 자리에서 일어나 집으로 돌아갈 준비를 하기 시작했습니다. 신호음과 함께 난방 장치도 꺼지도록 되어 있었으니까요.

그래서 퇴근 준비를 하는 사람들은 모두들 옷을 두껍게 껴입기 시작했습니다. 그리곤 하나둘씩 지하 통로를 통해서 뿔뿔이 흩어져 갔습니다.

서기 2500년이 되자 지구상의 거의 모든 에너지 자원은 고갈되어 버렸습니다. 더 이상 뽑아 올릴 석유도 없고, 파낼 수 있는 석탄도 없었습니다. 원자력 에너지도 잦은 원자력 발전소의 사고로 쓸 수가 없게 되어 버렸습니다.

게다가 태양과 지구와의 거리가 어느새 많이 멀어져 버린데

다 태양이 내뿜는 빛도 약해져 버렸습니다. 20세기 말과 비교하면 태양의 열기는 10분의 1 정도밖에 되지 않았습니다. 지구는 새로운 빙하기를 맞게 되었던 것입니다.

그래서 태양빛을 빨아들이기 위해서 건물들의 지붕을 부채 모양으로 펼쳐지게 만들었습니다. 사람들은 모두 지하 통로를 이용해서 다니거나 건물 안에서만 생활해야 했습니다. 영하 20도에서 30도 사이를 왔다갔다하는 바깥 온도에서는 제대로 생활을 할 수가 없으니까요.

그래서 거리에서 사람들의 모습을 찾아볼 수가 없었던 것입니다. 물론 식물이나 동물들도 성장을 멈춰 버렸습니다. 그렇게 추운 곳에서 살 수 있는 생물은 거의 없으니까요.

그래서 지구인들은 일상적으로 먹고살아야 하는 채소 같은 것까지도 실내에서 길러야만 했습니다. 햇빛이 통과할 수 있는 투명한 온실 모양의 건물을 지어 태양빛을 최대한으로 받아들이면서 건물 안을 따뜻하게 만들어 채소를 길렀던 것이지요.

고기를 얻기 위해서도 마찬가지의 방법을 써야만 했습니다. 식용으로 쓰기 위한 동물들을 모두 실내에서 기를 수밖에 없었습니다.

일을 마치고 집으로 돌아온 강추위 씨는 썰렁하기 짝이 없는 집 안으로 들어섰습니다. 아직 식구들이 다 들어오지 않았기 때문에 난방을 할 수는 없었습니다. 강추위 씨의 부인은 부엌에서 저녁을 짓느라 바빴습니다.

옷을 갈아입고 난 강추위 씨는 저녁을 짓는 열기에 조금 따뜻해진 부엌으로 들어갔습니다. 그리곤 식탁에 앉아 부인이 준 따뜻한 차를 마시면서 식구들이 들어오기를 기다렸습니다.

신문을 펼쳐 들자, 현재 지구상에 남아 있는 에너지 자원에 대한 기사가 실려 있었습니다. 앞으로 50년이 더 지나면 현재의 에너지 자원은 그나마 모두 떨어지게 되고 결국 지구상의 모든 생물이 사라질 수밖에 없을 것이라는 절망적인 보도였습니다.

강추위 씨는 갑자기 현기증이 나는 것을 느꼈습니다. 그리고 지금 자신이 살아 있다는 사실 자체가 아픈 느낌으로 뼈저리게 다가왔습니다. 원래 학자들은 지구가 점차 온난화 현상을 보여서 언젠가는 양극 지방의 빙하가 녹아 해수면이 높아져서 물에 잠기는 섬나라가 많을 거라고 예측했습니다.

또 그런 온난화 과정을 거친 뒤 세월이 한참 더 지나면 다시 빙하기가 올 거라고 예측을 했었지요. 그런데 학자들의 예측과는 달리 지구의 온난화 기간은 얼마 지속되지 않았습니다. 곧바로 빙하기로 들어가 버린 것이지요.

서기 2500년의 서울은 춥기만 했습니다.

 도움말

경제 성장과 경제 발전

앞 이야기는 경제 성장과 경제 발전의 대가로 새로운 빙하기를 맞은 미래의 서울 모습입니다. 왠지 썰렁하다고요? 그럴 것입니다. 지금처럼 모두들 앞만 보고 내닫기만 한다면 우리는 머지 않아 이야기 속의 '썰렁함'을 현실로 받아들여야 할지 모릅니다. 왜냐하면 20세기에 들어와 이루어진 대부분의 경제 성장이나 발전은 자연 파괴로 지구를 황폐화시켰기 때문입니다.

우리는 흔히 경제 성장이라는 말과 경제 발전이라는 말을 혼동해서 쓰는 경우가 많습니다. 하지만 경제 성장과 경제 발전은 그 뜻에 있어서 차이가 있습니다. 경제 성장이란 보통 국민 총생산, 즉 GNP가 증가하는 것을 뜻합니다. 한편 경제 발전이란 경제 성장과 더불어 사회 구조와 제도, 그리고 문화가 함께 향상되는 것을 말합니다. 즉 경제 성장이란 양적 성장을 말하며 경제 발전이란 양적 발전과 함께 경제외적인 면에서 질적 발전이 이루어지는 것을 뜻합니다.

경제 성장에 대한 논의는 선진국보다는 후진국을 중심으로 더 많이 이루어졌는데, 여기서는 경제 성장이 이루어지는 요인에 대해서만 알아보기로 하지요.

경제 성장은 국민총생산의 성장을 뜻하며, 따라서 경제 성장을 위한 요인은 국민총생산의 증가를 위해 필요한 요소입니다. 즉 생산을 위해 필요한 자연, 노동, 자본이 바로 경제 성장을 위해 기본적으로 필요한 것들입니다.

그러나 나라마다 그러한 자원의 양과 질이 다르기 때문에 지니고 있는 어떤 생산요소가 경제 성장에 더 도움이 되는지는 나라에 따라 달라집니다.

또 그 나라가 지닌 기술 수준이 경제 성장을 이루는 데 커다란 역할을 합니다. 앞에서도 이야기한 적이 있지만 기술 진보는 동일한 자원으로 더 많은 생산을 가능하게 하기 때문입니다.

한편 후진국의 경제 성장이 늦어지는 이유 중의 하나는 자본이 없기 때문인데, 경제학자 넉시는 빈곤의 악순환 모델을 통해 그 이유를 설명해 주고 있습니다. 넉시는 후진국의 낮은 소득이 낮은 저축률을 낳게 되고 낮은 저축률로 인해 투자가 부족해지면 그 결과 국민소득의 성장률이 낮아진다고 했습니다.

이러한 투자 부족을 해결하기 위해서는 저축을 증대하거나 국외로부터 자본을 빌려 와야 할 것입니다. 실제로 후진국들

가운데 일부는 국외에서 빌려 온 자본과 기술을 바탕으로 해서
경제 성장을 이루기도 했습니다.

　현대에 와서 거의 모든 나라들이 경제 발전을 이루기 위해
노력하고 있는데, 그건 경제 발전이 국민의 복지 향상에 커다
란 역할을 담당하고 있기 때문입니다. 경제 발전에 대한 주장
가운데 대표적인 것은 로스토우의 경제 발전 단계설입니다.
로스토우는 경제 발전 과정을 전통 사회, 도약 준비, 도약, 성
숙, 그리고 대중적 고도 소비의 단계로 나누었습니다. 로스토
우의 주장은 후진국에 적용하는 경우 약간의 문제가 생깁니다.
그것은 후진국의 경우 전통 사회를 이루는 관습이나 생각들이
서양과 다르기 때문이지요. 경제 성장에 있어서 문제가 되는
것은 산업간의 균형 문제인데, 그걸 다루는 것으로 불균형 성
장론과 균형 성장론이 있습니다. 균형 성장론은 각 산업이 함
께 성장하도록 해야 한다는 것이며 불균형 성장론은 어떤 산업
을 주도 산업으로 삼아 그 파급 효과로 다른 산업의 성장을 꾀
한다는 것입니다.

　대부분의 후진국들은 공업을 주도 산업으로 삼고 있는데, 그
결과 농업의 생산성이 떨어지고 많은 농민들이 농촌을 떠나는
이농 현상을 빚었습니다. 물론 우리나라도 예외가 아닙니다.
하지만 농업이 낙후되어 식량을 자급자족할 수 없는 경우, 식
량 수입국에서는 식량 부족 사태를 낳을 수도 있다는 것을 항
상 염두에 두어야 할 것입니다.

　20세기에 들어서면서 지구의 발전은 무척 빠르게 이루어졌습니다. 물론 지구의 개발이 인간을 중심으로 이루어졌다는 것은 말할 나위도 없을 것입니다. 하지만 인간을 위해서 이루어진 지구의 개발이 결과적으로는 인간을 파멸시키게 된다는 것을 사람들은 아직도 깨닫지 못하고 있습니다.

　원래 자연과 인간은 함께 어울려서 살도록 만들어져 있었습니다. 그런데 인간이 자연을 지배하게 되면서부터 자연과 인간은 함께 어울려 살지 못하게 되었던 것입니다. 결국 인간은 자연의 질서를 파괴하게 되었고, 한번 파괴된 자연은 회복되지 못하고 있는 것이 현실입니다.

　오늘 이 순간에도 지구의 자연은 개발이라는 이름 아래 무자비할 정도로 파괴되며 파헤쳐지고 있습니다. 이대로 간다면 앞 이야기 속에 나오는 새로운 빙하기가 현실로 다가올 것이 틀림없습니다.

　이제 우리는 경제 성장의 결과가 어떻게 나타날 것인지에 대해 다시 한 번 생각해 보아야 할 것입니다. 우리들과 우리들의 후손들이 평화롭고 자유롭게 살아가야 할 지구의 장래에 대해서 생각해 볼 필요가 있습니다.

　지금까지 경제학은 환경 문제나 지구 파괴 같은 문제엔 좀 소홀했던 것이 사실입니다. 그러나 앞으로 경제학은 그러한 환경 문제에 더 많은 관심을 가져야 할 것입니다. 인간의 삶과 지구 자체가 파괴되어 버리고 나면 경제, 정치, 문화 할 것 없이 모든 것이 다 소용 없어져 버리기 때문입니다.

다음 문제들도 경제 문제입니다. 여러분 스스로의 의견을 말해 보시기 바랍니다.

1) 우리나라 서해안의 갯벌은 풍부한 수산 자원의 보고이자 어민들의 오랜 삶의 터전이었습니다. 뿐만 아니라 환경 전문가들의 의견에 따르면 갯벌은 오염된 바닷물을 자체 정화시켜 주는 역할까지 맡고 있다고 합니다. 그러나 정부의 대대적인 간척 사업으로 인해 머지않아 많은 갯벌이 사라질 위기에 처해 있습니다. 그러나 정부는 간척 사업으로 인해 늘어난 토지가 가져오는 이익을 내세웁니다. 기회비용 개념을 사용해서 정부의 태도에 대한 여러분의 의견을 정리해 보세요.

2) 여러분은 최근 이삼십 년 동안 우리나라가 이룬 경제적 성과를 경제 성장이라고 보나요, 아니면 경제 발전이라고 보나요? 여러분의 의견과 의견에 대한 근거를 말해 보세요.

가방 속에서 나오신 세종대왕

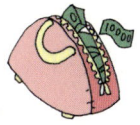

누가 경제를 병들게 하나요?

서울 하고도 냄새동에 사는 세 친구 이야기입니다. 그 세 사람
의 이름은 각각 부정해, 금단지, 도장만이었습니다.

부정해는 정부의 관리로 남보다 손바닥이 배나 큰 것이 가장
큰 특징이었습니다. 누구에게나 손을 벌려 뇌물을 잘 받아먹
도록 태어난 탓이지요.

한편 금단지는 복덕방을 하면서 함께 땅장사를 하는 사람인
데 이름 그대로 금을 무척이나 좋아하는 사람입니다. 금가락
지를 발가락에까지 끼고 다닐 정도지요.

또 도장만은 도장 찍기를 워낙 좋아해서 이름도 그만 도장만
으로 바꾼 사람인데 회사 사장이랍니다. 그가 하루 종일 하는
일은 딱 두 가지라고 할 수 있습니다. 그 가운데 하나는 책상
위에 냄새나는 발을 얹어 놓고 잠을 자는 일이랍니다. 그리고
다른 하나는 부하 직원이 가져온 서류에 도장을 꾹꾹 눌러 주
는 일이랍니다. 물론 서류 내용 같은 건 골치 아프니까 읽어
볼 필요가 없다고 생각하는 그런 사람이지요. 읽지 않아도 자
기에게 손해가 되는 일과 이익이 되는 일은 귀신같이 알아낸
답니다.

한 해가 저무는 어느 날, 세 친구는 송년회를 하기 위해서 만

났습니다. 한동안 술이 돌고 분위기가 무르익자 부정해가 말했습니다.

"어이 친구들, 요즈음 난 손이 너무 근질근질해서 못 참겠어."

금단지가 의아한 표정을 지으며 말했습니다.

"그게 무슨 말인가, 친구?"

"무슨 말이긴. 수금이 잘 안 되니까 돈을 셀 일이 없어서 그렇지."

도장만이 얼굴을 찡그리면서 말했습니다.

"에끼, 이 친구야. 자네가 남에게 맡겨 놓은 돈이 뭐가 있다고 맨날 돈타령이야."

"흐흠, 자네들 내 도움 없이 무슨 일 하나 제대로 할 수 있는가? 나 부정해, 공돈은 안 먹는다고!"

금단지가 새침한 목소리로 말했습니다.

"하긴 뭐, 자네가 도와 줘야 땅투기도 할 수 있지. 새 도시 세워질 정보며, 공장 들어설 정보며……."

도장만도 풀이 죽은 목소리로 말했습니다.

"우리 회사일도 그렇지, 정부 관리인 자네가 눈을 감아 주니 다행이지 뭐. 그렇지 않으면 내가 속 편하게 도장만 박고 앉아 있을 수도 없지. 아마 아무것도 되는 일이 없을 거네. 부실 공사며 환경 오염이랑 세금 같은 것을 자네가 눈감아 주니 그나마 회사를 꾸려 나가거든. 아무튼 앞으로도 잘 좀 봐 주게."

금단지와 도장만의 말이 끝나자 부정해가 목에 힘을 주며 손

을 내밀었습니다.

"그러니까 여러 말 말고 가져온 거나 내놓게. 오늘이 연말이고 하니까 특별히 더 준비해 온 것이 있을 것 아닌가?"

금단지와 도장만은 각기 들고 온 가방에서 만 원짜리 돈뭉치를 잔뜩 꺼내 부정해에게 주었습니다. 부정해는 그 큰 손으로 돈뭉치를 움켜잡더니 자기 가방에 쓸어 넣었습니다.

그런데 바로 그 순간이었습니다. 돈을 가방에 넣은 뒤 가방 문을 잠그려는 순간 피융 하는 소리와 함께 연기가 피어오르더니 임금님 복장을 한 사람 하나가 돈뭉치 속에서 튀어나왔습니다.

"아니? 당신은……."

세 사람은 놀라 뒤로 자빠질 뻔했습니다. 돈뭉치 속에서 튀어나온 사람은 만 원짜리 돈 속에 그려져 있는 세종대왕이었습니다.

"그래, 날 알아보겠느냐? 너희들이 하는 소리를 들으면서 그냥 점잖게 앉아 있으려니 도저히 견딜 수가 없었다. 그래서 이렇게 내가 직접 너희들을 보러 나왔다."

부정해가 말했습니다.

"돈 속에 계시면 누구나 좋아하는 초상화로 항상 인기가 좋으실 텐데……."

금단지가 말했습니다.

"금으로 만든 왕관이 필요해서 오신 모양이지요?"

도장만이 말했습니다.

"대왕께선 따뜻한 가죽 가방 속에서 편히 쉬시면서 사람들이 해 주는 안마나 받으시면 걱정이 없으실 텐데 뭐하러 여기까지……."

바로 그 순간 벼락치는 듯한 호령 소리가 울려퍼졌습니다.

"네 이놈들! 이제 보니 그냥 둬선 도저히 안 되겠구나. 부정해, 너 이놈, 너 그동안 검은 돈만 받아먹고 살았으니 오늘부터 죽을 때까지 서울 종로 거리 하수도 밑바닥의 검은 폐수 속에 사는 벌레가 되어야 한다. 그리고 금단지, 너 이놈, 넌 맨날 땅 투기에 집장사 노릇만 했으니 오늘 날짜로 땅이라곤 한 뼘도 없는 우주 바다로 가서 평생 바닷물 속에만 살며 허구한 날 배고파하는 물고기가 되어야 한다. 끝으로 도장만, 너 하는 일도 없이 빈둥빈둥 놀면서 도장만 찍는 걸 좋아했다. 그리고 관리에게 뇌물을 갖다 주면서 부실 공사에 환경 오염까지 시켰으니 저기 오염된 더러워강의 한가운데에 서 있는 다리의 교각 노릇을 하며 평생 동안 서 있도록 해라. 알겠느냐?"

세종대왕의 호령 소리가 끝나자 정말로 세 사람은 순식간에 사라지고 그들이 들고 온 돈가방과 돈뭉치만 방에 놓여 있었습니다. 그리고 돈뭉치 속에 그려진 세종대왕 초상화 자리에는 세종대왕의 모습은 온데간데없이 텅 빈 채 하얀 흔적만 남아 있었습니다.

그 후로 초상화 속에서 나오신 세종대왕께서 나라 곳곳에서 나타나 썩어빠진 사람들을 혼내고 있다는 소문이 국민들 사이에 퍼졌습니다. 모두들 세종대왕께 혼이 날까 봐 겁을 먹게 되어 다시는 나쁜 짓들을 하지 못하게 되었습니다.

초상화 속에서 나오신 세종대왕께서는 오늘도 부정 부패가 일어나 썩은 냄새가 나는 어딘가에 나타나셔서 불호령을 치고 계실 겁니다.

도움말

경제를 병들게 하는 사람들

앞에서도 이야기했듯이 경제는 하나의 살아 있는 생물에 비유되곤 합니다. 그리고 경제는 생물이기 때문에 병이 들 수도 있습니다. 실제로 우리 한국의 경제는 커진 겉모습과는 달리 건강하지 못하고 병들어 있다는 것이 많은 사람들의 의견입니다.

요즈음 곳곳에서 그러한 병든 부위들이 드러나 국민들을 놀라게 하고 있는 것이 사실이니까요. 세금을 도둑질한 공무원이 있는가 하면, 공사와 그 관리를 부실하게 하여 다리가 무너져 많은 사람들의 목숨을 빼앗게 만든 사람들도 있습니다. 물론 그들은 썩어빠진 기업가와 관리들이지요. 행여 남의 나라 사람들이 알면 창피할 일들입니다.

앞 이야기는 경제를 병들게 하는 대표적인 사람들의 이야기를 보여 주고 있습니다. 썩어빠진 관료, 땅투기업자, 부실 기업의 사장 등이 바로 그 대표적인 인물들이지요. 실제로 이런 사람들이 우리 경제를 이끌어 가는 한 우리 경제는 언젠가는 병들어 죽게 되고 말 것입니다.

몸에 병이 들면 약을 써야 합니다. 약으로도 고칠 수 없는 부위는 수술을 해야 하고요. 우리 경제가 병이 깊게 들어 죽음에 이르기 전에 과감한 수술이 필요합니다.

그러기 위해서는 우리들 모두 힘을 합쳐야 합니다. 먼저 우리들 자신부터 그러한 일을 하지 않아야 하고, 그러한 일을 보면 철저하게 고발하는 자세를 길러야 할 것입니다. 곪은 부위를 과감하게 도려 내고 새 살이 돋게 하기 위해서는 어느 한 사람의 힘만으로는 어려우니까요.

그리고 경제 범죄를 저지른 사람들(경제동물들)에 대해선 엄격

한 처벌이 뒤따라야 할 것입니다. 대개 경제 범죄를 저지르는 사람들은 만약의 경우 처벌을 받게 되는 경우까지 계산을 하고 범죄를 저지릅니다. 처벌을 받아도 그 처벌보다 이득이 크다는 것까지 계산을 하고 있는 것이 보통이니까요.

그러므로 경제 범죄를 막기 위해서는 경제 사범이 얻은 부당한 이득을 철저히 찾아 내서 제자리에 되돌려 놓아야 할 것입니다. 또 이득을 되돌려 놓음과 동시에 무거운 형벌을 가해야 할 것입니다.

그래야 우리 모두가 건강한 경제 생활을 누릴 수 있기 때문이지요. 아무튼 우리 모두 노력하여 경제동물이 아닌 경제인만이 존재하는 건강한 사회를 만들어야겠습니다.

덧붙이는 말

어느 사회건 경제가 병들게 되는 이유는 인간이 이기심을 지나치게 많이 발휘하고 있기 때문입니다. 앞에서도 말했지만 자본주의 경제는 이익을 얻고자 하는 인간의 이기심에 의해 유지되지만 바로 그 이기심 때문에 병들게 되기도 합니다.

그래서 자본주의 경제가 건강하게 유지되기 위해서는 개인과 사회가 도덕성을 지니고 있어야 합니다. 그래야만 사회 전체로 보아 불이익이 되거나 남에게 해를 끼치는 일을 하지 않기 때문입니다.

그렇다면 국민이 낸 세금을 도둑질하고 부실 공사를 함으로써 부당한 이득을 취하는 사람들 때문에 일반 국민들이 치러야 하는 대가에 대해 생각해 보고 나서 책장을 넘기시기 바랍니다.

내가 먹을 건 하나도 없다

바람직한 사회를 만들기 위해 노력하는 사람들

토정 이지함은 자식 복도 없었지만 벼슬 운도 그다지 좋지 않았습니다. 그래서 그의 학식이나 인품으로 보면 좀 걸맞지 않을 포천 현감 정도의 벼슬밖에 지내지 못했습니다. 그러나 이지함은 그런 건 아무래도 상관 없었습니다. 그저 좋은 현감이 되면 그만일 뿐이었습니다.

이지함은 포천 현감이 되어 부임할 때도 베옷과 짚신 차림으로 했습니다. 그런데 부임하자마자 이지함은 까탈을 부렸습니다. 식사 시간이 되어 아랫사람들이 반찬이 가득 차려진 상을 차려 왔을 때의 일이었습니다.

"식사 내왔습니다. 진지 드시옵소서."

그러나 이지함은 밥상을 흘낏 쳐다보더니 그만 이렇게 말하는 것이었습니다.

"먹을 만한 음식이 없구나!"

아랫사람들은 그 말에 놀라 뜰 아래에 엎드려 머리를 조아렸습니다.

"본 고을이 워낙 외진 곳에 있는 까닭에 제대로 나는 게 없어 잘 차리지 못했습니다. 상을 다시 봐서 올리도록 하겠습니다."

한참 뒤에 밥상이 다시 나왔는데 그야말로 진수성찬이었습

니다. 그러나 이지함은 이번에도 역시 밥상을 한 번 흘낏 쳐다 보더니 돌아앉았습니다.

"내가 먹을 건 하나도 없다!"

그러자 아랫사람들은 모두 어찌할 바를 몰라 땀만 뻘뻘 흘렸 습니다. 그때에야 이지함이 몸을 일으켜 이유를 말했습니다.

"지금 우리나라에선 많은 백성들이 제 끼니를 못 찾아 먹고 굶기를 밥먹듯이 하고 있다. 그건 그동안 위에서부터 먹는 씀 씀이를 아끼지 않아서 그렇게 된 것이다. 나는 밥상에 차리는 것도 싫다. 그저 잡곡밥 한 그릇에 나물국 한 그릇만 간단히 내오너라."

이지함은 해마다 정월이면 생각나는 사람입니다. 바로 그가 지은 토정비결 때문이지요. 그는 이름보단 토정(土亭)이라는 호로 더 많이 알려져 있는 사람입니다. 흔히 세상 사람들은 이지함을 도술을 부리며 예언을 하는 사람으로 알고 있습니다.

하지만 그는 매우 과학적이며 현실적인 사람이었습니다. 아니, 무엇보다도 생활 자체가 검소하고 허례허식을 싫어하는 사람이었습니다. 그래서 마포강가에 흙으로 된 굴을 파고 그 안에서 살 정도였지요.

그의 호인 토정은 바로 흙으로 지은 정자라는 뜻에서 유래된 것이랍니다. 이지함이 과학적인 사람이었다는 것은 그가 관심을 갖고 연구한 분야가 천문학 같은 것이었다는 것을 보면 알 수 있습니다.

또 그가 현실적인 사람이었다는 사실은 상업의 중요성을 알고 실제로 쌀장수나 소금장수를 했다는 사실을 보고 알 수 있습니다.

이지함이 살던 조선시대엔 양반이 장사를 한다는 건 생각조차 할 수 없는 일이었습니다. 그는 일찍 상업의 중요성에 눈을 떴답니다. 그가 주로 마포에 산 이유도 한강을 통해 배로 물건을 실어나르기가 수월해서였다는 얘기도 있습니다.

그가 장사를 한 까닭은 개인의 재산을 늘리기 위한 것이 아니고 어디까지나 백성들을 보살펴 주기 위해서였습니다. 그는 몇 년 동안 장사를 해서 재물이 제법 쌓이면 그걸 모두 가난한 사람들에게 나누어 주었던 것입니다.

아무튼 그는 말로만 백성을 위하는 것이 아니라 그 자신이 스스로 백성을 위할 만한 일이 무엇인가를 늘 생각하고 실천했는데, 그가 토정비결을 지은 이유도 사실은 백성들에게 희망을 주기 위해서였다고 합니다. 왜냐하면 토정비결의 전체 내용을 보면 좋지 않은 내용보단 희망 섞인 좋은 내용이 훨씬 많거든요.

그래서 포천 현감으로 있을 땐 가난한 사람들을 모아 무인도에 같이 들어가 평소 꿈꾸던 이상적인 사회를 세워 볼까 하는 생각도 했다고 합니다. 그는 또 사람을 사귐에 있어서도 상하층을 가리지 않아 높은 벼슬아치에서부터 머슴에 이르기까지 아무런 차별 없이 사귀었다고 합니다.

도움말

경제와 정치의 관계

앞에서 우리는 경제 체제가 정치 체제를 결정하는 걸 보았습니다. 그것은 경제가 우리의 생활에서 차지하는 비중이 그만큼 크기 때문입니다. 서구에서 일어난 시민혁명이 정치 체제의 변화와 함께 경제 체제의 변화를 가져온 것을 보아도 경제 체제가 정치 체제와 밀접한 관계를 가지고 있다는 것을 알 수 있습니다.

예를 들어 프랑스 혁명은 귀족들과 왕족들에게 집중되어 있는 권력을 시민들과 상인들의 손에 넘겨 주어 민주주의가 시작되었던 것입니다. 그 결과 경제권을 쥐고 있던 봉건영주와 왕족들 대신에 부르주아가 경제권을 가지게 되어 자본주의 시대가 열렸고, 정치 체제의 변화와 함께 경제 체제의 변화가 초래되었던 것입니다.

따라서 시민의 권리와 자유에 기본을 두고 있는 민주주의가 자본주의의 밑받침으로 작용했던 것이지요. 이상적인 자본주의는 건전한 시민 의식과 경제 윤리에 바탕을 두고 있으며, 모든 사람이 평등함을 주장하는 민주주의가 그 윤리적 기초를 마련해 주는 것입니다.

그러나 우리나라는 조선시대 내내 상업을 천하게 보는 유교관이 산업과 상업의 발전을 막았습니다. 또 양반을 주축으로 하는 계급 구조는 일반 백성이 주인되는 민주주의와는 거리가 먼 것이었습니다. 게다가 쇄국 정책은 서구의 문물이 수입되는 것을 방해하고 있었습니다. 동학혁명으로 새로운 사회를 일으키려는 움직임이 있기는 했지만 그나마 관군에 의해 저지당하고 말았습니다.

조선 말기에 이르러 부를 축적한 상인들에 의해 우리나라의 자본주의는 싹이 트는 듯했습니다. 하지만 개항에 이어 조선이 일본의 식민지가 되면서부터 우리나라의 자본은 일본의 앞잡이 노릇을 하는 매판 자본의 성격을 띠게 됩니다.

당시의 공업 통계에 의하면 나라 전체 총불입 자본금의 91.9%가 일본인 소유였다고 하니 민족 자본의 형성이 얼마나 미미한 상태였는지를 알 수 있습니다. 해방 후 일제하 귀속 재산의 불하와 외국 자본의 차입으로 자본을 축적한 매판 자본을 국가 권력과 결탁해 독점 자본을 형성하게 됩니다.

소위 말하는 정경 유착이 이루어져 정부가 독점을 이룬 대기업 위주로 금융 지원 등의 경제 정책을 펴게 되는 것이지요.

그 결과 국가 권력과 대기업은 서로 의존하는 형태를 띠게 됩니다. 이러한 까닭에 매판 자본에서 시작된 우리나라의 자본주의는 관료 자본주의적이며 국가 독점 자본주의적 성격을 띠게 되지요.

이처럼 우리나라의 자본주의는 시민 의식의 개혁은 물론 민족 자본의 형성도 없이 매판 자본에 의존해서 형성되었기 때문에 처음부터 왜곡된 모습을 갖게 된 것입니다. 바로 이 점에 우리나라의 자본주의가 지닌 문제점이 존재하는 것입니다.

그래서 우리나라 자본주의는 관료가 부패하면 곧바로 국민 경제가 부패하는 구조를 갖게 되어 버린 것입니다.

자본주의는 건전한 시민 의식과 윤리를 바탕으로 해서 꽃피게 됩니다. 그렇지 못한 경우 인간의 이기심을 경제 발전의 원천으로 삼는 자본주의는 타락하게 됩니다. 사회를 구성하고 있는 사람들이 건전한 도덕성과는 거리가 먼 이기심만을 발휘하는 경우 자본주의는 그 이상과는 전혀 다른 모습으로 변질되는 것이지요.

우리나라의 경우가 바로 잘못 심어진 자본주의의 전형적인 모습을 보여 주고 있다고 하겠습니다. 많은 사람들이 자기만 잘살면 된다는 생각에 빠져 남에 대한 생각은 눈꼽만치도 하지 않은 채 이기적인 행동들을 하고 있습니다.

관료는 물론 기업가와 정치인들 중 많은 사람들이 이기심에 따라 행동한 탓에 빈부의 차가 커졌고 경제의 병은 더욱 깊어졌습니다.

특히 관료와 정치인들의 부정부패와 무사안일이 진정한 사회 발전을 막는 주된 장애 요인이 되어 왔습니다. 물론 깊이 따져 보면 심부름꾼을 잘못 뽑은 국민들에게 책임이 돌아오겠지만 일차적인 책임은 관료와 정치인들에게 있습니다.

 **덧붙이는 말**

현대에 들어 경제의 중요성은 그 어느 때보다 커졌습니다. 게다가 어느 나라 할 것 없이 경제가 건강하기를 바라는 것은 모든 국민들이 바라는 가장 큰 소망 중의 하나일 것입니다. 그리고 앞에서 살펴본 것처럼 경제는 정치와 밀접한 관계를 갖고 있습니다.

그렇게 경제가 중요하다면 정치인도 잘 뽑아야 할 텐데 뜻밖에도 사람들은 자신들이 뽑는 정치인이 지향하는 경제 정책이 어떤 것인지조차 모르고 투표를 하는 경우가 많습니다.

그러나 경제가 정말로 중요하다면 그런 식으로 투표에 임해서는 안 될 것입니다.

우리나라의 경제가 건전하게 자리잡게 하기 위해서 우리들은 먼저 정말로 우리들이 바라는 경제의 모습이 어떤 것인지, 우리의 경제 현실을 두고 볼 때 정말로 필요한 사람이 어떤 사람인지를 생각해야 할 것입니다. 그래야만 우리들이 바라는 나라 경제를 일굴 의지가 있고, 경제를 일굴 정책을 가지고 있으며, 그 정책을 실천에 옮길 수 있는 사람을 우리들의 심부름꾼으로 뽑을 수 있을 테니까요.

그런 사람이 어떤 사람이냐고요? 앞 이야기에 나오는 토정 이지함 같은 사람이 어떨까요? 토정 이지함은 무엇보다도 백성들의 살림을 걱정하여 스스로 검소하게 생활했으며, 나아가 백성들을 돕기 위한 방법을 생각했으며, 마침내는 백성들을 위해 자신의 생각을 실천에 옮기기까지 한 사람이었으니까요.

자, 이제 다음 문제들을 생각해 볼까요?

1) 20세기에 들어 세계의 여러 나라들은 복지 국가를 만들기 위해 힘쓰고 있으며, 복지 국가는 국민들의 생존권 보호와 행복한 생활을 그 목적으로 하고 있습니다. 그렇다면 여러분들이 바라는 복지 국가의 모습은 어떤 것인가요?

2) 정치와 경제가 뗄 수 없는 관계를 가지고 있다는 것에 대한 여러분의 생각은 어떤 것인가요?

15

경제학과 가치관

사일러스 마아너

무엇을 위해 돈을 버나?

오즈굿 부인의 책상보를 다 짠 뒤, 사일러스는 금화로 품삯을 받았다. 고향에서 도매상을 상대로 일했을 때보다 그 삯이 많았다. 고향에서 일할 때는 일주일에 한 번씩 돈을 받았는데, 그는 그 돈을 대부분 신앙과 자신을 위해 썼다.

지금 태어나서 처음으로 금화 다섯 개가 그의 손에 들어왔다. 황혼이 덮이는 들판을 지나 집으로 돌아오는 길에서 그는 금화를 꺼내들었다. 밀려오는 어둠 속에서 금화가 더욱 빛나는 것처럼 느껴졌다.

그것을 나눠달라는 이도 없었고, 그것을 나눠줄 만큼 사랑하는 이도 없었다. 베 짜는 일 말고는 앞날의 희망이 전혀 없는 그에게 이 금화가 무슨 소용이 있겠냐고?

그런데도 그는 손바닥에 놓인 금화의 촉감을 느껴보는 일과 오직 자신의 소유인 금화의 반짝이는 모습을 보는 것만으로도 즐거웠다. 금화를 만지는 일은 베 짜는 일이나 밥 먹는 일처럼 점차로 그의 생활의 일부분이 되었다.

그의 생활은 믿음과 사랑으로부터 거리가 멀었다. 지난 20년 동안 돈이라는 이 이상한 물건은 그에게 지상행복의 상징이자 노동의 목적이었다. 동전 한 푼이라도 그것을 쓸 어떤 목적이 있던 시절에는 그는 그다지 돈을 사랑하지 않았다. 그때는 돈보다 그 목적을 더 사랑했기 때문이다.

그러나 돈을 쓰는 목적이 사라져버린 지금, 돈을 바라보며 만져보는 습관 자체가 욕망의 씨앗이 되었다.

그는 돈을 모으기 위해 점점 일상적인 욕망들을 줄였다. 최소한의 지출로 하루 열여섯 시간 일하고 건강을 지킬 수 있도록 궁리했다. 돈을 모으는 데 대한 집착은 점점 커져갔다. 사일러스 마아너에겐 저축하기 시작할 때부터 저축 자체 이외에는 다른 목적이 전혀 없었다.

점차로 돈을 모으려는 격렬한 열정에 사로잡혔다. 사일러스 마아너는 열이 백이 되길 원했으며, 백이 만이 되길 원했다. 금화가 쌓여가면서 만족감과 동시에 새로운 욕망이 일어났다. 그는 절대로 자기와 친해진 이 동전을 낯선 다른 동전과 바꾸지 않았다. 그는 돈을 만져보고 세어보면서 갈증이 해소되는 것처럼 느꼈다.

사일러스 마아너는 기나긴 날을 베틀에 앉아 일하며 외롭게 살았다. 그의 생활은 오직 돈을 모으기 위해 존재했다. 하긴 사일러스 마아너보다 현명한 사람이라도 믿음과 사랑에 배반을 당하면 그처럼 되었을지 모를 일이다.

그의 귀는 단조로운 베틀소리에 젖어버리고, 그의 눈은 갈색 직물에 고정되었고, 그의 근육은 변화 없이 반복만을 계속했다. 베 짜기를 멈추기라도 하면 숨이 끊어져 큰일이라도 날 듯했다.

사일러스 마아너의 얼굴과 몸은 묘한 모습으로 오그라들고 꾸부러졌다. 마치 따로 떨어져서는 아무 쓸데가 없는 베틀의 손잡이나 꾸부러진 튜브처럼 베틀의 한 부분처럼 여겨졌다. 도드라진 두 눈은 옷감의 씨줄과 날줄을 보기 위해서만 생겨난 것처럼 옷감에 고정되었다. 그가 얼마나 여위고 나이 들어 보였는지 사십도 채 되지도 않은 그를 애들은 '사일러스 마아너 할아버지' 라고 불렀다.

점차로 금화가 쌓여갔다. 그가 돈을 꺼내 즐기는 시간은 일이 다 끝난 한밤중이었다. 그는 덧문을 모두 닫고 대문을 단단히 걸어 잠근 뒤, 베틀 밑 마루 벽돌을 몇 개 들어냈다.

모래를 파자 금화와 동전을 담은 쇠단지와 가죽주머니가 나왔다. 쇠단지 가득 차도록 돈이 모이자 두꺼운 가죽주머니 두 개를 만들었다.

가죽주머니를 열고 돈을 바닥에 쏟았다. 금화가 쏟아져 나오며 황홀한 빛을 내뿜었다. 금화에 비하면 은화는 얼마 되지 않았다. 린네르의 삯으로 금화를 끼워 받는데, 은화로는 생활에 필요한 물건들을 사들이기 때문이었다.

그는 금화와 은화들을 산같이 쏟아놓고 그 속에 손을 넣어보았다. 금화와 은화를 세어도 보고 차곡차곡 쌓아 올리기도 했다. 손가락과 손가락 사이에 금화를 넣고 금화의 둥그런 감촉을 느껴보기도 했다. 아직 베틀에서 짜여지고 있는 옷감을 보며 새로 들어올 금화를 떠올렸다. 앞으로 살아 있는 동안 두고 두고 손에 들어올 금화까지 상상했다.

(조오지 엘리어트, 『사일러스 마아너』의 일부)

도움말

목적과 수단이 뒤바뀐 삶

사일러스 마아너의 이야기를 읽고 나서 그렇게 사는 사람이 어디에 있느냐고 반문할 수 있을 것입니다. 적어도 나는 그렇지 않다, 나는 돈을 벌어 행복하게 살기 위해 돈을 버는 것이다, 돈을 버는 것은 행복한 삶을 위한 것이지 돈을 버는 것 자체가 목적은 아니라고 말하겠지요.

그런데 정말 그럴까요? 머릿속으로는 행복한 삶을 위해 돈을 번다고 생각합니다. 그렇다면 행복한 삶의 기준은 어디에다 두어야 할까요? 행복한 삶의 기준으로 많은 것들을 생각할 수 있겠지요. 부자로 사는 것, 잘먹고 잘사는 것(웰빙), 편하게 사는 것 등등 여러 가지가 있을 수 있겠지요.

요즈음 우리는 흔히 '부자 되세요' 라는 인사말을 씁니다. 예전에는 '복 많이 받으세요' 였던 새해 인사말이 '부자 되세요'로 바뀌어 있습니다. 이처럼 행복한 삶의 기준이 변했다는 사실은 새해 인사며 집들이 인사에서도 찾아볼 수 있습니다.

말이 생각을 반영하는 것이라고 볼 때, 이런 말들은 부자 되는 것을 인생의 목표 내지는 행복한 삶을 위한 목표로 삼는 사람들이 많다는 것을 뜻합니다. 베스트셀러였던 책의 제목들도 부자라는 말이 들어가는 책들이 꽤나 많습니다.

『열두 살에 부자가 된 키라』『부자의 경제학』『부자 아빠 가난한 아빠』 등 사람들의 가치관이 부를 중심으로 바뀌고 있다는 현상을 여러 곳에서 찾아볼 수 있습니다.

결국 행복한 삶에 대한 기준은 가치관을 어떻게 가지느냐에 따라서 달라집니다. 물론 절대적 빈곤에 빠진 사람에게는 굶주림을 면하는 것이 행복한 삶의 잣대가 될 수 있습니다. 하지만 그렇지 않은 사람의 경우(기본적인 생계를 해결한 사람의 경우)에는 자신이 지닌 가치관에 따라 삶의 모습이나 방향이 완전히 달라질 수 있습니다.

자본주의 사회는 소비를 부추기는 가치관을 가진 사회입니다. 더 많이 쓰고 더 많이 먹어야 행복하다는 생각을 하도록 만듭니다. 그래서 기를 쓰고 더 벌어야 합니다.

흔히 인간의 욕망은 끝이 없다고들 합니다. 이야기 속에 나오는 주인공 사일러스 마아너의 경우도 욕망의 끝이 보이지를 않습니다.

그렇다면 과연 물질에 대한 인간의 욕망은 정말로 끝이 없는 걸까요? 예를 들어 먹는 것도 어느 정도 배가 차면 더 이상 먹을 수가 없는 것 아닐까요? 정신적으로 문제가 있는 사람이 아니라면 물질에 대한 인간의 욕망은 한도가 있습니다. 정말로 끝이 없는 욕망은 바로 돈에 대한 욕망이라고 볼 수 있습니다. 한 마디로 돈에 대한 인간의 욕망은 끝이 없습니다.

돈에 대한 욕망은 돈 자체에 대한 욕망이라기보다는 돈을 가짐으로써 누릴 수 있는 여러 가지 편의와 힘에 대한 욕망이라고 볼 수 있겠지요. 그렇다고 우리 모두가 부자가 될 수 있는 것도 아닙니다. 부자라는 것 자체가 상대적인 개념으로 남보다 더 가진 자를 부자라고 부르기 때문입니다. 부자가 있으면 가난한 사람도 있게 마련이지요.

결국 모든 것은 우리들이 지니는 가치관의 문제입니다. 요즈음처럼 부자가 되는 일에 삶의 가치와 행복한 삶의 기준을 두는 가치관이 유행하다 보면 행복해질 수 있는 사람은 몇 되지 않을 것입니다.

앞 이야기를 바탕으로 몇 가지를 생각해 봅시다.

1) 사일러스 마아너의 뒷 이야기는 어떻게 이어질까요?
   이야기를 완성시켜 보세요.
2) 행복한 삶이란 과연 어떤 삶일까요? 여러분의 생각
   을 펼쳐보세요.

세상에서 가장 비싼 꽃, 네덜란드의 튤립

시장이냐 정부냐

17세기 네덜란드에서는 튤립 한 송이의 값인 3,000길더를 가지면 다음에 든 것들을 살 수 있었다.

살찐 돼지 8마리 240길더

살찐 황소 4마리 480길더

살찐 양 12마리120길더

24톤의 밀 448길더

48톤의 호밀 558길더

와인 2통 70길더

8길더짜리 맥주 600리터 32길더

버터 2톤 192길더

치즈 450킬로그램 120길더

은 술잔 60길더

옷감 1팩(108킬로그램) 80길더

매트리스와 침구가 딸린 침대 100길더

배 1척 500길더

총 3,000길더

(자료출처 : 『튤립, 그 아름다움과 투기의 역사』, 마이크 대시, 지호)

튤립 구근 하나는 그 무게에 상당하는 금의 값보다 더 비쌌다. 그러니 튤립을 꽃의 여왕이라고 부를 수밖에……. 도대체 무슨 일이 일어났기에 꽃 한 송이가 3,000길더를 넘어섰다는 것일까?

에헴, 나는 꽃의 여왕 튤립!

나는 중앙아시아가 고향인데, 16세기쯤 네덜란드로 건너오게 되었어요. 당시 네덜란드는 꽤나 부유한 나라였어요. 무역을 통해 많은 돈을 벌어들였거든요. 한마디로 돈이 넘치는 사회였지요.

"우리 네덜란드는 돈만 있으면 얼마든지 사회적 지위가 높아질 수 있어. 레헨트라는 지배계급까지도 돈으로 살 수가 있다고."

그러니 돈이 된다면 모두들 벌떼처럼 달려들 수밖에 없지요.

나는 아름다운 자태 덕분에 많은 사람들의 사랑을 받았어요. 특히 17세기의 네덜란드에서는 꽃이 받을 수 있는 가장 극진한 사랑을 받았지요. 내 뿌리 한 개 값이 내 무게만큼의 금보다도 더 비쌌거든요. 그야말로 나는 정말 꽃 가운데의 꽃, 꽃의 여왕이었지요.

처음 내가 네덜란드에 발을 디뎠을 때, 그때는 나를 알아보는 사람이 없었어요.

"이거 양파처럼 생겼는데, 볶아 먹으면 될 것 같아."

어휴, 처음에는 나를 양파인 줄 알고 볶아 먹은 사람도 있으니, 기가 막혀서……. 내 자랑이 아니라 정말 나는 아름다워요. 다른 친구들의 모습에 나도 홀딱 반할 때가 있을 정도라니까요. 얼른 보면 뒤집어 놓은 종 같은데, 불꽃 모양의 꽃잎, 꼿꼿한 꽃자루, 받침대모양의 잎사귀, 게다가 색깔은 거의 없는 것이 없지요. 물론 사람들이 만들어낸 것이 더 많기는 하지만 검정부터 빨강, 노랑, 주황, 줄무늬, 보라, 흰색 등 없는 색깔이 없지요. 그러니 꽃을 좋아하는 네덜란드 원예가들이 나를 보고 반하지 않을 수가 있나요?

지금은 네덜란드에 가장 흔한 꽃 가운데 하나가 튤립이지만 17세기에는 꽤나 귀한 몸이었지요. 더구나 색깔이 아름답고 모양까지 예쁜 꽃은 흔하지 않았어요. 처음에는 꽃을 좋아하는 사람들이 나와 내 친구들을 주고받았지요. 그러다가 사람들이 나를 너무나 좋아하게 되면서 내 몸값은 점점 비싸졌어요.

네덜란드 사람들은 다들 그렇게 꽃을 좋아하느냐고요? 그런 건 아니에요. 처음엔 꽃을 좋아하는 사람들끼리만 거래하던 튤립을 나중에는 거의 전 국민이 거래를 하게 되었지요. 사람들 손을 거칠 때마다 내 몸값은 몇 배로 껑충껑충 뛰었어요.

그러다가 모두들 튤립을 사서 팔면 많은 이익을 남길 수 있다는 걸 알게 되면서 수많은 사람들이 튤립을 사고팔게 되었지요. 한마디로 튤립 투기 열풍이 불어 닥친 거예요.

"튤립을 사서 팔면 부자가 될 수 있대!"

"그렇다면 나도 사야지."

"나도."

모두들 돈을 벌기 위해 튤립을 사고팔았어요. 튤립을 사고팔기 위해 경매를 할 정도였으니까요. 한창 때는 아직 채 자라지도 않은 비늘줄기까지 사고팔았다니까요.

"가장 희귀한 튤립입니다. 자, 경매를 시작하겠습니다."

"네, 거기 신사분, 1,000길더 부르셨습니다. 2,000길더, 3,000길더, 4,000길더, 더 부르실 분 없습니까? 네, 4,000길더에 낙찰되었습니다."

아, 그때 난 정말 대단한 몸이었어요. 사람들이 내 뿌리를 얼마나 소중하게 여겼던지 눈물이 날 정도였지요. 어떤 때는 하루에 10번씩 팔리기도 했어요. 물론 그때마다 내 몸값이 올라

갔지요. 내 몸값은 1637년 초에 4,000길더까지 나갔으니까요.

처음에는 서서히 값이 올랐어요. 하지만 1636년 말이 되면서 가장 못생긴 친구들의 몸값도 300길더가 넘었어요. 이쯤 되면 어느 정도인지 아시겠지요? 그러니 조금이라도 싸게 튤립을 사서 비싸게 팔면 부자가 될 수 있었어요. 모두들 너도 나도 튤립장사에 나섰지요. 사람들이 점점 모여들면서 내 몸값은 점점 올라갔어요. 그 값에도 없어서 못 팔 정도였으니까요.

"흐흐흐, 이 기계와 땅을 팔아서 튤립을 사야겠어."

"맞아, 맞아. 그게 가장 빨리 돈을 버는 방법이야."

많은 사람들이 집과 땅, 그리고 살림살이와 기계까지 팔아서 튤립을 사느라고 바빴어요.

그러니 하던 일을 제대로 할 수가 없었지요. 그런데 모든 것은 꼭대기까지 오르면 내려가기 마련인가 봐요. 튤립 값이 너무 오르니까 어느 날부턴가 사람들은 불안해하기 시작했어요.

"아무래도 이건 너무 심한 것 같아."

"너무 올랐어."

"결국은 값이 떨어질 거야."

"맞아."

사람들은 더 이상 값이 오를 것 같지 않다고 생각했습니다. 그제야 모두가 튤립을 팔려고 나섰어요. 그러나 사려는 사람은 별로 없었어요.

분위기가 파는 것으로 바뀌자 내 몸값은 곤두박질을 쳤어요. 그래도 사려는 사람이 없었어요.

"가장 희귀한 튤립입니다. 오늘 정말 싼 가격, 400길더에 경매를 시작하겠습니다."

하지만 아무도 사려는 사람이 없었어요. 모두들 자신이 가진 튤립을 팔기에만 바빴어요. 결국 내 귀한 몸을 사려는 사람이 아무도 없다는 걸 알고 나는 펑펑 울었어요.

내 몸값이 뚝 떨어지면서 네덜란드 경제는 갑자기 푹 가라앉고 말았어요. 서로 외상으로 거래를 하던 사람들은 꽃 값을 못 받을까봐 난리들이 났고요.

"내 꽃 값 내놔!"

"못 내놔, 지금은 그 값이 안 나간다구."

더구나 집과 땅까지 팔아서 튤립장사에 나섰던 사람들은 죽고 싶었지만 죽을 수도 없게 되고 말았답니다.

"망했다, 완전히 망했어. 이젠 무얼 먹고 사나!"

모든 게 뒤죽박죽이 되었어요.

결국 마지막에는 네덜란드 정부에서 수습에 나섰어요.

"튤립은 계약가의 10%만 치르고 거래를 계속하도록 하시오."

부자가 되려는 꿈에 부풀었던 사람들은 그만 하루아침에 쫄딱 망하고 말았어요.

"그래, 한 푼도 못 받는 것보다는 10%라도 받는 것이 낫지."

모두들 말없이 정부에서 하는 일에 협조를 했어요. 물론 그 일로 법정싸움까지 한 사람들도 있었어요. 하지만 사람들은 자신들이 한 일이 무엇인지를 늦게나마 깨달았어요. 그리고는 대부분이 자기가 하던 일로 돌아갔지요.

나는 어떻게 되었느냐고요? 물론 그래도 나를 필요로 하는 사람이 아주 없는 것은 아니었어요. 정말로 꽃을 좋아하는 사람들이 아주 싼 값으로 나를 사가게 되었지요. 나는 어느 원예가의 정원에서 화사한 5월에 아름다운 자태를 뽐내며 꽃을 피워 올렸습니다.

도움말

시장이냐 정부냐

이야기를 읽고 나서 '참 어처구니없는 이야기구나.' '어떻게 그런 일이 있을 수가 있어?' 하고 혀를 끌끌 차는 독자들도 있을 것입니다. 하지만 앞 이야기는 실화를 바탕으로 한 것입니다. 실제로 17세기의 네덜란드에서 있었던 일이지요.

현실 속에서도 우리는 비슷한 이야기들을 심심치 않게 봅니다. 특히 증권시장의 경우 불을 쫓는 나방처럼 몰려들었다가 살림을 망치는 사람들도 더러 있습니다.

네덜란드의 튤립 투기의 경우는 그 숫자가 일부가 아니라 다수였다는 데에 그 문제의 심각성이 있는 것이지요. 실제로 1930년대에 미국에서 일어난 경제대공황도 그 원인을 따져보면 부동산과 주식에 대한 거품이 꺼지면서 일어난 것으로 볼 수 있습니다. 이렇게 볼 때 인간의 투기 심리는 본능적인 것이 아닌가 하는 생각을 해봅니다.

경제에서도 심리는 아주 중요한 변수로 작용을 합니다. 경기를 결정하는 요소 가운데 하나가 바로 인간의 심리입니다. 예를 하나 더 들자면 우리나라의 IMF 구제 금융 시기 때, 실제 우리나라의 실물경기는 그다지 나쁜 상황이 아니었습니다. 하지만 IMF를 통해 구제 금융을 받게 되면서 소비 심리가 바싹 줄어들어 결국은 실물경기까지도 함께 나빠졌습니다. 인간에게는 남들이 하는 대로 따라가려는 심리가 강한 것 같습니다.

이렇게 볼 때 경제학에서 전제로 하는 합리적인 경제인의 가정은 과연 언제나 올바른 것인가, 라는 의문이 듭니다. 즉 경제학은 언제나 인간이 합리적인 판단을 한다는 가정 자체를 전제로 합니다. 하지만 현실 속에서 살펴보면 많은 경우 인간은 합리적인 판단에 앞서 마음의 움직임에 따라 판단을 합니다.

이런 생각을 바탕으로 인간의 행동과 심리를 연구하는 분야가 바로 행동경제학입니다. 2002년 카너먼은 이 분야에 대한 연구공로를 인정받아 노벨경제학상을 받기도 했습니다.

덧붙이는 말

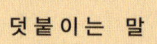

튤립 투기 이야기는 '보이지 않는 손', 즉 시장에 모든 걸 자유롭게 맡기는 경우의 극단적인 예를 보여주기도 합니다. 현재의 경제학은 신자유주의(정부의 시장개입을 비판하고 시장의 자유로

운 기능을 중시하는 이론)를 이론적 바탕으로 하고 있습니다. 그래서 시장이 모든 걸 해결해준다고 주장합니다.

과연 그럴까요? 튤립 투기 열풍처럼 시장이 정상적으로 작동하지 못하고 한없이 값이 올라가는 경우, 결국 언젠가는 거품이 걷히고 값이 떨어지게 마련입니다. 앞 이야기의 경우 네덜란드 정부가 개입을 하지 않고 그대로 두었다면 어떤 결과가 벌어졌을까요? 시장이 실패를 하는 경우 시장의 실패를 바로잡는 역할은 역시 정부의 몫이라는 결론이 나옵니다.

실제로 시장이 실패를 하는 경우는 많이 있습니다. 시장은 결코 만능이 아닙니다.

다음 문제를 더 생각해 보면 시장에 대한 이해가 깊어질 것입니다.

1) 만약 네덜란드 정부가 수습에 나서지 않았더라면 상황은 어떻게 되었을까요? 그 뒷 이야기를 써보세요.
2) 여러분에게 네덜란드 경제를 움직일 수 있는 권한이 주어진다면 어떤 조처를 취했을 것 같나요?

밤을 까서 수출하는 다람쥐

성장이냐 분배냐

다람쥐별에 사는 다람쥐들은 요즈음 전보다 훨씬 더 바빠졌습니다. 왜냐하면 밤과 도토리를 까서 지구별로 수출하기 시작했기 때문입니다.

다람쥐들은 겉껍질이 단단한 견과류들을 벗겨서 먹기에 아주 좋은 이빨을 가지고 있습니다. 그래서 아주 빨리 껍질을 벗길 수가 있습니다.

다람쥐별의 다람쥐대통령은 얼마 전 지구별로 여행을 다녀왔습니다.

"아, 이렇게 문명이 발달한 곳도 있구나. 우리는 언제쯤이나 저렇게 하고 살지?"

지구별에서 가장 잘사는 나라를 구경하고 온 다람쥐들은 자신들의 삶이 너무도 원시적이며 가난하고 초라하게 느껴졌습니다. 쇼윈도우에 펼쳐진 많은 물건들, 번쩍이는 상품들, 심지어 백화점에는 먹기 좋게 껍질을 까놓은 도토리와 알밤도 있었습니다.

백화점에서 주는 도토리와 알밤으로 식사를 마친 다람쥐들은 후유하고 한숨을 쉬었습니다.

'어떻게 해야 다람쥐별도 잘사는 별이 될 수 있지?'

다람쥐들이 부러워하는 것을 눈치 챈 지구별 사람들이 왕족 다람쥐들에게 말했습니다. 눈치 빠른 지구별의 인간들은 다람쥐들의 마음을 단번에 알아차렸습니다.

"우리 인간들처럼 살고 싶은 모양이군요. 방법이 없는 것은 아니에요."

다람쥐의 눈이 반가움으로 커졌습니다.

"정말인가요?"

"물론이죠."

"방법을 가르쳐주세요!"

"음, 그러니까 다람쥐별의 특산품인 밤과 도토리를 껍질을 까서 지구별로 수출하는 겁니다. 그 대가로 여러분들이 필요한 것을 지구별에서 가져가면 되고요."

"알겠습니다."

다람쥐별로 돌아온 다람쥐대통령은 지구별 사람들이 사는 모습을 보여주었습니다. 그리고 다람쥐별 전체에 명령을 내렸습니다.

"우리 다람쥐별도 잘사는 별이 되어야 합니다. 그러기 위해서는 놀지 말고 밤과 도토리의 껍질을 쉬임 없이 까야 합니다."

다람쥐대통령의 말에 다람쥐들은 모두 고개를 끄덕였습니다.

"맞아, 우리 열심히 밤과 도토리를 따서 껍질을 까자!"

다람쥐별의 다람쥐들은 열심히 밤과 도토리의 껍질을 깠습니다. 그렇게 껍질을 깐 밤과 도토리는 우주선에 실려 지구별로 수출되었습니다.

"먹고 싶더라도 좀 참아야 합니다. 수출량이 늘어나야 우리가 필요한 것들을 사올 수 있어요!"

다람쥐대통령의 말에 다람쥐들은 침을 흘리면서도 밤과 도토리를 먹지 않고 아꼈습니다.

"아, 도토리랑 밤이 먹고 싶어……."

모두들 눈치를 보며 밤과 도토리의 껍질을 깠습니다. 예전에는 자신들이 먹을 것만 까면 되었기 때문에 서두를 필요가 없이 평화롭게 살았습니다. 하지만 지금은 수출을 해서 돈을 벌기 위해 조금이라도 더 많이 까야 합니다.

"조금만 더 참으세요! 수출을 많이 해야 우리가 가져와서 쓸 수 있는 물건도 많아집니다."

다람쥐들은 잠까지 줄여가며 쉬지도 않고 먹지도 않고 그동안 모아둔 밤과 도토리의 껍질을 깠습니다.

"이제 조금만 더 허리띠를 졸라매세요!"

다람쥐들은 잘살고 싶다는 생각에 1년 내내 껍질을 까서 수출만 하느라 바빴습니다. 가을이 되어도 겨우내 먹을 것조차 저장하지 않고 수출을 했습니다.

한편 다람쥐대통령과 부자 다람쥐들은 지구에서 수입해 온 고급스러운 물건들로 자신들이 사는 다람쥐굴을 장식하느라 바빴습니다.

"으하하하하, 이젠 우리도 부자가 되었어. 다람쥐별도 잘사는 별이 되었다고!"

그리고 먹을 것이 부족해지자 지구별에 수출한 도토리와 밤을 다시 비싸게 수입을 해왔습니다.

"다람쥐 국민 여러분, 조금만 더 참고 견디도록 하시오. 조금만 더 고생을 하면 곧 여러분들도 잘살게 될 것이오."

부자 다람쥐들은 수입한 밤과 도토리를 먹으며 다음 가을까지 버텼습니다. 하지만 다람쥐별의 가난한 다람쥐들은 다음 가을이 오기도 전에 먹을 것이 없어 굶주려 죽었습니다.

도움말

가난한 자는 굶어 죽어도 괜찮다

앞 이야기는 개발의 환상에 젖은 사람들을 다람쥐로 비유해서 보여주고 있습니다. 다람쥐별의 다람쥐들은 평화롭게 살던 시절을 잊고 물질적인 풍요로움과 개발의 환상에 젖어 지구별을 부러워하며 자신들을 혹사하다가 그만 굶어 죽고 맙니다. 그 과정에서 직접적으로 피해를 보는 것은 결국 가난한 다람쥐들입니다.

이 이야기는 제3세계의 산업화와 경제개발에 있어서도 그대로 적용됩니다. 제3세계 사람들도 다람쥐들처럼 잘살고 싶어합니다. 그래서 그들의 노동력을 이용한 상품이나 천연자원을 수출합니다.

그 과정에서 선진국들은 값싼 노동력을 이용하기 위해 제3세계로 진출하기도 합니다.

물론 제3세계들은 초국적 기업의 공장이 들어오는 것을 대환영합니다. 나라 안의 생산이 늘어난다는 이유 때문이지요.

하지만 초국적 기업들이 들어온다고 산업화나 개발이 되는 것은 아닙니다. 오히려 제3세계의 산업이 전혀 보호받지 못하고 개발되지 않습니다. 결국 제3세계는 값싼 노동력만 수출하는 악순환에 빠지게 됩니다. 초국적 기업의 저임금에 시달려 옴짝달싹을 못하게 되는 것이지요.

덧붙이는 말

더구나 산업화와 경제개발의 과정에서 성공을 하기는 그리 쉽지 않습니다. 경제개발계획이나 산업화 정책 자체가 잘못된 경우도 있고 관료들의 부패로 실패하는 경우도 있습니다. 그리고 산업화를 위해 외국에서 얻어온 많은 빚 때문에 허덕이는 경우도 있습니다. 오히려 산업화를 거치면서 가난한 사람들은 더욱더 가난해지는 악순환으로 이어지기도 합니다.

다람쥐들은 수출을 위해 허리띠를 졸라매고 먹을 것까지 아꼈습니다. 예전의 평화는 이미 깨졌습니다. 산업화와 개발이 되기 전까지의 삶에 비해 오히려 가난한 다람쥐들의 숫자는 더 늘어났습니다.

물론 저개발국이 경제개발과 산업화에 성공하는 예도 있습니다. 하지만 그 과정에서 오는 폐해도 만만치 않습니다. 우리나라의 경우도 산업화와 개발에는 어느 정도 성공했지만 그에 못지않게 잃은 것도 많습니다. 군사독재정권으로 인한 민주주의의 포기, 재벌들의 독점적인 산업지배구조, 무한경쟁으로 치달은 교육과 사회구조, 인간성과 공동체의 상실 등 많은 것을 잃었습니다.

다람쥐별나라의 이야기를 바탕 삼아 다음 문제들을 생각해 보지요.

1) 다람쥐별 이야기에 비추어볼 때 제3세계의 나라들이 경제개발에 성공하지 못한 까닭을 생각해 보세요.
2) 경제성장론자들은 전체 파이의 크기를 키워서 나눠 먹어야 모두가 많이 먹을 수 있다면서 먼저 파이의 크기를 키워야 한다고 주장합니다. 이 주장의 타당성에 대해 생각해 보세요.

근대화, 산업화의 뒤안길

경제 성장의 후유증

침계천 - 진도 아리랑 15

냇가는 가슴을 드러내고
벌겋게 드러누워 있다
피래미도 잡고
깔망치도 잡던 그곳이

자갈은 자갈대로
모래는 모래대로
뭍으로 뭍으로 떠나더니

어느새
물도 흐르지 않고

앙상한 갈비뼈만
야윈 맨살로 덮인 채
울음을 토한다
간혹
홍수지면 시뻘건 울음을
황토빛으로 토한다

성정대로 닥치는 것 모두
삼켜버릴 기세다.

누이야 - 진도 아리랑 36

남대문 시장 어디쯤
봉제공장 아홉 평 구석에서
꿈을 물고 잠을 터는

누이야

한 달 12만 원 받지만

먹여주고 재워준께

넉넉 잡아 20만 원 벌이는 된다고

애써 자랑하는 누이야

나는 안다

너의 손톱은 자랄 새가 없어도

위장병은 시작되었고

너의 지문이 문드러지듯

너의 젊음이 닳아지고 있음을

네 편지에 묻은

너의 목소리에 오래비는

벌써 알아버렸다

으짜든지

몸이나 성해라.

사람 몸뚱이 어차피

쇳덩이는 아닌께

이 달만 견뎌 보고

정 힘들면 내려오너라

숫턱구석 떼갱치 밭에

너 좋아하는 참외나

몇 구덩 심어 놓을란다.

기다림 4 — 진도 아리랑 59

누이는 돌아올까
혜진이는?
아직도
꿈속의 들녘엔
삐비꽃 지천으로 피고
보릿대로 피리 불며
지겟다리 장단에
육자배기 넘실대는데
떠난 이는 돌아오지 않네
떠나 있는 거리만큼
그리움도
길게 누워 있을 텐데
아리랑도 이젠
바퀴 달고 구르는데
울돌목 저녁 노을은
여전히
기다림일세
떠난이의 뒷 소식이나
훔쳐보는
기다림일세.

(시집 『진도아리랑』, 박상률, 시와 시학사)

산업화의 그늘

앞에 올린 시들은 각각 1960년대부터 우리나라에서 일어난 산업화의 모습을 보여주고 있습니다.

자갈과 모래가 공장을 짓고 건물을 짓기 위해 실려나가는 모습, 산업화에 필요한 노동력을 보충하기 위해 농촌 사람들이 공장 지역이나 도시로 떠나 일하는 모습, 떠나면 돌아오지 못하는 이들을 기다리는 농촌 사람들의 기다림까지 연작시 '진도아리랑'은 산업화로 농촌공동체가 파괴되는 모습을 꾸밈없이 말갛게 보여줍니다.

이른바 '한강의 기적'이라고 불리는 우리나라의 산업화는 농촌을 텅 비게 만들었습니다. 일을 할 만한 젊은이들은 모두가 고향을 떠나 도시로 공장으로 나갔기 때문입니다. 지금 농촌의 인구가 고령화되어 있는 것도 이 때문이지요.

'오래된 미래'의 저자 헬레나 노르베리 호지는 이런 이야기를 한 적이 있습니다.

1975년 그녀가 맨 처음 라다크를 방문했을 때의 일입니다. 그녀는 한 젊은이에게 '가난한 사람들이 사는 집을 보여달라'고 부탁했습니다.

그러자 그 젊은이는 '여기는 가난한 사람들이 아무도 없습니다'라고 대답했다고 합니다. 하지만 18년 뒤 같은 젊은이가 어느 관광객에게 '도와주십시오, 우리는 너무 가난합니다'라고 말하는 것을 들었다고 합니다.

도대체 그 사이에 어떤 일이 일어났기에 가난한 사람이 없다던 라다크에 가난한 사람이 생겨난 것일까요? 라다크에 소위 말하는 산업화가 이루어지고 개발이 되었기 때문입니다.

산업화와 개발은 사람들의 가치관까지 바꾸기 때문에 이런 일이 생긴 것이지요.

개발이 되기 전까지 라다크 사람들은 물질적으로는 풍요롭지 못해도 정신적으로는 풍요롭게 살았습니다. 그러던 라다크가 개발이 되면서 사람들은 서구적인 가치관과 잣대로 자신들의 삶을 측정하게 되었습니다. 그래서 서구와 비교할 때 자신들이 너무나 가난하다고 느끼게 된 것이지요.

실제로 산업화와 개발은 후진국 사람들로 하여금 선진국을 부러워하도록 만듭니다. 특히 요즈음 들어 가속화된 세계화는 서구적인 삶을 이상적인 삶으로 생각하도록 우리의 생각까지 획일화합니다. 심지어는 이른바 외제 명품으로 몸까지 치장하는 '된장녀'라는 유행어가 생길 정도로 어느 사이에 우리들은 선진국 사람들의 삶을 부러워하며 그 삶을 모방하려고 애를 쓰고 있습니다. 경쟁과 성장을 멈추면 패배자가 되어 도태될 듯한 분위기입니다.

선진국 사람들의 삶은 합리적인 것이며 바람직한 것이라고 생각하게 됩니다. 흔히 우리는 아름다운 풍경이나 평화로운 풍경을 보면 '야, 외국 같다'라는 표현을 쓸 정도로 선진국 사람들의 삶을 부러워하고 있습니다. 그러다 보니 모두가 선진국을 따라잡기 위해 기를 쓰게 됩니다.

예전의 공동체적이며 인간적인 삶을 대신해 물질주의적이며 개인주의적인 삶을 추구하도록 만듭니다. 점차로 사람들의 가치관도 바뀌어 서구적이며 물질주의적인 삶이 가장 바람직한 삶이라고 생각하게 됩니다.

『문화의 수수께끼』의 저자 마빈 해리스에 따르면 구석기 시대 인간의 일일 평균 노동시간은 하루 3시간 정도에 불과했다고 합니다. 나머지 21시간을 놀거나 쉬거나 자면서 보냈다는 이야기이지요. 현대에 와서는 놀고 먹어도 되는 부자가 아니라면 하루 3시간 노동으로는 먹고살지 못합니다.

이렇게 볼 때 구석기시대를 살던 보통사람과 문명화된 현대를 살고 있는 보통사람의 삶을 행복을 측정할 수 있는 여러 가지 측정치에서 비교해 보세요. 과연 구석기인과 현대인 가운데 어떤 사람이 더 행복할까요?

덧붙이는 말

그럼 과연 선진국 사람들은 우리들이 생각하는 것처럼 행복할까요? 물질적으로 풍요로운 선진국에서는 되레 우울증을 앓는 사람들이 크게 늘어나 우울증이 전염병이라고 불릴 정도라고 합니다.

그렇다면 선진국 사람들이 반드시 행복하다고 보기는 어려울 것 같습니다. 특히 산업화가 진행되어 경제가 성장할수록 빈부 격차가 점점 커지고 있습니다. 우리나라의 경우도 예외는 아닙니다.

우리나라의 경우 '잘살아 보자!'는 구호를 외치며 수출을 위해 허리띠를 졸라매고 죽자사자 일만 했습니다. 열악한 노동조건 아래에서 과로에 시달리며 일을 했습니다. 그 결과 산업화와 경제성장에는 어느 정도 성공을 했지만 공동체적인 삶과 평화는 파괴되었습니다.

결국 모든 것은 사람들이 어떤 가치관을 가지고 있느냐에 따른 것입니다. 우리나라 사람들의 가치관도 자본주의와 시장경제의 도입 그리고 산업화를 겪으며 많이 변했습니다.

교육은 산업화에 필요한 사람들을 생산해내기 위한 제도로 바뀌었고 경쟁은 더욱 치열해졌습니다. 산업화가 되고 개발이 되면서 잘먹고 잘살게 된 대신 인간다운 삶과 자연은 많이 파괴되었고 공동체적 삶도 사라졌습니다.

자본주의와 함께 열린 산업화시대는 기계들을 돌리기 위해 거대한 양의 석탄, 석유, 천연가스를 연소시킵니다. 그 결과 대기 중에 방출되는 이산화탄소는 증가하면서 지구의 온도를 높여 온실효과를 일으킵니다. 과학자들의 예측에 따르면 대기 속의 이산화탄소 함유량은 21세기 중반이 되면 두 배로 증가할 것이며 지구의 온도는 역사상 최고의 수치로 높아질 것이라고 합니다. 인간이 만들어낸 환경변화가 어쩌면 공룡시대의 공룡들이 멸종했듯이 인류의 멸종을 가져올지도 모를 일입니다.

이제 산업화와 경제성장이라는 고속질주를 잠시 멈추고 어떻게 사는 것이 과연 행복한 삶인지에 대해 다시 한 번 생각해 볼 때가 아닌가 싶습니다.

자, 우리의 현실을 돌아보며 차분하게 다음 문제를 생각해 보세요.

1) 우리나라의 행정부서 가운데에는 '교육부'가 아니라 '교육인적자원부'라고 불리는 부서가 있습니다. 이 명칭에 대해 여러분의 생각을 이야기해 보세요.
2) 산업화와 경제성장은 꼭 필요한 것인지, 산업화와 경제성장의 끝은 어떻게 될지에 대해 지속가능성을 염두에 두고 여러분의 생각을 정리해 보세요.

'엄마 아빠, 잘 지내시나요?'

IMF구제금융시대의 풍경

다루는 보육원 마당에 나와 활짝 핀 라일락 나무 주변을 돌며 꽃 향기를 맡아봅니다.

다루가 라일락 나무를 유난히 좋아하는 데는 이유가 있습니다. 이곳에 오기 전 다루가 살던 집 마당에도 연보라색의 꽃이 피는 라일락 나무가 있었기 때문입니다.

'우리 집 마당에 있던 나무랑 똑같아, 색깔도 향기도……'

다루는 엄마 품에 안겨 라일락 나무 곁에 서 있던 기억을 어렴풋이 떠올립니다.

'엄마 아빠, 보고 싶어요.'

보육원에서 생활한 지도 벌써 여러 달이 지났습니다. 이곳으로 오기 바로 전의 기억이 떠오르면 다루는 고개를 젓습니다. 집안으로 사람들이 몰려들어 큰 소리를 지르며 엄마를 다그치던 일이 떠오릅니다.

아빠는 조그만 부품공장의 사장이었습니다. IMF가 터지면서 부품을 사가던 회사가 부도가 나서 부품값을 받지 못하게 되었습니다. 게다가 갑작스레 비싸진 이자 때문에 공장은 더 버티지 못한 채 문을 닫고 말았습니다.

"김 사장 어디다 숨겼어?"

"……"

"너 죽고 싶지 않으면 빨리 김 사장 찾아내!"

날이면 날마다 사람들이 몰려와 엄마를 괴롭혔습니다. 엄마는 아무 말도 못한 채 고개를 푹 숙이고 눈물만 흘렸습니다. 사람들이 한바탕 아우성을 치고 가면 엄마는 다루를 꼭 껴안고 소리 없이 울었습니다.

"다루야, 엄마도 아빠가 어디 계신지를 모른단다."

텔레비전 뉴스에서 나오는 노숙자들의 모습에 엄마는 눈을 떼지 못했습니다.

"네 아빠도 저기 어딘가에 계실 것 같구나."

다루는 핼쑥해진 엄마의 뺨으로 흘러내리는 눈물을 손등으로 닦아냈습니다. 어느 날 사람들이 막무가내로 들어와서 다루의 피아노며 텔레비전과 냉장고 같은 살림살이에 빨간 딱지를 붙이고 갔습니다.

"다루야, 우린 이제 이 집에서 살 수가 없단다. 집을 비워줘야 한단다."

엄마는 다루가 보는 데서 사람들이 살림살이를 들어내고 집에서 쫓겨나는 것을 보여주고 싶지 않았습니다. 그래서 사람들이 들이닥치기 전에 다루를 보육원에 맡기기로 했습니다.

엄마는 다루 옷을 보자기에 쌌습니다. 다루가 좋아하는 뚜비 인형과 조그만 앨범도 챙겼습니다.

한참을 버스를 타고 가서 도착한 곳이 바로 이곳 보육원입니다.

"다루야, 자리 잡는 대로 곧 데리러 올게. 그때까지 울지 말고 잘 있어……."

다루도 엄마도 결국 울음을 터뜨리고 말았습니다. 하지만 벌써 여러 달이 지났지만 엄마는 오지 않습니다.

'엄마가 금방 데리러 온다고 했는데…….'

이곳에 오고난 뒤 한참동안 다루는 날마다 울기만 했습니다.

"집에 가고 싶어요. 우리 엄마한테 데려다 주세요!"

"네 엄마가 어디 계신 줄 알고 데려다 달라는 거니?"

그곳 선생님의 쌀쌀한 말투에 다루는 소리도 내지 못한 채 눈물을 흘렸습니다. 선생님은 다루가 계속 울면 다루만 방에다 내버려둔 채 다른 아이들을 데리고 나가버렸습니다. 그러는 사이에 다루는 다른 아이들과 잘 어울리지 않는 말없는 아이가 되어갔습니다. 다루는 오로지 뚜비인형하고만 이야기를 나눕니다. 잘 때도, 놀 때도 뚜비를 꼭 품에 안고 다닙니다.

'선생님은 내가 울면 싫어하시는 것 같아.'

그래서 이제는 선생님을 보면 울음을 그치고 억지로 웃는 모습을 보이려고 애를 씁니다. 하지만 꽃이 활짝 핀 라일락 나무 곁에만 서면 저절로 눈물이 주르르 흘러내립니다. 뚜비의 몸에 다루의 눈물방울이 뚝 떨어집니다.

엄마 얼굴이 이제는 가물가물합니다. 다루는 안으로 들어가 가방을 열고 앨범을 펼칩니다. 행여라도 엄마 아빠 얼굴을 잊을까봐 이곳에 올 때 가져온 조그만 앨범을 열심히 들여다 봅니다. 사진 속의 엄마 아빠는 웃고 있습니다.

'엄마 아빠, 잘 지내시나요? 다루는 잘 있어요.'

IMF시대가 준 선물

대한민국은 1997년 말에 외환위기를 맞아 IMF에 구제금융을 신청해야만 했습니다(IMF에 대해서는 1부의 '홀로 된 멜시오니'를 참고하세요). 그때까지 지속적인 경제성장을 통해 중진국의 대열에 끼었던 대한민국은 IMF와 함께 큰 시련을 맞게 됩니다.

결국 IMF를 신청했던 다른 여러 나라들과 마찬가지로 대한민국도 IMF가 요구하는 조건들을 실행할 수밖에 없었습니다. 앞에서도 이야기한 것처럼 IMF가 제일 먼저 요구하는 것은 세계금융자본들이 국내에 들어와 투자하기 좋은 조건을 만드는 일입니다. 그렇지 않아도 대한민국은 OECD(10부 '값이 7배나 오른 토르티아'를 참고하세요)에 가입하면서 이미 많은 기업들이 외국자본에 팔려나간 상황이었습니다. 수출입의존도가 높은 우리나라의 상황으로는 외환이 없이는 경제가 움직일 수가 없습니다. 그래서 당시 부족한 외국돈을 끌어들이기 위해 나라 안의 기업과 생산시설을 팔 수밖에 없는 상황에 내몰렸지요.

IMF라는 기회를 틈타 외국자본들은 투자가치가 높은 국내기업들을 싸게 인수하거나 합병했습니다. 10부에 나오는 '대단한 회사'가 그 좋은 예라고 볼 수 있습니다. 노른자기업들이 외국인 주주의 손으로 넘어갔습니다. IMF는 이자율을 대폭 올릴 것을 요구했고 정부는 그에 따랐습니다. 경제에 대한 불안감으로 국민들의 소비심리가 얼어붙으면서 심리적인 위축까지 이어졌습니다. 그런 과정에서 많은 기업들이 무더기로 망하게 됩니다.

당시 정리해고까지 겹쳐 실업자의 수가 순식간에 160만 명에 이르렀습니다. 앞 이야기에 나오는 다루네 식구가 뿔뿔이 흩어지는 과정도 IMF가 만들어낸 비극의 한 모습입니다. 실제로 다루네 이야기보다 더 가슴 아프고 슬픈 일이 많이 일어났습니다. 경제적 시련을 견디다 못해 동반자살하는 가족들의 이야기가 하루가 멀다하고 신문에 실렸습니다.

우리가 민족기업으로 알고 있는 많은 회사들의 경우도 이미 절반이 넘게 외국인의 소유가 되었습니다. 이는 외국인 주주들이 마음만 먹으면 대한민국경제를 마음대로 부릴 수 있다는 뜻이 됩니다. 외국인 주주들이 원하는 것은 장기적으로 기업의 가치가 늘어나는 것보다는 단기에 배당을 많이 받는 것입니다.

그래서 기업경영자들은 단기실적을 올리기에 급급해 장기투자를 하지 않습니다. 따라서 기업은 돈을 쌓아둔 채 투자와 고용을 늘리지 않게 됩니다. 그 결과 실업률도 감소하지 않고 기업이 벌어들인 돈이 가계소득으로 배분이 되지 않아 국민들은 살기가 힘들다고 느끼게 됩니다. 따라서 나라 전체 경제가 성장하고 있음에도 불구하고 국민들에게 돌아오는 소득은 변변치가 않습니다.

1997년 당시 IMF가 일어난 원인에 대해서는 학자들에 따라 여러 가지 분석들이 있습니다.

1. 한국경제시스템의 특수성(아시아모델 - 정부의 주도로 정부와 은행과 기업이 긴밀한 관계를 이루며 경제개발을 이룬 모델)이 지니고 있는 도덕적 해이(모럴 해저드라고도 함. 사고나 위험이 발생할 가능성이 높은 경우 이를 책임지지 않고 피하려는 행동. 여기서는 은행이 정부의 대출보증을 믿고 위험을 알면서도 기업에 대출을 해주는 행위를 뜻한다)와 연고자본주의(특정 정치인과 기업인이 패거리를 이루어 산업과 금융을 독점하는 잘못된 자본주의)를 위기의 원인으로 봅니다.

2. 1990년대에 시작된 금융자유화로 몰려들어온 외국자본들로 인해 아시아모델이 약화되면서 위기가 발생했다고 봅니다. 그 결과 과잉투자와 투기적 투자가 발생했고 외채가 급격하게 증가했습니다. 즉 해외투자가들이 IMF와 미국정부를 믿고 무모하게 투자를 하는 등 도덕적 해이가 발생한 것을 위기의 원인으로 봅니다.

3. 높은 부채율을 가진 재벌기업들이 이윤율 저하로 인해 줄지어 파산했습니다. 이로 인해 불안해진 외국투자가들이 줄지어 빠져나가면서 외환위기가 발생했다고 봅니다.

4. 당시 한국정부는 한국경제에 대해 낙관적 전망을 가지고 있었습니다. 정부는 기업의 단기차입(전체의 55%)을 장려하는 분위기였습니다. 또 위기에 빠질 무렵 정부는 환율을 유지하기 위해 정부가 가지고 있던 대규모의 외환보유고를 사용했습니다. 이는 외환위기를 더욱 부추기는 불상사로 이어졌습니다. 결국 정부의 판단력 부족이 위기를 몰고 온 주원인이 되었습니다.

5. IMF구제금융을 받는 협상과정에서도 한국정부는 지혜롭게 행동하지 못했습니다. 한국정부는 금융기관과 기업의 모든 외채상환을 불리한 조건으로 책임졌습니다. 또한 당시로는 매우 높은 금리를 지불하기로 정부 차원에서 약속했습니다. 결국 그 결과는 실업과 경기침체로 이어져 경제 전체가 혼란에 빠지는 등 IMF 대란으로 이어졌습니다.

덧 붙 이 는 말

IMF는 대한민국 국민들의 생활과 의식에 큰 영향을 미쳤습니다. 먼저 이자율의 급등은 돈을 많이 가진 사람의 입장에서는 가만히 앉아서도 돈을 벌 수 있는 절호의 기회였습니다. 하지만 돈을 빌려써야 하는 사람의 처지에서는 터무니없이 오른 이자를 감당할 수가 없었습니다. 높은 이자율 때문에 많은 기업들과 사람들이 파산을 했습니다. 결국 있는 사람과 없는 사람의 차이는 점점 커져갔습니다.

통계자료들은 하나같이 빈부의 격차가 점점 커지고 있다는 사실을 보여주고 있습니다.

뿐만 아니라 IMF는 대한민국의 세태와 풍속에도 많은 변화를 일으켰습니다. 이태백(이십대 태반이 백수), 삼팔선(삼십팔 세만 되면 퇴직준비), 사오정(사십오 세면 정년퇴임), 오륙도(오십육 세까지 직장을 다니는 사람은 도둑)라는 신조어들이 생겨났습니다.

우리나라의 경우 노동인구가 전체인구의 80%에 달한다고 합니다. 이런 상황에서 취업에 대한 안정감의 상실은 사회 전체를 불안 심리로 몰아가고 있습니다. 정리해고제가 도입되면서 비정규직의 숫자가 엄청나게 늘어나 전체 취업인구의 절반 이상이 되었습니다. 정규직에 몸을 담고 있는 사람들조차도 불안하기는 마찬가지입니다. 정규직들은 스스로를 '잠재적 비정규직' 혹은 '준비된 비정규직'으로 여기고 있습니다.

불안한 심리는 안정된 일자리에 대한 욕구로 이어집니다. 공무원이나 교직을 지망하는 취업예비자들이 엄청난 것도 일부 불안 심리에서 온다고 봅니다. 그렇지 않아도 학벌위주인 한국 사회는 좋은 직업을 갖기 위해 명문대학 입학이 삶의 목표로 변하고 있습니다. 사회전체가 대학입시 경쟁을 위해서라면 모든 것을 불사하는 분위기로 바뀌고 있습니다.

한국 가계의 수입 대부분이 학원과 과외로 흘러들어가고 있는 것이 현실입니다. 부모들은 자식들이라도 좋은 직업을 갖게 되었으면 하는 희망 하나로 뼈 빠지게 일을 합니다. 한참 행복하게 자라야할 아이들은 학원에서 파김치가 되어 집으로 돌아옵니다. 이제 가정은 잠자리의 역할밖에 하지 못합니다. 가족은 서로 간에 소외감을 느낍니다. 사회구성원조차도 점점 소외되어 외로움에 시달립니다.

이것이 이른바 국민 소득 2만 달러 시대, 지구촌 10위권의 경제국이라고 불리는 대한민국의 실상입니다. 문제는 이런 상황이 점점 심화되어 가고 있다는 것입니다. 모두들 예전보다 시간을 더 아껴야 하고 경쟁에 심하게 시달립니다. 이런 상황에서 행복할 수 있는 사람은 소수의 성공한 사람들뿐입니다.

혹시 우리들 대부분은 5% 가량의 성공한 사람들을 위한 들러리에 지나지 않는 것은 아닌지요? 여러분은 지금 스스로 행복하다고 느끼나요? 대체 어디서부터 잘못된 것일까요?

다음 문제들을 함께 생각해 볼까요?

1) 다음은 2007년 11월 21일자 한겨레 신문에 게재된 기사자료입니다. 한국은행의 '1997년~2006년 국민계정'에 따르면 지난 10년 사이에 전체국민소득은 73%가 늘어났습니다. 그리고 금융회사를 제외한 일반법인기업의 소득은 4배 가까이 늘어났습니다.

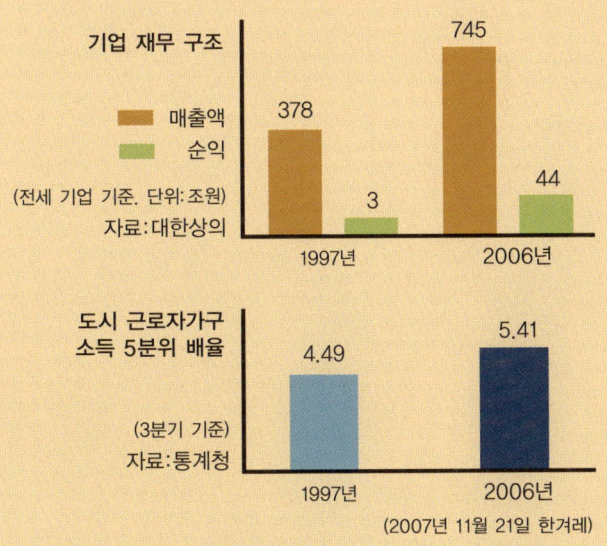

〈기업 재무 구조와 도시근로자 가구 소득 5분위 배율〉

기업 재무 구조

■ 매출액
■ 순익

(전세 기업 기준. 단위:조원)
자료:대한상의

378   745
3   44

1997년   2006년

도시 근로자가구
소득 5분위 배율

(3분기 기준)
자료:통계청

4.49   5.41

1997년   2006년

(2007년 11월 21일 한겨레)

이 자료를 보고 1997년과 비교할 때 지난 10년간의 경제성장으로 얻은 소득 배분의 변화에 대해 생각해 보세요(참고로 소득의 5분위 배율이란 소득 상위 20%의 소득을 하위 20%의 소득으로 나눈 수치입니다. 따라서 수치가 클수록 빈부의 격차가 더 심하다고 봅니다).

2) 실험결과에 따르면 인간에게는 부자에 대해 질투하는 본능이 있다고 합니다. 그럼에도 신자유주의와 세계화는 점점 소수의 부자가 다수의 가난한 사람을 지배하는 구조를 만들어내고 있습니다. 과연 세계는 어떻게 변화할지 또는 어떻게 변화해야 하는지에 대해 여러분의 상상력을 펼쳐보세요.

그루셴까 할머니의
백 번째 생일

사회주의는 완전히 무너진 것일까요?

그루셴까 할머니는 내일이면 백 번째 생일을 맞습니다. 하지만 할머니에게는 찾아올 자식들이 없습니다. 모두가 할머니보다 앞서서 세상을 버렸기 때문입니다. 손자들이 있기는 하지만 너무 멀리 떨어진 곳에 살기 때문에 오지 못할 것 같습니다.

　그때 초인종이 울렸습니다.

　"누구세요?"

　"지난번에 연락드렸던 작가들입니다."

　할머니가 문을 열자 깔끔한 옷차림의 젊은이 둘이 들어왔습니다. 그들은 사람들이 살아온 이야기를 취재해 이야기로 쓰는 작가들입니다.

　"할머님, 올해로 백 살이 되시는데요, 그동안 살아오면서 기억나는 이야기들을 듣고 싶습니다."

　"1907년에 태어났으니까 올해로 백 살이 되지. 내가 살아온 세월이 길다보니 이 일 저 일 안 겪은 일이 없지. 뒤돌아보면 어렸을 때가 제일 행복했던 것 같아. 아무 걱정이 없던 시절이었지. 가정교사까지 두고 공부를 할 정도였으니까. 우리 집은 땅을 많이 가지고 있던 영주집안이었거든. 그런데 그게 말이야, 내가 열 살이 되던 해, 그러니까 1917년이 되면서 엉망이 되고 말았어. 그해에 볼셰비키혁명이 일어났거든. 그때부터 나라가 온통 뒤집혔지."

"그 뒤로 어떻게 되셨나요?"

"정신이 핑핑 돌 지경이었지. 순식간에 우리는 가지고 있던 땅을 모두 빼앗겼어. 한마디로 한순간에 알거지가 되었지. 다행히 친척 가운데 한 명이 볼셰비키였기 때문에 살던 집에서 당장 쫓겨나지는 않았어."

할머니는 길게 한숨을 쉰 뒤 이야기를 이었습니다.

"하지만 우리 식구들은 모두가 뿔뿔이 흩어졌어. 아버지는 충격을 받아 집을 나간 뒤 소식이 끊겼고 어머니는 프랑스에 있던 오라버니집으로 돌아가면서 나와 오빠를 데리고 갔지. 그곳에서 다행히 나는 기숙사 학교에 진학해서 공부를 계속할 수 있었어. 나는 당시 여자로는 드물게 생물학을 공부했지. 외삼촌 집에 머물면서 어렵게 공부를 마칠 수 있었지."

"어떻게 해서 다시 러시아로 돌아오시게 되었나요?"

"글쎄 말이야, 음, 프랑스로 공부하러 왔던 러시아 남자와 그만 사랑에 빠지게 되었지 뭐야. 결국 대학을 마치자마자 나는 그 남자와 결혼을 하게 되었고 러시아로 돌아오게 되었지."

"남편분은 어떤 분이셨는지요?"

"볼셰비키혁명을 적극적으로 찬동하는 사람이었어. 온 세상이 공산주의국가로 바뀌면 살기 좋은 곳이 된다고 굳게 믿는 사람이었어. 불타는 듯한 그 사람의 두 눈을 보고 있다가 그만

나도 모르게 그 사람에게 빨려들었지. 나는 그 사람을 너무도 사랑했어. 결국 나는 어머니의 반대를 무릅쓰고 그 남자와 결혼을 해서 러시아로 돌아오게 되었지."

"다시 돌아온 러시아의 모습은 어땠는지요?"

"러시아는 정말 많이 변해 있었어. 웬만한 큰 공장은 모두 나라가 차지하게 되었고, 농민들은 거의가 집단농장에서 일을 하고 있었어. 생활수준이 모두가 비슷했지. 당시 나는 남편의 영향을 받아, 모범적인 교사생활을 했어. 어렸을 때처럼 풍족한 생활은 아니었지만, 먹고사는 일은 어느 정도 해결이 되었지. 모두가 비슷한 수준의 삶을 살고 있었기 때문에 특별한 불만도 없었고 남부러울 것도 없었어. 남편과 함께 볼셰비키로서 열심히 일하고, 열심히 사랑하고, 아이도 셋이나 낳았지. 그런데 내 나이가 마흔이 되었을 때, 남편이 그만 시베리아로 유형을 가게 되고 말았어. 남편이 스탈린이 독재를 한다고 비판하는 글을 쓴 것이 화근이 되었지. 결국 남편은 시베리아에서 영영 돌아오지 못하고 죽고 말았어. 아직 교육을 시켜야 할 아이 셋을 데리고 나는 홀로 된 거야."

"많이 힘드셨겠군요."

"살기도 힘들었지만 정신적으로 더욱 힘들었어. 그때까지 몸과 마음을 바쳐 일한 남편을 숙청한 나라를 마음속으로 증오했기 때문에 더욱 힘들었어. 게다가 살림살이도 예전에 비해 크게 나아지지를 않았어. 가끔씩 다른 나라 사람들이 사는 모습을 보면 생활수준이 우리들과는 많은 차이가 나는 거야.

무엇이 잘못되었는지 확실하게 알 수는 없었지만 이건 아니라는 생각이 점점 들기 시작했어."

"생활수준이 차이가 난 것은 무엇 때문이라고 생각하시는지요?"

"당시에는 확실하게 몰랐지만 국가에서 모든 것을 가지고 마음대로 했기 때문인 것 같아. 우리는 그저 나라에서 시키는 대로 움직이는 로봇에 불과했어. 인공위성도 쏘아올리고 유인 우주선도 달나라로 쏘아올리고 다른 공산주의 국가들에 원조도 하고, 소련은 나름대로 세계 1등 나라였어. 하지만 국민들의 살림살이는 결코 1등이 아니었지. 지금 생각해 보면 나라에서 생활용품을 생산하는 일에는 별달리 노력을 기울이지 않았기 때문에 그런 일이 생긴 것 같아. 그저 자본주의 국가들과 맞서 싸워 전 지구를 공산주의로 만들어야 한다는 생각 때문에 나라의 힘을 키우기에 바빴어. 우주선을 만들고 무기를 만들고 중화학공업을 발전시키는 일에만 힘을 다 쏟았던 거지. 나라 자체는 부자가 되었지만 국민들의 생활수준은 나아지지가 않았어."

"다른 불만은 없었던가요?"

"왜 불만이 없었겠어. 점차로 관료들이 나쁜 짓을 많이 하기 시작했지. 나랏돈을 훔쳐서 싼 값에 물건을 산 뒤 암시장에서 비싸게 되파는 거야. 공산당 간부들이 상인이 되어버린 거지. 그 탓에 생활필수품을 구하기가 점점 더 어려워졌어. 못된 짓을 하는 놈들은 점점 더 부자가 되어가고 천민부르주아지들이 생겨났지. 똑같은 물건이 암시장에서는 몇 배의 값으로 팔리는데 그거라도 못 구해서 안달이었지. 그만큼 생활필수품이 모자랐어."

"의료 사정은 어땠나요?"

"몸이 아플 때는 나라에서 무료로 치료를 해줬기 때문에 그런대로 괜찮은 편이었지. 다만 서구 자본주의 국가들처럼 다양한 약품이 개발되지 않았고 생산량도 부족했기 때문에 언제나 의약품은 귀한 편이었지. 하지만 그건 누구나 마찬가지였어."

"구소련과 지금의 자본주의 러시아 가운데 어떤 세상이 더 나았다고 느끼시나요?"

"구소련 시절에도 생활수준은 낮았어. 생활필수품이 넉넉하지는 못했어. 하지만 모두에게 일자리가 있었고 배부르지는 않았어도 굶어 죽는 사람은 없었어. 인간다운 생활에 필요한 최소한의 수준은 유지되었지."

길게 한숨을 내쉬는 할머니의 눈에 눈물이 고였다.

"한마디로 자본주의 러시아로 바뀌면서 더 살기가 힘들어졌어. 나라재산을 팔기 시작하자 신이 난 건 돈 있는 공산당 간부들이랑 부자상인들과 마피아들이었어. 그들이 외국자본까지 등에 업고 나라재산을 다 움켜쥐었지. 모든 게 무너졌어. 나 같은 늙은이들은 연금으로 근근이 살아가는데 물가가 너무 올라서 내가 받는 연금은 거의 휴지와 다름없게 되었어. 빵값이 하룻밤 사이에 4배가 되어서 빵을 사지 못하고 돌아온 일도 있어. 그러니 연금으로는 입에 풀칠하기도 바빴지. 손자들이 도와주지 않았으면 굶어 죽었을 거야. 젊은이들도 임금은 10배밖에 안 올랐는데 물가는 100배가 올랐으니, 살기가 힘들기는 마찬가지였지. 굶어 죽지 않고 여태껏 살아 있는 것만도 다행이라면 다행이야. 이빨이 다 빠져서 틀니를 해야 되는데 할 돈이 있어야지. 예전 같으면 나라에서 무료로 해주었을 텐데…….세상이 너무 갑자기 바뀌어서 어찌 해야 할지 알 수가 없어. 너무 오래 살았어. 세상이 바뀌기 전에 죽었어야 했는데…….”

할머니는 말을 마치지 못하고 울음을 터뜨렸습니다.

“왜 이렇게 오래 살아서 세상 못 볼 꼴까지 다 보는 건지 나도 모르겠수. 늙으면 빨리 죽어야지, 쯧쯧. 산 목숨 끊지 못해 이러고 있다우.”

그루센까 할머니는 그동안 살아온 백 년이라는 세월이 꿈만 같습니다. 어떤 때는 좀 긴 하루를 보낸 것 같은 느낌이 들 때도 있습니다.

“인생이란 게 말이지, 뭔지 보이지도 않는 것을 좇아 정신없이 바쁘게 살다가 결국에는 아무것도 잡지 못한 채 늙어서 죽는 거지 뭐.”

다음날 작가는 정성껏 만든 생일케이크를 들고 할머니의 집을 찾았습니다. 초인종을 눌렀습니다. 아무런 반응이 없었습니다. 다시, 또다시 여러 차례에 걸쳐 초인종을 눌렀습니다.

역시 아무런 응답이 없었습니다. 초인종 소리만 빈 복도에 울려 퍼졌습니다.

1917년 볼셰비키혁명으로 소련은 공산화가 되었고 주변 국가들까지(지구상 국가들의 절반 가까이) 공산화가 되었습니다. 혁명의 주도적 역할을 했던 레닌은 약간의 시행착오를 거친 뒤 현실적인 판단에 따라 신경제정책을 도입합니다. 즉 처음의 시도와는 달리 주요산업만을 나라에서 소유하고 중소기업들은 개인에게 맡기는 형태를 취한 것입니다.

　하지만 레닌이 죽고난 뒤 스탈린이 지도자가 되면서 소련은 국가가 모든 것을 가지고 운영하는 체제로 바뀝니다. 그 결과 국가가 생산과정에서 발생하는 이윤을 착취하는 '국가 독점 자본주의'의 형태를 띠게 됩니다. 그런 과정에서 스탈린은 자신의 뜻에 반하는 사람들을 모두 숙청하고 몰아내어 독재를 실시함으로써 전체주의의 성격을 띠게 됩니다.

　이 과정에서 노멘클라투라라고 하는 새로운 특권관료층이 생겨나게 됩니다. 그들은 혁명이 아닌 현상유지를 원하는 보수 체질의 직업적 관리층입니다. 이들의 수는 공산당원의 약 4%를 넘었는데, 나중에 이들은 상인이 되기도 하고 마피아조직과 손을 잡고 큰 돈을 벌기도 합니다.

　이 기간 동안 스탈린은 국가의 많은 자원을 중화학공업과 군수공업에 투자합니다. 물론 자본주의 국가와의 냉전체제와 전 세계의 공산주의 실현이라는 목표도 이에 한몫을 하였습니다. 그 결과 소련은 우주산업과 항공산업 그리고 군비산업에 있어서는 세계 최강국의 위치를 차지합니다.

반면에 소비재 생산과 경공업에는 거의 투자를 하지 않았습니다. 따라서 생활필수품은 언제나 공급부족사태를 빚었고 자동차와 가전제품 같은 것은 생산할 능력조차 갖추지 못했습니다. 경제성장률은 정체상태에 이릅니다.

오랫동안 이어진 소비재의 부족과 품귀현상 그리고 관료들의 부패는 결국 국민들의 불만을 가져왔습니다. 결국 시장경제를 받아들여 경제제체를 바꾸려는 시도가 시작됩니다. 미하일 고르바초프가 페레스트로이카 시대를 열면서 소련의 경제는 개방되기 시작됩니다.

하지만 당시 서서히 이루어져야 마땅했던 개방은 옐친의 등장과 함께 봇물 터지듯이 한꺼번에 분출되면서 여러 가지 문제를 일으켰습니다. 결국 소련은 IMF에 구제금융을 요청하는 상황에 처하게 됩니다.

IMF의 경제개혁이 시작되면서 경제상황은 더욱 악화되었습니다. 국가경제는 무너졌고 국영공장들과 중요한 경공업부분들은 파산했습니다. 민영화(국영기업을 민간에게 파는 과정)를 하면서 노멘클라투라와 그들과 손을 잡은 범죄조직인 마피아조직들이 많은 국가재산을 인수하게 됩니다. 이들은 소련의 천연자원을 싼 값에 사들여 서구에 비싼 값으로 팔았습니다. 경제의 핵심적인 부분들은 외국자본에 의해 점차로 잠식되었습니다.

물가는 100배까지 치솟았고, 실질임금은 80%가 감소했습니다. 실질구매력은 86%가 감소했습니다. 그나마 유지되던 사회

복지는 바닥으로 떨어졌습니다. 환자가 수술을 한 번 하기 위해서는 몇 달치의 월급을 모아야만 했습니다. 남아있던 정부의 예산은 외채를 상환하는 데 사용되었습니다. 사람들은 전보다 더욱 가난해졌습니다.

새로운 신흥자본가계급들은 그렇게 번 돈으로 사치재를 사들여 흥청망청 썼습니다. 지금도 모스크바의 쿠즈네츠키 거리나 크레믈린 맞은편의 굼백화점 같은 곳에 가면 외국산 명품들이 즐비한 것을 볼 수 있습니다.

결국 자본주의로의 개방과 IMF의 처방은 소련의 경제를 밑바닥부터 흔들었고 사회제도는 무너졌습니다. 그 여파로 소비에트연방은 해체되면서 구소련은 무너졌습니다. 구소련은 지금의 러시아공화국과 여러 개의 독립국가로 나뉘어져 연방체제를 유지하고 있습니다.

 덧 붙 이 는 말

사회주의의 주축국이었던 구소련이 무너지면서 신자유주의자들은 이를 자본주의의 승리라고 말합니다. 그렇다면 사회주의는 정말로 지구상에서 완전히 사라진 것일까요?

보는 관점에 따라 다르겠지만 아직도 사회주의가 지향하던 '평등'이라는 이상은 사라지지 않았다고 봅니다. 실제로 자본주의 국가들도 여러 가지 제도를 통해 완전한 평등은 이루지 못하더라도 '형평성'을 이루기 위해 노력하고 있는 것을 볼 수 있습니다(평등이라는 말과 형평성라는 말은 그 의미가 조금 다릅니다).

이렇게 볼 때 사회주의의 기본 이념인 '평등'에 대한 인간의 의지와 희망은 완전히 사라지지 않았다고 할 수 있습니다.

또한 유럽의 국가들 가운데에는 사회민주주의체제를 택하고 있는 나라들도 많습니다. 즉 시장경제를 기본으로 하지만 국가가 많은 부분을 소유 내지는 관리하고 통제하는 제도입니다. 지구상에서 가장 살기 좋은 나라로 불리는 스웨덴이 바로 그런 나라이지요. 그런 나라들이 지향하는 목표는 바로 '사회복지'의 실현과 '형평성'입니다.

그리고 아직까지 무너지지 않은 사회주의국가로 쿠바를 예로 들 수 있습니다. 물론 국민소득이라든가 경제규모로 볼 때는 우리나라보다 못사는 나라입니다. 하지만 잘살고 못사는 것을 경제력으로만 따질 것은 아니라고 생각합니다.

쿠바는 '무상교육, 무상의료'를 실시하고 있습니다. 예를 들어 쿠바의 중학교는 교사 한 명당 학생이 10명 정도입니다. 한 반에 40명에 가까운 우리나라와는 비교를 할 수가 없습니다. 또 20가구 정도의 단위로 주민들을 돌보는 의사가 정해져 있습니다. 담당의사는 자신이 맡은 사람들이 병에 걸리지 않도록 예방하고 치료해줍니다. 이런 점에서 비교할 때 '형평성'이라는 가치에 초점을 둔다면 쿠바는 결코 우리나라보다 못사는 나라가 아닙니다.

모든 판단은 어떤 점에 가치를 두느냐, 그리고 어떤 인식을 가지고 있느냐에 따라 달라집니다.

다음 문제들을 생각해봅시다.

1) 여러분이 생각하는 이상적인 경제체제는 어떤 것인
지요?
2) 자본주의체제를 유지하면서 더불어 행복하게 사는
사회가 실현 가능할까요? 실현 가능하다면 구체적으
로 그 방법을 생각해 보세요.

1. 굶주림의 경제학

얼음동상 속에서 발견된 편지

1) 우리나라 사람들의 소비 수준이 하나의 지구가 감당하기에는 벅차다는
뜻입니다. 결국 이 말은 우리나라 사람들이 다른 나라 사람들이 써야 할
물건들을 빼앗아서 더 쓰고 있다는 뜻이 됩니다.

2) 맬더스의 주장은 틀렸습니다. 현재 지구에는 세계인구의 2배인 120억 명
을 먹여 살릴 수 있는 식량이 있습니다. 즉 식량이 부족한 것이 아니라 식
량의 분배에 문제가 있습니다. 굶주리는 사람들에게는 식량을 살 돈이 없
는 것입니다.

거대한 바나나농장

1) 식량경제학자 '프란시스 무어 라페'에 따르면 가축사료로 사용되는 1억
4,500만 톤의 곡물과 콩이 겨우 2,100만 톤의 육류와 달걀로 생산되어 인
간이 사용할 수 있게 된다고 합니다. 지구 전체의 곡식생산량으로 보자면
1/3이 가축사료로 쓰인다고 합니다. 가축들이 먹어치우는 곡식의 양이면
지구상의 굶주린 사람들을 모두 먹여살리고도 남습니다. 그래서 '배부른
소 떼와 굶주린 사람들'이라는 표현이 나온 것입니다. 즉 일부 사람들이
먹을 소 떼를 살찌우기 위해 인간은 굶어 죽고 있는 것입니다.

또한 곡물재배에 사용되는 1에이커의 토지는 육류 생산에 사용되는 1에
이커의 토지보다 5배나 많은 식물성 단백질을 생산할 수 있으며, 콩류는
10배나 많은 단백질을, 시금치는 26배나 많은 식물성 단백질을 생산할
수 있습니다. (자료출처: 『육식의 종말』, 시공사)

홀로 된 멜시오니

1) 각자 생각해 보세요.

2) 아프리카대륙입니다. 아프리카에는 세계인구의 15%가 살고 있습니다.
하지만 전 세계 기아인구의 25%가 아프리카인입니다. 그 이유는 앞 이야
기에 나오는 것처럼 제국주의의 후유증 때문입니다. 즉 선진국들이 아프
리카의 값싼 노동력과 자원을 착취했기 때문에 굶주리는 것입니다.

3) 부채를 탕감하는 방식이 있을 수 있고, 주빌리사우스처럼 남반구 시민들이 이미 식민주의와 노예제의 형태로 빚을 완전히 되갚았다는 이유로 부채상환을 거부하는 방식도 있습니다. 주빌리란 성서에 나오는 개념으로 50년마다 땅이 원래의 소유자에게 돌아가고 노예가 해방되며 부채가 완전히 면제된다는 것을 뜻합니다.

북한의 굶주림과 쿠바의 기적
1) 다음 이야기까지 읽으면 답이 나옵니다. 각자 정리해 보세요.

소값 떨어져 개값 되고 배추 고추값 떨어져 똥값이다
1) 각자 생각해 보세요.
2) 각자 생각해 보세요.
3) 국제무역을 자유화하여 개방하더라도 농업만은 자유무역의 개방대상에서 제외시켜야 한다는 주장을 하기 위해 자결을 했습니다.
4) 농업인의 날입니다.

2. 경제 생활의 시작

원시인과 도깨비 방망이
1) 용역
2) 재화
3) 존재하지 않음
4) 할 수 있음

여우네 생선 가게
1) 김투기 씨의 입장에선 경제 원칙에 따른 행동이라고 할 수 있으나 사회 전체적으로 인정될 수 없음
2) 경제인은 경제 원칙을 추구하되 이기적이지 않은 인간이어야 하는데 김투기 씨는 부당한 이익만을 위해서 남을 속였으므로
3) 현실을 느끼는 건 따뜻한 가슴으로 해야 하고 현실에 대한 해결책은 냉철한 머리로 찾아야 하므로

보리밥보다 못한 찰밥

1) 효용

2) 한계효용

3) 한계효용체감의 법칙

시인과 그의 아내

1) 한계효용균등의 법칙

2) 부자들에겐 얼마 되지 않는 돈이라도 달동네 사람들에겐 큰 돈이 되기 때
문에 돈이 가지는 한계효용이 달라집니다. 그래서 홍길동이 나누어 준
돈은 전보다 훨씬 더 큰 한계효용을 갖게 될 것입니다. 따라서 전체 서울
시민의 총효용은 증가합니다.

3) 각자의 생각에 따라 다른 답이 나올 수 있습니다. 춥고 배고프더라도 읽
고 싶은 책을 읽는 것이 더 큰 만족감을 준다고 보면 시인 부부의 행동은
나름대로 경제 원칙에 맞는 행동일 수도 있으니까요.

춘섭이의 짝사랑

1) 만화책을 읽는 즐거움

2) 백만 원

3) 직장 생활로 얻을 수 있는 만족감

4) 각자 생각해 보세요.

3. 가격은 어떻게 정해질까요?

노루목 장터 이야기

1) 물물 교환

2) 학교, 공원, 세무서

3) 각자 생각해 보세요.

꿩 대신 닭

1) 증가

2) 증가

3) 수요의 증가(소비가 증가했다는 것은 같은 값일 경우, 수요량이 늘어났다는 뜻이므로 수요의
증가로 보아야 합니다.)

여우야, 여우야 뭐하니?

1) 공급의 변화

2) 공급의 변화(생산요소 가격의 변화에 따른 변화는 공급의 변화임)

여우에게 홀린 젊은이들

1) 균형가격

2) 가격을 결정하는 일

봉이 김선달과 대동강 물값

1) 자유재

2) 공공재

3) 경제재

4. 생활의 변화와 경제

벼락부자가 된 흥부네 집 이야기

1) 하급재와 상급재

2) 수요의 증가로 수요곡선이 오른쪽으로 이동한다.

3) 대체재

4) 늘어남

5) 보완재

코끼리 이빨 쟁기를 타고 가 본 세상

1) 흔하기 때문

2) 철의 존재량이 금의 존재량보다 많기 때문

당나귀와 설탕

1) 소득효과

2) 대체효과

밥도둑놈이 된 새우젓

1) 대체로 짐작이 가능, 왜냐하면 부자일수록 엥겔지수가 낮기 때문

2) 생활에 대한 여유가 생겨 의식주 이외의 것에 관심을 가질 수 있게 되기 때문

박 판서의 제사법

1) 전시효과

2) 톱니효과

5. 생산과 경제 활동

떡이 된 쌀 한 알

1) 생산이라고 할 수 있음

2) 병원이 지어진 땅 : 토지, 의사의 노력 : 노동, 병원 건물과 치료 기구 : 자본

3) 생산에 속함

4) 생산이라고 할 수 있음

5) 한 사람은 햄버거를 만들고 한 사람은 햄버거를 파는 일로 인간의 만족감
   을 증가시키고 있습니다. 그러므로 두 사람 다 넓은 의미에서 생산 활동
   을 하고 있음

고우니 포목점

1) 주주

2) 팔 수 있음

3) 소유, 경영

4) 이익을 못 냈어도 정해진 이자를 지불해야 함

난쟁이 나라의 구두 공장

1) 사람을 더 늘릴 수 있다고 하더라도 다른 취사도구들을 더 늘릴 수 없다
   면 손님의 주문을 받아들일 수 없음

2) 받아들일 수 없음

아빠의 웃음

1) 고정비

2) 변동비

3) 고정비

헌 기계, 새 기계

1) 생산량은 늘어나고 가격은 싸짐

2) 규모의 경제가 일어났다고 함

3) 생산의 측면은 아니지만 규모의 경제가 일어난 것이라고 볼 수 있음

6. 시장의 여러 가지 형태

쌀나라 공화국

1) 완전경쟁시장이라고 할 수 있음

2) 완전경쟁시장이 아님

허생이 돈을 번 방법

1) 할 수 있음

2) 정부의 보호와 규제에 의한 경우

3) 가격차별

서기 2050년의 코리아

1) 독점적 경쟁시장

2) 과점시장

3) 비가격경쟁

날타고 갑시다, 날타고 갑시다

1) 날날이 회사와의 경쟁에 이기면서 이윤을 더 많이 얻기 위해서임

2) 자기 회사의 이익만을 생각했기 때문임

7. 특별하게 이루어지는 가격

토끼의 간과 토끼똥

1) 벼 3가마

2) 각자 생각해 보세요.

베니스의 상인

1) 1만 원

2) 각자 생각해 보세요.

올챙이 시절을 모르는 개구리

1) 수요공급의 원리

2) 각자 생각해 보세요.

한방친 선수와 허둥대 선수

1) 전용수입 : 50만 원 경제지대 : 20만 원
2) 전용수입 : 1,200만 원 경제지대 : 1,800만 원

수지의 가을

1) 외부경제임
2) 공공재
3) 할 수 있음
4) 할 수 없음. 왜냐하면 장사가 잘 되는 것은 시장 기구를 통해서 이루어지는 효과이기 때문임
5) 할 수 있음
6) 외부불경제

8. 돈의 탄생과 경제

조개돈과 옥돌돈

1) 사용하기 편리하고 운반하기 편리하기 때문
2) 교환 수단
3) 가치 판단 기능

바닷속에 던져 버린 오십만 냥

1) 각자 생각해 보세요.
2) 각자 생각해 보세요.

마포나루 마 영감의 유언

1) 각자 생각해 보세요.
2) 계가 지니고 있는 저축과 대출의 기능 때문

발 달린 돈

1) 신용 창조
2) 100원 + 1,000원 = 1,100원

엿장수와 비상금

1) 거래적 동기
2) 예비적 동기
3) 투기적 동기

9. 무역이 이루어지는 세상

무역왕 장보고
1) 전문화로 인한 이익을 누릴 수 있기 때문
2) 국내 물건보다 더 싼 값으로 외국 물건을 사용할 수 있어 국민 복지가 향상됨

밀나라와 양나라
1) 이익을 얻을 수 있음
2) 난쟁이 나라는 옷감을 수출하고, 뚱뚱보 나라는 구두를 수출하면 됨

기름진 문전옥답 잡초에 묻혀 있네
1) 1부를 참고하세요.
2) 각자 생각해 보세요.

백만금에서 금이 새는 이야기
백만금 씨가 외국 은행에서 3년의 기간으로 빌려온 돈 : (7)

김새내 씨가 외국 비행기를 타면서 낸 운임 : (4)

김새내 씨가 얻어 온 모피 코트 : (5)

김새내 씨가 사온 뻔뻐니표 옷장 : (2)

백만금 씨가 외국에 수출한 자동 통역기 : (1)

돈으로 돈 사기
1) 우리나라 돈의 가치가 올랐기 때문에 전보다 적은 돈으로 여행을 즐길 수 있음
2) 감소함

이제 사다리는 걷어차도 돼!
1) 칠레가 농산물이나 천연자원을 주로 수출하는 나라이기 때문에 공산품 수출국인 우리나라로서는 자유무역협정을 맺는 것이 더 도움이 된다고 봅니다. 실생활 속에서는 한겨울에 칠레산포도를 먹을 수 있고, 싼 값에 돼지고기를 먹을 수 있는 등 소비자 입장에서는 이점이 많습니다. 칠레에서는 자동차 다섯 대 가운데 한 대가 한국자동차라고 합니다. 하지만 한국 전체의 입장에서 볼 때 우리 축산업과 농업에는 피해를 줄 수밖에 없으며, 공산품 수출에서만 얼마간의 이익을 볼 수 있습니다. 칠레 쪽에서

볼 때도 대규모 농축산업을 하는 업자들과 유통업자들에게 대부분의 이익이 돌아갈 뿐입니다.

이렇게 볼 때 양 나라가 자유무역협정으로 얻은 이익은 극히 일부의 소수들만이 나눠가지는 결과가 나옵니다.

2) 기본적으로 이런 형태의 수출입은 바람직하지 않습니다. 예를 들어 영국의 경우 같은 양의 유제품을 수입하고 수출한다고 합니다. 결국 그 과정에서 이익을 보는 것은 유통업자들뿐이며, 한정된 양의 석유자원을 낭비하는 결과를 낳습니다. 먹을거리는 일정지역에서 생산하고 소비하는 로컬푸드 운동이 바람직하다고 봅니다.

10. 세계화와 초국적 기업

값이 7배나 오른 토르티아

1) 토르티아의 주원료가 되는 옥수수를 미국의 큰 식품회사들이 싼 값에 수입하면서 옥수수 농사를 짓던 농민들은 가격경쟁에서 밀려 더 이상 옥수수 농사를 지을 수 없게 됩니다. 옥수수 시장을 독점하게 된 미국의 식품회사들은 차츰 옥수수를 원료로 해서 만드는 모든 식품의 제조와 유통과정까지 독점을 하게 됩니다. 결국 최종 소비자들이 사는 토르티아의 값은 옥수수 시장을 독점한 회사의 정책에 따라 비싸질 수밖에 없습니다.

2) 나프타는 그나마 유지되던 멕시코의 제조업과 농업을 뿌리부터 흔들어 놓았습니다. 노동자들은 외국계 기업들의 공장에서 단순한 조립노동만을 하게 되면서 숙련된 노동기술을 아예 접할 수조차 없게 됩니다. 결국 지금의 상태로 보아서는 멕시코는 단순노동력을 값싸게 팔아 나라살림을 꾸릴 수 밖에 없기 때문에 국내제조업은 사라질 것이며 문화까지도 미국화 되어 국적 없는 나라가 될 것으로 보입니다.

대한민국, 마침내 미국의 51번째 주가 되다?

1) 거대자본을 가진 미국의 대형영화사들에 밀려 멕시코처럼 영화산업이 아예 자취를 감출 수도 있다고 봅니다. 더구나 국민들의 정서까지 미국문화에 물들게 되면 한국 영화는 발붙일 곳이 없을 것입니다. 즉 미국영화의 독점시대가 열릴지도 모른다는 불길한 예감이 듭니다.

2) 싼 값으로 밀어닥치는 미국농산물에 밀려 살아남을 수 있는 것이 거의 없

을 것입니다. 제수용품으로 쓰이는 농산물 정도나 살아남지 않을까 싶습니다. 제사상에 미국산을 올릴 수는 없을 테니까요.

3) 이미 한국의 미장원도 대형화되면서 프랜차이징(가맹사업본부와 가맹계약을 맺은 점포가 가맹사업본부의 상표, 상호 등을 쓰는 영업활동방식)이 시작되고 있습니다. 이런 상태에서 미국계 대형미장원까지 들어와 프랜차이징을 한다면 동네 미장원은 발붙일 곳이 없지 않을까 싶습니다. 한 예를 들자면 빵집의 경우 할인을 무기로 하여 프랜차이징을 한 결과 동네 빵집들이 살아남기가 힘들게 되고 있습니다.

대단한 회사

1) 국경을 넘어서는 외환거래에 대해 세금을 부과하는 방법이 있을 수 있습니다. 토빈세가 그 방법 가운데 한 가지입니다. 노벨 경제학상을 수상한 제임스 토빈이 주장한 것으로 단기성 외환거래, 즉 국제투기자본(핫머니)에 세금을 부과하자는 것입니다. 그러나 그럴 경우 토빈세가 없는 나라로 자금이 몰리는 등의 문제로 아직까지 실시되지는 못하고 있습니다. 또한 실현가능성의 문제가 있기는 하지만, 전 지구적인 관리기구를 만들어 모든 외환거래를 관리감독하는 방법도 있을 수 있습니다.

2) 초국적 기업의 뜻에 따라 회사의 경영이 좌우될 수밖에 없습니다. 초국적 기업은 그 성격상 영업이익이 나지 않으면 곧바로 다른 나라로 철수하는 등 폐해가 큽니다.

누구를 위하여 약을 만드나?

1) 초국적 제약회사들은 굶주림으로 인한 질병에 시달리고 있는 저개발국에까지 진출하여 마치 약이 굶주림을 해결해 줄 수 있는 것처럼 선전하고 광고합니다. 저개발국의 순진한 국민들은 그 광고를 믿고 먹을 것을 아끼며 그 약을 구입하기도 합니다. 하지만 영양실조로 생긴 질병을 영양제로 해결할 수는 없습니다. 빈곤으로 인한 영양실조에는 영양가 있는 음식을 먹는 것이 해결방법이니까요.

2) 신약개발을 위한 비용을 제약회사가 아닌 세계기구에서 대는 방법이 있을 수 있고, 신약에 대한 특허권을 없애는 방법도 있을 수 있습니다. 그 이상은 각자 생각해 보세요.

각자 명판결문을 써 보세요!

11. 경제의 흐름

사람의 몸과 경제

1) 생산이 이루어지지 않고 돈이 들지 못하므로 나홀로 나라의 경제는 병들게 됨
2) 국민 경제의 순환 과정에 매개체 역할을 함

멋있어 연방공화국

1) 650원
2) 밀 ─→ 밀가루 ─→ 빵

    10원   20원

어이쿼 공화국과 와더워 공화국

1) 시장에서 판매되지 않았기 때문에 포함되지 않음
2) 지하 경제에서 거래된 것은 포함되지 않음
3) 1,500만 달러÷1.2=1,250만 달러

개미 허리는 항상 날씬하다

1) 저축이 투자로 이어지지 않을 때에는 좋다고 할 수 없음
2) 평균소비성향=70만 원÷100만 원=0.7
   평균저축성향=30만 원÷100만 원=0.3

개미굴이 홍수에도 견디는 이유

1) 재정 정책
2) 총수요를 늘림으로써 국민소득의 증대를 가져옴

여왕 개미의 탄생

1) 줄어듦
2) 늘어남

12. 경제가 힘들다는 건 무슨 뜻일까요?

지폐로 벽을 바르고 담배를 말아 피우는 나라
빚을 지고 있는 사람, 외국의 수출업자

나사고 씨의 꿈
1) 마찰적 실업
2) 경기적 실업
3) 실업이 아님

내 고향으로 날 보내 주
1) 호황
2) 불황

13. 사회의 발전과 경제

염소의 지구 정착기
1) 무엇을 생산할 것인가
2) 어떻게 생산할 것인가
3) 각자 생각해 보세요.

인간을 몰아 낸 양떼들
1) 자본주의 경제 체제를 여는 시발점이 되었음
2) 부르주아 계급
3) 산업혁명이 가져다 준 생산의 증가로 자본가들이 자본을 축적하게 되었
   기 때문

품을 팔아 돈을 사는 사람들
1) 당시 노동자들의 비참한 생활상

지구를 떠난 압구정동 베짱이와 봉천동 개미
1) 각자 생각해 보세요.
2) 각자 생각해 보세요.

3) 각자 생각해 보세요.

4) 각자 생각해 보세요.

동물 마을의 살림살이

1) 자신의 이익을 마을의 이익에 우선해 계율을 어겼음

2) 똑같은 분배로 인한 생산 의욕의 상실

3) 무엇을 : 곡식, 우유, 계란, 옷

　어떻게 : 공동으로 작업

　누구를 위하여 : 모두 똑같이 나눔

한밤중의 몸값 다툼

1) 각자 생각해 보세요.

2) 그 물건을 만드는 데 들어간 노동량을 측정해야 함

14. 사람과 경제

땅콩별 나라의 마술

1) 법을 어기고 세금도 내지 않은 채 이익만을 추구한 행동 때문에

2) OBA에 치우친 곡선

호수가 삼킨 논

1) 생기지 않음(땅투기는 땅이라는 자원이 희소하기 때문에 생기는 문제이므로)

2) 땅부자, 땅투기를 일삼는 사람들

3) 가) 소득분배를 왜곡시킨다.

　나) 생산에 투자하기보다는 부동산에 투자하게 함으로써 자금의 흐름을 왜곡
　시킨다.

　다) 상대적으로 토지가격이 싼 곳으로 생산시설을 옮기게 만들어 고용을 감
　소시킨다.

　라) 부동산 가격을 바탕으로 거품경제가 형성된다.

서기 2500년의 어느 날

1) 각자 생각해 보세요.

2) 각자 생각해 보세요.

내가 먹을 건 하나도 없다

1) 각자 생각해 보세요.

2) 각자 생각해 보세요.

15. 경제학과 가치관

사일러스 마아너

1) 각자 생각해 보세요.

2) 각자 생각해 보세요.

세상에서 가장 비싼 꽃, 네덜란드의 튤립

1) 각자 생각해 보세요.

2) 각자 생각해 보세요.

밤을 까서 수출하는 다람쥐

1) '덧붙이는 말' 가운데에서 해답을 찾아보세요.

2) 각자 생각해 보세요.

근대화, 산업화의 뒤안길

1) 각자 생각해 보세요.

2) 각자 생각해 보세요.

'엄마 아빠, 잘 지내시나요?'

1) 기업 이익의 증가율이 늘어난 반면 도시근로자의 소득분배는 더욱 불평
   등해졌다. 즉 기업이 늘어난 수익을 미래에 대한 투자와 고용을 늘리는 데
   쓰지 않고 기업 내부에 쌓아두고 있다. 따라서 기업의 이익이 가계의 소득
   으로 이어지지 않고 있어 저소득층 국민들은 더욱 살기가 힘들어졌다.

2) 각자 생각해 보세요.

그루센까 할머니의 백 번째 생일

1) 각자 생각해 보세요.

2) 각자 생각해 보세요.

찾아보기